U0057781

第9版

Assessment of Exceptional Students

特殊教育學生評量

張世彗、藍瑋琛 著

心理出版社

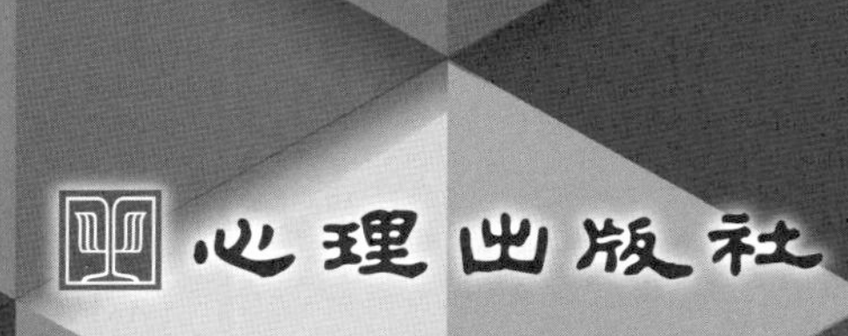

作者簡介

張世彗

學歷

國立臺灣師範大學教育學博士（主修特殊教育）

現職

臺北市立大學特殊教育學系　教授

經歷

臺北市立國小教師、組長
臺北市立教育大學特殊教育學系助教、講師、副教授
美國密蘇里大學（哥倫比亞校區）研究進修
臺北市立教育大學創造思考教育中心主任
臺北市立教育大學創造思考暨資賦優異教育研究所所長
臺北市立教育大學特殊教育學系主任暨語言治療學程主任
臺北市立大學特殊教育學系主任
臺北市暨桃園市政府教育局特殊教育諮詢委員會委員
新北市學前特殊教育融合教育方案指導教授
臺北市立高中職、國民中小學校務／資優教育評鑑委員
教育部國民暨學前教育署高中職鑑定委員及統合視導委員
宜蘭縣立國小、國立學校附設國民中小學（部）特殊教育評鑑委員
大專院校北二區特殊教育學生初審鑑定委員
半年教育實習課程成績評量試辦計畫輔導委員及訪視委員
國立學校附設國民中小學（部）特殊教育評鑑委員

主要叢書著作

《行為改變技術》（2021 年，9 月，第八版）
《特殊教育導論》（2020 年，9 月，第二版）
《學習障礙》（2019 年，9 月，第三版）
《創造力理論、技法與教學》（2018 年，3 月，第三版）
《圖解行為改變技術》（2018 年，3 月，初版）
《課程本位評量理論與實務》（2012 年，12 月，初版）

藍瑋琛

學歷

日本國立廣島大學教育學研究科（所）博士

現職

臺北市立大學特殊教育學系　副教授

經歷

臺北市立老松國小、社子國小、臺北縣立二重國小教師
國立花蓮師範學院特殊教育學系助理教授
臺北市立教育大學特殊教育學系助理教授
日本國立廣島大學進修研究（2012.8～2013.7）
加拿大英屬哥倫比亞大學（UBC）進修研究（2007.8～2008.7）
臺北市立大學進修部推廣發展組及師資培育中心教育學程組組長
臺北市立大學特殊教育學系主任暨語言治療學程主任
教育部全國特殊教育學校評鑑委員
宜蘭縣立國小特殊教育評鑑委員
半年教育實習課程成績評量試辦計畫輔導委員及訪視委員

主要叢書著作

《自閉症學生教學策略》（2010 年，12 月，初版）

《銜接上學習之路：身心障礙者的教育輔助科技》（總校閱）（2006年，9月，初版）

《輔助溝通系統之原理與運用：支持複雜溝通需求之兒童與成人》（總校閱及英譯第 1～2 章）（2014 年，1 月，初版）

《輔助科技：增進特殊需求學生的學習經驗》（英譯第 1～2 章）（2014 年，6 月，初版）

第九版序

根據我國現行《特殊教育法》第 6 條的規定：「各級主管機關應設特殊教育學生鑑定及就學輔導會（以下簡稱鑑輔會）……辦理特殊教育學生鑑定、安置、重新安置、輔導等事宜。」又設有特殊教育學系或特殊教育學程的公私立大學校院，皆是將「特殊教育學生評量」（assessment for exceptional education）一門列為必修科目。顯然，特殊教育學生評量在特殊教育上扮演著關鍵且重要的角色。

美國的《障礙者教育促進法案》（P.L. 101-476）也描述「特殊教育」（special education）意指特殊設計的教學，以迎合特殊教育學生的獨特需求。我國現行《特殊教育法》第 18 條亦明示，特殊教育與相關服務措施之提供及設施之設置，應符合適性化、個別化、社區化、無障礙及融合之精神，並提供無障礙的學習環境和適當的相關服務；又同法第 28 條要求高級中等以下各教育階段學校，應以團隊合作方式對身心障礙學生訂定個別化教育計畫。由此可見，特殊教育實施的指引原則為「個別化教學」（individualized instruction），而這項指引原則的使用乃是依循「評量—教學—評量」（assessment-instruction-assessment）的步驟，形成一個周而復始的循環。因此，特殊教育教師惟有對這項充滿回饋性的步驟，做出積極回應，方能逐步滿足特殊教育學生的獨特需求。從上可知，評量與教學在特殊教育中的關係宛若車之雙輪，密不可分。

基本上，全書分成「基本理念」、「鑑定與安置實務」、「評量種類、領域及工具」，以及「整合評量」四大篇，共分成十五章敘述。其中，「基本理念」一篇包括：第一章簡述評量的涵義及其重要性、評量的作決定形式和層次、專業團隊或小組評量取向、身心障礙學生之評量調整、素養導向教學及評量與特殊教育學生，以及評量的法律與倫理課題；第二章則簡要說明正式評量應具備的基本認知，包括信度、效度、常模及其他有關測驗的認知。「鑑定與安置實務」一篇包含第三章介紹鑑輔會的組織與任務、特殊教育學生特性／評量議題，以及各類特殊教育學生的鑑定基準與實務。「評量種類、領域及工具」一篇包括：第四章在探討非正式評量，包含各種形式的非正式評量（真實評量、標準參照評量、任務分析、動態評量、課程本位評量、實作評量、檔案評量、生態評量、非正式量表、反應或學習日誌、大聲思考技術、檢核表、工作樣本分析、訪談、問卷、觀察、錯誤類型分析、自我和同儕評鑑、連續性紀錄及功能性評量等）、非正式評分程序的形式，以及計畫、編製和執行評分程序；第五章至十四章則分別探討認知能力、智力、語言、知覺動作、情緒與行為、性向、人格、成就、適應行為，以及發展性評量等領域之評量概念與現行國內適用的評量工具（本書所介紹的測驗工具絕大部分是以2000年以後編製、再版或編譯修訂版為主）。至於「整合評量」一篇則包含：第十五章述及評量結果的整合與應用。

在授課方面，講授者可先介紹「基本理念」和「鑑定與安置實務」篇（包括「第一章至第三章」），然後進行一次隨堂考，以加深學生對於「前三章」的學習成效與印象；接著再述及「評量種類、領域及工具」篇，其中第四章「非正式評量」可事先請學生分組上臺報告，並介紹實例（可搭配請學生針對某一種以上的非正式評量形式進行實作）；至於本書「第五章至第十四章」，講授者不必依循每一章的順序進行，可依實際情況做調整，而且應該優先介紹目前鑑定各類特殊教育學生所使用的評量工具，然後再擴及其他相關的評量工具。惟這些章節中的評量工具介紹，最理想的是能夠搭配商業出版或專案印行的評量工具（包括指導手冊及其相關附件）進行。

在工具實際介紹方面，講授者可事先設計學習單，讓學生上課時兩人一組自行學習，然後了解評量工具內容與實際演練工具的實施步驟（較理想的方式是實際尋找個案進行施測，並撰寫測驗結果分析與解釋）。除非是評量工具的取得有現實上的困難，否則講授者應盡可能不要只依照本書所呈現的簡要工具描述，來介紹國內現有的各類評量工具。以上只是筆者講授「特殊教育學生評量」多年的一點心得與經驗，供作參酌。事實上，教學是門藝術，並無特定方法，運用之妙，存乎一心。

心理出版社有志於出版完整的特殊教育叢書（包括特殊教育、資賦優異教育、身心障礙教育、學前融合及溝通障礙教育系列），筆者忝為特殊教育領域的一員，乃不揣學疏才淺，勉力撰寫本書。不足與謬誤之處，恐難以免，尚祈方家不吝指正。

張世彗 謹識

2022年2月

於臺北市立大學特殊教育學系

Email: hwi@utaipei.edu.tw

目　次

基本理念篇

鑑定與安置實務篇

評量種類、領域及工具篇

整合評量篇

附錄

附錄請於心理出版社網站下載
網址：https://reurl.cc/Y98pA4
解壓縮密碼：9789860744742

附錄目次

視覺障礙之鑑定實務（06）

1. 鑑定及安置工作計畫（含視覺障礙組）
2. 視覺障礙組鑑定心評工作流程圖
3. 視覺功能教育評估紀錄表
4. 視覺障礙組鑑定心評教師初判結果
5. 鑑定評估摘要報告（視覺障礙組）
6. 臺北市〇〇學年度國小升國中特殊教育需求學生轉介特教服務研習手冊（視覺障礙）
7. 臺北市〇〇學年度國中身障在校生暨新生鑑定手冊（視覺障礙組）

聽覺障礙之鑑定實務（07）

1. 鑑定及安置工作計畫（含聽覺障礙組）
2. 聽覺障礙組鑑定心評工作流程圖
3. 鑑定評估摘要報告（聽覺障礙組）
4. 臺北市〇〇學年度國小升國中特殊教育需求學生轉介特教服務研習手冊（聽覺障礙）
5. 臺北市〇〇學年度國中身障在校生暨新生鑑定手冊（聽覺障礙組）

語言障礙之鑑定實務（08）

1. 鑑定及安置工作計畫（含語言障礙組）
2. 語言障礙組鑑定心評工作流程圖
3. 學齡兒童言語障礙篩檢表
4. 語言障礙組鑑定心評教師初判結果
5. 臺北市〇〇學年度國小升國中特殊教育需求學生轉介特教服務研習手冊（語言障礙）
6. 臺北市〇〇學年度國中身障在校生暨新生鑑定手冊（語言障礙組）

肢體障礙、腦性麻痺、身體病弱與多重障礙之鑑定實務（09）

1. 鑑定及安置工作計畫（含肢體障礙、腦性麻痺、身體病弱與多重障礙組）
2. 肢體障礙、腦性麻痺、身體病弱與多重障礙組鑑定心評工作流程圖
3. 肢體障礙、腦性麻痺、身體病弱與多重障礙組鑑定心評教師初判結果
4. 臺北市〇〇學年度國小升國中特殊教育需求學生轉介特教服務研習手冊（肢病腦麻）
5. 臺北市〇〇學年度國中身障在校生暨新生鑑定手冊（肢病腦麻組）

情緒行為障礙之鑑定實務（10）

1. 鑑定及安置工作計畫（含情緒行為障礙組）
2. 情緒行為障礙組鑑定心評工作流程圖
3. 情緒行為障礙學生鑑定流程圖
4. 情緒行為障礙學生鑑定安置模式

5. 情緒行為障礙組鑑定基準與參考原則
6. 情緒行為障礙組鑑定心評教師初判結果
7. 情緒行為障礙組鑑定心評教師初判結果：填寫說明
8. 鑑定評估摘要報告情緒行為障礙組初次鑑定：填寫說明
9. 疑似情緒行為障礙學生複評鑑定心評工作流程圖
10. 臺北市○○學年度國小升國中特殊教育需求學生轉介特教服務研習手冊（心智障礙組）
11. 臺北市○○學年度國中身障在校生暨新生鑑定手冊（心智障礙組）

學習障礙之鑑定實務（11）

1. 鑑定及安置工作計畫（含學習障礙）
2. 學習障礙組鑑定心評工作流程圖
3. 學習障礙組鑑定心評教師初判結果：填寫說明
4. 學習障礙學生鑑定模式及流程圖
5. 疑似學習障礙組學生複評鑑定心評工作流程圖
6. 學習障礙組研判架構參考
7. 學習障礙組鑑定基準及參考原則
8. 學習障礙組鑑定心評教師初判結果
9. 鑑定評估摘要報告學習障礙組初次鑑定：填寫說明
10. 臺北市○○學年度國小升國中特殊教育需求學生轉介特教服務研習手冊（心智障礙組）
11. 臺北市○○學年度國中身障在校生暨新生鑑定手冊（心智障礙組）

自閉症之鑑定實務（12）

1. 鑑定及安置工作計畫（含自閉症組）
2. 自閉症組鑑定心評工作流程圖
3. 自閉症學生鑑定訪談紀錄表
4. 自閉症組鑑定心評教師初判結果
5. 自閉症組鑑定心評教師初判結果：填寫說明
6. 自閉症組鑑定疑似自閉症組複評用：心評教師初判結果
7. 臺北市○○學年度國小升國中特殊教育需求學生轉介特教服務研習手冊（心智障礙組）
8. 臺北市○○學年度國中身障在校生暨新生鑑定手冊（心智障礙組）

發展遲緩之鑑定實務（13）

1. 新北市各學年度特殊教育需求幼兒優先入園鑑定安置作業流程暨期程
2. 新北市○○學年度公立幼兒園學前特殊教育需求幼兒學期中鑑定安置申請流程表
3. 新北市學前特殊教育需求幼兒鑑定安置申請表暨家長同意書
4. 新北市學前特殊教育需求幼兒行為觀察記錄表
5. 新北市學前特殊教育需求幼兒鑑定安置資料檢核表
6. 新北市學前特殊教育需求幼兒鑑定報告

一般智能資賦優異之鑑定實務（14）

國民中學學術性向資賦優異之鑑定實務（15）

高級中學學術性向資賦優異之鑑定實務（16）

國民小學藝術才能資賦優異之鑑定實務（17）

國民中學藝術才能資賦優異之鑑定實務（18）

基本理念篇

第一章

緒論

第一節◆評量的涵義及其重要性

第二節◆評量的作決定形式

第三節◆評量的層次

第四節◆專業團隊或小組評量取向

第五節◆身心障礙學生之評量調整

第六節◆素養導向教學及評量與特殊教育學生

第七節◆評量的法律與倫理課題

■溫故知新專欄：舊制（94～109 年度）

根據現行《特殊教育法》第 6 條的規定：「各級主管機關應設特殊教育學生鑑定及就學輔導會……辦理特殊教育學生鑑定、安置、重新安置、輔導等事宜……」；又第 28 條規定：「高級中等以下各教育階段學校，應……對身心障礙學生訂定個別化教育計畫……」（教育部，2019）。顯見，評量在特殊教育上扮演著不可或缺的角色。以下將就評量的涵義及其重要性、作決定形式、層次、專業團隊或小組評量取向、身心障礙學生之評量調整、素養導向教學及評量與特殊教育學生，以及評量的法律和倫理等方面課題分述如下。

第一節　評量的涵義及其重要性

一、評量的涵義

（一）評量與鑑定之區別

在描述評量涵義前，此處將先述及鑑定的意義，以區別兩者之間的差異。就中英文的字義來看，「**鑑定**」（identification）一詞有鑑別和判定事物真偽的意思。若從特殊教育的觀點來講，「鑑定」主要在於確認或辨別兒童的特殊性，也就是指出該位兒童是否為特殊教育的對象（如智能障礙、學習障礙等），並不涉及進一步分析障礙性質與其在學習過程的意義。根據字義所示，「鑑定」這個名詞似乎與「標記」（label）、「烙印」（stigma）、「資格」（qualification）及「安置」（placement）有著密切關聯，如圖 1-1。

雖然「鑑定」離不開「評量」，不過我們對於「評量」似乎有不同於「鑑定」的見解。事實上，依據《張氏心理學辭典》對「**評量**」（assessment）一詞的定義：「(1)泛指對某種事物價值予以評定的歷程；(2)在某種有計畫的活動實施之後，按照預定目標檢核其得失的歷程」（張春興，2011）。我們就可以發現「鑑定」比較類似「評量」的前項定義；而甚少隱含後項的定義。換言之，「評量」的涵義要比「鑑定」來得廣泛。

（二）評量、測量與測驗之關係

很多學者都已指出「評量」這個名詞很容易與相關的名詞（如測驗或測量）產生混淆，有必要予以澄清（王珮玲，2021；Venn, 2013）。從學生個人經驗的觀

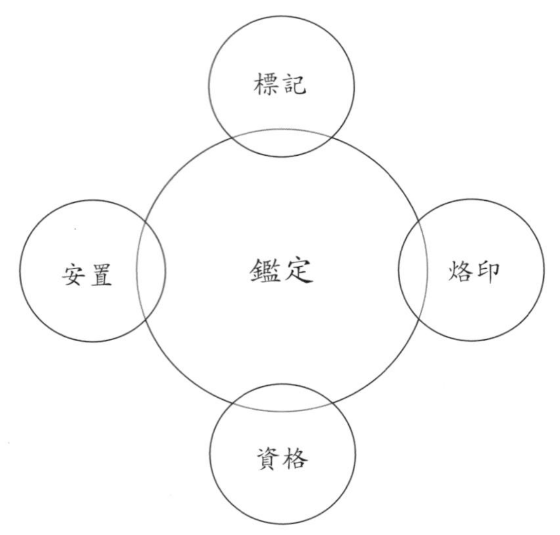

圖 1-1　與鑑定有關之名詞

點來看，多數人都會了解評量的意義。從小至大，在求學期間，我們都接受過各式各樣的測驗，範圍由教師自編成就測驗、「瑞文式圖形推理測驗」（CPM、SPM）至標準化的成就測驗。我們也已透過運用檢核表、觀察法和面談法來評估學生的能力表現。雖然個人過去的經驗有助於了解評量的意義，不過這些經驗並無法完全闡釋評量在特殊教育上的涵義。

廣義來說，「**評量**」乃是使用測驗和其他測量學生成就和行為，以便作出教育性決定（educational decision）的歷程。評量包含各式各樣評鑑、估計、評價及作出有關特殊需求學生的技術和程序。這種技術和程序，不像一般教育環境上所使用的評量歷程，特殊教育上的評量考量了學生獨特的需求，因而每個學生都有所不同。評量在特殊教育上的目標之一在於調整歷程以符合個別學生的需求，而非試著讓學生符合特別的評量程序，例如：使用多數包含口語項目的智力測驗（如「魏氏兒童智力量表」）對於聽覺障礙或語言障礙者可能無法描述這些學生的獨特需求。在此種情境上，適當的修正方式之一就是包括使用刪除口語項目設計的智力測驗。

「**測量**」（measurement）乃是決定學生能力表現或成就水準的歷程。測驗是一種測量的形式，但是特殊教育工作者使用許多的測量形式，除了前述的測驗外，其他的測量形式包括觀察行為、實施面談、完成評定量表、填寫檢核表，以及實施臨床評鑑。特殊教育教師或普通班教師通常會給學生某些成就表現的測量（如測驗），但是他們也一再地實施其他的測量（如實施面談、填寫檢核表）。測量的目的在於產生客觀性的資料，諸如數字、分數或其他的量化資料。就像測驗一樣，測量在特殊教育的評量歷程上扮演著關鍵的角色。

「**測驗**」（test）包括一組問題來產生一組分數或一些其他的數字結果。它是一種特定形式的診斷程序，為較大評量歷程的一部分。特殊教育工作者會依賴許多形式的測驗，包括標準化測驗及班級本位教師自編測驗。

綜括來說，「評量」、「測驗」和「測量」這些術語是可以相互交換的，但是彼此間仍有所差異。「**評量**」是一種多層面的過程，這個術語最為廣泛，包括測驗和測量，因為它涉及到運用測驗和其他測量來進行特殊需求學生的教育性決定（如圖 1-2）。

評量	測量	測驗
● 是使用測驗和其他測量學生的成就和行為，以便作出教育性決定的歷程，包含各式各樣評鑑、估計、評價及作出有關特殊需求學生的技術和程序。	● 是決定學生能力表現或成就水準的歷程。測驗是一種測量的形式。	● 包括一組問題來產生一組分數或一些其他的數字結果，是一種特定形式的診斷程序，為較大評量歷程的一部分。

圖 1-2　評量、測量與測驗之關係

二、評量的重要性

範例一：凱凱的故事

凱凱的母親——王太太，對於其小兒子在學校的行為表現感到很憂心。教師的家庭聯絡簿中經常描述凱凱在學校的行為表現，諸如干擾其他同學、拒絕完成學習活動及其他阻斷性行為。同時凱凱的回家作業也經常不完整和錯誤百出。雖然王太太並不太確定凱凱問題的真正原因，但是她一直想做一些事來協助孩子。

凱凱的教師也很關心他的行為和學習表現，所以她約了凱凱的母親到學校來一起探討這個問題。在面談中，教師建議轉介凱凱進行診斷，以協助消除凱凱問題的本質和範圍。

診斷的結果顯示，凱凱的學業成就顯著低下。更重要的是，這項診斷結果指出凱凱有聽力和手部動作方面的缺陷，可以用來說明凱凱許多學習方面上的困難。

評估診斷結果之後，凱凱的母親和教師同意凱凱的學業和行為問題部分是由於聽力和手部動作方面缺陷的原故。

基於此項診斷，教師針對凱凱聽力和手部動作方面的缺陷，對其班上的教學做了一些調整。凱凱的母親為其安排課後小老師，此外凱凱接受特殊教育教師在其學業方面的個別化教學。雖然凱凱有時仍會體驗到問題，不過教師和父母已經注意到他在學業表現和行為上的進步情形。

在上述情節中，評量協助教師確定或辨認問題與選擇適當教學策略來補救它。下列故事則是運用評量來說明另一種理由。

範例二：一位自閉症幼兒的評量

建明生下來就鑑定是一位自閉症患者，造成智能和社交溝通嚴重受到傷害。為了詳細了解建明的狀況，特殊教育教師在他 3 歲進入學前幼兒教育班時，運用評量的資料來發展建明的個別化教育計畫（IEP）。評量協助教師確定了建明目前的成就表現水準、選擇優先的教育方案、發展學習目標及測量建明的進展情形。

從這些案例情節中，我們可以看到評量是教與學歷程的核心部分。在凱凱和建明個案上，評量是發展適當個別化教育方案所必需的。雖然並非所有情境都可以如此容易地解決，但是這兩個實例說明了評量在特殊教育上的重要性，同時顯示為何了解評量對於特殊教育教師是不可或缺的。

第二節　評量的作決定形式

特殊教育學生的評量提供了兩種作決定形式所需要的資料：(1)合乎法律上的決定（legal decisions）；(2)教學上的決定（instructional decisions）。這兩種決定在某些方面是有所不同的。

一、合乎法律上的決定

特殊教育服務資格的決定和資格的再評鑑乃是必要合乎法律的決定。這些決定所關心的是誰要接受特殊教育的服務，它的目的在於決定個別學生是否符合一類或一類以上的法律要求，以請求特殊教育經費、資源和人員的分配。我國現行的

《特殊教育法》中設定了兩項主要的資格標準：(1)學生必須被認為有障礙；(2)此項障礙必須會對學生的教育成就表現產生不利的影響。特殊教育人員所進行的評量過程會受到這些標準的引導。此外，教育部亦界定了每種身心障礙和資賦優異學生的鑑定基準。

除了涉及醫學上的認定外，資格決定主要是依賴常模參照測驗（標準化測驗）的結果。這些工具提供資料讓鑑定小組根據常模來比較學生的表現。學者認為，適當的實施、計分和解釋常模參照工具可以保護學生免於任意和不利的決定（Salvia, Ysseldyke, & Witmer, 2016）。當然，非正式評量程序在合乎法律上的決定亦扮演一定的角色，可用來證實常模參照測驗的結果。

二、教學上的決定

計畫、監督和評鑑學生的特殊教育方案就需要教學上的決定。一旦學生被確認符合於接受特殊教育服務，接下來大多數的決定都是與教學有關的。這種決定主要關心學生課程的內容、教學方法，以及教學方案的成效。首要的步驟是為學生準備個別化教育計畫（Individualized Education Program, IEP）或個別輔導計畫（Individualized Guidance Program, IGP），一旦完成了 IEP 或 IGP，教師和其他專業人員負責提供教育性服務，以持續作教學上的決定。這些決定乃是教學過程的核心；形成性的資料蒐集與經常性的作教學上的決定。也就是說，教學時，教師蒐集學生的反應，然後根據學生的進展情形來做修正，形成一個循環。

教學上的決定需要有關學生在班級內教學方案上的成就表現。因此，非正式的評量策略要比正式測驗更有用。雖然標準化測驗結果可能有助於評量小組確定領域上的優缺點，不過這些測量並不是設計來針對特定教學目標做經常性進展情形的評量。教師採用非正式技術（如觀察、實作評量、檔案評量、動態評量）可能更為適當。

第三節　評量的層次

特殊教育學生評量會發生在幾個不同的層次上。這些層次是指評量歷程上的階段，每個層次有不同目標和產生特定形式的資料。檢視一下這些層次，可以協助專業人士了解特殊教育學生評量歷程中的多面向本質（multifaceted nature）（Salvia et al., 2016; Venn, 2013）。由於評量的複雜性，某些測驗和程序會產生層次間的重疊現象。惟不管這些重疊情形，將評量分成層次，可以產生服務特殊教育學生的優先順序。表 1-1 列出了五種評量層次，茲分述如下。

表 1-1　特殊教育上的評量層次

層　次	目　的	評量問題
1. 轉介學生	• 決定有關從其他學校人員尋找額外支持的需求	• 到底要轉介誰來接受評鑑？
2. 篩選學生	• 確定一般成就表現水準	• 問題需要進一步注意嗎？
3. 鑑定分類和安置學生	• 決定合於接受特殊教育的學生	• 學生有特定的障礙嗎？需要何種介入？
4. 學生教育性方案	• 獲得資料發展個別化教育計畫	• 什麼教學目標適合學生？教學的優先次序是什麼？
5. 測量學生的進展情形	• 評鑑學生的成就表現與監督方案的成效	• 學生有進步嗎？服務符合學生的需求嗎？

資料來源：修改自 Venn（2013）

一、轉介學生

轉介學生的決定乃是決定有關從其他學校人員尋找額外支持的需求。雖然任何人都可以轉介學生（如父母、學生本人或他人），不過教師通常是主要的轉介者。在學校，教師會定期地轉介學生至其他專業人士或機構。學者們曾調查美國公立學校，發現有 3%至 5%的學生每年被轉介接受心理和教育性評量；大約 92%的學生被轉介接受測驗；而有 73%被測試者安置接受特殊教育（Algozzine, Christenson, & Ysseldyke, 1982）。

教師到底會轉介誰來接受鑑定和評量呢？簡單來說：「教師會轉介困擾他們的學生」。雖然我們可以簡單回答此類問題，不過預測學生是否會被轉介並不容易。不同教師通常會受到不同行為的困擾，雖然有些行為可能最為困擾，但並非所有教師都是如此。

二、篩選學生

篩選學生的目的在於決定成就或行為的一般層次。特殊教育人員或其他專業人士往往依賴篩選來鑑定與評量學生。篩選可以提醒父母和教師，了解其學生可能有嚴重生理、情緒、學習或行為問題，或者是某方面有優異的潛能或成就表現。

在本質上，篩選決定是必要的行政行為。讓所有被學校轉介出來的學生接受粗略的測試，以確定任一學生是否需要進一步更為密集的評量。就像定期檢查視力和聽力，來確認視力和聽力有問題的學生一樣，實施智力測驗以確定需要特別關注的學生（智能障礙或資賦優異）；而成就測驗就是測量學生已被教過和學習過的內容，來確認遭遇學業困難而需進一步評量的學生。

篩選的目標在於獲得完整的運作圖像，而不是詳細分析特定的優缺點。篩選主要是針對是否有潛在問題或優異特質需要進一步加以注意？其歷程包括運用下列形式，如圖 1-3。

篩選歷程運用的形式	
	標準化篩選測驗
	篩選用檢核表及量表
	行為觀察
	語言觀察
	視力檢查結果
	聽力檢查結果
	醫學報告
	進展紀錄
	介入記錄
	教育史
	學校史
	家長面談紀錄

圖 1-3　篩選歷程運用的形式

由於篩選屬於初期階段，有其醫學來源，經常會使用到醫學篩選實務的用語，例如：我們會認定篩選上表現不佳的學生是處於危險性的。就身心障礙類學生來看，如果學生在篩選測驗上表現不佳，但是在持續追蹤評量上表現正常或良好時，我們會將其稱為「**偽陽性**」（false positive），有時學生在篩選時沒有顯現出問題，後來卻被發現有問題，我們會將其稱為「**偽陰性**」（false negative）。

此外，在篩選學生上仍有一些相關細節要說明，下面將就篩選工具與限制、預防措施及應用時機等方面加以描述。

（一）篩選工具與限制及預防措施

篩選工具包括各種測驗、評定量表、檢核表及直接觀察的技術。這些工具包含團體和個別測驗。由於它們提供行為的概觀，而不是深入分析行為，鑑定與評量者通常需要大約 15 分鐘至 40 分鐘來實施篩選測驗、填寫評定量表、完成檢核表或記錄直接觀察活動的結果。

發展測驗者編製篩選測驗來測量整個成就表現，而不是測量特定的優缺點。基於此項理由，專業人員必須避免使用篩選測驗來替代全面性的評量；相反地，他們應該依靠篩選工具來協助確定需要進一步評量的學生，以及獲得有關開始介入點與準備做全面性診斷性評鑑時該做些什麼的觀念。

此外，在篩選歷程中，專業人員必須考量許多因素與採取特殊的預防措施。Venn（2013）以及 Peterson（1987）曾確定下列幾項考量與預防措施（如表 1-2）。

表 1-2　篩選學生的考量和預防措施

內　　容
・最好的篩選方法是檢視所有兒童成長和發展的範圍，包括追蹤服務在內。
・篩選者應依據兒童人數（個別、小組或團體篩選）與年齡來計畫特定的程序。
・篩選者應設計程序來回應特別學生的特性，諸如潛在問題的本質、種族背景、母語、地理區域及家庭收入。
・篩選者應確保篩選是服務連續上的一項要素，包括評量和處理。
・專業人員必須避免因篩選所造成的標記。

（二）篩選的應用時機

普通班教師或家長通常在察覺到學生／兒童學業表現不佳或行為不良之後，才會決定轉介學生進行篩選。篩選時，普通班教師或家長應盡可能地描述學生／兒童問題，例如：教師應詳細地界定問題（如大年的國語學習表現情形最差，他在認識國字新詞上特別有困難，譬如學習新的國字新詞與記住先前學習過的國字新詞），而不是廣泛性地描述學生的行為（如學習國語能力不佳），將會更有幫助。

三、鑑定分類和安置學生

完成篩選後，鑑定分類和安置學生這項評量層次就有必要確定問題本質和嚴重性，或者是特定優異的潛能和成就表現，同時決定學生是否符合特殊教育服務的資格。就美國來說，在鑑定分類和安置學生上，各州必須遵循聯邦法令所賦予的程序（Swanson & Watson, 1989; Taylor, 2008）。此外，美國各州都有其特殊規定，例如：在加州某些學生被稱為教育性障礙；有些州則將同類學生稱為學習障礙。有些州視資優學生具有特殊性，而給予特殊教育服務；有些州則未給予特殊教育服務。每州都有其本身提供每種障礙形式特殊教育的標準（Salvia et al., 2016）。至於國內，各直轄市及縣（市）政府都是遵循中央政府所制定法令的特殊教育對象的規定。

不管是採用何種分類系統，美國法令均包含有關評量的特定原則，例如：法令中要求實施測試必須由合格專業人士來進行，亦要求必須由父母參與及提供父母特定權利和責任。這些權利和責任包括父母對於實施測驗的同意、父母參與會議，以及父母對於分類和安置決定的同意。另外，法令也包括父母及其孩子的程序性保護。這些保護包括獨立評鑑的權利與正當程序以解決意見上的分歧。如前所述，我國也有類似規定，但是並不如美國特殊教育法令中的規定來得詳細。

在提供特殊教育服務之前，美國大多數的州會由合格的診斷專家來進行評鑑。2004 年《障礙者教育促進法案》（Individuals with Disabilities Education Improvement Act, IDEIA）規定資格、鑑定分類或安置決定，必須由科際整合評量小組結合學生的父母共同決定，例如：物理治療師與醫師共同合作可以實施特定的測驗與評鑑程序，來決定動作障礙的範圍和本質。基於診斷，IEP 可包括物理治療的服務。同樣地，聽力學家可以實施特定測驗，以確定聽力損失程度和形式。在多數案例上，心理學家和教育診斷人員實施測驗，來確定智力和發展狀況或學術性向能力。其他專家包括語言病理學家、職能治療師和醫學專家，也可以因測驗理由和情境本質而成為評量小組的一員。

在鑑定分類評量上，上述人員負責決定學生資格，然後蒐集資料（也就是實施測驗、系統化的觀察、實施面談等）澄清和決定那位學生符合障礙者服務需求的範圍。雖然在運用測驗作分類決定上仍有許多明顯的問題存在，不過多數聯邦和州的規定要求決定是「**測驗本位的**」（test-based）（Venn, 2013）；此項要求是設計來保護學生，如果教師、評量人員和行政人員被要求基於主觀印象來作分類與資格決定，由於主觀印象（如有關學生能力、成就表現及行為的意見和判斷）很難加以量化，往往會造成有關學生鑑定分類和安置決定上的偏差與不公平。我國雖然沒有詳細的測驗本位規定，惟實際上標準化測驗工具在評量上所扮演的角色仍是相當明顯的。

此外，在鑑定分類和安置學生上仍有一些相關細節有必要說明，茲就評量工具與限制及應用時機等方面敘述如下。

（一）評量工具與限制

在鑑定分類和安置這個層次上，大多是由特殊教育人員及其他專業人士進行全面性的、診斷的測驗和程序。不像簡短的篩選測驗，這些測驗和程序包括需花費幾個小時來實施、計分和解釋的深入、複雜的工具和測量系統。在多數案例中，鑑定與評量者會給予一組標準化的、個別化的診斷測驗，依據學生需求和評鑑理由，這些組合可能包括評量智力、情緒行為、學業成就和社會適應的工具。

在分類障礙標記學生與安置過程，主要取決於測驗分數。雖然測驗分數是可以依賴的，但是它們有時卻無法正確預測真正行為或能力。測驗分數會發生問題的原因有多種，例如：有些學生無法在測驗上表現良好，尤其是紙筆測驗；有些學生在測驗情境上表現良好，但是在班上或其他自然環境卻出現學習或行為問題。特別的是，測驗分數提供學生能力水準的指標，但是它們卻無法證實能力。基於這些理由，特殊教育人員應該謹慎使用測驗分數，隨時將限制謹記在心。

（二）鑑定分類和安置學生的應用時機

在下列情節中，評量在鑑定分類和安置學生的歷程上扮演著關鍵性的角色。

範例：決定大年是否符合特殊教育服務的規定

當特殊教育班教師決定推薦大年做進一步鑑定，以決定其是否符合特殊教育服務的規定時，他們要求普通班教師與大年的父母談談測驗的需求。經過父母的同意之後，評量小組人員為大年進行了一組診斷測驗，包括智力、學業成就等的測量。由於大年在書寫語文上的問題，評量小組也實施了國小兒童書寫語文能力診斷測驗。

完成評量報告後，由教育行政單位召集特殊學生評量鑑定委員會議，包含家長、學者和其他專業人士，進行教育性安置的決定。在會議上，先由學校評量小組成員報告初步評量和決定的情形。然後，鑑定委員提問與分享他們共同的結論，認為大年書寫語文上的問題是導致學習障礙的原因。最後，在作決定時，鑑定委員依賴測驗結果、普通班教師和家長的意見，與觀察的評量資料，同意大年合於進入資源班的資格。不久，學校就將大年安置進入學習障礙的資源教室方案中。

上述情節顯示，鑑定分類與安置學生接受特殊教育過程中會涉及到的許多步驟。因此，安置學生至少花費相當時日方能完成。安置之後，就進入評量的第四個層次：「學生的教育性方案」。

四、學生的教育性方案

學生教育性方案的評量提供特殊教育人員有關發展長期和短期教學目標、建立介入優先順序與評鑑教學成效等教育性決定所需的資料。教育性方案包括使用班級上的評量作為每日教學的部分，使得教學歷程包括評鑑學生有關特定教學目標的成就表現。對特殊教育教師來說，針對教育性方案所做的評量是最重要的歷程之一，若是缺乏這種評量，特殊教育教師就無法充分回應學生的成就表現和個別的學習需求。

此外，在學生教育性方案上仍有些相關細節要說明，以下將就評量工具與限制及應用時機等方面描繪如下。

（一）評量工具與限制

雖然學生教育性方案的歷程會使用到標準化測驗，但是它往往依賴班級本位的、教師設計的評量工具和程序，這些程序包括各種測量（如學生成就表現的檢核表及教師自編測驗等）。教師觀察和主觀印象也是一種教育性方案的重要評量要素。Salvia 與 Hughes（1990）曾將「觀察」界定為結構性和非結構性傾聽和注視學生的方法，以利方案的決定。「結構性觀察」是使用表格來描繪學生的行為，而印象乃是教師與學生互動一段時間後，所做的「非結構性」結論和判斷，例如：教師可以依據與學生直接互動及與其他教師的晤談所形成的主觀印象，來決定使用某種教學方法。

特殊教育人員為學生教育性方案所做的評量，有部分是繫於主觀性評鑑。雖然主觀的資料是教育性方案上一項重要資料，不過它可能會對學生造成偏見。基於這項理由，評量應該包括主觀評價以外的方法，來作為決定教學目標和教學活動的優先順序。若能採用類似連貫評量、教學與評鑑系統的測驗（如 3 歲至 6 歲的 AEPS）會是不錯的選擇。

（二）學生教育方案的應用時機

以大年為例，特殊教育教師依賴評量歷程的相關資料作為設計個別化教育方案的指南。此外，教師使用評量資料來決定大年在普通和特殊教育環境中接受何種教學服務。最後，評量亦有助於決定著重於那種目標、首先教授何種短期目標，以及採取個別或團體教學的方法。

五、測量學生進展情形

最後，評量資料可以用來驗證學生的進展情形，以及說明在指定教學上是否已經達到特定的行為目標。評量學生的進展情形，包括形成性與總結性評量。根據 Bricker 與 Gumerlock（1988）的看法，測量和評鑑學生進展情形需要評量每日與整體的進展情形。特殊教育教師也可以透過評量學生進展情形來監督教學方案的成效，並確保特殊教育服務能夠符合學生的特殊需求。

另外，在測量學生進展情形上仍有一些相關細節需要說明，茲就評量工具與限制及應用時機等方面敘述如下。

（一）評量工具與限制

特殊教育人員評量學生每天的進展情形時，他們主要是依賴非正式評量程序。這些程序通常包括教師自編測驗及其他與課程直接有關的學生進展情形測量，例如：(1)班級測驗、學習單的分數；(2)錯誤類型分析的結果；(3)教師觀察和主觀印象；(4)行為管理資料。

特殊教育教師可以使用各種評量技術來監督學生每日的進展情形，包括記錄成績的表現及寫下觀察和主觀的印象。教師如果一再地測量學生進展情形時（如一個學期），他們通常會依賴「**課程本位評量**」（curriculum-based assessment, CBA）工具。這種工具包括由課程指引和能力測驗獲得的能力檢核表，當它與每日的教學內容相符時，這些課程本位評量和檢核表是最好的。

至於學生整體進展情形的測量，通常是以學期作為單位，要求教師運用標準化測驗，而不是非正式測量。標準化測量包括單一學業成就測驗與標準化行為評定量表，這種測量整體進展情形可以提供有關教學成效，與比較學生間成就表現等作決定的資料。

惟對教師來說，這種評量形式的主要限制是它可能成為獨自的、耗時的任務。在回應此種限制上，專家已經發展了評量程序（通常指課程本位評量）給需要測試在班上和方案上所教授內容的教師；這些課程本位評量程序可以協助教師採取實用的方式，來評量學習和教室行為。

（二）測量學生進展情形的應用時機

節威的教師透過在每週結束時，讓節威大聲地朗讀一篇文章，來測量他每天上國語課的進展情形，同時計算節威犯錯的數目和類型。教師將其用圖表呈現出來，詳細描繪節威具體的進展情形。

另外，教師也運用能力檢核表測量了節威每季的進展情形，並在學期末施予正式的成就測驗。這項評量資料結合班級本位的資料，提供了下學期撰寫節威個別化教育計畫的資料。

六、結語

綜上所述，特殊教育學生評量歷程發生在下列五個層次，如圖 1-4。

轉介學生	篩選學生	鑑定分類和安置學生	學生的教育方案	測量學生的進展情形

圖 1-4　特殊教育學生評量歷程

雖然這些評量層次存在著差異性，不過也有相似的地方。這些差異包括每個層次的評量目的與每個階段歷程上評量程序的形式。轉介和篩選學生通常在評量歷程的初期階段，它們常是一種簡短且相當簡單的歷程；相對地，鑑定分類和安置學生則通常包括複雜的和正式的診斷測驗程序。學生的教育性方案與測量學生的進展情形則較少憑藉正式的評量程序，而是直接與教學歷程相連。至於評量類別之間的相似情形則包括特殊教育上所有評量的目的：「提供資料以設計符合特殊需求學生的 IFSP、IEP 或 ISP」。

第四節　專業團隊或小組評量取向

一、現行法律的規範

依據教育部 2015 年 7 月 3 日修正發布之《特殊教育支援服務與專業團隊設置及實施辦法》第 4 條規定：「各級學校對於身心障礙學生之評量、教學及輔導工作，應以專業團隊合作進行為原則，並得視需要結合衛生醫療、教育、社會工作、獨立生活、職業重建相關等專業人員，共同提供學習、生活、心理、復健訓練、職業輔導評量及轉銜輔導與服務等協助。……」由上述規定可見，有關身心障礙學生的重要教育性決定是由專業團隊或小組所完成，而不是單一的特殊教育人員。

所謂「**專業團隊或小組評量取向**」是將不同專業領域的個體結合起來，以貢獻他們的專業能力，並作複雜的決定。這個團隊或小組可能包括下列幾項專業人員，如圖 1-5。

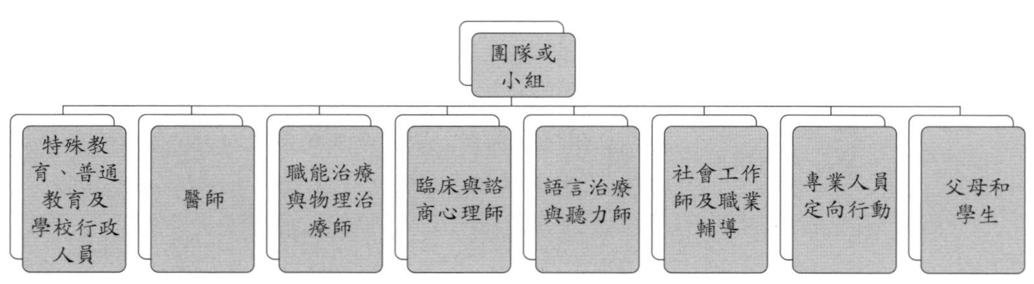

圖 1-5　團隊或小組可能的專業人員

（一）特殊教育、普通教育及學校行政人員

不管是普通教育、特殊教育或行政人員，這些學校教育人員由於每天直接接觸學生，乃是必要的小組成員。教師能夠提供學生發展所有範圍的資料，尤其是學業性成就表現與社會和情意狀況。普通班教師能夠提供有關學生在處理其同儕社會能力的有價值性資料，他們可以描述教學方案的種類與班級所使用的程序，他們的評量程序常常包括團體施測的成就測驗、非正式測驗和量表。因而，他們可以描述障礙學生回應團體教學的方法，並與其他班級同儕相比較。在考量普通班是否為學生最佳的教學環境上，這些資料特別有用。

特殊教育人員則提供有關學生在特定情境下的成就表現資料。他們的評量程序通常更為個別化，他們能夠蒐集有關學業性、語言及行為問題的正式和非正式資料，並將這些資料與普通班教師的資料結合，來比較學生的成就表現。

（二）醫師

我們可以從學生的醫師及其他的醫學專家之處，獲得有關學生的醫學資料。此一資料可能包括視力和聽力篩檢的結果，以及學生目前的身體狀況。

所有的學生都應該篩檢可能的視力和聽力問題。此一篩檢過程通常由醫師來進行，然後將可能有問題的學生轉介給適當的專家。團隊或小組成員特別感興趣的是視力和聽力的問題如何影響到評量的成就表現與後續的方案計畫。

醫師也可能報告有關任何相關聯的健康問題、症狀或疾病，而小兒科醫師、神經心理學家、精神病理學家與其他的醫師也可能包括在內。另一項小組成員感興趣的是，學生目前是否正在接受任何醫學處理，諸如藥物治療等。所有醫學資料都應該報告其在教育上的涵義。在任何醫學問題上，團隊或小組成員也應該考量評量與班級成就表現的資料。

（三）職能治療與物理治療師

職能治療（Occupational Therapy, OT）是藉著使用「有目的性的活動」來治療或協助生理、心理、發展障礙或社會功能上有障礙及需要的人，使他們能夠獲得最大的生活獨立性。職能治療師會透過評估、會談，了解個案生理、心理及社會等三方面的功能，然後透過一連串設計過的活動，讓個案去進行，並從中學習、練習或加強，改善各種生活技能和心態，以健全生活。他們亦會透過各式輔具、義肢等設備來改善或代償個案失能的部分，以確保個案生活或就業能力。

根據《職能治療師法》，職能治療師的業務大致包含：職能治療評估、作業治療、產業治療、娛樂治療、感覺統合治療、人造肢體使用之訓練及指導、副木及功能性輔具之設計、製作、使用訓練及指導等。

物理治療（Physiotherapy 或 Physical Therapy）是以一種預防、治療及處理因疾病或傷害所帶來的動作問題之醫療專業。執行這個專業的醫療從業人員稱為物理治療師（Physiotherapist, PT）或物理治療生（Physiotherapist Assistant, PTA）。

物理治療師所擅長的包含：疼痛處理、肌力訓練、關節活動度的增進、心肺功能訓練、小兒物理治療等。因此，他們會以適切的評估診斷，然後提供對個案最適當的物理治療手段與訓練方法。

這兩類專業人員，對於某些特殊教育對象通常可以提供評估、IEP 和教學上的建議，例如：肢體障礙（含腦性麻痺）、多重障礙、發展遲緩幼兒等。

（四）臨床與諮商心理師

心理師包括臨床及諮商心理師，這兩種心理師的業務範圍非常類似。依《心理師法》的規定，**臨床心理師**（Clinical Psychologist）可以獨立對所有個案進行心理衡鑑，但**諮商心理師**（Counseling Psychologist）不能為精神病或大腦疾患的個案進行心理衡鑑（如表 1-3）。

臨床心理師主要的工作場合為醫療機構，而諮商心理師的工作場合包括學校、

表 1-3　臨床心理師與諮商心理師業務範圍之區別

業務範圍	臨床心理師	諮商心理師
一般心理狀態與功能之心理衡鑑	*	*
精神病或腦部心智功能之心理衡鑑	*	
心理發展偏差與障礙之心理諮商與心理治療	*	*
認知、情緒或行為偏差與障礙之心理諮商與心理治療	*	*
社會適應偏差與障礙之心理諮商與心理治療	*	*
精神官能症之心理諮商與心理治療	*	*
精神病或腦部心智功能之心理治療	*	

基金會等。若經醫師診斷治療後，可找合適的心理師進行心理諮商，進步速度會快一些；如果沒經過診斷而明顯有嚴重症狀，可直接找精神科醫師或臨床心理師；但若較輕微，則直接找心理師就可以了。一般而言，臨床心理師的訓練著重在醫療部分，在處理精神疾病方面的確較令人安心，而諮商心理師所受的訓練較廣泛，但較缺乏精神醫學訓練，在心理諮商過程的處理上較為多樣化，例如：兩性情感、學業壓力、生涯規劃等。

（五）語言治療與聽力師

語言治療師（Speech Therapist）治療個案的類型，包括發音問題（咬字含糊不清）、嗓音（聲音沙啞、喊叫過度）、吞嚥障礙（進食困難）、口吃、失語症、兒童語言發展遲緩，以及各類身心障礙者的口語溝通困難等。

聽力師（Audiologist）的服務內容包括：聽力篩檢、聽力與聽覺評估檢查、內耳平衡系統的檢查與復健、聽障者的聽能復健、助聽器選取、人工電子耳的評估與復健、聽覺輔助器具之選配與諮詢等。

這兩類專業人員可參與語言障礙學生的評量和教學，負責評鑑學生的溝通能力、轉介學生給其他的專家、提供服務與諮詢兒童。

（六）社會工作師及職業輔導

根據《社會工作師法》，**社會工作師**（Social Worker）是指依社會工作的專業知識與技術，協助個人、家庭、團體、社區，促進、發展或恢復其社會功能，謀求其福利的專業工作者。社會工作師以促進人民及社會福祉，協助人民滿足其基本人性需求，關注弱勢族群，實踐社會正義為使命，其執行的業務包含：(1)行為、社會關係、婚姻、家庭、社會適應等問題之社會暨心理評估與處置；(2)各相關社會福利法規所定之保護性服務；(3)對個人、家庭、團體、社區之預防性及支持性服務；(4)社會福利服務資源之發掘、整合、運用與轉介；(5)社會福利機構、團體或於衛生、就業、教育、司法、國防等領域之執行；(6)社會福利方案之設計、管理、研究發展、督導、評鑑與教育訓練等；(7)人民社會福利權之倡導。

（七）定向行動專業人員

視覺障礙者通常需要定向與行動訓練。「定向」是指在行動中運用其他感官知覺及線索和陸標以決定其所在位置，並認知周圍環境；「行動」是指應用其他的感覺和輔助工具，例如：嚮導員、手杖、導盲犬等，從一處走到另一處。定向行動專業人員可協助視覺障礙者，透過定向行動擴展其生活經驗、增進學習機會、建立完整的自我概念。

（八）父母和學生

我國《特殊教育法》的意圖在於將特殊學生父母與學生本人含括在教育性決定歷程中。父母有許多資料對於團隊或小組成員是有利的，他們非常熟悉兒童的行為。

就像教育人員一樣，父母提供許多學生發展範圍上的資料。他們可以詳細提供學生的健康發展史、在家與社區的社會情意行為；可以面談他們同時完成個案史。適當的話，可以觀察他們在家與孩子互動的情形，或者是教導他們蒐集有關家庭行為的非正式觀察。學生也可以提供有關發展所有範圍的資料，面談學生通常可以產生有用的資料。

綜上所述，團隊或小組成員取向對於特殊教育來說並不新穎，但近來卻受到相當的關注。每位小組成員蒐集有關學生的資料並從專業角度來解釋，並與其他小組成員分享。然後團隊或小組成員分析所有的貢獻，並企圖提出最適當的教育性決定。

教育性決定小組的成員充滿變化，不同之目的需要不同的小組成員與專業領域的代表，例如：評量是否符合特殊教育服務的小組，可能要比負責形成同一位學生的個別化教育計畫小組有更多的成員；嚴重障礙的學生可能需要一大群代表更多專業訓練的人員，而輕度障礙學生則較少。許多個人會參與特殊教育小組，這些參與者會對評量和小組的計畫性活動做出許多貢獻。在組合這些團隊或小組成員的意見上，特殊教育人員扮演著重要的角色。

二、專業團隊或小組評量運作模式

依據《特殊教育支援服務與專業團隊設置及實施辦法》第 5 條規定：「專業團隊之合作方式及運作程序如下：

1. 由專業團隊成員共同先就個案討論後再進行個案評估，或由各專業團隊成員分別實施個案評估後再共同進行個案討論，做成評估結果。
2. 專業團隊依前款評估結果，確定教育及相關支持服務之重點及目標，完成個別化教育計畫之擬訂。
3. 個別化教育計畫經核定後，由專業團隊執行及追蹤。」

在評量特殊教育學生上，不同的專業人員組織起來並產生彼此關聯是具有關鍵性的，但並非所有的專業人員都要涉入。基本上，特殊教育學生評量有下列三種跨科際協同的小組運作模式（Molean, Wolery, & Bailey Jr., 2004; Tuchman, 1996），這些模式亦包含了前述法規所提及之專業團隊合作方式及運作程序在內，茲分述如下。

（一）多專業小組運作模式

多專業（mutli-disciplinary）小組主要是基於醫學模式，前提是專業人員在其本身的專業領域上評量（如圖 1-6）。小組成員獨立實施評量，使用工具或其專業上具代表性的評量程序，然後各自向家庭報告結果，並須試著統合不同專業人員所提供的資訊和建議。由於所涉及的專業人員並非小組運作，而是個別的，不同專業人員之間的互動很少。此種取向常是非友善家庭的，且會對家庭造成負擔和混淆。

小組成員可能會規定或可能加以選擇，來探討經由轉介所呈現出來的問題（例如：語言治療師可能在某項轉介問題中出現，而不需出現在另外一項轉介問題上）。不管小組成員的組成為何，小組中的每位專業人員會評估個案，並對轉介來源提供口頭和書面回饋；不過，這些專業人員並不全然會與小組中的其他成員討論彼此的發現。很顯然的，多專業小組的評量過程會產生相互衝突的結果，家庭或早期介入人員有可能會收到互相矛盾的結果。此外，若缺乏團體整合，家庭可能會發現建議是冗長混亂的，甚至是衝突的（Bagnato & Neisworth, 1991）。

對家庭而言，各自與專業人員會面的多專業取向也是很耗時的。由於許多學前幼兒所確認的發展性問題是多層次的，且常跨越任一學科訓練的專家。因此，

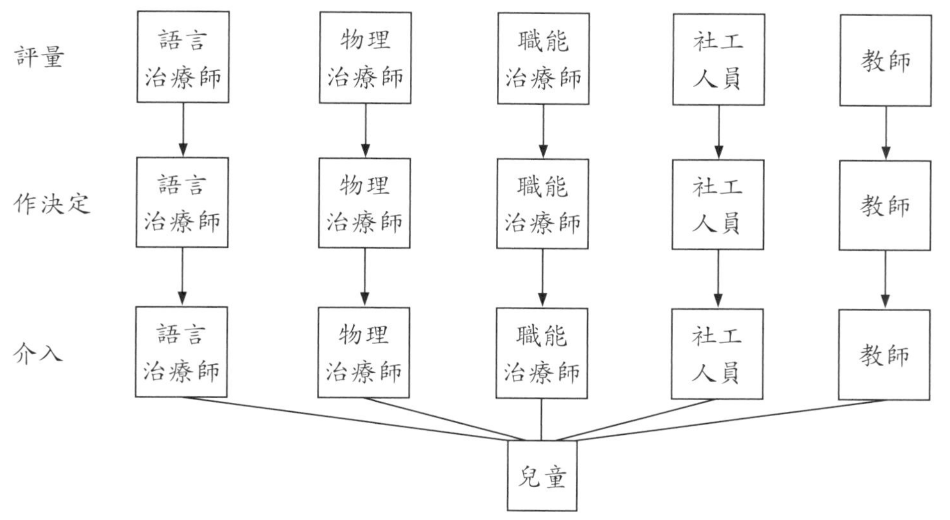

圖 1-6　多專業小組運作模式

專業性協同是必要的。

（二）專業間小組運作模式

專業間（inter-disciplinary）小組是前者的變體，專業人員也是獨立評量（如圖 1-7）。惟不像多專業小組運作模式，這種模式強調小組成員之間的溝通和諮詢，以便使評量和方案計畫的結果更具統合性（McLean & Crais, 1996）。這兩種評量取向所涉及到的專業人員形式和真正數目可能相同，惟其主要差異在專業間小組之成員間的溝通與執行這類評量的企圖（Fewell, 1983）。

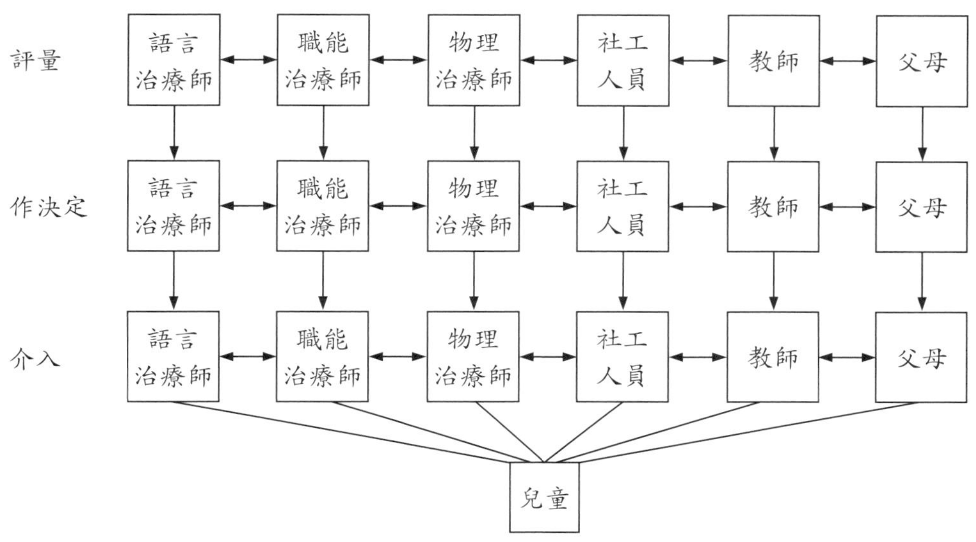

圖 1-7　專業間小組運作模式

專業間小組運作模式包括正式的溝通管道，以求能夠分享跨學科評量活動的結果，並用來發展介入計畫，也強調團體作決定和設定父母成為小組的一部分。專業間小組能夠對於幼兒及其家庭的需求更加統一，設定介入以發展出共同目標成為每種專業方案的一部分。雖然在活動時所融入的溝通，可能對於提供給家庭和轉介來源的資訊有所助益，惟需持續關心任一專業人員可能會支配小組的會議。此外，專業人員或許有機會溝通彼此的發現，惟小組成員不可能完全了解彼此的訓練和專業。尤其，小組成員的各自工作可能發現在其評量結果上的差異（McGonigel, Woodruff, & Roszmann-Millican, 1994）。

（三）跨專業小組運作模式

跨專業（transdisciplinary）小組運作模式是種企圖藉由跨越學科的界限，擴大小組成員間的溝通和協同水準（McLean & Crais, 1996）。基本上，這種評量模式僅有一或二位的小組成員直接對兒童和父母工作，而其他小組成員則觀察這些互動（如圖 1-8）。其資料蒐集的方式，是由專業小組人員與另一專業人員（或催化者）採用某些互動的觀察活動，而展開這種歷程的方法之一就是一位專業人員開始評量（如語言治療師），同時讓其他的專業人員在一旁觀察。前提是不同測試程序的許多項目會產生重疊或是引出類似的行為，例如：語言治療師可能關注兒童是否能夠依循動作任務表現所需的指導，而職能治療師或許最關心兒童的精細動作能力。

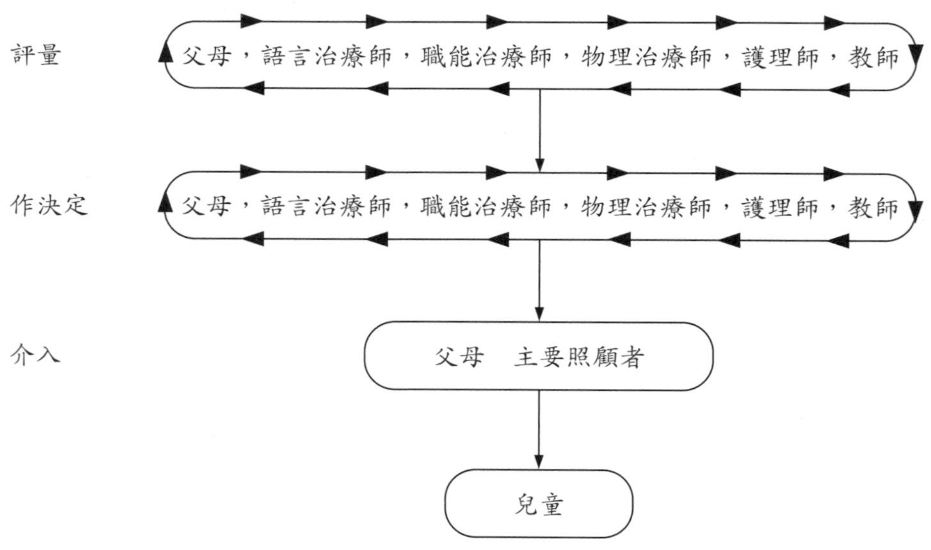

圖 1-8　跨專業小組運作模式

運用跨專業小組運作模式時，專業人員無須重新執行相同形式的項目，而應節省時間，減少練習效果和保留兒童的活力來進行其他任務。這種小組取向的衍生體就是有位催化者與兒童互動，但這位專業人員並不負責任何正式的評量。在評量前階段，小組成員擔任觀察者諮詢指定的個人來執行或促進評量。在此階段，小組成員指示催化者並分享跨學科間的資訊，以引導評鑑的結構。一旦催化者執行評量時，觀察者注意兒童和父母之間互動的所有範圍。在所描繪的評量計畫上，小組成員觀察和記錄所有的發展範圍。除讓每位專業人員獨立評量外，他們也彼此觀察評量並輪流執行其範圍上的特定項目。

在評量案例上，前後兩次的測量項目是類似的，以便使超過一個人以上可以從單一施行中記錄一個項目，例如：學前特殊教育人員在「嬰幼兒綜合發展測驗」上，可能會要求幼兒將積木放入杯中；職能治療師可能會注意幼兒的統整、緊握和鬆開；物理治療師則可能觀察兒童平衡其軀幹的能力；語言治療師可能傾聽其咿呀的聲音或溝通企圖。因此，單一項目可能提供多位專業人員豐富的資訊。這種多專業取向能節省時間，並藉由降低冗長的時間來減少特殊需求幼兒的壓力。

跨專業小組運作模式的潛在弱點，在於它需要多重專業人員較多時間的投注（Benner, 1992）。專業人員需參與小組會議，評量前計畫、觀察或促進評量，參與整合結果的最後會議並形成建議。因此，這種取向是成本大且耗時的。不過，有學者發現跨專業評量要比多專業評量更有效率（Myers, McBride, & Peterson, 1996）。

有關專業團隊申請轉介表，以及專業團隊服務報表，請見本書附錄 3。

第五節　身心障礙學生之評量調整

隨著身心障礙學生參與各種評量與考試的機會增加，如何給予適當的評量調整，又能維護其他學生之權益，應是教育工作者所無法忽視的課題。

評量是了解學生學習成就的重要手段，隨著融合教育的倡導，愈來愈多身心障礙學生安置於普通班，加上不少法規明訂保障身心障礙學生的權益，而政府單位也欲了解所有學生學習表現的成果，便喚起了教育機構對身心障礙學生評量調整或評量修正的高度重視（Salvia et al., 2016）。本節分別就評量調整的意義、目的、法規及爭議等四方面進行探討。

一、評量調整的意義與目的

評量調整是指調整評量的呈現方式或受試者的反應方式，包括呈現型式、反應方式、測驗情境、時間或安排上的各種調整。這些調整並不會改變水準、內容或表現的標準（Mastergeorge & Miyoshi, 1999）。Salvia 等人（2016）也認為，身心障礙學生的評量調整是改變評量的材料或歷程，讓他們能夠順利參與評量和考試，改善因障礙引發的適應問題。

評量調整的目的並不是給予身心障礙學生超越一般學生的機會，而是在於彌補因身心障礙所形成的限制，降低和評量目的不相關之身心障礙特質對於評量結果的影響，使得身心障礙學生也能公平地參與評量或考試。

二、評量調整的相關法規與內涵

許多與特殊教育學生相關之教育政策，有賴法令的訂定及執行，才能有效落實。為了保護身心障礙學生的權益，我國法令對評量調整之相關事宜有許多規範與支持，例如：《特殊教育法》、《特殊教育法施行細則》、《身心障礙學生考試服務辦法》、《身心障礙者權益保障法》、《公務人員特種考試身心障礙人員考試規則》、《身心障礙者職業輔導評量實施方式及補助準則》等。以下僅就《身心障礙學生考試服務辦法》之相關法條的規定，描述考試服務的內涵，如圖 1-9：

第 4 條：考試服務之提供，應以達成該項考試目的為原則。各級學校及試務單位應依身心障礙考生障礙類別、程度及需求，提供考試服務。

第 5 條：考試服務應衡酌考生之考試科目特性、學習優勢管道及個別需求，提供適當之試場服務、輔具服務、試題（卷）調整服務、作答方式調整服務及其他必要之服務。

三、評量調整的爭議課題

為身心障礙學生提供評量調整雖有其必要，然而目前仍衍生出不少爭議課題。以下茲就評量效度、公平性、評量調整是否應與 IEP 目標相結合，以及決定調整的標準等方面進行探究。

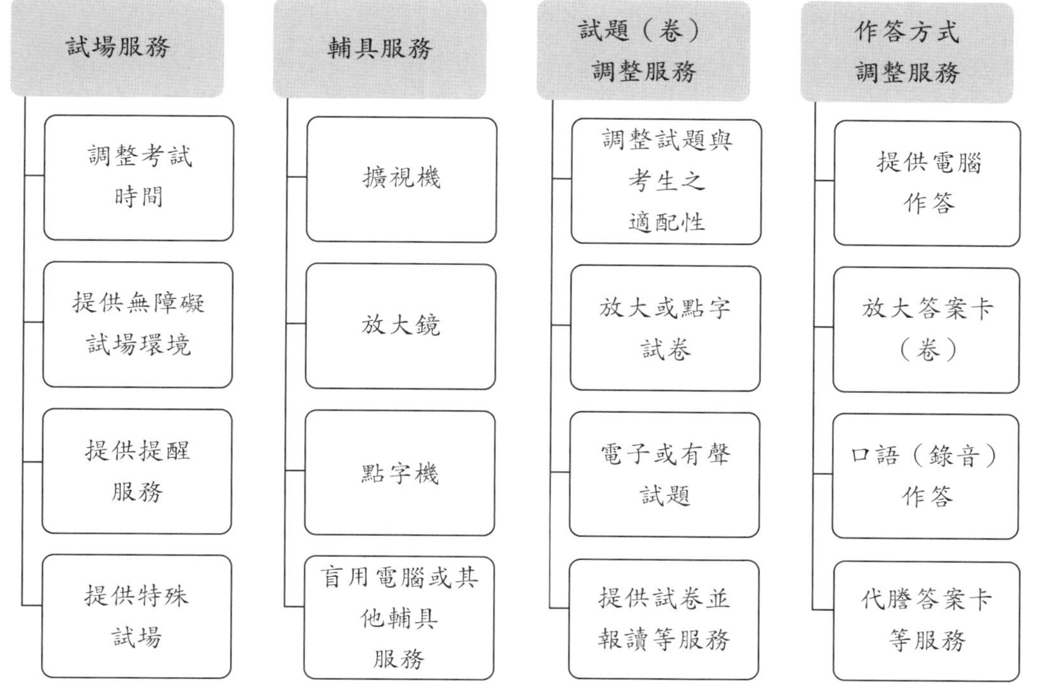

圖 1-9　身心障礙學生考試服務／內涵

（一）評量效度

效度問題乃是評量調整最大的爭議課題（Kosciolek & Ysseldyke, 2000）。因為某些障別的學生（如視覺、聽覺及肢體障礙）較容易藉由評量調整而獲益，會比心智障礙者（如自閉症）的表現佳（Simpson, 1999）。原因是感官及生理障礙者通常只要移除因障礙而形成的限制或改變試題呈現方式即可協助學生，較不會影響到評量效度，但心智障礙者由於認知能力上的障礙，常需改變考題型式，才能使他們獲益，惟這也會使評量效度受到影響，進而造成提供心智障礙者評量調整措施受到質疑。有學者認為，IEP 小組有責任解決相關的問題與爭議，他們必須敏銳地覺察出評量所欲測量的構念或技能，才能做出合理的評量調整之決定（Venn, 2013）。

（二）公平性

評量調整的公平性議題，也存在許多不同的論點，例如：使用評量調整的學生需要在其成績上予以註明嗎？對不同障別的身心障礙者評量調整所獲致之分數具有相較性嗎？有研究指出，普通班教師認為只對身心障礙學生實施評量調整是不公平的（Jayanthi, Epstein, Polloway, & Bursuck, 1996）；但也有研究指出，評量調整後所得的成績應在成績單上加註說明，並提供身心障礙學生評量調整措施並不會損及普通學生的權益（張萬烽、鈕文英，2010；陳明聰、張靖卿，2004）。

事實上，若無適切的評量調整措施，對身心障礙學生也是很不公平的。因此，如何在兼顧公平與權益的平衡下實施評量調整是必須要面對的課題。

（三）評量調整是否應與 IEP 目標相結合

評量調整是否應與 IEP 目標相結合呢？目前並沒有明確的規範。身心障礙學生通常會依據所要參與的正式評量或考試，提出申請並接受審核。不過，國內研究顯示特殊教育教師與行政人員都認為應該把評量調整方式納入 IEP，而且申請的調整方式應是學生平時學習評量時即已使用的（陳明聰、張靖卿，2004）。國外亦有學者有相同的看法（Cortiella, 2005; Venn, 2013）。

因此，各教育階段學校應重視身心障礙學生在校之評量調整措施，並在 IEP 中擬定與執行，以便作為日後申請升學考試或是下階段教育銜接之參考。

（四）決定調整的標準

評量調整的對象只限於身心障礙學生嗎？一般學生有特殊需求也可以實施嗎？此不僅備受質疑，也有爭論（Polloway, Patton, Serna, & Bailey, 2012）。評量調整的對象到底要具備什麼資格？目前對此尚無定論。不過，國內在學校或大型考試申請評量調整的規定，大都是針對擁有身心障礙證明，或是經各級主管機關特殊教育學生鑑定及就學輔導會鑑定為身心障礙學生，對於不具資格但卻有評量調整特殊需求的學生，則需相關單位訂定評量調整申請方式，以保障其權益。

第六節　素養導向教學及評量與特殊教育學生

一、核心素養的涵義

自 111 學年度起，「十二年國民基本教育課程綱要總綱」就要正式逐年實施。為了落實十二年國民基本教育課程的理念與目標，這份總綱以核心素養做為課程發展之主軸，以利各教育階段之間的連貫，以及各領域／科目之間的統整。「**核心素養**」（essential literacies）是指一個人為適應現在生活及面對未來挑戰，所應具備的知識、能力與態度。「核心素養」強調學習不宜以學科知識及技能為限，而應該關注學習與生活的結合，透過實踐力行來彰顯學習者的全人發展（參見 https://www.naer.edu.tw/）。

二、素養導向教學設計與實施原則

素養導向教學設計與實施應掌握下列四項基本原則，如圖 1-10（洪詠善，2018）：

1. **整合知識、能力與態度**。例如：國語文教學除了內容學習外，應培養學生能廣泛閱讀各類文本，運用各種科技資訊及媒體素材，進行檢索、擷取、統整、閱讀、解釋及省思，並應用於其他領域，及活用與生活情境中。
2. **重視情境與脈絡的學習**。例如：數學領域長方體與正方體的學習，可透過聖誕節禮物包裝盒的創意設計，提供學生理解與實作長方體與正方體外，還應能以美感與創意處理生活問題。

整合知識、能力與態度	重視情境與脈絡的學習	重視學習歷程、方法及策略	強調實踐力行的表現
教師應調整偏重學科知識的灌輸式教學型態	教材與教學設計，無論提問或布置，能重視情境與脈絡化的學習	教材與教學設計，除了知識內容學習外，應強調學習歷程及方法的重要	教學設計要提供學習者活用與實踐所學的機會
透過提問、討論、欣賞、展演、操作、情境體驗等學習策略與方法	引導學生主動與周遭人事物及環境互動中觀察現象，尋求關係，解決問題	使學生喜歡學習及學會如何學習	關注學習者的內化及學習遷移與長效影響
引導學生創造與省思	關注如何將所學轉化為實踐的知識，落實於生活中		
提供學生更多參與互動及力行實踐的機會			

圖 1-10　素養導向教學設計與實施應掌握的基本原則

3. **重視學習歷程、方法及策略**。例如：自然科學領域教學除了教導重要概念或事實外，應培養學生從觀察、實驗歷程，學習探索證據、回應不同觀點，並能對問題、方法或資料進行檢核，進而解釋因果關係或提出可能的問題解決方案。
4. **強調實踐力行的表現**。例如：社會領域教學除了知識學習外，應培養學生對公共議題的思辨與對話，及探究與實作等。

三、十二年國民基本教育下的特殊教育

特殊教育為十二年國民基本教育中不可或缺的一環。由於國內受到正常化原則、回歸主流、統合、最少限制的環境，以及完全融合等特殊教育理念和思潮的衝擊影響下，特殊教育學生（尤其是身心障礙學生）在一般學校的集中式特殊教育班、分散式資源班、巡迴輔導，甚或全時都在普通班接受特殊服務的趨勢愈來愈明顯，如表 1-4。

表 1-4　109 年度高級中等以下各教育階段身心障礙學生安置概況

類型別		人數（%）
一般學校（N=111,033）	集中式特殊教育班	12,276（11.1）
	分散式資源班	63,099（56.8）
	巡迴輔導	22,092（19.9）
	普通班接受特殊教育服務	13,566（12.2）
特殊教育學校（N=5,021）	集中式特殊教育班	4,953（98.6）
	巡迴輔導	64（1.3）
	普通班接受特殊教育服務	4（0.1）

資料來源：109 年度特殊教育統計年報。

然而，這些安置結果也充分地反映了高級中等以下各教育階段學校的特殊教育學生與教師，都無法自外於這股課程、教學與評量改革的現實浪潮中，唯有調整與因應之途。

四、素養導向評量

素養導向評量之「導向」二字意味著期望透過適當的評量實務，引導並落實能夠培養學生核心素養和領域／科目核心素養的課程與教學。素養導向的課室評量原則如下（參見 https://www.naer.edu.tw/）：

- 評量方式應多元化。
- 不僅評量知識與技能，也要評量態度和行為。
- 重視學習成果，也重視學習歷程。
- 紙筆測驗應包含素養導向試題，也應保留評量重要知識與技能的試題，但是要盡量避免機械式記憶與練習的題目。
- 素養導向的紙筆測驗強調運用跨領域核心素養或領域／科目核心素養，以理解或解決真實情境中的問題。
- 素養導向試題的設計應盡量符合真實而合理的問題情境，避免不合理或不必要的情境安排。

針對素養導向紙筆測驗，以下兩項基本要素可作為命題之依據（國家教育研究院，2014）：

- **強調真實的情境與問題**。素養導向較強調應用知識與技能，解決真實情境脈絡中的問題，試題應盡可能接近常態生活情境或學術探究之真實世界中會問的問題。
- **強調總綱核心素養或領域／科目核心素養、學科本質及學習重點**。跨領域核心素養是指，就像「十二年國民基本教育課程綱要總綱」所定義的三大面向、九大項目中所指出之符號運用、多元表徵、資訊媒體識讀與運用，以及系統性思考等跨領域／科目的共同核心能力，並不是專指跨領域／科目的題材。至於各領域／科目的素養導向評量強調「學習表現」和「學習內容」的結合，並應用於理解或解決真實情境脈絡中的問題。

五、素養導向評量示例

特殊教育學校師資類科「學習者發展與適性輔導」素養導向範例試題（資賦優異組），如下。

題目			
每年7月是高中免試入學新生報到的月份，也是辦理高中學術性向資優班學生入班鑑定評量的時刻。柏恩為經特殊教育學生鑑定及就學輔導會（以下簡稱鑑輔會）鑑定安置於分散式身心障礙資源班的國中應屆畢業生，在他的鑑定證明及個別化教育計畫（IEP）中載明「評量服務」為：特殊試場（安排在一樓或靠近電梯試場）、提早5分鐘入場；在「能力分析」項目中記載：喜歡閱讀，閱讀速度快速、作文能力佳且擅長寫書法，曾參加全國語文競賽獲得作文組特優、寫字組優等。 柏恩入學高中後，想參加高中學術性向資優班入班鑑定，在報名同時向學校提出特殊應考服務申請，他提出申請的項目有：安排在一樓或靠近電梯的獨立特殊試場、提早5分鐘入場、報讀試題、代謄答案卡、延長考試時間20分鐘等項目。學校在收到柏恩的申請書後，隨即檢附申請書及相關證明文件提交鑑輔會審議；最後，鑑輔會核定提供柏恩的特殊應考服務為：提早5分鐘入場及特殊試場（安排在一樓或靠近電梯試場）。			
	素養評量指標	評量內容	配分
問題一：依柏恩的個別化教育計畫（IEP）、考場需求服務申請及鑑輔會核定應提供之評量服務項目，請問柏恩最有可能是下列哪一種障礙類別？並請說明回答「是」或「否」的理由。 (A)視覺障礙（是／否，理由：______________） (B)聽覺障礙（是／否，理由：______________） (C)肢體障礙（是／否，理由：______________） (D)語言障礙（是／否，理由：______________） **參考答案**：C為是，A、B、D皆為否。 **理由**： (A)因鑑輔會未核定報讀試題、代謄答案卡等服務項目，故非視覺障礙學生。(B)因所提申請及鑑輔會核定之服務項目，均未包含聽覺障礙學生相關之試場、輔具（助聽器、調頻器）、試題／卷或作答方式調整等服務項目，故非聽覺障礙學生。 (C)依鑑定證明、IEP所載及鑑輔會核定之服務項目，均為：提早5分鐘入場及特殊試場（安排在1樓或靠近電梯試場），故推論為肢體障礙學生。 (D)因鑑輔會核定項目單純（僅：提早5分鐘入場、安排在1樓或靠近電梯之特殊試場），並未核定：報讀試題、代謄答案卡、延長考試時間20分鐘等服務項目，故非語言障礙學生。	3.了解特殊需求學生的身心特質，應用適切的篩選轉介與鑑定評估，提供適切的教育與支持服務。	2.主要為特殊教育學生的鑑定、鑑定評量與安置，例如：篩選、評估、轉介、鑑定、安置；評量策略、方法、工具運用、結果解釋與應用。	6

（續下表）

（承上表）

	素養評量指標	評量內容	配分
計分規準：滿分：6 分；每題選項答對各 0.5 分，說明理由正確或充足各 1 分。 **設計理念**：由鑑定證明、個別化教育計畫（IEP）所載及鑑輔會核定的評量服務項目，推測學生可能的身心障礙類別。			
問題二：柏恩若想進入高中語文性向資優班，以下何者是高中語文資優鑑定初／複選採用的測驗及通過標準？並請說明回答「是」或「否」的理由。 (A)智力測驗百分等級 97 以上（是／否，理由：____________） (B)實作測驗百分等級 97 以上（是／否，理由：____________） (C)語文性向測驗百分等級 97 以上（是／否，理由：____________） (D)語文成就測驗百分等級 97 以上（是／否，理由：____________） **參考答案**：C、D 為是，A、B 為否。 **理由**：依據《身心障礙及資賦優異學生鑑定辦法》第 16 條第 2 項第 1 款略以，學術性向資賦優異之鑑定基準為與鑑定類別相關之學術「性向」或「成就」測驗得分在「平均數正 2 個標準差」或「百分等級 97 以上」，並經專家學者、指導教師或家長觀察推薦，及檢附專長學科學習特質與表現卓越或傑出等之具體資料。(A)學術性向資優鑑定，不須實施智力測驗。(B)實作測驗非標準化測驗工具，且非全國常模，故通過標準不宜訂為百分等級 97 以上。(C)語文性向測驗百分等級 97 以上，符合鑑定基準規定。(D)語文成就測驗百分等級 97 以上，符合鑑定基準規定。 **計分規準**：滿分：4 分；每題選項答對各 0.5 分，說明理由正確或充足各 0.5 分 **設計理念**：依現行學術性向資優鑑定基準研判語文資優鑑定所採用的測驗及通過標準。	3.了解特殊需求學生的身心特質，應用適切的篩選轉介與鑑定評估，提供適切的教育與支持服務。	2.主要為特殊教育學生的鑑定、鑑定評量與安置，例如：篩選、評估、轉介、鑑定、安置；評量策略、方法、工具運用、結果解釋與應用。	4

（續下表）

（承上表）

	素養評量指標	評量內容	配分
問題三：針對柏恩的優勢能力及障礙特質，學校該提供哪些特殊教育支持及服務？請各舉出兩項支持性服務。 **參考答案：** 1.依據優勢能力：(1)進行語文科課程調整教學；(2)提供優勢才能發展機會，例如：推薦閱讀書單、加強創意寫作、書法等進階充實活動或提供國語文競賽相關資訊。 2.依據障礙七特質：(1)調整學校或教室的物理環境；(2)安排適性體育課程 **計分規準：**滿分：4 分；因應優勢能力、障礙特質，各列舉答案涵蓋以上兩項說明 2 分；一項說明 1 分。 **設計理念：**依學生雙重殊異的特質，提供相關正向支持環境與服務。	2.了解特殊教育學生的殊異性並提供相關支持服務。 4.了解正向支持的原理與方法，並應用於學習環境規劃與營造、親師生關係、學生自主學習與自我決策。	4.主要為特殊教育學生的相關專業服務與需求支援，例如：相關資源運用、支持體系運作、專業團隊合作、家庭支持。	4

第七節　評量的法律與倫理課題

一、法律課題

許多評量學生的實務是立法、原則或法庭判例的直接結果。如果你面談各直轄市和縣（市）特殊教育的主管，並詢問他們為何要評量學生，他們會告訴你評量學生可以提供教導學生的最佳資料；這些主管也可能告訴你評量學生係因法律的要求。

國內管理特殊教育學生的法令──《特殊教育法》，自 1984 年起，迄今已歷經多次的修正，這項法令對於特殊教育學生的鑑定、安置及輔導提供了原則性的規範，如表 1-5。

表 1-5 《特殊教育法》制定與修正之演變

1984 年，《特殊教育法》制定公布全文 25 條
1997 年，《特殊教育法》修正公布全文 33 條
2001 年，《特殊教育法》修正發布第 2～4、8、9、14～17、19、20、28、31 條條文
2004 年，《特殊教育法》增訂公布第 31-1 條條文
2009 年，《特殊教育法》修正公布全文 51 條
2013 年，《特殊教育法》修正公布第 3、14、23、24、30、33、45 條條文；並增訂第 30-1 條條文
2014 年，《特殊教育法》修正公布第 10、17、24、32 條條文
2019 年，《特殊教育法》修正公布第 14、26、47 條條文；增訂第 28-1 條條文

2009 年修正通過的《特殊教育法》，全文從 1997 年原來 33 條條文，擴充到 51 條條文，該法對於特殊教育學生評量會產生很明顯的影響（教育部，2012a），如表 1-6。

表 1-6 與特殊教育學生評量有關之《特殊教育法》部分條文內容

條文	內容	相對應的子法
第 3 條	本法所稱身心障礙，指因生理或心理之障礙，經**專業評估及鑑定**具學習特殊需求，須特殊教育及相關服務措施之協助者……。	—
第 4 條	本法所稱資賦優異，指有卓越潛能或傑出表現，經**專業評估及鑑定**具學習特殊需求，須特殊教育及相關服務措施之協助者……。	—
第 6 條	各級主管機關應設**特殊教育學生鑑定及就學輔導會**（以下簡稱鑑輔會）……。	教育部特殊教育學生鑑定及就學輔導會組織及運作辦法
第 12 條	為因應特殊教育學生之教育需求，其教育階段、年級安排、教育場所及實施方式，應保持彈性。特殊教育學生得視實際狀況，**調整其入學年齡及修業年限**……。	特殊教育學生調整入學年齡及修業年限實施辦法

（續下表）

（承上表）

條文	內容	相對應的子法
第 16 條	各級主管機關為實施特殊教育，應依鑑定基準辦理身心障礙學生及資賦優異學生之鑑定。	身心障礙及資賦優異學生鑑定辦法
第 17 條	幼兒園及各級學校應主動或依申請發掘具特殊教育需求之學生，經監護人或法定代理人同意者，依前條規定鑑定後予以安置，……。各主管機關應每年重新評估前項安置之適當性……。	—
第 19 條	特殊教育之課程、教材、教法及評量方式，應保持彈性，適合特殊教育學生身心特性及需求……。	特殊教育課程教材教法及評量方式實施辦法
第 21 條	對學生鑑定、安置及輔導如有爭議，學生或其監護人、法定代理人，得向主管機關提起申訴，主管機關應提供申訴服務。……。	身心障礙及資賦優異學生鑑定辦法
第 22 條	各級學校及試務單位不得以身心障礙為由，拒絕學生入學或應試。各級學校及試務單位應提供考試適當服務措施……。	身心障礙學生考試服務辦法
第 23 條	身心障礙教育之實施，各級主管機關應依專業評估之結果，結合醫療相關資源，對身心障礙學生進行有關復健、訓練治療。……。	—
第 24 條	各級主管機關應提供學校輔導身心障礙學生有關評量、教學及行政等支援服務，……。各級學校對於身心障礙學生之評量、教學及輔導工作，應以專業團隊合作進行為原則……。	特殊教育支援服務與專業團隊設置及實施辦法
第 41 條	各級主管機關及學校對於身心障礙及社經文化地位不利之資賦優異學生，應加強鑑定與輔導，並視需要調整評量工具及程序。	—

在美國也有幾項聯邦法規會影響到特殊教育的評量，主要的法律和倫理課題之一就是學生和家庭隱私權的保護，尤其是評量方面。1974 年的《家庭和教育權利及隱私法》（Family and Educational Rights and Privacy Act, FERPA）與 2004 年《障礙者教育促進法案》（IDEIA）都透過法令規定，限制接觸學生的測驗分數和結果，來確保學生的隱私權利，以及要求學校必須獲得來自父母或法定監護人的同意，方能評量學生，以決定其是否合於接受特殊教育的資格。

下面將就美國和我國法律中有關 IEP、保障評鑑程序、最少限制環境和正當程序等條款作進一步的比較說明。

（一）個別化教育計畫條款

美國 2004 年之《障礙者教育促進法案》（IDEIA），制定所有障礙學生有權利接受免費的、適性的公立教育。針對每位障礙學生，學校必須要有IEP。IEP必須依據科際整合小組所進行的全面性評量，小組不僅需要詳細描述長短期目標，還要有實施教學方案的計畫，以及必須詳細說明進展情形和評鑑的方法。

這份計畫是由父母、專業人士及學生共同發展出來的書面文件，父母擁有同意計畫內容的權利。根據該法的規定，IEP 應包括六項因素，能描述提供接受特殊教育服務學生適性的教育（如表 1-7）。

表 1-7　IEP 中的要素

1. 兒童目前的教育成就表現水準。
2. 年度目標，包括長短期教學目標。
3. 陳述特定的特殊教育與相關服務。
4. 兒童參與普通教育方案的範圍。
5. 服務開始的日期與結束日期。
6. 適當的客觀性目標、每年至少評鑑一次，以確定短期目標是否達成。

IEP的要素有幾項法令上的委任，包含評量特殊教育學生的特定原則。在IEP歷程上的評量基礎是一種評價方法，稱為**診斷處遇模式**（Diagnostic-Prescriptive Model, DPM）。診斷處遇模式是種診斷系統，包括實施初期的評鑑，以確定目前的成就水準（診斷），運用這些結果來決定適當的介入目標（處遇），以及實施定期性的再評鑑，來測量進展情形或重新修正目標（Venn, 2013）；這種模式也稱作**測驗—教學—測驗法**（test-teach-test method）。教師在運用這種方法時，需事先測驗學生以了解其學習需求，然後依照這些需求所建立的課程來進行教學。教學後，教師須對學生實施後測，必要時修正其教學。正如 IEP 的規定，實施此一模式包含下列步驟：

1. 評量學生，以確定其目前的成就表現水準（IEP 要素一）。
2. 依照長短期目標來教導學生（IEP 要素二）。
3. 重新評量學生，以決定其符合目標的進步情形（IEP 要素六）。
4. 根據重新評量的結果來書寫新的長短期目標（法令要求IEP應每年重寫）。

1986年的《身心障礙教育修正案》（公法99-457）也賦予使用類似的評量歷程，但是該項法令增加了評量3歲前幼兒家庭的需求。

至於國內，我們也有「個別化教育計畫條款」，例如：我國《特殊教育法》第28條規定：「高級中等以下各教育階段學校，應以團隊合作方式對身心障礙學生訂定個別化教育計畫，訂定時應邀請身心障礙學生家長參與，必要時家長得邀請相關人員陪同參與。」第28-1條規定：「為增進前條團隊之特殊教育知能，以利訂定個別化教育計畫，各主管機關應視所屬高級中等以下各教育階段學校身心障礙學生之障礙類別，加強辦理普通班教師、特殊教育教師及相關人員之培訓及在職進修，並提供相關支持服務之協助」（教育部，2019）。

而《特殊教育法施行細則》第9條規定：「……個別化教育計畫，指運用團隊合作方式，針對身心障礙學生個別特性所訂定之特殊教育及相關服務計畫；其內容包括下列事項：

1. 學生能力現況、家庭狀況及需求評估。
2. 學生所需特殊教育、相關服務及支持策略。
3. 學年與學期教育目標、達成學期教育目標之評量方式、日期及標準。
4. 具情緒與行為問題學生所需之行為功能介入方案及行政支援。
5. 學生之轉銜輔導及服務內容。……」（教育部，2020）。

另外，《特殊教育法施行細則》第10條亦規定：「……身心障礙學生個別化教育計畫，學校應於新生及轉學生入學後一個月內訂定；……每學期應至少檢討一次。」

（二）保障評鑑程序的條款

美國國會在《障礙者教育促進法案》（IDEIA）上包含了各種設計來保護學校，並協助確保評量程序和活動是公平、正當和無歧視的特定要求。細言之，美國國會有關這方面賦予了下列幾項保障評鑑程序（Guarantee evaluation procedures, GEP）條款，如表1-8。

就國內來說，雖然若干條款有相關的規定，但是並未像美國法案規定的如此詳細，例如：我國《特殊教育法》第41條規定：「各級主管機關及學校對於身心障礙及社經文化地位不利之資賦優異學生，應加強鑑定與輔導，並視需要調整評量工具及程序」（類似條款一）。

（三）最少限制環境條款

最少限制環境（Least Restrictive Environment, LRE）是指身心障礙學生參與普

表 1-8　保障評鑑程序的條款

項目	內涵
條款一	測驗的實施和選擇不可有種族和文化上的歧視。
條款二	採用學生母語或主要的溝通方式來評量學生。
條款三	測驗必須具有效度。
條款四	測驗必須由受過訓練的人員實施。
條款五	學生所使用的測驗必須包括設計來提供有關特定需求的資料，而非僅是一般的智力商數。
條款六	依照學生一種以上的測驗成就表現來作決定。
條款七	評鑑須由科際整合小組進行，至少包括一位教師或其他專家。
條款八	在有關特定障礙的所有領域上評量兒童，包括：健康、視力、聽力、社會和情意、一般智能、學業成就表現、溝通能力，以及動作力。
條款九	必須向障礙兒童的父母通知，說明該機構提議、執行的任何評估程序。

通教育的範圍，包括教育障礙學生與其非障礙同儕。美國國會要求確保身心障礙學生被安置在能擴大他們與一般學生互動機會的環境上。這項法規指出，由於障礙的嚴重性和本質，在普通班接受教育輔以支持性協助和服務無法滿意達成時，才能提供障礙學生接受特殊班、特殊教育學校或其他排除普通班的教育性安置。由於美國法令的規定，每位學生的 IEP 必須包括描述參與普通教育方案的範圍，最少限制環境可以作為「**普通教育改革**」（Regular Education Initiative, REI）的合法基礎與相關的回歸主流實務。

教育人員可能會發現，最少限制環境規定所形成的最為顯著的改變之一，就是所有教師熟悉特殊教育學生的評量程序，而不是僅有特殊教育教師如此。尤其，當更多障礙學生在普通教育情境中接受特殊教育服務時，多數教育人員期望評量程序有較大的改變。最少限制環境的條款已出現案例，一旦出現兩種同樣適合身心障礙學生的安置時，州和聯邦法庭通常會判決最正常的安置方式（Salvia et al., 2016）。

就國內而言，我國的《高級中等學校就讀普通班身心障礙學生安置原則及輔導辦法》中亦有類似的規定，例如該法第 4 條規定：「學校應提供身心障礙學生最少限制之環境，依下列原則安置身心障礙學生就讀普通班：(1)應依學生之個別化教育計畫予以安置，計畫變更時，應重新評估其安置之適當性；(2)應盡最大可能使身心障礙學生與其他學生一同接受適當之教育；(3)身心障礙學生身心狀況明顯改變或有不適應情形時，得調整其安置方式；並不得以課業成績作為使該學生離開普通班之唯一因素。」

（四）正當程序條款

在2004的IDEIA上，美國國會詳細規定學校人員必須遵循的程序，以確保作決定的正當程序（Due process complaint）。細言之，如果決定影響到學生的教育環境時，必須給予學生父母公聽會的機會和正當歷程的權利來解決歧見。學校必須提供父母檢閱紀錄，讓其孩子由獨立的團體評鑑，在作心理教育方面決定時考慮此項評鑑的結果。尤其，在任何教育機構間開始評鑑，而且這項評鑑可能會造成學生安置上的改變之前，父母必須收到書面通知。

有關正當程序的條款，我國《特殊教育法》第21條中亦有類似的規定：「對學生鑑定、安置及輔導如有爭議，學生或其監護人、法定代理人，得向主管機關提起申訴，主管機關應提供申訴服務……」，但是並沒有公聽會的相關規定（教育部，2019）。

二、倫理課題

評量學生的專業人士有責任在合乎倫理行為的情形下進行；除了了解評量的合法委任之外，教師也必須把握有關特殊教育上評量的倫理考量。教育與心理測驗的技術性標準曾由美國教育研究協會（American Educational Research Association, AERA）與全美教育測驗委員會（National Council on Measurement in Education, NCME）於 1984 年提供了最為廣泛的測驗倫理描述。教育公平性測驗實務規則（Joint Committee on Testing Practices, 1988）也是一種專業人員發展和使用測驗倫理責任的良好資訊來源。

在此，我們要引用一些重要的倫理考量，主要是來自美國心理學會的倫理標準（American Psychological Association, 1997）。以下將濃縮介紹這些倫理考量，如圖1-11。

（一）評量人員應對自己所作決定的行為結果負責

評量學生是一種社會行為，有特定的社會和教育行為效果。凡是評量學生並運用該資料作有關學生的決定，而這項決定可能會顯著影響到學生的生活機會的人必須負責其工作的行為後果，而且必須致力於確定他們的服務被適當的使用。

對於評量學生的人來講，這種倫理標準顯示有時要拒絕從事學校想要但是明

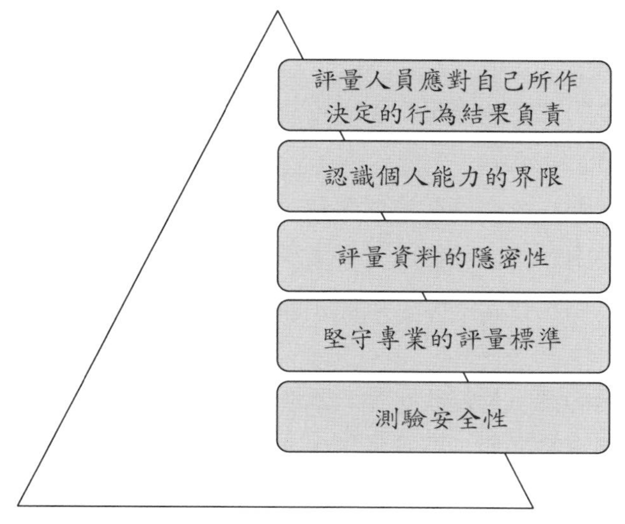

圖 1-11 美國心理學會重要的倫理標準

顯不適當的鑑定與評量活動，同時也隱含著仔細作決定與為所作的決定負責。

（二）認識個人能力的界限

凡是對學生有責任鑑定與評量或作決定的人都有不同的能力程度。不僅專業人員必須從事自我評量，以了解他們的限制，他們也應該認識所用技術的限制。對個體而言，這有時意味著要拒絕從事個人能力不足的活動，以及運用符合認知標準的技巧。

（三）評量資料的隱密性

凡是評量學生的人定期會獲得許多有關這些學生的個人資料。大多數專業組織所主張的一般倫理原則是隱密性，只有在對於個人有立即危險時才能打破這項原則。學校教職員不可以非正式地討論學生在測驗上成就表現結果，同時學生測驗上的成就表現報告只有在測試者或父母或監護人同意下才能解除限制。

（四）堅守專業的評量標準

美國心理學會的聯合委員會（APA）、美國教育研究協會（AERA）及全美教育測驗委員會（NCME）曾出版一份文件標題為「教育心理測驗標準」（Standards for Educational and Psychological Tests, SEPT）。這些標準詳細說明測驗發展和運用要求，顯示發展測驗者必須符合標準，以及評量學生的人使用工具和技術應該符合標準。

（五）測驗安全性

凡是評量學生的人應該維護測驗的安全性。期望評量者不會對他人洩漏特定的測驗內容或項目。

綜上所述，我國法令中各種倫理考量，使得特殊教育上的評量系統變得既複雜又具有挑戰性。由於法律和倫理是保護學生權利所必要的，因此特殊教育教師必須充分地了解它們。藉此，教師更能維護學生免於受到測驗潛在性負面效果的傷害。

由於許多評量的發生是繫於法律的賦予。法律要求學校人員在公布學生合於接受特殊教育服務資格之前，要評量學生。目前美國主要作為評量活動指引的立法條文是《障礙者教育促進法案》（公法 101-476），而我國則是《特殊教育法》。這項法令包括詳細規定學校必須提供學生個別化教育計畫、學生必須安置於最少限制的環境、依照正常歷程來鑑定與評量學生，以及保護被評鑑學生的各種方法等條款。

凡是評量學生的人有一些倫理考量，他們應為其行為負責與認知到本身能力的限制，強調評量資料的隱密性與保持測驗內容的安全性。此外，他們應該堅守「教育心理測驗標準」上所描述的專業標準。

本章結語

總之，使用測驗和其他測量來作教育性決定的評量，乃是一種具有多層面結構的歷程。特定的法令賦予與各種倫理考量反映了評量複雜的本質。由於一般模式無法符合獨特的需求，特殊教育上的評量通常包括組合各種方法來符合學生需求及提供作決定所需的正確資料。

由於特殊教育評量的複雜性，凡是服務特殊教育學生者都應該要熟練這些程序與其適當性。評量對於特殊教育學生生活品質，不管是正面和負面的效果都是很大的。基於這些理由，了解評量程序、選擇適當的測量工具，以及有能力實施評量是絕對必要的。

溫故知新專欄：舊制（94～109 年度）

※選擇題

1. 有關幼兒特殊教育評量和鑑定有不同的執行目的，下列敘述何者較為正確？
【＃104 教檢，第 22 題】
(A)以標準化測驗決定兒童目前適合的教學內容
(B)鑑定是以課程為基礎決定兒童目前的技巧程度
(C)篩選是使用快速、容易執行的測驗檢測疑似障礙兒童
(D)診斷是使用單一評量工具檢測是否符合早期介入服務

2. 老師設計學習障礙兒童個別化教育計畫之教學目標時，下列何種資料幫助最大？
【＃95 教檢，第 18 題】
(A)標準化測驗結果　(B)醫療檢查結果
(C)家長觀察及意見　(D)學習表現檢核結果

專業團隊

3. 關於專業團隊的敘述，下列何者不正確？**【＃94 教檢，第 12 題】**
(A)包括衛生醫療、教育、社會福利、就業服務等不同專業人員
(B)學生個別化教育計畫（IEP）的訂定應以專業團隊形式進行
(C)每校均應設置專業團隊組織，並隸屬於各縣市特殊教育資源中心
(D)身心障礙學生之診斷與教學，應以專業團隊合作進行為原則

4. 在其他專業團隊成員諮詢、指導或協助之下，由與個案最密切之專業成員負責執行及追蹤評鑑個別化教育計畫，這是何種專業團隊合作模式？
【＃94 教檢，第 29 題】
(A)貫專業或跨專業（trans-disciplinary）模式
(B)專業間（inter-disciplinary）模式
(C)多專業（multi-disciplinary）模式
(D)單一專業（uni-disciplinary）模式

5. 下列哪些是身心障礙教育專業團隊提供的服務內容？**【＃97 教檢，第 11 題】**
甲、提供學生所需之專業服務　乙、提供教師及家長的諮詢服務
丙、評量學生能力及生活環境　丁、擬定學生個別化教育計畫
(A)甲　(B)甲乙　(C)甲乙丙　(D)甲乙丙丁

※問答題

1. 試說明「跨專業團隊整合模式」（transdisciplinary model）的服務方式。
【＃95 教檢，第 3 題】

2. 某教師為某縣市之特殊教育心理評量教師。試列舉並說明五項該教師在特殊兒童診斷評量方面，所應遵守之重要倫理守則。**【＃101 教檢，第 1 題】**

☞選擇題答案：
1.(C) 2.(D) 3(C) 4.(A) 5.(D)

整理自 https://tqa.ntue.edu.tw/；＃表示特殊教育學生評量與輔導應試科目

第二章

正式評量應具備的基本認知

特殊教育人員都了解鑑定離不開評量，而評量則涉及到採用測驗和其他測量方法來進行特殊教育學生的教育性決定。本章主要是針對正式測驗而言，在運用測驗工具來評量特殊教育學生時，所應具備技術性品質與相關正式測驗知識的了解。若缺乏這方面的正確認知，特殊教育人員可能就會無法依據標準選擇到最好的測驗，以提供教育性決定的資料；也可能對於測驗結果做出錯誤的解釋與應用。

因此，除非特殊教育人員不採用測驗的方法來蒐集特殊教育學生的資料，否則測驗本身的特性就成為評量人員必備的要件。心理測驗學者曾指出，良好測驗的主要特徵包括信度、效度和常模，如圖 2-1。以下針對五項測驗特性及其他相關測驗認知描述如下。

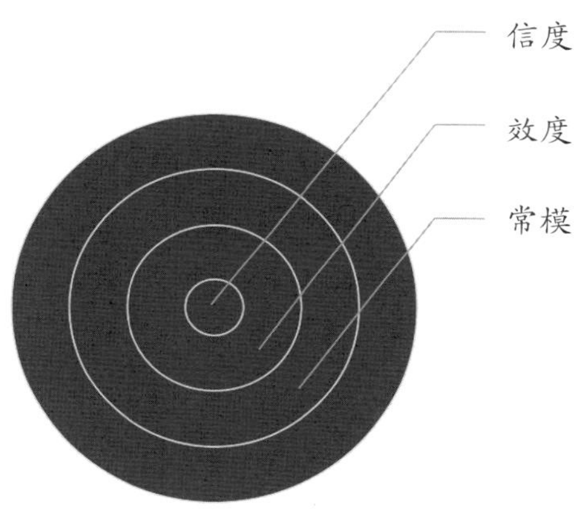

圖 2-1　良好測驗的主要特徵

第一節　信度

「**信度**」（reliability）是指可靠的品質或狀態；或者是實驗、測試或測量程序在重複試驗中產生相同結果的程度，它是評量工具的必要技術性品質（參見 https://www.dictionary.com）。一項具有可靠性的測驗在不同情境和條件下會產生類似的分數。如果測驗不可靠，它就是不穩定、不可預測或不正確的。測驗也許是可靠的，但是它並不全然是有效的；換言之，測驗結果可能是一致的，但是它可能一致地測量錯誤的事。

這裡有一項快速抓取信度概念的方法，就是將一項測驗分數想為涵蓋兩個部分：(1)錯誤分數；(2)真實分數。在測驗分數上，錯誤是隨機的、無法解釋的變異，它會降低信度；而真實分數則不是隨機的、可以解釋的變異，它會增加信度。

雖然所有測驗都存在著錯誤，不過可靠的測驗會盡量地降低測驗上的錯誤（Venn, 2013）。估計錯誤和真實分數數量的方法有幾種，其中一種就是「**測量標準誤**」（standard error of measurement），測驗發展者會將測量標準誤作為發展新測驗歷程的一部分，並在測驗指導手冊中呈現它。

表示信度統計的是**信度係數**（reliability coefficient, r），它包括由 0 至 1 的數值。r = 0 表示完全無信度可言，而 r = 1 則代表完美的信度。通常可以接受的信度係數由 r = .70 至 r = .98。除了包括評量難以測量行為（如社會互動、自我概念及行為問題）的特殊環境之外，信度若低於 r = .70 通常顯示信度不是很適當。描述信度係數的一種方法包括將係數（如 r = .90）想成是一種測驗的正確性表達，也就是測驗分數包含90%的真正變異性與10%的錯誤或無法解釋的變異性。在多數測驗情境上，90%以上的正確性評定代表著作教育性決定的一種可接受水準，因此 r = .90 以上表示適當的測驗信度。不管怎樣，一個測驗如果信度係數 r = .70 以下將無法提供可以接受的信度，因為 30%以上的分數可能是由於錯誤或無法解釋的變異所造成的。

常用估計評量工具信度的方法有下列幾種，如圖 2-2。

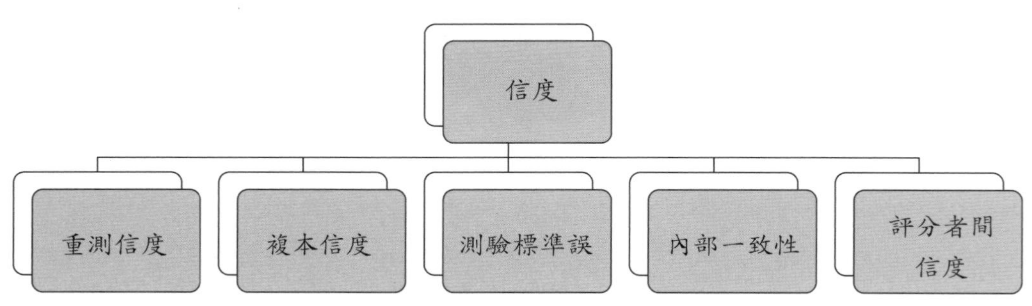

圖 2-2　常用來估計評量工具信度的方法

一、重測信度

「**重測信度**」（test-retest reliability）或稱「**再測信度**」，是一種估計正確性的歷程，它可能是最為常見的信度形式，包括針對仔細選擇的一組對象施予兩次測驗，並使用所得分數來計算信度係數，以描述這兩組分數間的一致性。信度係數表示了同一組學生實施兩種測驗所獲分數之間的相關，此種係數可用來表示測驗結果經過一段期間後的穩定性，故又可稱為「**穩定係數**」（coefficient of stability）。重測信度的決定性因素乃是測驗和重測間時間的長度；測驗和重測間的時間太短會膨脹信度係數，而時間太長也會緊縮信度係數。在大多數情境上，兩週的間距似乎是足夠調整可能經由第一次測驗經驗的任何學習，也就是說透過在很短時間（通常大約兩週，但是時間可因測驗形式而有變化）將一群個體的測驗結果與相同個體測驗結果的關聯，來建立重測信度。過長的間距可能會因學生成熟或外在事件影響而降低信度的估計。通常，個別的診斷測驗的信度係數至少要達到 .90，團體測驗為 .80，以及篩選測驗是 .70（Salvia et al., 2016）。

由於重測信度需要實施同一測驗兩次，估計重測信度的程序是耗時、昂貴和容易產生錯誤的。基於這些理由，測驗發展者通常喜愛其他測量信度的方法，包括複本信度。

二、複本信度

「**複本信度**」（alternate-form reliability）又稱為「**等量信度**」（equivalent-form reliability），也可稱作「**互替型式的信度**」，它是一種比較同一測驗兩種型式的分數，來估計其可靠性的過程。這包括對一群個體在短時間內實施一種測驗形式，然後對同一群體實施不同型式的測驗，並比較兩種型式分數之間的相關，例如：兩種數學測驗型式可能包括運用不同的測驗項目測量同一概念知識。複本信度可以透過對同一群體實施兩種型式的測量來建立。分數的相關量化了兩種型式的類似性，並提供某些可相互交替的程度指標。在建立等量型式的信度上，重要的是實施兩種測驗型式之間的時間要盡量的短。

這種型式的信度有其優缺點，優點是可以避免估計重測信度需實施兩次的問題，也提供學生在短時間內需要施測兩次時使用第二種型式。此種信度估計的缺點是需要編製出有兩種相等型式的同一測驗（如型式 A 和型式 B）。發展這種型式的測驗需要編製出多達兩倍的項目，然後平等地安排項目。在測驗發展上，這個歷程需要額外費用和困難。基於這些理由，測驗發展者通常會轉向第三種型式的信度：折半信度，以避免這項障礙。

三、測量標準誤

測量標準誤（standard error of measurement, SEM）也可用來估計測驗的內部一致性。所有測驗本身都有一些測量誤差存在，但是內部一致性良好的測驗，可以降低這種型式的變異性。一般而言，信度係數較適合比較不同測驗的信度，而測量標準誤則較適合解釋個人的分數（Anastasi, 2005）。

測量標準誤企圖說明可能的變異性或測驗計分與解釋所牽涉到的錯誤。由於沒有任何一種測驗是絕對可靠的，個人的真正分數是無法充分了解的。因此，測驗上的個別分數可視為真實分數的一種估計。測量標準誤愈小，測驗的信度就愈高；測量標準誤愈大，信度就愈低。

測量標準誤提供了更正確反映個人在測驗分數上，如何接近其真實分數的範圍，例如：如果小明的測驗分數為 114，測量標準誤是 4，那麼大約有 95%的真正分數會落在 106 和 122 之間。通常，測驗的測量標準誤愈小，我們就愈會有信心認為個人在測驗上的分數是一種真實分數的正確估計；反之，測量標準誤愈大，我們的信心就會愈低。若考量標記和分類時，測量標準誤就非常重要。許多包括信賴區間的測驗都是由測量標準誤所決定，這將會要求使用者認真看待代表學生真實分數的分數範圍，而我們經常使用 90%或 95%的信賴區間範圍。

四、內部一致性

第四種信度形式在於尋求決定個體在所實施測驗上是否內部一致性的反應，換言之，不同項目之間的成就表現是否有變異性，或個體的成就表現是否相當一致（Molean et al., 2004）。評量內部一致性的程序有兩種：

1. 最簡單的是折半信度：「**折半信度**」（split-half reliability）是種決定正確性的程序，包括同一測驗兩個部分的相關，也就是說，將測驗項目分成兩半，並比較這兩半測驗項目的相關係數。研究測驗者可以採用幾種不同的方法（如奇數和偶數法、前後各半法或隨機劃分法），來將測驗項目分成兩個部分，惟多數發展測驗者是採用奇數和偶數的分法，相較於其他形式的信度，折半信度有下列優點：「編製一種測驗較為容易、快速且便宜」、「由於它僅使用一種形式，透過降低錯誤的機會，折半信度比其他技術更能產生正確的結果」。
2. 至於更為複雜的層次，還包含公式 **Cronbach's α 係數**和**庫李信度**（Kuder-Richardson reliability）程序（Taylor, 2008）。這兩種信度反映了各題目的作答反應與測驗總分之一致性，也反映了各題目之間作答的一致性。

依據學者的建議，量表的信度係數最低要在 .50 以上，最好能高於 .60，若 α 係數低於 .60 不可接受（unacceptable），.60～.65 最好不要（undesirable），.65～.70 勉強可接受（minimally acceptable），.70～.80 不錯（respectable），.80～.90 相當好（very good），.90 以上則表示內部一致性信度甚佳（DeVellis & Thorpe, 2021）。

五、評分者間信度

「**評分者間信度**」（inter-rater reliability）通常是指「**觀察者間信度**」（inter-observer reliability），有時又稱為「**計分者間信度**」（interscorer reliability）。它關心測驗如何計分一致或由兩位評分者評定行為。在特殊教育方面，評分者間信度的方法有多種，包括有關行為管理方案的評量。在此方面所獲得的信度係數乃是兩位獨立觀察者觀察的相關。這項程序包括有兩位評定者獨自觀察和記錄特定的行為（如離開座位或離開學習活動的行為）。然後比較兩位觀察者的評定就可以產生觀察者間一致同意百分比的估計，計算評分者間信度最為常見的公式是同意一致性的百分比（Wolery, Bailey, & Sugai, 1988）。

$$\frac{\text{同意次數}}{\text{同意}+\text{不同意的次數}} \times 100 = \text{同意的百分比}$$

總之，信度就是可靠性。雖然在基本測量歷程上信度扮演著必要的角色，惟驗證測驗的技術適當性，光有信度資料是不充足的，還需提供評量工具效度的事實。

第二節　效度

「**效度**」（validity）是評量工具的成效，也是測驗最為重要的技術性特色。基本上，效度是關心「測驗所欲測量的內容到底有多好？」或「測驗能測量到所欲測量的範圍嗎？」（Taylor, 2008）。測驗發展者會建立初步的效度作為發展測驗歷程的一部分，但是效度研究通常在評量工具出版之後仍會持續進行下去。效度概念包括使用有效的測驗，而不是測驗本身的觀念（Rubin, 1988）。這項觀念認為考量將測驗後果作為決定測驗成效歷程一部分的重要性。在探討評量工具上包括五種主要的測驗效度形式，如圖2-3。

一、內容效度

「**內容效度**」（content validity）是指評估工具與其旨在衡量的目標構念相關和代表性的程度；或是指調查或測驗衡量它所要衡量結構的程度（Salvia et al., 2016），例如：一份憂鬱量表如果只評估情感面向的憂鬱程度，而沒有考慮到行

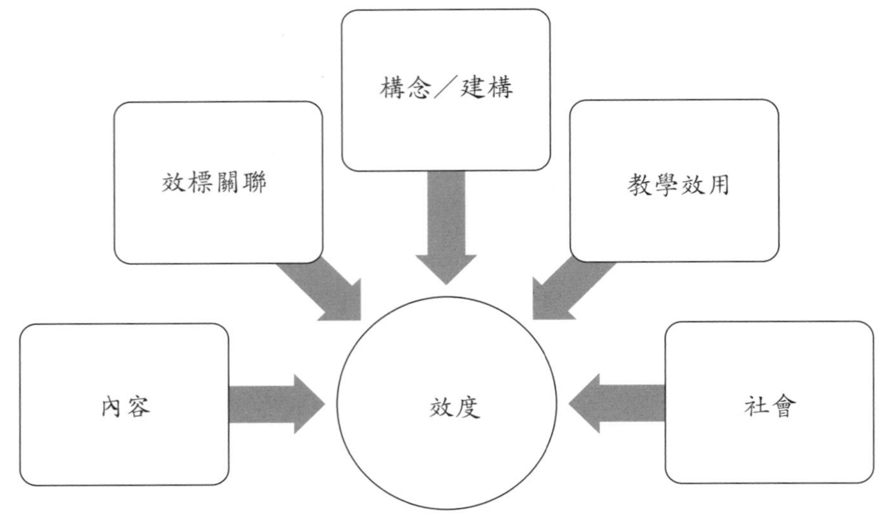

圖 2-3　主要測驗效度的形式

為面向的話，則這份憂鬱量表可能就缺乏內容效度。

假設有位教授想要測試他的學生在特殊教育學生評量中的整體知識，如果滿足以下條件，他的測試將具有內容效度：

- 該測試涵蓋了他在課堂上教授的所有特殊教育學生評量主題。
- 該測試沒有涵蓋任何不相關的主題，例如：地理、經濟學、生物學等。

也就是說，如果一個測試沒有涵蓋它所要測量構念的所有方面，或者它涵蓋了與構念無關的主題，那麼它就缺乏內容效度。

又如：假設研究人員想要發展測驗來測量一至六年級學生的拼讀國字。如果測驗有各種困難的項目，它就不算是適當的；如果測驗僅包括簡單兩個注音符號的國字，它也不算是完整的。如果它需要受試者使用對錯的方式來顯示國字是否拼讀正確，它可能就不是採用適當的方法來測量拼讀國字。

其他有關內容效度的測驗成效測量包括**表面效度**（face validity）和**現金效度**（cash validity）。表面效度是一種非技術性的效度形式（Venn, 2013），包括快速評論測驗以決定它在表面上是否有效的程度。雖然它是一種測驗受歡迎的特性，不過表面效度並無法替代完善建立的內容效度。另一種非技術性的效度形式是現金效度，它關心的是商業性測驗的銷售量。不過，高的銷售量並非評鑑測驗成效的一種適當標準，測驗使用者應該避免基於這項理由來選擇測驗工具。尤其，正因為測驗賣得很好，並不能確定在特定情境上使用的效度。

建立評量工具的內容效度是非常重要的，惟如此做並非直接的決定效標關聯效度。擴展內容效度的方法之一在於考量測驗建構時需測量什麼與如何測量，會根據教學內容和目標來建立雙向細目表的資料。內容效度的決定通常包括某些專家判斷的形式，也就是以內容主題專家（熟悉測驗所測之行為特質或構念的專業人員）的方式來驗證內容效度，或者是複份的編製（由兩組人員編製兩套試題）。另外，亦可透過**項目分析**（item analysis）來量化分析內容效度，也就是針對一份測驗的個別題目分析其難易度、鑑別度、一致性或社會期待等。

二、效標關聯效度

「**效標關聯效度**」（criterion-related validity）係指，個人在某測驗的分數與一項標準測量的關聯（通常是個人在另一項測驗上的分數）。如果測驗分數和外在效標的相關愈高，表示效標關聯效度愈高，反之亦然。效標關聯效度愈高，測驗分數就愈能有效預測外在效標（測驗所要預測的行為或量數）。此種比較所產生的相關係數稱為「**效度係數**」（validity coefficient），它們的範圍由 -1.00（完全負相關）至 1.00（完全正相關）。完全正相關意味著當第一個變項的值改變，第二個變項的值同方向產生改變。至於 -1.00 相關意味著第一個變項的值改變，第二個變項的值逆方向產生改變。不管怎樣，相關達到 1.00 和 -1.00 是很少的。在測量效標關聯效度上，小數愈接近 1.00，相較於效標測量，表示工具愈有效。通常沒有切截點存在，來表示測驗不是有效就是無效；個別測驗的效度係數小於 .70，而團體測驗效度係數小於 .60，可能就應該要謹慎地解釋。

效標關聯效度主要包含兩種形式，如圖 2-4。

預測效度	同時效度
● 測量測驗在預測未來成就表現上的成效	● 測驗與另一可供比較的測驗或其他已具有效度測量的相關

圖 2-4　效標關聯效度的形式

測驗「**預測效度**」（predictive validity）的建立需要評鑑學生在測驗上的成就表現，例如：成就測驗的指標可能是下年度學生的平均成績；而職業性向測驗的標準可能是工作上的成就表現。預測效度包括測驗成就表現與預測性測量上成就表現的相關。正相關愈高，表示預測效度良好；反之，正相關愈低，代表預測效度不佳。在此一例子上，發展者針對一群仔細選擇的對象實施兩種測驗並比較其結果。結果在新測驗與同時測量上的成就表現產生高的正相關，則表示「**同時效度**」（concurrent validity）良好；新測驗與同時測量之間若無法顯示相關則表示同時效度不佳。另一種建立同時效度的方法包括比較測驗與目前一些可用的標準，而不是測驗分數，例如：學生在社交測驗上的成就表現與教師對學生社交能力的評定間的相關也可以提供一種建立同時效度的方法，而無須使用另一種測驗。

三、構念效度

「**構念效度**」（construct validity）又稱「**建構效度**」，要比其他形式的效度更為抽象，它是指測驗測量理論性構念或概念多好的程度。智力、自我概念和推理能力是幾種難以界定和測量的抽象構念。通常，構念效度的建立包括仔細的鑑定和界定構念，然後引出和驗證有關構念的測驗成就表現的假設。

不管怎樣，此種效度形式的建立並沒有特定的步驟存在。事實上，將構念效度描述為發展的概念，而不是一組技術的概念。Angoff（1988）曾建議，構念效度的本質與測驗分數所做的解釋有關，根據他的看法，檢視構念效度包括下列研究形式，如圖 2-5。其中，因素分析是最常見的測試方式。這種因素分析的主要功能有：(1)協助研究者進行效度的驗證；(2)協助研究者進行歸類，簡化測量的向度及內容；(3)協助測驗編製，將題項重新排列組合（邱皓政，2019）。構念效度是一種特性，發生於系統的研究評論與依照支持測驗適當性的事實累積。

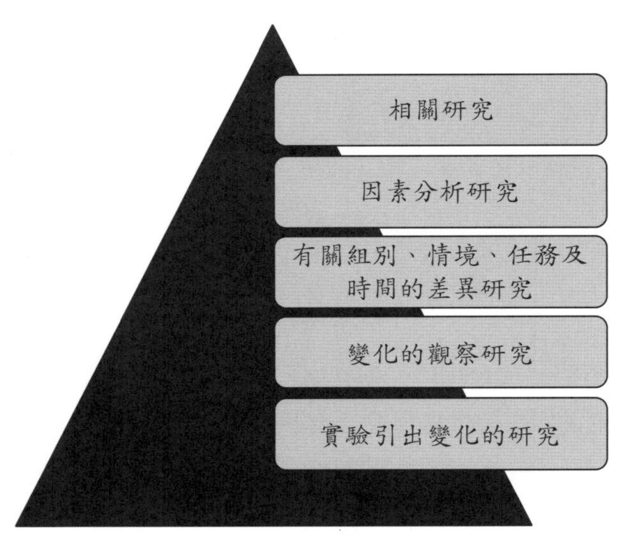

圖 2-5　檢視構念效度的研究形式

例如：「魏氏兒童智力量表」（Wechsler, 1994）就是基於數以百計的研究各項主題而驗證了構念效度。從這些研究上所積累的知識提供了「魏氏兒童智力量表」測量稱為智力構念的明確事實。不過，其他很多測驗則缺乏支持構念效度的事實。

由於建立構念效度需要較長的歷程，大多數測驗很少充分地提供此種效度形式的資料，而是提供有關兩種其他效度形式（內容和效標關聯）的資料。

綜括來說，測驗最為重要的效度特性品質，包括三種主要的形式：內容、效標關聯和構念。表 2-1 乃是不同效度特性的摘要。使一種測驗有效的歷程是無法與決定測驗信度（見第一節）的歷程分開來的。事實上，這兩種測驗概念之間存在令人驚訝的關係，可以是可靠的（**信度**）而沒有效度，但是不可能有效度卻沒有信度（郭生玉，2010）。換句話說，信度可以在效度之前建立。解釋此種關係的方法之一是使用鐘錶的類推，例如：鐘錶的時間可能是可信的（一致性地慢 43 分鐘），卻沒有效度。

表 2-1　不同效度特性的摘要

效度形式		技術性問題	實際性問題
內容效度		測驗項目代表範圍或學習領域上的行為嗎？	測驗分數預測小銘在內容領域上的個別成就表現
效標關聯效度	同時效度	測驗分數能預測一些未來的行為嗎？	測驗分數顯示下學期人傑數學表現多好的情形
	預測效度	新測驗分數與同一領域上具有效度測驗分數的相關程度？	小應在目前方案上使用測驗的分數與明年將使用之新測驗分數的
構念效度		測驗評量它所設計要測量理論特質多好的程度？	測驗適用於測量小名的智力嗎？

四、教學效用

第四種效度形式稱為「**教學效用**」（instructional unility），與內容效度有密切的關聯。在此使用者將決定測驗工具，以提供特殊需求學生計畫介入方案有用的資訊範圍。評量教學效用的方法之一，在於要求測驗使用者評定教學項目的適當性，例如：我們可以請學前特殊教育人員評定「嬰幼兒綜合發展測驗」的教學效用，也可以要求教師針對感官或動作障礙幼兒，評定何種標準化的調整範圍可以呈現其最理想的能力。

五、社會效度

另外一種需要提及的效度形式是「**社會效度**」（social validity）。就介入計畫來看，社會效度在選擇評量程序上可能是最重要的考量之一。雖然多數的測驗工具通常未能提供有關社會效度方面的資訊，因為它並不是測驗評鑑過程的一部分，不過學前特殊教育專業人員應使用能夠提供社會有用且有效的資訊（來自那項資訊使用者的感受）之評量工具和程序（Molean et al., 2004）。

第三節　常模

測驗常模是由常模組上的受試分數所發展出來的一組分數，是用來解釋測驗分數的依據（郭生玉，2010）。任何測驗的原始分數，若無法對照常模就難以看出其意義來。常模形式有多種，包括：全國性常模、地區性常模、特殊團體常模及學校平均數常模等。事實上，許多常模參照測驗都有全國性常模。良好的**全國性常模**乃是計算來自全國各地一大群學生的測驗結果而得到的，以代表全國的所有學生或特殊族群。這種經過仔細選擇的全國性常模涵蓋了代表各種社經地位和地理區域的學生或特殊族群。

地區性常模則發展來自特定學校或區域上的代表性樣本（Brown, 1980），例如：要求與其他本地學生相比較，而不是與全國的學生相比較。此外，有些教師會針對所教授的課程發展非正式、但很有用的班級常模。發展教師自編常模的歷程包括蒐集一段時間的班級測驗結果，並使用此種資料蒐集作為比較的基礎。雖然這些常模不能用來安置兒童，不過教師發現它們有助於評鑑教學方案和個別或一組兒童的成就表現。

常模參照測驗的可信度取決於常模的可靠性。如果常模具有代表性，就可以產生有效的比較；反之，就會發生無效的比較。在評鑑常模的效度上，Sattler（2020）曾確定了下列三種要素，如圖 2-6：有些測驗會提供一種以上的常模組。若以此類情形，評鑑者就應選擇最適切的常模。

代表性（representativeness）	大小（size）	適切性（relevance）
● 包括年齡、年級水準、性別、地理區域和社經地位等特性	● 是指常模組上的受試數目。適當的常模大小至少包括每個年齡或年級 100 名受試者	● 包括關心常模的可用性

圖 2-6　評鑑常模效度的要素

一、常模參照與標準參照測驗

「**常模參照測驗**」（norm-referenced testing, NRT）與「**標準參照測驗**」（criterion-referenced testing, CRT）代表著兩種基本上不同解釋成就表現的方法。常模參照測驗包括相較於他人的成就表現（常模組或對照組）來解釋學生的成就表現，例如：標準化測驗上第 30 百分位數（P30）的學生相較於常模組學生，其等級位於最低的 30%。雖然常模參照有許多用途，不過它最適用於作分類和安置特殊需求學生的決定。

標準參照測驗是指依據某些功能性水準或標準來解釋學生的成就表現。它與教學和測量學生小且各自獨立的知識單元有密切相關。若標準與內容有關時，測驗的成就表現就可與一項或一組能力的精熟標準相互比較，例如：「國小數學診斷測驗」（洪碧霞、吳裕益，1996）是一種數學學業能力的標準參照測驗，測量認數、分數、圖形與空間、加減法、乘除法、四則運算、量、時間與計算、統計與圖表、輔助計算器與解題策略等能力。實施「國小數學診斷測驗」需要依據學生在測驗上特定能力的精熟程度來評鑑成就表現。此種形式的評量資料最適用於作教學決定，例如：決定學生已精熟何種能力與學生接著需要學習何種能力（如圖 2-7）。

在心理與教育評量中較常用的常模有：「年齡常模」、「年級等值常模」、「百分等級常模」，以及「標準分數常模」等四種。

（一）年齡常模

年齡常模（age norm）是依據各個不同年齡而建立的標準化樣本。在每個年齡組標準化樣本中，各年齡組兒童接受某一測驗後，求其原始分數的平均數，即得該測驗的年齡常模，由該常模可查出某一名受試兒童的測驗分數，相當於幾歲兒童的

分測驗	精熟水準			作答題數	答對題數	答對(%)
	須重新教學	需稍加強	已精熟			
認數			◎	28	26	93
圖形與空間		◎		8	5	63
加減法			◎	33	30	91
量			◎	12	11	92
時間與計算		◎		11	7	64
統計與圖表	◎			5	1	20

圖 2-7　一年級某生在數學各分測驗精熟水準側面圖

平均分數。年齡常模可以用來解釋受試者個人在正常發展中的成熟水準，具有個案研究或臨床研究的價值（葉重新，2000）。

例如：「自閉症兒童發展測驗」為一標準化的動態評量工具，有 108 位生理年齡介於 5 歲 8 個月至 9 歲 1 個月自閉症兒童的發展測驗資料，並依年齡常模分為四個年齡，針對最近一年上述測驗年齡分數未達 4 歲的 22 位兒童實施再測，也針對 4 歲的 30 位兒童實施「魏氏兒童智力量表」與「畢保德圖畫詞彙測驗」。本研究除了分析自閉症兒童在發展測驗的表現外，並探討「魏氏兒童智力量表」與「畢保德圖畫詞彙測驗」是否可作為銜接自閉症兒童發展測驗的工具。主要結果如下：(1)以發展測驗總分的年齡分數為分組依據時，各分測驗得分均隨年齡而增加，且組間大多有顯著差異，顯示發展測驗能有效應用於不同能力的受試者；(2)各年齡組各分測驗的表現除 4 歲組外，呈現相當一致的側面圖；三階段的側面圖亦同；(3)三階段的評量對每一年齡組都有或大或小的貢獻：年齡分數愈小者，第三階段愈有幫助；年齡分數愈高者，第二階段較有助益；中間年齡者，則能平均自第二、第三階段獲益；(4)22 位發展測驗年齡分數未達 4 歲者，間隔 10 個月重新施測一次的結果，顯示每一分測驗均有明顯的進步。自閉症兒童雖在社會、語言理解與語言表達等三方面表現最弱，但由前後施測的結果仍可看出其有明顯進步空間；(5)發展測驗年齡分數達 4 歲組者，後續測驗以不選用本測驗為宜，「魏氏兒童智力量表」與「畢保德圖畫詞彙測驗」都是適當的考量。

年齡常模主要適用於會隨著年齡而發展的特質，如身高、體重、智力等。這種常模最主要的缺點，如圖 2-8。

心理與教育特質的生長，在各年齡階段並不是一致的。

在解釋年齡常模應該要注意的是，不要認為學生獲得同樣的年齡常模，就表示他們具有相同的能力或技巧。

圖 2-8　年齡常模的缺點

（二）年級等值常模

年級等值常模（grade equivalent norm）是一種衡量尺度，用於評估學生在不同學術領域相對於其他學生的進步情形。它是依據各個不同年級而建立的標準化樣本，在測驗上所得的平均數而建立，此這種形式的分數是企圖將原始分數轉換為特定年級組的一般成就表現。它被稱為**年級等值**（grade equivalent），因為它使用學校成績（二年級、三年級等）作為學生進步的尺度和衡量標準。分數表示為成績及學生在該年級上的月數，因此年級等值為 3.2，可解釋為等同於三年級 2 個月。

例如：閱讀分數為 5.3 的學生，將處於與進入五年級 3 個月的五年級學生相對應的水平。這種類型的評分最適合用來查看學生逐年進步的情況及他們與同齡者的比較情況，不過只因為學生在一個領域的成績更高，並不意味著他們屬於那個年級，例如：僅因為三年級學生在閱讀方面的成績達到六年級水準，並不意味著他們在情感上成熟或精通其他科目可以進入六年級。

年級等值常模適用於隨年級而逐漸增加的特質，例如：算術計算、語言、書寫語文能力等各種基本技能的學習。不過，在運用它來解釋分數時應注意到下列限制（如表 2-2）。

表 2-2　運用年級等值常模解釋分數時應注意的限制

項　目	內　容	備　註
限制一	各年級等值常模的單位並不相等	如 2.0～3.0 與 5.0～6.0。
限制二	學生所得到的年級等值並不表示具有該年級的相同能力	如一位三年級的學生在國小國語文能力測驗上得到的年級等值為 5.0，這並不表示他學會了五年級學生所教的國語文教材。
限制三	年級等值常模很容易被視為成就表現的標準	如一位三年級的老師可能會期望他班上所有的學生都要達到四年級的常模水準。
限制四	極端的年級等值（如 6.0 和 6.10），並不能代表學生的實際表現	因為這兩個極端的年級等值是依據外插法推算出來的，並不是由實際的測量所決定的。

（三）百分等級常模

百分等級是一種相對地位量數，它是指落在個人原始分數下面分數（標準化樣本所決定的）百分比的指標。百分等級是將分數劃分成一百個相等的部分。因此，若小寧在國小語文書寫能力得到原始分數 45 分，此分數相對應的百分等級為 77，這表示他的分數贏過 77%的人，而輸給 23%的人。百分等級是目前國內評量工具最普遍使用的一種常模轉換方式，以下是運用**百分等級常模**（percentile rank norm）解釋分數時應注意的限制（如表 2-3）。

表 2-3　運用百分等級常模解釋分數時應注意的限制

項　目	內　容	備　註
限制一	百分等級的單位並不相等	因為百分等級是次序量尺，而不是等距量尺。在分配兩端的百分等級差異，比分配在中央的百分等級的差異更能代表真正的差異。
限制二	百分等級和答對測驗問題的百分比不同	例如：一個三十題的測驗只答對十五題，其百分比為 50%，但百分等級可能是 80。可見百分等級只表示分數在團體中所占的地位，而不能告訴我們其學習的熟練程度。

（四）標準分數常模

標準分數常模（standard score norm）乃是將原始分數用相同的平均數與標準差加以轉換得來的，用來表示個人的分數落在平均數之上或之下的距離（郭生玉，2010）。在標準化測驗上，平均數一個標準差以內大約占受試者分數的 34%；一個和二個標準差之間大約占受試者分數的 14%；而二個和三個標準差之間大約占受試者分數的 2%。因而，在正負一個標準差之間大約占受試者分數的 68%，而正負二個標準差之間大約占受試者分數的 96%，例如：假設有一個測驗的平均數為 100，標準差是 15。這意味著這些受試者在標準化樣本上的平均分數為 100，而有 68%的分數在 85 和 115 之間；同樣地，有 96%的分數在 70 和 130 之間。

由於它的統計基礎，標準差在決定學生能力優缺點範圍上，扮演一個重要的角色。圖 2-9 乃是有不同平均數與標準差之百分等級和各種標準分數關係的描述。

標準分數常模最為常見的有下列四種：(1)**z 分數**：這是最基本且最簡單的標準分數，可以表示個人的原始分數是在平均數上下幾個標準差。$z=0$ 時，表示原始分數與平均數一樣；$z>0$ 時，意味學生所得的原始分數高於平均數；$z<0$ 時，

則表示學生所得的原始分數低於平均數；(2)**T 分數**：乃是依據 z 分數轉換過來的，其平均數為 50，標準差是 10。若學生的T分數＝50，表示該生的得分恰好落在平均數的位置上；(3)**離差智商**：這也是依據 z 分數轉換過來的。其平均數為100，標準差是 15，例如：評量上常用的「魏氏兒童智力量表」的智商就是以離差智商來表示的；(4)**標準九**（stanine）：為比較學生在不同測驗上相對成就的高低，或比較學生在某一測驗與某些其他成就量數相對地位高低時，可將不同測驗分數或等第的原始分數，轉換成具九個分數的共同量尺之一種常態化標準分數。其中，最高分是 9 分，最低分是 1 分，2 分是整個常態分配的中心，除了 1 分和 9 分外，其餘每一個分數都包括半個標準差的範圍。因此，標準九是一個平均數為 5 而標準差為 2 的常態分配標準分數。標準九不僅適用於課堂上的成就測驗，而且亦廣泛應用於所有類型的標準化測驗中。最大優點是任何接近常態分配且可排列高低順序的資料均可使用它，而且由於標準九的平均數是 5，故在一組分數中的相對地位或在不同組分數的地位高低，均容易作比較，容易清楚其含意。

總之，標準參照測驗和常模參照測驗之間是有所差異的，它們之間的主要差異就在於測驗的目的。常模參照測驗的目的包括與他人比較，標準參照測驗的目標則涉及測量與某些功能性標準的成就表現。在特殊教育學生評量上，這兩種測驗形式都是不可或缺的。

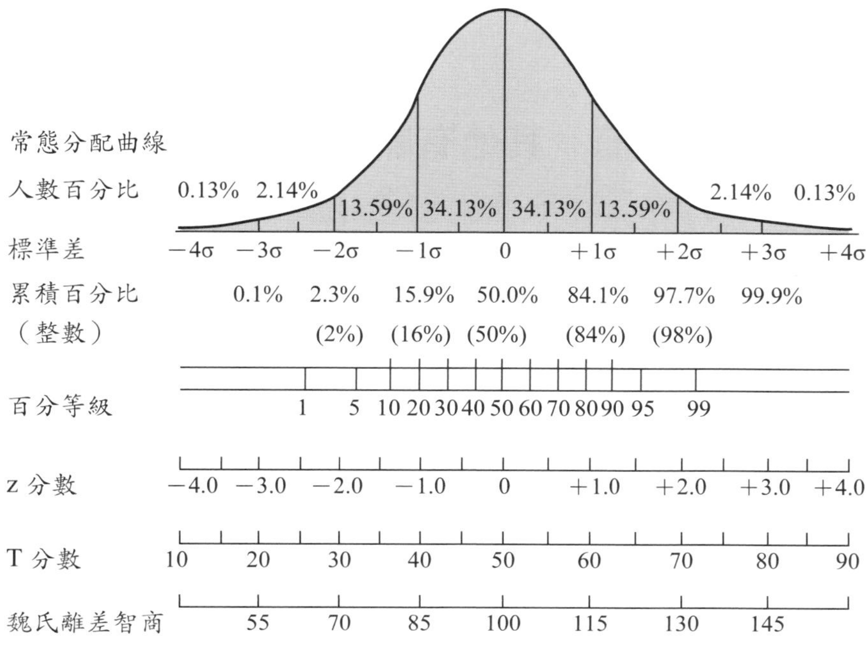

圖 2-9　不同衍生分數形式的關係

二、標準化

標準化是指建構測驗材料、實施步驟、計分方法及測驗結果解釋的技巧。標準化使評量人員在控制的情況下，實施、計分和解釋測驗的可能性，以降低無法預測的結果。這種作法有助於確保測量進展、確定表現水準，以及與他人比較成就表現的一致性和正確性。

若計畫要使用常模，所有的評量人員必須遵循標準化程序。如果不能依照標準化程序來實施常模化的測驗將會使常模失效，因為個別學生是依據修正過的條件來獲得分數，而常模組則是基於標準化測驗的條件來獲得分數的。雖然有些標準參照測驗包括類似於常模參照測驗的標準化程序，不過大多數標準參照測驗均包括可以調整的實施程序，以保持測驗的彈性，而此種彈性則提供評量人員符合學生需求的機會。

標準化有助於預防測驗對於某些學生的偏見。惟測驗標準化並無法消除所有的偏見，尤其是針對身心障礙學生。諸如，需要操作材料（如積木）的標準化測驗，就可能會對肢體障礙（含腦性麻痺）學生產生障礙。同樣地，測量認知能力的標準化測驗主要是以語言和字彙能力作為施測的媒介，也可能會對聽覺障礙學生產生偏見。

第四節　其他有關測驗的認知

在實施任一評量形式之前，必須探究幾項考量。雖然這些考量與所有正式和非正式評量程序有所關聯，不過它們主要與常模參照測驗有關。

一、測驗結果的影響因素

有三項主要的因素會影響到個人在測驗上的成就表現，這些有關因素如圖2-10，列述如下。

（一）受試者方面

1. 焦慮與動機

第一項主要的錯誤來源是與受試者有關的焦慮和動機因素。Simeonsson

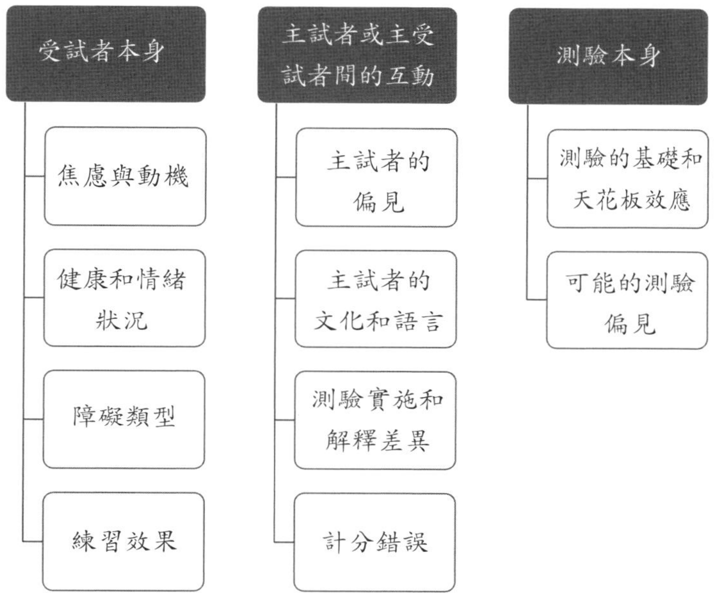

圖 2-10　測驗結果的影響因素

（1986）曾發現，測驗時的壓力行為早在幼兒園就被注意到了。遺憾的是，有些降低測驗焦慮的作法雖然導致了焦慮的降低，不過在測驗上的成就表現並未因而提升。不管怎樣，消除時間壓力所造成的焦慮降低，可同時增進測驗的成就表現。

2. 健康和情緒狀況

其他可能影響到受試者成就表現的因素是健康和情緒狀況，我們應該花時間來決定學生在評鑑時是否正常地表現。或許教師站在作判斷的最佳位置，而這是教師評量的許多優點之一；如果實施測驗的主試者不是教師（或其他熟悉兒童的人），他們就應諮詢教師以獲得此項重要的資料。

3. 障礙類型

根據學生的障礙類型，有許多因素可能會影響到測驗結果。Kirk、Gallagher與Anastasiow（2011）曾指出，這些因素包括：(1)測驗內容；(2)動機或認知激勵；(3)親近測驗材料；(4)反應技術。例如：有閱讀問題的學生對於即時的數學測驗有缺陷；同樣地，腦性麻痺學生在智力測驗（包括操作積木和其他精細動作項目）上會有困難產生。

4. 練習效果

另外一項可能會影響到學生在測驗上成就表現的因素是練習的效果；也就是說，重複實施同一份測驗或相同形式的測驗，練習效果就會因例行性的做測驗而發生。

（二）主試者或主受試者間的互動方面

1. 主試者的偏見

主試者的偏見（examiner bias）並不全然是意識偏見。主試者可能會依照有關特別學生的資料，而寬鬆或嚴格地給分。

此外，測驗理由也會影響到計分。如果你知道接受鑑定與評量的是好學生，就可能傾向於對模稜兩可的答案給予正面分數；而如果你知道班上的搗蛋份子在接受可能的特殊教育安置鑑定，在計分上你可能就不會那麼大方。惟這些並不全然是意識上的偏見，而是期望上的偏見。

2. 主試者的文化和語言

同樣地，主試者和受試者的文化、語言及方言上的差異也受到研究，以決定其對測驗成就表現的影響。Gregory（2000）曾指出，評量上所涉及的學校人員應該接受文化認知上的訓練。

3. 測驗實施和解釋上的差異

另一項主要影響測驗結果的因素就是與主試者及主受試者間的互動關係。最為常見的錯誤來源之一就是測驗實施和測驗解釋上的差異。如前所述，評量工具（特別是常模參照測驗）是要採用標準化的程序施測，而評量歷程期間的許多因素會造成測驗實施上的困難，例如：測驗實施時增強數量與口頭讚美上的差異就可能會影響到測驗分數，尤其是對年幼的兒童而言。

此外，測驗主試者面對獨特的或模稜兩可的答案時，也可能會發生其他的差異，例如：根據實際施測的情形發現要求主試者在「魏氏兒童智力量表」上記錄模稜兩可的反應時，會出現許多的不一致存在。以在「魏氏兒童智力量表」之理解分測驗上主受試者間的互動為例：「主試者：我們需要警察的原因有那些？受試者：因為人們總是會打架和使用藥物。」如果根據「魏氏兒童智力量表」手冊上所陳述的標準來給分，這題應得 0 分（表示反應不正確）。如果學生所來自的鄰近地區其藥物和打架與警察有關時，主試者可能就會因評量哲學而有不同反應。不過，這與標準化測驗隱含標準的測驗實施和計分格式是有所出入的。

另外，若使用更為主觀的計分系統（如投射測驗），那麼解釋的困難就會特別地明顯。在許多情境上，問題並沒有對錯的答案，但是答案卻有不同的正確程度。

4. 計分錯誤

主試者錯誤的最後來源是計分錯誤。筆者就曾發現要求大學生實施和記錄「國小兒童書寫語文能力診斷測驗」的分數，常會出現某種形式的錯誤。

（三）測驗本身方面

最後一項會影響到測驗結果的因素是有關測驗本身的課題。這包括測驗的基礎和天花板效應或其對某類學生可能產生的偏見。

1. 測驗的基礎和天花板效應

許多測驗也有基礎和天花板效應。基礎和天花板效應是能力測驗上所使用的，項目的難度水準由易到難。測驗的**基礎效應**（base effect）是主試者假定學生能夠回答較容易的項目，而測驗的**天花板效應**（ceiling effect）則是主試者假定學生將不會更為困難的項目。

這兩種原則的使用讓主試者透過不對學生執行太容易或太困難的項目來節省時間，例如：假定測驗的基礎原則為連續 3 題正確，而天花板原則為連續三題不正確。因此，主試者根據指導手冊上所指示的學生年齡施測第 30 題，結果第 32 題至 34 題是正確的，而第 41 題至 43 題是不正確的。主試者會假定第 32 題以前的所有項目學生都會，而 43 題以後的所有項目是學生都不會。因而，主試者就據以做出有關學生成就表現的假定。

2. 可能的測驗偏見

某些特性的個體所得的分數不同時（例如：地理區域、經濟水準或性別等），測驗通常被視為有偏見，例如：一致實施時，如果男性低於女性或鄉村兒童低於城市兒童時，測驗會被視為有偏見的。Reschly（1978）曾指出有四項特別與此種探討有關（如表 2-4）。這些分別是「**平均—差異偏見**」、「**項目偏見**」、「**心理計量偏見**」，以及「**因素分析偏見**」。

表 2-4　四項測驗偏見

項　　目	內　　　　　容
平均—差異偏見（mean-difference bias）	由於某一組別在某種測驗形式上得分較低，這些測驗已被視為對於這些組別有所偏見。
項目偏見（item bias）	測驗上特定項目的情境被認為超出某些個人的生活經驗之外，例如：一種潛在性對於低社經兒童有偏見的項目可能是「從臺北到洛杉磯有多遠？」，但是在決定測驗上那個項目有偏見往往繫於主觀的判斷，在評定者間很少有一致性的看法。

（續下表）

（承上表）

心理計量偏見（psychometric bias）	是由問問題所決定，不同特質個體所建立的技術性品質（如效度和信度）類似嗎？
因素分析偏見（factor-analytic bias）	包括使用統計程序將彼此高度相關的項目組合在一起，是否與由同歷程所確認的其他因素有低相關。為了決定此種形式的偏見，我們可以注意不同組別在測驗某一因素指數上是否偏高或偏低來加以了解。此種形式的偏見與心理計量偏見有所關聯，因為它所著重的是構念效度的課題。

綜括本節所述，評量期間應該探究幾項考量。雖然這些考量或因素也能夠提供非正式程序指引，不過特別與正式評量程序有關。第一項能夠影響測驗結果因素是有關於受試者，在此一類別上所涵蓋的是諸如焦慮、動機、障礙類型、先前的測驗經驗、健康和情緒狀況，以及受測者的態度等因素；第二項主要因素是有關於主試者，在此項類別上，測驗實施和解釋的差異、與受測者的互動形式、受測者和測試者間的偏見、種族或文化上的差異，以及計分錯誤等；最後主要的因素是在測驗本身，包括效度、信度、測量標準誤及可能的偏見。

在整個正式評量歷程上都應該考量這三項因素，了解這些因素有助於降低一些錯誤與從合理的角度來看評量資料。尤其，在測驗選擇、實施和解釋時都應該考量這些因素。此類考量應該提供測驗使用者一些評量資料限制的觀念，以及一些評量資料適當類化的觀念。

二、測驗分數的解釋

就常模參照測驗來講，由於原始分數是無意義的，因此測驗發展者通常會在指導手冊中提供各種常模對照表，供使用者將原始分數轉化為前述的各種衍生分數，來進行比較。不過，在解釋測驗分數時，使用者仍需要對各種衍生分數的涵義及常模特性有清晰的了解，才不至於發生解釋錯誤與誤用的情形。以下將描述側面圖的分析及解釋測驗分數的基本原則。

（一）不同測驗分數的解釋方式

評量人員從各式各樣的測驗或量表所得到的分數，在進行解釋時，一般有兩種不同的方式：常模參照及標準參照。如果我們解釋個別學生的測驗分數，是拿他的分數來和測驗常模組學生的分數作比較，這種解釋測驗分數的方式稱為「**常**

模參照」。這是一種以「相對比較」的觀點，來看待個別學生的測驗結果。國中會考成績排序、測驗原始分數轉換成 T 分數或百分等級等，都是利用常模參照的方式來解釋分數。

另外，如果我們解釋個別學生的測驗分數是以描述他在某個界定清楚的領域上之工作表現有多好，或是他的表現已達到什麼樣的優異程度等術語來表示時，這種測驗分數的解釋方式稱為「**標準參照**」。這種解釋方式是採用「絕對比較」的觀點，來看待個別學生的測驗結果。一般來說，教師、醫師、語言治療師等證照考試，或是汽機車駕照考試等，都不需要注意排名或是跟別人的分數作比較，需要的只是與某一個標準來進行比較，如果考生的分數已經達到或高過那個標準，就可以證明。

（二）側面圖的分析

一旦測驗使用者想直接比較個人在各項測驗分數的高低時，分析側面圖將會是一種良好的選擇。凡是一種測驗包括有若干分測驗的，均適合運用這種方法來解釋測驗分數，例如：「魏氏兒童智力量表」（第五版）（WISC-V）、「拜瑞—布坦尼卡　視覺—動作統整發展測驗」（VMI）或「行為與情緒評量表」（BERS）等。

圖 2-11 乃是一位國小二年級女生的 WISC-V 分測驗分數（側面圖）。從資料可看出，該生的矩陣推理和圖形設計等分測驗的能力表現在中等水準以下；而其類同、詞彙、理解、圖形設計及數字系列等分測驗的能力表現在中等水準以上，尤以語文理解指數的類同能力最為突出，這是一種最為簡單的側面圖分析形式。

但近年來傾向於採用「**區間形式**」（interval form）來解釋側面圖，也就是將原始分數上下各加減一個測量標準誤，然後根據常模對照表將其轉化為各種衍生分數，例如：某生在VMI中的視—動標準分數為 89 分，測量標準誤為 5，上下各加減一個測量標準誤，其分數範圍為 84 分至 94 分、視知覺和動作協調測驗的標準分數分別為 107 和 105，測量標準誤為 6，上下各加減一個測量標準誤，其分數範圍分別為 101 分至 113 分及 99 分至 111 分。

在側面圖中，以區間形式來表示此視覺動作統整發展能力的相對地位。依據這種區間形式的側面圖來解釋測驗分數可以減少誤差的發生。圖 2-12 就是屬於這種區間形式的側面圖，從圖中我們可以看出VMI三個分測驗標準分數之帶狀範圍分布狀況，視—動測驗帶狀範圍未與另二者重疊，顯示可能期間有真正的差異；視知覺和動作協調之帶狀範圍有重疊（101～111），則表示二者無明顯的差異。如此解釋測驗分數可以避免將機會所造成的差異誤解為真正有差異存在（陸莉、劉鴻香，1997）。

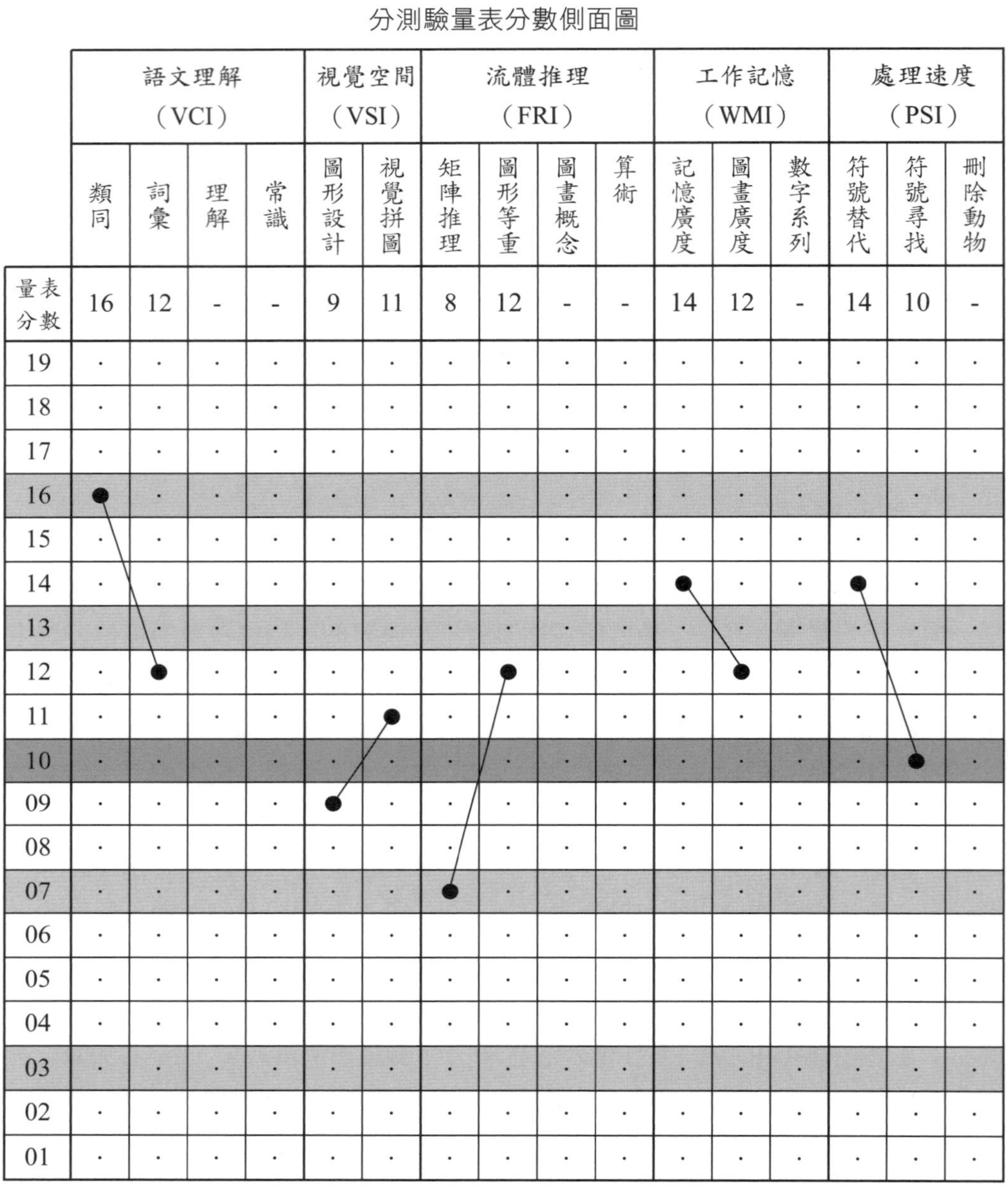

分測驗量表分數側面圖

	語文理解（VCI）				視覺空間（VSI）		流體推理（FRI）				工作記憶（WMI）			處理速度（PSI）		
	類同	詞彙	理解	常識	圖形設計	視覺拼圖	矩陣推理	圖形等重	圖畫概念	算術	記憶廣度	圖畫廣度	數字系列	符號替代	符號尋找	刪除動物
量表分數	16	12	-	-	9	11	8	12	-	-	14	12	-	14	10	-
19	·	·	·	·	·	·	·	·	·	·	·	·	·	·	·	·
18	·	·	·	·	·	·	·	·	·	·	·	·	·	·	·	·
17	·	·	·	·	·	·	·	·	·	·	·	·	·	·	·	·
16	●	·	·	·	·	·	·	·	·	·	·	·	·	·	·	·
15	·	·	·	·	·	·	·	·	·	·	·	·	·	·	·	·
14	·	·	·	·	·	·	·	·	·	·	●	·	·	●	·	·
13	·	·	·	·	·	·	·	·	·	·	·	·	·	·	·	·
12	·	●	·	·	·	·	·	●	·	·	·	●	·	·	·	·
11	·	·	·	·	·	●	·	·	·	·	·	·	·	·	·	·
10	·	·	·	·	·	·	·	·	·	·	·	·	·	·	●	·
09	·	·	·	·	●	·	·	·	·	·	·	·	·	·	·	·
08	·	·	·	·	·	·	·	·	·	·	·	·	·	·	·	·
07	·	·	·	·	·	·	●	·	·	·	·	·	·	·	·	·
06	·	·	·	·	·	·	·	·	·	·	·	·	·	·	·	·
05	·	·	·	·	·	·	·	·	·	·	·	·	·	·	·	·
04	·	·	·	·	·	·	·	·	·	·	·	·	·	·	·	·
03	·	·	·	·	·	·	·	·	·	·	·	·	·	·	·	·
02	·	·	·	·	·	·	·	·	·	·	·	·	·	·	·	·
01	·	·	·	·	·	·	·	·	·	·	·	·	·	·	·	·

圖 2-11　國小二年級女生在 WISC-V 分測驗量表分數的側面圖

標準分數（σ）	視—動（VMI）	視知覺（V）	動作協調（MI）	百分位數
145	—	—	—	99.7
140	—	—	—	99.2
135	—	—	—	99
130	—	—	—	98
125	—	—	—	95
120	—	—	—	91
115	—	—	—	84
110	—	113	111	75
105	—			63
100		101	99	50
95	94	—	—	37
90		—	—	25
85	84	—	—	16
80	—	—	—	9
75	—	—	—	5
70	—	—	—	2
65	—	—	—	1
60	—	—	—	.8
55	—	—	—	.3

圖 2-12　VMI 區間形式的側面圖

（三）解釋測驗分數的基本原則

表 2-5 所列舉的是一些解釋測驗分數的基本原則，可作為解釋分數的參考。測驗使用者若能嚴格遵守，將可大大減少測驗分數解釋的謬誤及誤用的情形。

表 2-5　解釋測驗分數的八項基本原則

項　目	內　容	備　註
原則一	測驗解釋者應該了解測驗性質和功能	因為任一測驗都有其編製目的和獨特的功能。
原則二	解釋測驗分數應該參考其他有關資料，以求周延	如教育經驗、文化背景、面談內容、習慣、態度、興趣、動機、健康，及其他測驗資料等。
原則三	解釋測驗分數應該避免只給數字	最好當面說明分數的含義或附加文字的說明。
原則四	測驗分數的資料應予保密	以免對學生造成不良的影響。
原則五	解釋測驗分數盡量只作建議，勿作決定	例如：從測驗分數來看，你應該念理工，不應該念文學。
原則六	應以信賴區間來解釋測驗分數，以減少誤差的產生	因為認為標準化測驗都有測量誤差存在。
原則七	解釋測驗分數應該設法了解學生的感受	如動機、注意、情緒、態度、健康等，以了解其測驗分數是否代表在最佳情況下所做的反應。
原則八	對低分者的解釋應謹慎	例如：「魏氏兒童智力量表」得到智商為69者，勿作這樣的解釋：「你的智能屬於低下」，以免造成自我貶抑的心理。

溫故知新專欄：舊制（94～109 年度）

※選擇題

1. 對身心障礙者實施與應用測驗，下列何種說法正確？【#94 教檢，第 11 題】
(A)不將測驗結果告知家長
(B)在測驗過程中應注意學生的其他反應，如分心問題
(C)應將測驗一次施測完成
(D)對必要的人員解釋測驗結果時，應以測驗的專業用詞進行溝通
2. 下列關於測驗與評量的敘述，何者正確？【#94 教檢，第 34 題】
(A)評量的目的就是要進行評鑑
(B)評量就是將資料量化的過程
(C)任何標準化的測驗都要有信度及效度的考驗
(D)任何信度及效度係數的屬性都是相關係數
3. 選擇測驗工具時，下列哪一項最為正確？【#99 教檢，第 30 題】
(A)甄選大量資優生時，應考慮選擇信度高的成就測驗
(B)要了解全校跨年級的學生英文能力的排序時，使用標準參照測驗即可
(C)要了解學生在數學計算的錯誤型態時，應考慮選擇數學診斷性質的測驗
(D)在鑑定學習障礙學生時，應選擇評量單一能力且內部一致性較高的測驗
4. 下列關於測驗用途的敘述，何者是正確的？【#98 教檢，第 34 題】
(A)常模參照測驗的結果解釋要考量母群體的性質
(B)標準參照測驗可了解學習者對學習內容的精熟度
(C)標準參照測驗主要目的在了解某生在團體中的相對地位
(D)常模參照測驗比標準參照測驗更易於發展個別化教育計畫
5. 針對特殊教育學生實施評量時，下列何者較為正確？【#104 教檢，第 30 題】
(A)常模參照測驗內容涵蓋較窄，效標參照測驗內容涵蓋較廣
(B)常模參照測驗分數的變異較小，效標參照測驗分數的變異較大
(C)常模參照測驗用於形成性和診斷性評量，效標參照測驗用於安置性和總結性評量
(D)常模參照測驗是相對比較解釋個別學生分數，效標參照測驗是絕對比較解釋個別學生分數
6. 在特殊教育學生評量方面，有關測驗的敘述，下列何者較為正確？
【#104 教檢，第 23 題】
(A)測驗結果宜直接以原始分數進行解釋
(B)測驗工具選擇須考量受試者文化背景及慣用語言
(C)信度是指測驗能有效測量其所需測量特質的能力
(D)效度是指一組測驗結果在不同條件或情境下的可再現性

7. 測驗的鑑別力分析目的，在確定題目是否具有區別高低分組的作用，下列敘述何者不正確？【＃106 **教檢，第** 28 **題**】

(A)試題的題目難度愈高，鑑別力愈大

(B)試題的平均鑑別力較大，測驗的信度會較高

(C)鑑別指數愈高表示鑑別力愈大，愈低表示鑑別力愈小

(D)鑑別指數若以相關係數表示，其值介於-1.00 至+1.00

8. 下列有關正式評量之敘述，何者不正確？【＃94 **教檢，第** 8 **題**】

(A)標準分數是將原始分數用相同的平均數與標準差加以轉換得來的分數

(B)標準分數最為常見的是 Z 分數、T 分數和離差智商

(C)標準化測驗沒有測量誤差

(D)側面圖是用來比較個人在各項測驗分數的高低

9. 有關效標參照測驗的敘述，下列何者是正確的？【＃108-1 **教資考，第** 4 **題**】

(A)月考、期末考、智力測驗都是效標參照測驗

(B)效標參照測驗是根據分數在團體中相對位置加以解釋

(C)我國的高普考和大學入學學科能力測驗都屬於效標參照測驗

(D)效標參照測驗的主要目的是要了解是否達到預先設定的標準

10. 有關標準化測驗工具的敘述，下列何者較為適切？【＃109 **教資考，第** 25 **題**】

(A)標準差大則測量標準誤高

(B)標準化評量工具是指效標參照測驗

(C)信度的高低與測量標準誤的大小有關

(D)選擇測驗時，高信度比高效度更重要

信度

11. 下列何種信度又稱為「穩定係數」？【＃101 **教檢，第** 13 **題**】

(A)α係數　(B)重測信度　(C)折半信度　(D)複本信度

12. 估算測驗的標準誤主要是依據哪一項數據？【＃98 **教檢，第** 32 **題**】

(A)平均數　(B)效度係數　(C)信度係數　(D)鑑別度指數

13. 下列哪一組資料得到的測量標準誤最小？【＃100 **教檢，第** 28 **題**】

(A)平均數＝50，標準差＝10，信度係數＝.75

(B)平均數＝50，標準差＝10，信度係數＝.96

(C)平均數＝100，標準差＝15，信度係數＝.84

(D)平均數＝100，標準差＝15，信度係數＝.91

14. 就測驗的信度原理而言，下列何者可能降低測驗的信度？

【＃101 **教檢，第** 30 **題**】

(A)測驗的題數增加　(B)測驗的難易適中

(C)測驗的評分較客觀　(D)測驗的受試樣本之同質性較高

15. 資源班教師想了解班上學生在某測驗得分的變異情形，應該看下列哪一個項目才能得知？**【＃104 教檢，第 29 題】**
(A)標準差 (B)標準誤 (C)百分等級 (D)相關係數

16. 某校為了發展藝術作品的評分規準，邀請了兩位藝術領域的專家進行學生作品評量，經分析後發現兩者相關為 .80。這是屬於下列何者？
【＃109 教資考，第 20 題】
(A)內容效度 (B)折半信度 (C)效標關聯效度 (D)評分者間信度

17. 某生語文成就測驗分數推估落在 128 和 132 之間的機率為 68.26%，則該測驗的測量標準誤是多少？**【＃109 教資考，第 28 題】**
(A)2 (B)4 (C)6 (D)8

效度

18. 在選用一份測驗來評估學童能力時，下列何者應該最優先考慮？
【＃94 教檢，第 13 題】
(A)測驗信度 (B)測驗效度 (C)測驗常模 (D)施測時間

19. 國小高年級學生國語科成就測驗，若能嚴格依據九年一貫課程之能力指標及國小高年級課程綱要編訂試題，則這個測驗具備何種效度？
【＃95 教檢，第 27 題】
(A)內容效度 (B)同時效度 (C)預測效度 (D)建構效度

20. 教師在編數學成就測驗前先進行雙向細目表分析，其目的是在確保下列哪一種效度？**【＃97 教檢，第 19 題】**
(A)內容效度 (B)表面效度 (C)預測效度 (D)同時效度

21. 下列何者屬於效標關聯效度？**【＃99 教檢，第 11 題】**
(A)表面效度和內容效度 (B)預測效度和表面效度
(C)建構效度和同時效度 (D)預測效度和同時效度

22. 編製標準化國民中學國語文成就測驗時，計算學生在本測驗得分與當時的國語文月考成績之相關。這是屬於何種效度？**【＃96 教檢，第 14 題】**
(A)內容效度 (B)同時效度 (C)預測效度 (D)建構效度

23. 某新編的標準化個別智力量表與另一標準化智力量表的相關為.58～.89，此相關係數屬於下列何者？**【＃106 教檢，第 26 題】**
(A)折半信度 (B)重測信度 (C)預測效度 (D)同時效度

24. 可以用來預測國中學生未來在國民中學基本學力測驗表現之效度，是屬於智力測驗的何種效度？**【＃96 教檢，第 9 題】**
(A)表面效度 (B)內容效度 (C)效標關聯效度 (D)建構效度

25. 某智力測驗編製者計算同一群受試者 8 歲時在他編製的智力測驗成績和 10 歲時綜合智力測驗的相關係數，試問他想建立這項智力測驗的何種證據？
【＃100 教檢，第 18 題】
(A)重測信度 (B)建構效度 (C)評分者信度 (D)效標關聯效度

26. 某測驗編製者進行比較不同年齡受試者在語文理解測驗得分上的差異，他在進行下列哪一種效度研究？**【＃105 教檢，第 19 題】**
(A)內容效度 (B)同時效度 (C)構念效度 (D)預測效度

27. 國小高年級學生國語科成就測驗，測驗內容包括：字音測驗、字型辨別測驗、詞彙測驗、文法測驗及閱讀測驗。請問驗證五個分測驗間的關聯性，是屬於何種效度考驗？**【＃95 教檢，第 28 題】**
(A)內容效度 (B)同時效度 (C)效標關聯效度 (D)建構效度

28.假設某國小學生識字測驗指導手冊內呈現下列說明：
「根據 100 位小一到小三學生資料研究發現：
(1)本測驗總分與學生在學校國文科成績相關為 .56（$p < .05$）；與數學科成績相關 .35（$p < .05$）；與自然科成績相關為 .10（$p > .05$）。
(2)三個年級學生在本測驗總分上有明顯差異（$F = 16.32$，$p < .05$），事後比較發現小三優於小二，小二優於小一。」下列敘述何者正確？
【＃98 教檢，第 35 題】
(A)可見此識字測驗是有信度的測驗
(B)該測驗總分與各科成績的相關是一種內容效度的證據
(C)三個年級間學生成績差異的比較是一種構念效度的證據
(D)識字表現與學生的國文、數學、自然三科學業成績均有顯著相關

29. 某研究者欲發展一套新的適應行為量表，在考驗其效度時，最適合使用下列何種方法？**【＃108-1 教資考，第 17 題】**
(A)分析試題的內部一致性
(B)由不同評分者評量同一位學生
(C)間隔一段時間，對部分學生重複施測
(D)比較輕度智障與中重度智障學生差異

30. 某學者編製了數學性向測驗，該測驗結果與學生在校數學學業成績的相關為 0.7，語文學業成績的相關為 0.3。這是檢視下列哪一種效度？
【＃108-1 教資考，第 30 題】
(A)內容效度 (B)表面效度 (C)區別效度 (D)預測效度

百分等級

31. 在解釋測驗結果時，常會使用百分等級，下列何者對百分等級的敘述是適當的？
【＃99 教檢，第 22 題】
甲、百分等級是一種等距量尺　　乙、百分等級是一種順序量尺
丙、百分等級適用於各種標準化測驗　　丁、百分等級和答對測驗問題的百分比不同
(A)甲乙丙 (B)乙丙丁 (C)甲丙丁 (D)甲乙丁

32. 某生的成就測驗分數化成百分等級為 77，其意義為何？【＃98 **教檢，第 6 題**】
(A)他答對了 23%的題目　(B)他答對了 77%的題目
(C)他的表現低於 77%的人　(D)他的表現優於 77%的人

33. 某生在標準化智力測驗中的智商是 115，已知該測驗平均數為 100，標準差為 15，就常態分配而言，該生的智力測驗結果約百分等級多少？
【＃105 **教檢，第 7 題**】
(A)68　(B)84　(C)95　(D)97

34. 有關百分等級的敘述，下列何者最為正確？【#108-2 **教資考，第 10 題**】
(A)百分等級是一種等距量尺
(B)要了解學生的精熟程度最適宜採用百分等級來表示
(C)一個四十題的測驗，某生答對二十題，其百分等級為 50
(D)某生在某標準化測驗中百分等級為 70，表示其能力在群體中贏過 70%的人

測驗結果與測驗分數解釋

35. 關於測驗分數的解釋，下列何者是正確的？【＃99 **教檢，第 18 題**】
(A)百分等級 20 和 30 間的差距，與 50 和 60 間的差距是相等的
(B)如果學生接受測驗所得的 z 分數＝0，表示他的得分低於平均數
(C)如果學生在魏氏智力量表上所得的智商是 75，表示他屬於輕度智能障礙
(D)如果學生接受測驗所得的 T 分數＝50，表示他的得分恰好落在平均數的位置上

36. 某生在魏氏智力量表上的得分，對照常模後其智商為 130，下列敘述何者是正確的？【＃96 **教檢，第 16 題**】
(A)可將該生的智商經線性轉換成 Z 分數 3
(B)可將該生的智商經線性轉換成 T 分數 70
(C)魏氏智商是發展性常模，不宜線性轉換
(D)魏氏智商並非標準分數，不宜線性轉換

37. 有關測驗結果的解釋，下列何者正確？【＃103 **教檢，第 30 題**】
(A)年級等值 4.6，指該生應被安置於國小四年級開始的課程中
(B)百分等級 16，指該生的分數高於同年齡常模樣本中的 84%
(C)標準分數 85，指該生的分數高於同年齡常模樣本中的 85%
(D)年齡等值 8-4，指該生的測驗表現相當於 8 歲 4 個月的學生

38. 在了解學生某一項能力的時候，由哪一種方法得到的結果，最能判斷這個學生在同儕中的相對地位？【＃96 **教檢，第 23 題**】
(A)實施效標參照測驗　(B)進行特定行為觀察
(C)與家長或老師晤談　(D)實施常模參照測驗

39. 甲生在魏氏兒童智力量表（M＝100，SD＝15）的智商 125，乙生在綜合圖形推理能力測驗（M＝100，SD＝20）的智商 135，兩位學生在各自常模中的相對地位哪一位比較高【＃97 **教檢，第 18 題**】
(A)甲生　(B)乙生　(C)一樣高　(D)無法比較

40. 某生在魏氏兒童智力量表的智商為 130，則該生的智力在同儕團體中的相對地位大約為何？【＃100 **教檢，第 2 題**】

(A)前 3% (B)前 7% (C)前 12% (D)前 15%

41. 小美在某一項標準化測驗結果所得的 T 分數＝70，下列哪一項對於此分數的解釋是最正確的？【＃97 **教檢，第 22 題**】

(A)小美的得分在平均數正兩個標準差的位置

(B)小美的得分在平均數負兩個標準差的位置

(C)小美的得分贏過 70%的人

(D)小美的得分贏過 30%的人

42. 下列關於標準化測驗的解釋，哪一項是正確的？【＃97 **教檢，第 34 題**】

(A)一位國小二年級的學生在國小國語文能力測驗上得到的年級等值為 4.0，這表示他學會了國小四年級的國語文教材

(B)一位國小五年級的學生在國小國語文能力測驗上得到的年級等值為 3.0，這表示他的國語文程度相當於國小三年級

(C)一位學生在國小四年級數學能力測驗得到的百分等級為 60，這表示他答對了該測驗 60%的題目

(D)一位學生在國小數學能力測驗得到的百分等級為 75，這表示他輸給 75%的人

43. 所謂的「標準化測驗」，以下何者不是必要的條件？【＃98 **教檢，第 24 題**】

(A)必須是個別式測驗 (B)須經過信、效度的考驗

(C)建立常模或參照的方式 (D)施測方式、計分、解釋都有一定的規範

44. 小華在某測驗得分 T 分數為 60 分，王老師將其轉為平均數 100，標準差 15 之標準分數，其轉換後分數應為多少？【＃98 **教檢，第 16 題**】

(A)95 (B)105 (C)115 (D)125

45. 在常態分配下，某生魏氏智力量表智商 85，下列敘述何者是不正確的？

【＃101 **教檢，第 28 題**】

(A)Z 分數為-1.5 (B)T 分數為 40

(C)位於平均數負 1 個標準差 (D)在 100 個人中約勝過 16 個人

46. 某生國文科成績的 z 分數為 1.2、英文科成績的 T 分數為 65、數學科成績的標準九分數為 6。該生在此三學科之能力由高至低的排序為何？

【＃100 **教檢，第 29 題**】

(A)英文、數學、國文 (B)數學、英文、國文

(C)英文、國文、數學 (D)數學、國文、英文

47. 下列何種解釋測驗的方式能夠考慮到可能的測量誤差？

【＃101 **教檢，第 21 題**】

(A)以側面圖解釋 (B)以標準分數解釋

(C)以百分等級解釋 (D)以信賴區間解釋

48. 某生在某智力量表的智力商數是100，該量表的測量標準誤是4.50，那麼有95%的可能性該生智商的真正數值落在下列哪一個區間？【 # 102 **教檢，第25題**】
(A)91 分至 109 分　(B)93 分至 107 分　(C)96 分至 105 分　(D)98 分至 102 分

49. 甲、乙、丙三名學生參加一項語文科成就測驗，如果原始得分轉換之後，甲生是PR＝80，乙生是T＝70，丙生是z＝1。依據常態分配推論，三名學生的成績高低結果為何？【 # 102 **教檢，第30題**】
(A)甲＞乙＞丙　(B)乙＞丙＞甲　(C)丙＞乙＞甲　(D)乙＞甲＞丙

50. 某班數學科成績的平均數為55，標準差為16，其中甲和乙的數學成績分別為47分和87分，下列敘述何者正確？【 # 102 **教檢，第28題**】
(A)甲的T分數45、乙的z分數2　(B)甲的T分數35、乙的z分數2
(C)甲的z分數1、乙的T分數70　(D)甲的z分數-0.5、乙的T分數65

51. 有關標準化測驗常模的敘述，下列何者正確？【 # 102 **教檢，第16題**】
(A)年齡常模即年級常模　(B)離差智商即比率智商
(C)標準分數即標準九分數　(D)z分數及T分數均為標準分數

52. 某國小六年級期中考，全校國語科平均數和標準差分別為75和4，數學科平均數和標準差分別是70和5，某生的國語考83分，數學考80分，下列敘述哪一個是正確的？【 # 105 **教檢，第28題**】
(A)該生國語科成績的T分數是60
(B)該生數學科成績的z分數是2.0
(C)該生數學科的T分數比國語科T分數高
(D)該生國語科的z分數比數學科z分數高

53. 下列關於個人測驗結果的側面圖之說明，何者是正確的？
【 # 98 **教檢，第21題**】
(A)可顯示個別間之差異
(B)可顯示個別內在差異
(C)可同時顯示個別間及個別內在差異
(D)皆無法顯示個別間及個別內在差異

54. 在許多特殊教育文章中經常提到常態分配圖及側面圖，有關下列的描述，何者正確？【 # 94 **教檢，第21題**】
(A)前者可以說明個體間差異，後者則可顯示個體內差異
(B)前者可以說明個體內差異，後者則可顯示個體間差異
(C)二者均能顯示個體間差異
(D)二者均能顯示個體內差異

55. 有關個別學生測驗結果側面圖主要功能的敘述，下列何者較為適當？
【 # 104 **教檢，第14題**】
(A)了解學生的個別間差異　(B)了解學生的個別內在差異
(C)診斷學生問題行為的成因　(D)了解學生學習的精熟程度

56. 某生接受音樂能力測驗後參照常模的結果，在節奏分測驗表現優異，在音色分測驗表現中等，在曲調分測驗表現偏低。有關此種能力的敘述，下列何者較為正確？【＃104 **教檢，第** 25 **題**】

(A)個別間差異多呈現偏態分配

(B)個別間差異無法提供能力分組的依據

(C)個別內在差異可顯示不同能力的優弱勢情形

(D)個別內在差異透過測驗總分更能顯示其差異

57. 有關測驗結果的解釋，下列何者是正確的？【＃108-1 **教資考，第** 25 **題**】

(A)甲生在某智力測驗結果所得 T 分數為 50，表示得分剛好在平均數

(B)乙生在某認字量表得分百分等級為 50，表示答對該量表的一半題數

(C)丙生在數學成就測驗得到年級分數是 6.2，表示他已學會六年級所教的數學教材

(D)丁生在某適應量表結果對照年齡常模是 8：5，表示他具有 8 歲半兒童應有的適應水準

58. 進行測驗分數解釋時，下列哪一項敘述是適切的？
【＃108-1 **教資考，第** 28 **題**】

(A)解釋測驗分數時不需參考其他相關資料，以免影響測驗的信、效度

(B)標準化測驗在解釋測驗分數時不需考慮測驗對象與測驗過程的限制

(C)即使標準化測驗的信度和效度良好，仍應以信賴區間來解釋測驗分數

(D)解釋測驗分數時為避免爭議，應只給分數數據，不宜說明分數的意涵

59. 某生做了某標準化測驗，結果 T 分數＝60，在常態分配下，下列解釋何者是正確的？【＃108-2 **教資考，第** 8 **題**】

(A)該生得分的百分位數為 40

(B)該生得分的百分位數為 60

(C)該生得分在平均數負 1 個標準差的位置

(D)該生得分在平均數正 1 個標準差的位置

60. 某國中特殊教育老師欲以資源班學生的學習動機預測其學業成就的表現，則該老師最適合使用下列哪一種測驗統計方法？【＃108-2 **教資考，第** 9 **題**】

(A)信度分析　(B)迴歸分析　(C)項目分析　(D)因素分析

61. 老師抽取校內四個班的模擬考成績（使用相同試卷，滿分皆為 100 分），下列哪一班學生成績的個別差異最大？【＃108-2 **教資考，第** 15 **題**】

(A)甲班平均數為 50 分，標準差為 10 分

(B)乙班平均數為 55 分，標準差為 15 分

(C)丙班平均數為 60 分，標準差為 12 分

(D)丁班平均數為 65 分，標準差為 12 分

62. 四位同齡、同文化背景之學生在同一套標準化測驗工具之相對地位量數的資料分別如下，根據常態分配理論，下列哪一位學生在該測驗之表現為最佳？**【＃108-2 教資考，第 21 題】**
(A)甲生：T 分數為 65　　(B)乙生：z 分數為 1.0
(C)丙生：百分等級為 84　　(D)丁生：高於平均數 1 個標準差

63. 某生接受國小兒童書寫語文能力診斷測驗，其測驗結果是 T 分數 60。試問該生的書寫語文能力大約贏過多少百分比的人？**【＃109 教資考，第 1 題】**
(A)16%　(B)50%　(C)60%　(D)84%

64. 某班國文科成績的平均數為 72，標準差為 10，其中甲生和乙生的國文成績分別為 64 和 87。下列敘述何者正確？**【＃109 教資考，第 16 題】**
(A)甲生 z 分數-1、乙生 T 分數 75
(B)甲生 z 分數-0.8、乙生 T 分數 65
(C)甲生 T 分數 34、乙生 z 分數 0.5
(D)甲生 T 分數 40、乙生 z 分數 1.5

65. 有關常模的敘述，下列何者正確？**【＃109 教資考，第 23 題】**
(A)若離差智商的指數為 120，則相當於 z 分數中的+1.0
(B)數學或語文等基本知能較適用年齡常模來解釋其表現
(C)標準參照測驗目的在提供一種定義清楚和範疇明確的學習作業來解釋個人表現
(D)百分等級是以等距量尺的百分比為指標，可直接使用百分等級的差異代表實際程度的落差

66. 某班數學測驗平均數為 80，標準差為 5，老師將學生分組進行教學，分組原則如下：
專家組：百分等級 93 以上　　達人組：百分等級 50 至 92 之間
潛力組：百分等級 15 至 49 之間　努力組：百分等級 14 以下
在常態分配下，某生成績為 75，應分在何組？**【＃109 教資考，第 29 題】**
(A)專家組　(B)達人組　(C)潛力組　(D)努力組

67. 某心理測驗的標準差為 10，測量標準誤為 4，已知某生的分數為 80，則下列那一選項最接近該生在 95%信賴區間的真實分數？**【＃108-2 教資考，第 30 題】**
(A)介於 70.0 到 90.0　　(B)介於 72.2 到 87.8
(C)介於 73.5 到 86.5　　(D)介於 76.0 到 84.0

※問答題

1. 在特殊兒童評量方面，試從受試者、主試者、測驗本身及測驗情境四方面，分別各列舉二個影響測驗結果的因素。**【＃100 教檢，第 1 題】**
2. 試列舉四項影響特殊教育學生測驗結果的因素，並說明之。**【＃97 教檢，第 1 題】**
3. 特教教師對測驗結果的解釋應注意哪些原則？試列舉六項並簡要說明之。**【＃106 教檢，第 2 題】**

☞選擇題答案：

1.(B)	2.(C)	3.(C)	4.(B)	5.(D)	6.(B)	7.(A)	8.(C)	9.(D)
10.(C)	11.(B)	12.(C)	13.(B)	14.(D)	15.(A)	16.(D)	17.(A)	18.(B)
19.(A)	20.(A)	21.(D)	22.(B)	23.(D)	24.(C)	25.(B)	26.(C)	27.(D)
28.(C)	29.(D)	30.(C)	31.(B)	32.(D)	33.(B)	34.(D)	35.(D)	36.(B)
37.(D)	38.(D)	39.(B)	40.(A)	41.(A)	42.(B)	43.(A)	44.(C)	45.(A)
46.(C)	47.(D)	48.(A)	49.(B)	50.(A)	51.(D)	52.(B)	53.(B)	54.(A)
55.(B)	56.(C)	57.(A)	58.(C)	59.(D)	60.(B)	61.(B)	62.(A)	63.(D)
64.(B)	65.(C)	66.(C)	67.(B)					

整理自 https://tqa.ntue.edu.tw/；# 表示特殊教育學生評量與輔導應試科目

鑑定與安置實務篇

第三章

特殊教育學生評量議題與鑑定安置實務

根據現行《特殊教育法》第 3 條和第 4 條的規定，「特殊教育學生」係指身心障礙和資賦優異兩類學生而言，如圖 3-1（教育部，2019）。

身心障礙類（13）	資賦優異類（6）
□ 智能障礙	□ 一般智能資賦優異
□ 視覺障礙	□ 學術性向資賦優異
□ 聽覺障礙	□ 藝術才能資賦優異
□ 語言障礙	□ 創造能力資賦優異
□ 肢體障礙	□ 領導能力資賦優異
□ 腦性麻痺	□ 其他特殊才能資賦優異
□ 身體病弱	
□ 情緒行為障礙	
□ 學習障礙	
□ 多重障礙	
□ 自閉症	
□ 發展遲緩	
□ 其他障礙	

圖 3-1　特殊教育學生之種類

目前各類特殊教育學生之鑑定，是由各直轄市、縣（市）政府「特殊教育學生鑑定及就學輔導會」（簡稱鑑輔會）負責相關事宜。此外，法令亦規定**身心障礙學生之鑑定，應採多元評量之原則，依學生個別狀況，採取標準化評量、直接觀察、晤談、醫學檢查或身心障礙手冊等方式或參考身心障礙手冊（證明）記載蒐集個案資料，綜合研判之。**

資賦優異學生之鑑定，應以標準化評量工具採多元及多階段評量，除一般智能優異及學術性向資賦優異學生之鑑定外，其他各類資賦優異學生之鑑定均不得施以學科（領域）成就測驗。

本章擬將簡要介紹鑑輔會的組織與運作，繼而說明特殊教育學生評量議題，然後探究各類特殊教育學生的鑑定基準，最後再以臺北市為例，描述各類特殊教育學生的鑑定和安置工作實務。

第一節　鑑輔會的組織與任務

一、鑑輔會的組織

依據現行的《特殊教育法》第 6 條規定：「各級主管機關應設特殊教育學生鑑定及就學輔導會（以下簡稱鑑輔會），遴聘學者專家、教育行政人員、學校行政人員、同級教師組織代表、家長代表、專業人員、相關機關（構）及團體代表，辦理特殊教育學生鑑定、安置、重新安置、輔導等事宜；其實施方法、程序、期程、相關資源配置，與運作方式之辦法及自治法規，由各級主管機關定之。前項鑑輔會成員中，教育行政人員及學校行政人員代表人數合計不得超過半數，單一性別人數不得少於三分之一……」（教育部，2019）。又依據《教育部特殊教育學生鑑定及就學輔導會組織及運作辦法》第 3 條規定，鑑輔會「置委員二十七人至三十五人，其中一人為召集人，一人為副召集人，由教育部部長指定人員兼任之；其餘委員由召集人就學者專家、教育行政人員、學校行政人員、同級教師組織代表、家長代表、特殊教育相關專業人員、相關機關（構）及團體代表聘（派）兼之」（教育部，2012b）。

以臺北市特殊教育學生鑑定及就學輔導會為例，置主任委員一人，由教育局局長兼任；副主任委員一人，由教育局局長指派之教育局副局長兼任；委員十五人至二十五人，由教育局就下列人員聘（派）兼之：(1)社會局代表一人；(2)勞動局代表一人；(3)衛生局代表一人；(4)教育局代表二人；(5)特殊教育學者專家；(6)學校行政人員；(7)同級教師組織代表；(8)身心障礙學生家長團體代表；(9)資賦優異學生家長團體代表；(10)特殊教育相關專業人員（臺北市政府，2018）。

臺北市特殊教育學生鑑定及就學輔導會得視各教育階段需要，依《特殊教育法》規定之身心障礙及資賦優異學生類別設置各小組，成員共三人至七人，並置召集人一人（由小組成員互推產生），負責各類特殊教育學生之鑑定、安置、重新安置及輔導等事項，並得依需要定期或不定期召開會議（如圖 3-2）。

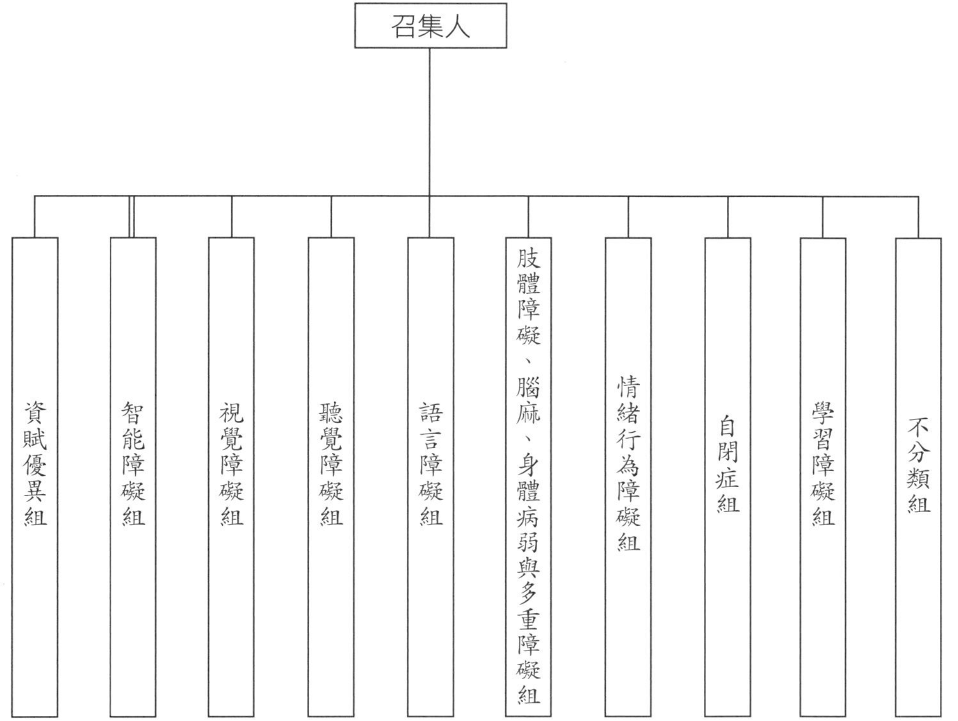

圖 3-2　身心障礙及資賦優異學生各類別小組

二、鑑輔會的任務

依照《教育部特殊教育學生鑑定及就學輔導會組織及運作辦法》（教育部，2012b）第 4 條規定，鑑輔會有下列幾項任務：

- 辦理特殊教育學生鑑定、安置、重新安置、輔導等相關事項。
- 審議特殊教育學生鑑定、安置、重新安置、輔導之年度工作計畫等相關事項。
- 提供建構特殊教育學生鑑定安置與輔導工作資源配置之專業諮詢。

其中，資源配置之專業諮詢，應包括下列事項：

- 規劃適當之特殊教育學校、特殊教育班及其他教育安置場所。
- 提供特殊教育學生相關支援服務。
- 建置心理評量人員。
- 推動無障礙校園環境設施。
- 發展鑑定及評量工具。
- 辦理鑑定及就學輔導專業知能研習。

另外，根據《臺北市特殊教育學生鑑定及就學輔導會設置辦法》第4條規定，臺北市鑑輔會有下列幾項任務（臺北市政府，2018）：

- 議決特殊教育學生鑑定、安置、重新安置及輔導之實施方法及程序。
- 審議學生鑑定、安置、重新安置及輔導之年度工作計畫等相關事項。
- 提供學生鑑定、安置、重新安置及輔導工作資源配置之專業諮詢。
- 執行學生鑑定、安置、重新安置及輔導工作。
- 辦理其他有關學生鑑定、安置、重新安置及輔導之事項。

第二節　智能障礙

一、定義

「**智能障礙**」（intellectual disabilities）是指，個人之智能發展較同年齡者明顯遲緩，且在學習及生活適應能力表現上有嚴重困難者。

二、智能障礙的評量議題

智能障礙學生在接受特殊教育服務時，需經過正式鑑定的過程。其中某些學生在幼年時，就只適用於固定年齡層的評量工具做鑑定，而其他學生在進入幼兒園，或無法達成學校之學業與社交期待時接受鑑定，剩下的學生則在就讀小學時接受鑑定。

對於智能障礙兒童的評量，根據定義而著重於「智力運作」與「適應能力」兩方面。然而，針對某些特殊個案，醫療與評量其他資訊也是很重要的。茲分述如下。

（一）智能評量

目前國內特殊教育學生鑑定上常見的個別智力測驗，有「魏氏智力系列量表」及「綜合心理能力測驗」。這些測驗都是由受過專業訓練之心理評量人員進行，以測量學生整體的智力及預測學習表現。

迄今，沒有任何單一測驗能測量出智力的全貌。因此，智力測驗雖能產生各種衍生性分數，並運用在特殊教育學生的評量上，但它們應被視為是有價值的資訊，而非絕對的。雖然智力測驗的建立是嚴謹的，惟它們還是不夠完美。以下是一些有關智力的考量：

1. 智力概念是假設的構念：沒人看過智力，它不是個明確的實體，而是我們從觀察到的表現來推斷。
2. 智力測驗的結果應該不是決定提供特殊教育與否的唯一標準：智力測驗分數僅是在多元因素與無偏見評估下的一環。
3. 智力測驗的結果不應被用於建立教育目標與設計教學架構中：從學生在課程表現上來評估教師如何授課及課程內容的結果，對課程計畫更為有用。直接且密集調查學生的表現，將可提供如何改善課程的必要資訊。
4. 智商（IQ）可顯著改變：智商可改變，特別是在 70～85 的範圍間，以往構成了臨界的發展遲緩。因而有些學者會對發展遲緩貼上標籤而猶豫不決，因為智商經過一段密集時間的系統化干預後，可能會增加。
5. 智力測驗可能有文化差異：智力測驗傾向於大部分一般中產階級家庭的兒童，但有些問題可能只有一般中產階級兒童才會體驗過。
6. 智力測驗並非一門真正的科學：許多變數會影響到個人的智力測驗結果，例如：評分者主觀的看法與偏見、測試時間與地點等，都可能影響到個人的智商。

（二）適應行為評量

1. 國內外工具介紹

適應行為評量是經由面試父母、老師與直接觀察學生的第三人所完成，其目的在獲得有關學生在學校、家庭與社會之運作情形。國外常用的評量工具之一是「AAMR 適應行為量表」（AAMR Adaptive Behavior Scale）（第二版），這份工具適用於學生在學校、家庭及社會的情境，包含學生在每天生活中的獨立表現是否符合該生年紀及情境該有的行為，同時也評估學生的不適當行為；該工具由老師或專業人士完成，並對學生的適應行為進行評分。

另外一種測量適應行為的工具為「文蘭適應行為量表」（Vineland Adaptive Behavior Scales），國內目前有中文修訂版，由熟悉學生的教師填寫，內容包含溝通、日常生活、社會化及動作技能。在這些適應行為評量工具上，學生目前的能力水準會與一般兒童相比較，即可知學生能力在預期水準中、或高於或低於預測水準。

「適應行為評量系統」（第二版）（ABAS-II）的內容分為父母和教師評量表，均含九個分量表，分別為溝通、社區應用、學習功能、家庭／學校生活、健康與安全、休閒、自我照顧、自我引導與社交（盧台華、陳心怡，2008）。其他國內可用的適應行為量表，可詳見本書第十三章第七節適應行為評量的工具。

2. 適應行為測量上的問題

適應行為的測量已被證明是困難的，且沒有任一份清單是大家公認完整地描述適應行為的內涵。文化偏見可能成為適應行為評估的一個問題，但持續研究適應行為測量或可解決這個問題。

要確定兒童是否為智能障礙，除須符合智力明顯低下外，尚須符合適應行為明顯落後的標準。在這項判定上，心理評量人員會參酌適應行為量表、觀察紀錄，以及父母師長等所提供的軼事紀錄來進行評估。雖然各種適應行為量表提供了分數，並指出學生在適應行為中的水準，但心理評量人員須同時考量學校與家庭的脈絡及學生在各方面的成就，若明顯且持續的不足，就可直接明確判定；然而，若干學生的行為是片段的，此時就須針對所得分數及觀察行為進行討論。就像個別智力測驗一樣，適應行為量表的分數也只是一項參考資料。

（三）醫學因素評量

對有醫療需要的學生，學校人員通常會尋求合適的醫學專業人員來關注他的用藥、生理活動上的健康危機或限制需求，學校專業人士應注意到的慢性疾病，和可能影響學生表現的預期醫療程序，這些因素都可能會因學生的障礙而被注意。

三、鑑定基準

前項所定智能障礙，其鑑定基準依下列各款規定：

基準一	心智功能明顯低下或個別智力測驗結果未達平均數負二個標準差。
基準二	學生在生活自理、動作與行動能力、語言與溝通、社會人際與情緒行為等任一向度及學科（領域）學習之表現較同年齡者有顯著困難情形。

四、資格決定

鑑定學生是否具備智能障礙的資格決定，須依據所蒐集的各項評量資料。以下是需考量的必要問題：

1. 學生正式個別評量上所測量到的智力，至少有落在平均數負二個標準差以下嗎？

也就是說，學生所測量到的智商大約在70以下嗎？我國有關智能障礙智力發展的鑑定基準係指心智功能明顯低下或個別智力測驗結果未達平均數負二個標準差。不管怎樣，並沒有絕對的切截分數，學生的智商分數稍微高於70仍有可能因為適應性行為嚴重缺損而被考慮為智能障礙。

2. 學生有顯現適應行為能力上顯著困難嗎？

針對這項問題，鑑定小組在評量上使用適應行為量表所得到的資料，以及教師、父母和他人所提供的觀察資料來作決定。雖然量表提供的分數顯示學生在適應性行為領域的功能運作水準，不過鑑定委員必須考量學校、家庭和學生在每個領域上的整體成功。如果記錄到明確且一致的障礙，作決定是容易的。然而，有些學生的能力處於邊緣，有關所獲得的分數與所觀察到學生功能的討論可能是必要的。就像智力測量一樣，適應性行為測驗分數也被視為是一種指引。

如果鑑定委員發現學生符合所確認的鑑定基準而鑑定為有智能障礙，且將因接受特殊教育而獲益，就會依循後續的特殊教育程序，進行適當的教育安置，以利學生能夠接受適當的教育。

五、智能障礙之鑑定實務（以下資料請見本書附錄5）

1. 鑑定及安置工作計畫（含智能障礙組）
2. 智能障礙組鑑定心評工作流程圖
3. 智能障礙組鑑定心評教師初判結果
4. 智能障礙組鑑定心評教師初判結果：填表說明
5. 臺北市○○學年度國小升國中特殊教育需求學生轉介特教服務研習手冊（心智障礙組）
6. 臺北市○○學年度國中身障在校生暨新生鑑定手冊（心智障礙組）

第三節　視覺障礙

一、定義

「**視覺障礙**」（visual impairment）是指，由於先天或後天原因，導致視覺器官之構造缺損，或機能發生部分或全部之障礙，經矯正後其視覺辨認仍有困難者。

二、視覺障礙的評量議題

（一）嬰幼兒的視覺發展

人類的學習有 80%倚賴視覺，且並非一出生就具備 1.0 的視力，而是隨著外界的刺激才慢慢發育出各種視覺機能。出生後到 3 歲期間是視力發育最重要的階段；1 歲幼兒的視力約有 0.2，2 歲起逐漸進步，3 歲時視力約可達 0.6 左右，大致在 4 歲前後，視力才會達到 1.0。3 歲至 6 歲期間其視力逐漸發展至成人階段，到了 10 歲左右，視力則發育成熟（http://blog.yam.com/Nanny, 2009）。

（二）視覺篩檢與評量

依據「第一次臺灣地區六至十二歲特殊兒童普查」可知，視覺障礙者出現率為萬分之八（郭為藩，1984），而我國「第二次全國六至十五歲特殊兒童普查」（教育部，1992）發現，視覺障礙者出現率為萬分之五；由此可見，視覺障礙的出現率並不是很高。新生兒的前三個月是視覺系統發展最具決定性的時期，在這段期間即使出現幾天的單眼剝奪，也可能會永久性地改變視覺系統。

視力在統合其他感官形式的知覺上扮演著非常重要的角色。低視力、慢性視力波動和全盲對於兒童發展的形式、品質和比率會有廣泛性的影響，會嚴重阻礙到自主、溝通和社會互動的發展（Ferrell, 1998; Langley, 1998）。幼兒本身很難察覺自己的眼睛問題，出生及前 6 個月內的視力篩檢，是偵測任何防止良好雙眼視力之異常所必要的檢查，而父母通常是第一位關心者，他們觀察到幼兒視力問題的行為指標可能包括：

- 3 個月大缺乏眼神接觸。
- 3 個月大缺乏視覺固定或追尋。
- 6 個月大無法正確拿到物體。
- 4 個月至 6 個月後持續性地缺乏統整眼睛行動。
- 經常性垂直或水平急動的眼睛行動。
- 未哭泣時，持續性的流眼淚。
- 對亮光明顯的敏感。
- 缺乏明亮黑色的瞳孔。
- 眼皮低垂到足以模糊瞳孔。
- 任一瞳孔的大小不對稱。
- 任一眼睛的結構或外形明顯的異常。

另外，若發現幼兒有以下徵候時，要特別留意並接受檢查，以求早期發現和治療：

形式	徵候
異常行為	例如：揉眼睛次數過高、常被東西絆倒（可能是沒有立體距離感導致）、眨眼次數過多、無法看清遠方物體、看東西時瞇眼或頭部歪斜等。
外觀有異	例如：眼位不正、瞼裂不對稱、黑眼珠特別大（可能是先天性青光眼）、眼睛紅或常流眼淚、眼瞼感染、常復發針眼、眼瞼下垂或發腫、眼周邊發紅等。
幼兒訴苦	視力模糊或看東西有疊影、眼花或近看東西想吐、眼睛發癢、視覺差、兩眼清晰度不一樣。

Romano（1990）曾強調，傾聽父母對其幼兒視力關心的重要性，並指出父母很少會錯認其幼兒眼睛或視力有問題。

有些兒童可能在出生時，透過例行性的醫學檢測，即被認定為具有視覺障礙，但有更多的兒童沒被檢測出來，直到晚一些時，父母或照顧者才有可能會注意到由於視力損傷所造成的不正常發展。有些兒童在意外事件或年幼的疾病後，被確認為視覺障礙；其他兒童有可能透過幼兒園的視力檢查，而被認定有視覺障礙。

通常在學校或醫生的診間都有提供視覺敏銳度的檢測。國內最常用來測試和描述的視力檢查表是 C 型或 E 型（如圖 3-3）。使用時，須將視力檢查表放置於眼睛正前方約 5 公尺（C 字表）或 6 公尺（E 字表）處，左右眼輪流測量視力。視力檢查表上左邊的小數點，代表所測得之遠距視力。

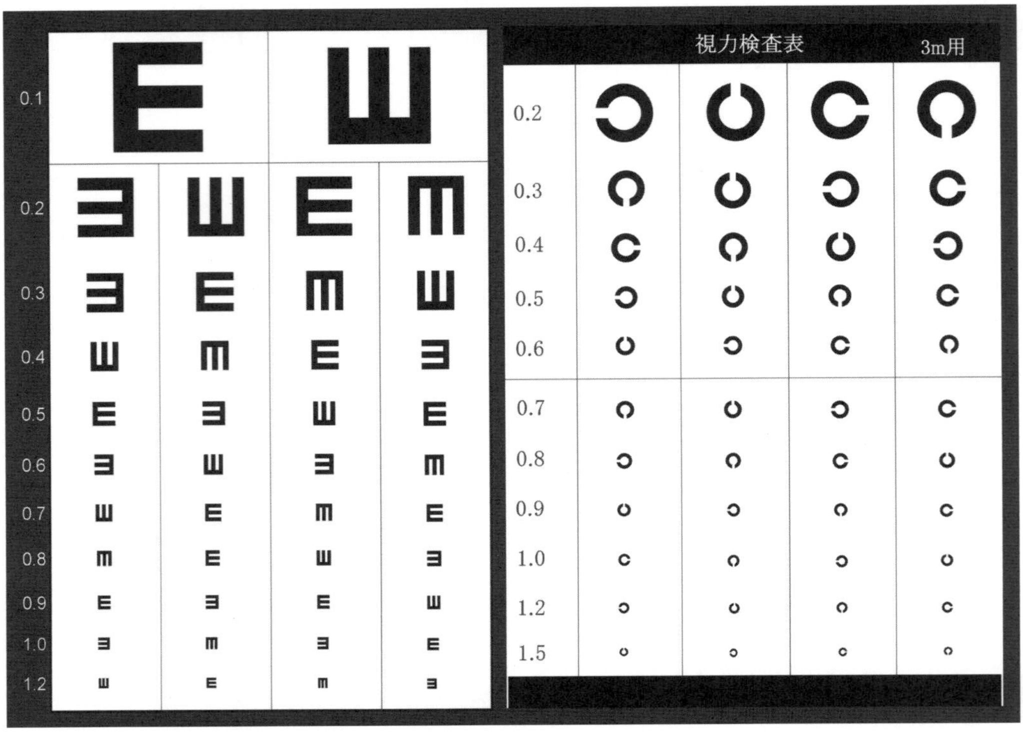

圖 3-3　視力檢查表

資料來源：（左）http://www.taiwanoffices.com/goodeyes/Eye_Vision_Chart.htm
（右）http://eyeportal.jp/

任何一位被認定疑似具有視力問題的學生，都應接受醫師或驗光師的評估，包含醫學檢測與報告。醫學檢測報告應包含病源、醫療和診斷史、眼睛的健康狀況、視力、建議的低視力輔具，以及再評估的日期等資訊。這些資訊要透過書面報告提供給教育體系。

除醫學檢測外，對於決定學生是否能夠從其他視覺或非視覺的低視力服務獲益之臨床低視力評估也是必要的。低視力的醫學檢測包含敏銳度測試、周圍或中心低視力的視域測試及個人面試，以了解其願意參與何種工作、學校或休閒活動。如果低視力輔具無法協助學生閱讀、書寫或有距離的視力，那麼有關聽覺或觸覺的處方就會被提出來，例如：預備的點字法（pre-Braille）或聆聽技巧訓練。

（三）功能性視覺評量

每位兒童運用視覺的能力都是獨特的，而且可以透過特定的教育計畫來增進其運用本身視覺的能力（視覺效能）。在為視覺障礙學生擬訂一項教育計畫時，評定學生目前的功能性視覺是必要的。確定學生如何使用視覺，即使有準確的診斷和標準視力測量，也無法預測可用視覺的學生究竟運用於工作、學習和執行適齡任務的環境。教導視覺障礙學生的教師，要一起和學生及其家人共同進行**功能性視覺評量**（Functional Visual Assessment, FVA）。

由於視力在兒童發展中扮演著重要的角色，功能性視覺評量須在其他教育性評量之前執行（張千惠，2001）。這種評量描述學生如何在各種環境下使用他的視力，例如：在正午陽光刺眼的操場上，或在通往學校圖書館燈光昏暗的走廊中。適切的功能性視覺評量也會考慮這些環境中不同的活動，例如：學生可能可以看到書架上的東西，卻無法看到書籍下方的標籤。很顯然的，這些訊息對教師及學生很有價值，可幫助教師設計相關的教學策略。

功能性視覺評量是一個教育團隊規劃教育方案協同合作的目標。在學生所處的環境中，能具體建議、適應、調整和互動策略，建立全面性評估。運用團隊進行功能性評估可以在教育和社區環境提供一系列適當的策略。

（四）學習媒介

決定最有效率的學習和讀寫媒介是評量過程中的一項要素。讀寫媒介與感官有關，而且是依據學生喜好的閱讀和書寫方法。無論學生的視力程度為何或是否有其他的障礙，學習媒介評量須用以決定學生喜好而適用的學習和讀寫模式（Pugh & Erin, 1999; Smith, 2007）。確定適當的閱讀媒介，例如：教師很容易確定小莉的教學媒介，因為她完全看不到，點字顯然是最適當的閱讀媒介；但請記住，大部分的視覺障礙者都有一些可用視力，在確定他們的教學媒材時，顯然是複雜的。

學習媒介是用來敘述閱讀或識字的選擇媒材，包括：點字、印刷、多媒體及存取技術的術語。許多孩子的閱讀速度緩慢而且沒效率，要靠著點字才能獲得很多幫助。教師為學生決定適當的閱讀媒材，需要靠學習媒材的評量。學習媒材評量在新環境中，剛開始是以功能性視覺評量，但也包括了其他因素，例如：學生的方式（觸覺或視覺）、自然且穩定的視覺狀況、視覺耐力和動機等。

學習媒介包含學生在學習中用以連結感官的素材和方法。**視覺學習媒介**包含電視影像、圖畫、照片等；**觸覺學習媒介**包含立體模型、實物和身體促進改變等；**聽覺學習媒介**包含語言溝通、錄音和周圍環境的聲音等（Levack, 1994）。聽力評量也是決定聽覺媒介的一部分。決定書面印刷的字體大小是很重要的，因可幫助視覺障礙學生，易於使用由處方所建議的低視力輔具裝置，來進行閱讀、書寫和閒暇活動。點字是讀寫媒介，一旦兒童具有殘餘視力時，會與印刷字體和聽覺共同使用以輸入訊息。全盲學生則使用點字與學習聆聽技巧，以輸入訊息，讓視覺障礙學生將這個點字當作閱讀的學習媒介，而持續地使用與學習。

（五）教育評量和方案計畫

評量對於視覺障礙學生的學習與教學適應都提供了決定性的參考資訊。很多視覺障礙學生與其他一般學生有相同的教育目標，而且常能成功地融合在普通班級中。在為視覺障礙兒童計畫教育性方案時，也須考慮其他評量。不過，教育評量須調整，才能使得在評量視覺障礙學生時，不論是點字、書面印刷、口頭報告或省略視覺技巧測驗之項目，都應該具有可接近性，而能顯現出學生學業功能性階層的面貌。

視覺障礙學生也具有獨特的教育需求，且應給予評量，以決定適當的教育位置和計畫。學者指出下列這些技巧是對全盲或低視力學生教育性計畫的基礎：基礎學業性技巧、學習和識字媒體、溝通技巧（口語和非口語）、社交技巧、視覺效率技巧、定位和活動技巧、獨立生活技巧、職業技巧，以及輔助科技的運用（Lewis & Russo, 1998）。

三、鑑定基準

前項所定視覺障礙，其鑑定基準依下列各款規定之一：

基準一	視力經最佳矯正後，依萬國式視力表所測定優眼視力未達0.3或視野在20度以內者。
基準二	視力無法以前款視力表測定時，以其他經醫學專業採認之檢查方式測定後認定。

四、資格決定

完成全面性教育評量後，心理評量小組人員會將所蒐集到的相關資料，提交複審會議以決定學生是否有視覺障礙，且不利地影響到學習。鑑定小組通常會依據前述視覺障礙鑑定基準，來檢視評量結果，並探討下列問題，以決定學生是否符合接受特殊教育服務：

- 學生的視力經最佳矯正後，他的優眼視力是否未達0.3或視野在20度以內。
- 學生的視力若以其他醫學專業之檢查方式測定後，他的結果如何？
- 學生的視力能和教育評量結果如何？

在視覺障礙學生的資格決定上，醫療的診斷證明通常扮演關鍵的角色，其他評量則是輔助性的。如果鑑定小組對於先前問題的回答是肯定的，學生將會被鑑定為有視覺障礙，在取得家長的同意後，將會進行教育安置接受特殊教育的服務。

五、視覺障礙之鑑定實務（以下資料請見本書附錄6）

1. 鑑定及安置工作計畫（含視覺障礙組）
2. 視覺障礙組鑑定心評工作流程圖
3. 視覺功能教育評估紀錄表
4. 視覺障礙組鑑定心評教師初判結果
5. 鑑定評估摘要報告（視覺障礙組）
6. 臺北市○○學年度國小升國中特殊教育需求學生轉介特教服務研習手冊（視覺障礙）
7. 臺北市○○學年度國中身障在校生暨新生鑑定手冊（視覺障礙組）

第四節　聽覺障礙

一、定義

「**聽覺障礙**」（hearing impairment）是指，由於聽覺器官之構造缺損，或功能異常，致以聽覺參與活動之能力受到限制者。

二、聽覺障礙的評量議題

（一）評量與篩檢聽覺功能

新生兒先天性雙側重度感音性聽覺障礙之發生率約為千分之一，若合併中、輕度或單側性聽覺障礙，其發生率則高達千分之三（http://www.bhp.doh.gov.tw/）。不過和很多其他先天性疾病一樣，如果沒有運用現代化的科技，先天性聽覺障礙的早期診斷是很難達到目標的。根據統計，評量出重度聽覺障礙的年紀平均為 1 歲半，中、輕度聽覺障礙則為3歲半至4歲，顯然都已錯失了關鍵語言學習的時期。

美國國家衛生院（National Institutes of Health, NIH）曾提出下列嬰幼兒聽力篩檢的重要準則（林鴻清，2008）：

準則
・所有加護病房中的幼兒均需接受聽力篩檢。
・正常出生之嬰幼兒要在3個月大之前接受聽力篩檢。
・篩檢工具宜用誘發耳聲傳射；若有問題時，再以聽性腦幹反應評估。
・須有完善之幼兒聽障治療計畫，並與聽力篩檢計畫相結合。
・嬰幼兒聽力篩檢不可以取代其他篩檢計畫（例如：學齡前之聽力檢查）。
・教育父母親及第一線之基層醫療人員，如何早期懷疑幼兒有聽障。
・所有聽障幼兒宜在3個月大前診斷，並準備於6個月大時開始治療及復健計畫。

由於3歲前是嬰幼兒聽語發展的最佳時期，新生兒之周邊耳蝸雖已發育完成，但大腦聽覺神經中樞是在出生後，不斷接受環境的聲音刺激才能夠發展完成。也就是說，人類大腦的可塑性在3歲以後會逐漸變差。大腦中最初用於聽力、語言的細胞會漸進轉變成其他的功用，因而此時若要大腦再恢復原先的聽語功能，其困難度會變高。

許多證據亦顯示，早期診斷聽力障礙而早作處理，對於聽覺障礙嬰幼兒日後能否正確發音、語言及教育發展是不可或缺的。而在這三年中，又以前6個月之聽力對嬰幼兒聽語的正常發展最具決定性，惟事實上並不易做到，即使是歐美對聽覺障礙兒童福利非常重視的先進國家，目前也只計畫未來能提早到平均不超過12個月大的嬰兒。通常聽覺障礙嬰兒若能在6個月以前給予明確的篩檢、評量和治療，其將來在語言和身心方面皆能達到正常發展；若超過6個月後才診斷出來，將會造成語言和社交技巧上明顯的遲緩；如果3歲以後才開始治療，則會造成永久性的中樞聽覺發展異常。

（二）聽力篩檢的程序考量與方法

1. 新生兒兩階段篩檢

醫生最常負責嬰幼兒篩檢和評量的任務。雖然篩檢和評量使用相同的程序，在醫院和臨床情境上的護理師也可能擔任這項任務。但本質上，嬰幼兒的篩檢程序是生理的，且包括某些形式的「**耳聲傳射檢查**」（otoacoustic emissions, OAEs），測量耳蝸的狀況或「**聽性腦幹反應檢查**」（auditory brainstem response, ABR）。

幼兒聽力聯合委員會（Joint Committee on Infant Hearing, JCIH, 2000）曾提出所謂的兩階段篩檢，如圖3-4。為了全面性篩檢新生兒，將聽力損失界定為永久性雙側或單側，平均 30～40 分貝或 500～4000 赫茲頻率外的感音性或傳音性聽力損失（Thompson, McPhillips, Davis, Lieu, Homer, & Helfand, 2001）。

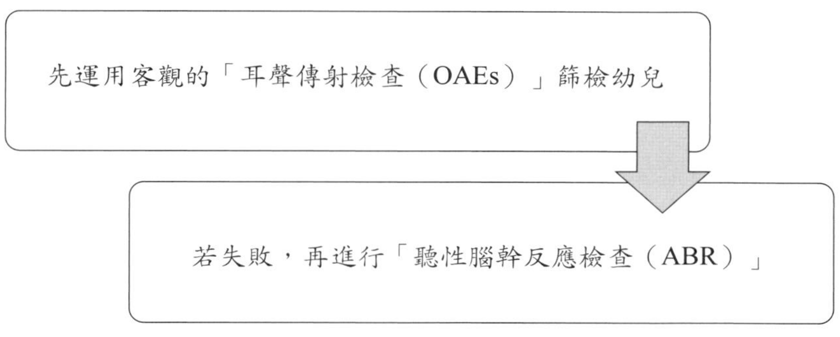

圖 3-4　兩階段篩檢程序

2. **最常見的嬰幼兒篩檢程序**

排除傳音性聽力損失的「**聽阻聽力檢查**」（Impedance Audiometry），是嬰幼兒最常見的篩檢程序。起初，醫生會運用耳鏡檢測耳道和耳鼓，來偵測感染的指標或液體的出現。耳朵的排水或過多的耳垢有可能會阻礙到客觀的測試，因此要使用**阻抗聽力計**（immittance audiometry）。

這種測試評估中耳系統的狀況與可能，包括：「**鼓室壓測量**」（tympanometry）、**聽學的反射**和**靜態耳聽學**的測試。其中聽阻聽力檢查對於特殊需求幼兒特別有價值，因為它們要求非有意的反應，不過主要的缺點是該測試並無法在發聲、哭泣或大叫下完成，而且任何行動都會影響到耳聲傳射上的正確性。運用聽力計的純音（pure tone）篩檢，是用來決定學前幼兒是否擁有聽覺障礙的風險性。這種篩檢對於 3 歲以上的幼兒最為可靠。

（三）評量聽力的方法

聽覺障礙兒童的聽力復健、評估和鑑定上的專家與聽力師會負責執行聽力測試組合。聽力評量應該提供有關聽覺系統的完整性、評估聽力閾限（或敏感度）的資料，提供一些日常情境上聽力功能性運用的觀念，以及確定介入的選項。此外，評量應該包括視覺檢視外耳是否正常或聽力可能損失的訊號指標。幼兒聽力聯合委員會（JCIH）建議，聽力評量應該包含生理測量，如 OAEs、ABR、純音檢測和發展性適當的行為策略。

一旦所選擇的程序適合兒童的發展水準和反應能力，就能夠獲得既正確又可靠的最佳幼兒聽力評量。不管年齡或發展水準，應該獲得耳朵特定形式、程度和聽力損失的結構。

1. 純音聽力檢查

「**純音聽力檢查**」（Pure Tone Audiometry）的原理是以單一頻率為刺激音，所測得的受試者所能聽到之最小音量結果，並以聽力圖呈現所測試的純音，以作為對語言辨識最重要的頻率範圍。

在檢查時，應於加強隔音效果的聽力室進行。為測得兩耳聽力，受試者需戴上耳機（氣導測試），並用振動器進行骨導測試（置於乳突上方），同時根據其年齡與認知發展有不同的測試方法（如 0 至 6 個月的行為觀察法、6 個月至 24 個月的視覺增強法、24 個月以上的遊戲法）。這種檢查可以提供聽力損失類型（感音神經性、傳導性和混合性）、嚴重程度（輕度、中度、重度），以及聽力圖的型態（平坦型、陡降型、上升型等）。

2. 行為觀察聽力檢查

當純音聽力閾限因年齡、發展水準或其他兒童變項無法達成時，可透過聽力測驗程序獲得聽力敏銳度的估計。基本上，選擇最適當的行為取向會受到兒童發展年齡的限制，但其他因素（如生理或感官障礙）也應予考量。「**行為觀察聽力測驗**」（Behavior Observation Audiometry, BOA）是最典型用於 5 個月或 6 個月大的幼兒，該測驗是種最少認知要求的聽力取向，它依靠嬰幼兒對於結構脈絡內所呈現的各種密集和頻率聲音之自然發生的反應，例如：說話、音樂或醫生的聲音。行為反應包括回應性的反應（如驚嚇的反應或大哭）、警覺和激動行為（如呼吸或活動水準、張眼、眨眼的增加或降低），以及局部化的反應（如定位、看、指向或朝向聲源）。BOA 成效的關鍵在於確認回應聲音行為的一致性。

這種程序的主要缺點在於當兩耳同時測試時，至少有一耳的聽力損失是無法判定的。不管如何，行為測試最具決定性的範圍，是聽力學家在有關聽力成熟的順序上每個發展階段，正常聽力反應特徵的品質及範圍之專業知識。兒童對於每一測定的音或聲響刺激的最小反應水準會形成聽力圖，這種聽力圖僅代表兒童最優耳對於聲音整個明顯的反應。Folsom 與 Diefendorf（1999）指出，BOA 是聽力敏銳度不佳的指標，不適合用來評估嬰幼兒特定閾限的敏銳度。然而，BOA 提供了一種估計聽力敏銳度快速、簡單且全面性的方法，有助於決定關於何種正式測驗程序可能是最有效，並提出可以期待的反應品質和水準。此外，若依兒童的發展水準來判斷其聽力反應時，在確認障礙兒童的聽力損失上，它是一種有效的程序（Abdala, 1999）。

運用操作增強原理來發展可靠的聽覺輸入反應的技術，包括：「**視覺增強聽力檢查**」（Visual Reinforcement Audiometry, VRA）、「**具體增強操作性制約聽力測驗**」（TROCA），以及「**制約遊戲聽力測驗**」（CPA）。VRA對於6個月大至2歲之間的幼兒最為有效，兒童轉向聲源的自然傾向會受到視覺增強的強化，這些視覺增強包括閃光和機械性玩具或電腦產生影片的活化。透過兩位以上之一位說話者導入聲音，一旦兒童被制約轉向正確的說話者，聲音就開始逐漸降低來偵測兒童的VRA閾限（最低音可靠地引出轉頭行為）。TROCA則要求兒童在出現聽覺刺激時壓鈕或控制桿，以求收到食物或小裝飾物，其程序可以在聲音領域或耳機下使用，是一種有效替代性行為聽覺測驗取向，可供視覺障礙兒童使用。

18個月大的嬰兒可以透過CPA，來回應在聲音領域或耳機下所產生的純音聽覺訊號。在CPA中，發展適當的遊戲任務，例如：插洞板、將積木或其他小玩具放入容器中，這樣一來即可用來制約兒童回應所察覺的訊號。CPA的主要優點是能獲得耳朵特定的、真正的聽覺閾限。林鴻清（2008）將這些方法稱為「**主觀性的聽力檢查**」，並簡述其實施方式如下（https://hclin59.tian.yam.com）：

聽力檢查方法	內涵
視覺增強聽力檢查（VRA）	給予左右之聲音刺激，若受測幼兒可以轉頭尋找聲源，便給予視覺強化刺激（如猴子打鼓）。經由此制約反應中，來推測幼兒左右耳之聽力閾值。通常要1歲之幼兒才有可能接受此項檢查。
遊戲聽力檢查（Play Audiometry）	通常要在2歲到2歲半以上才合適。教導幼兒聽到聲音時要去做一件簡單工作，例如：將玩具放回箱子、敲一聲鼓。經由此遊戲來推估其聽力閾值。

※閾值（threshold）：一個領域或系統的界限稱為閾，其數值稱為閾值。閾值又稱臨界值，是指一個效應能夠產生的最低或最高值。

3. 生理測量

當幼兒無法可靠地回應行為觀察聽覺技術時，就可以使用客觀的生理測量（如耳聲傳射檢查和腦幹誘發反射檢查）。這些測量不必幼兒合作，只要不亂動或令其睡覺即可。「耳聲傳射檢查」的原理，如圖3-5。外側毛細胞對於噪音、耳毒藥物或缺氧狀況相當敏感，所以可藉由耳聲傳射的觀察或追蹤耳蝸或外側毛細胞的生理及病理狀態。其缺點包括無法預測聽閾值、無法排除輕度聽力損失、中耳狀況會影響結果，以及無法以骨導檢查。耳聲傳射檢查包括下列幾種（李明芳、何坤瑤，2006；引自林鴻清，2008）：

- 自發性耳聲傳射（spontaneous otoacoustic emissions, SOAEs）。
- 誘發性耳聲傳射（evoked otoacoustic emissions, EOAEs），為篩檢新生兒聽力的良好工具。
- 刺激頻率耳聲傳射（stimulus-frequency evoked otoacoustic emissioms, SFOAEs）。
- 短暫音誘發性的耳聲傳射（transient evoked otoacoustic emissions, TEOAEs）。
- 變頻耳聲傳射（distortion product otoacoustic emissions, DPOAEs）。

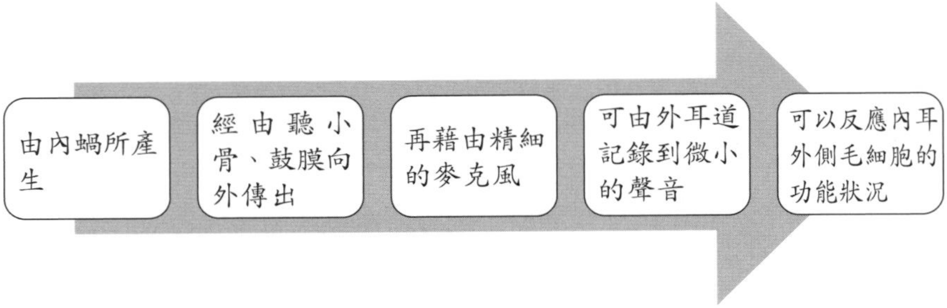

由內蝸所產生 → 經由聽小骨、鼓膜向外傳出 → 再藉由精細的麥克風 → 可由外耳道記錄到微小的聲音 → 可以反應內耳外側毛細胞的功能狀況

圖 3-5　耳聲傳射檢查（OAEs）的原理

當出現耳聲傳射時，表示聽力正常或可能有輕微的聽力損失，如果耳聲無法傳射，則可能是中度至重度聽力損失的訊號。「**短暫音誘發性的耳聲傳射**」（TEOAEs）是由卡嗒聲所引出的，而「**變頻耳聲傳射**」（DPOAEs）則是由聲調所引起的，每個聲調代表不同的頻率。耳聲傳射檢查（OAEs）可有效執行，對外耳道、中耳流體和耳蝸的外毛細胞上的障礙很敏感，但無法用來獲得聽力閾限，以偵測神經中樞的失常或區別耳蝸和傳音性之間的聽力損失（JCIH, 2000; Thompson et al., 2001）。

若要測量聽覺神經如何回應聲音，從內耳沿著聽覺途徑至大腦的過程，「聽性腦幹反應檢查」（ABR）被視為是生理聽覺檢測的標準。這種檢查的目的在於測得聽閥／病灶診斷（尤其是耳蝸後、聽神經至腦幹間）。刺激音以短暫音（click）為主，另有純音輔助，用短暫音作刺激音時，聽力結果主要反映高頻的聽損程度（2～4kHz），需要在安靜狀態下（安靜躺／坐、自然睡眠狀態、鎮靜後）測試。如果幼兒在 30～40 分貝獲得反應時，就視為通過 ABR 篩檢。林鴻清（2008）將這些方法稱為「**客觀性的聽力檢查**」，並簡述其實施方式如下（https://hclin59.tian.yam.com）：

聽力檢查方法	內涵
耳聲傳射（OAE）	正常聽力閾值在30～40分貝內，可產生耳聲傳射。反之有輕度聽障，耳聲傳射消失。特點是客觀、迅速、不具侵犯性，適用於大量之嬰幼兒聽力篩檢。
聽阻聽力檢查（Impedance Audiometry）	嬰幼兒須在6個月以上才能做。實施時令其不要亂動，只將耳塞置入耳道加壓，數分鐘即可完成。一般在純音聽力閾值加上70分貝，即有鐙骨肌反射（Acoustic Reflex）。若有反射存在，表示聽力尚可；若消失，表示聽力可能不好。若最高音量可調至110分貝，反射仍未出現，其純音聽力閾值推估已達50分貝以上。
聽性腦幹反應檢查（ABR）	主要是測試聽神經傳導路徑是否正常，是目前最主要的客觀聽力檢查。一般可從60分貝開始測試，若有第五波之反應，則往下至30分貝，若仍可見第五波之反應，則認為聽力應該正常。若60分貝並無第五波反應時，則提高至90分貝測試。一般ABR估算之聽力閾值和純音聽力閾值相差在10～15分貝，例如：ABR測試60分貝以上才可見第五波時，則其純音聽力閾值推估約在45～50分貝。惟ABR仍需和其他臨床資料做整體評估，以免出現假陽性之可能。

4.語音聽力檢查

語音聽力檢查在於測量認知和對語音的敏感度，可以獲得「**語音辨識率閾值**」（speech discrimination scores, SDS）、「**語音覺察閾值**」或「**語音知覺閾值**」（speech reception threshold, SRT），是指正確率達50%的最小刺激量。代替純音，聽力師可透過頭戴式耳機或擴音機來導入語音。「語音覺察閾值」可用來測量幼兒與無法模仿單字的兒童。依據兒童的年齡，聽力師可能發出bye bye、buh buh buh、摸你的鼻子、媽媽在哪裡或符合年齡的語詞。語音知覺閾值（SRT）對於許多2歲至3歲幼兒可在聲音領域情境上，以及3歲至4歲兒童可在耳機下建立。

（四）聽力損失的程度與測定

聽力損失常會使用一些術語，例如：輕微的、輕度、中度、重度和極重度來形容。然而，沒有兩位兒童擁有一模一樣的聽力程度，即使他們對聽力檢查的反應十分相似。就像只靠單一智能測驗無法為兒童的教育計畫提供足夠的資訊一樣，聽力損失兒童不能只被一種聽力檢查所影響。兒童在不同清晰程度下聽到聲音的程度會不同，且同一個兒童的聽力也可能會隨著時間而有所不同。有些只能測出較低聽力的兒童可以藉由助聽器來學習說話；另外，有些兒童的聽力損失很嚴重，聽力協助無法對他們產生有效的作用，就須依賴視線來作為主要的溝通管道。

聽力師是在聽力評估中最重要的專業人員。基本上，聽力評估始於精確的測出一個聽閾，如果聽力損失存在，聽力師會利用一些測驗或評估程序來決定聽力損失範圍，聽力評估最終會顯示為一個圖表（聽力圖，如圖 3-6）。

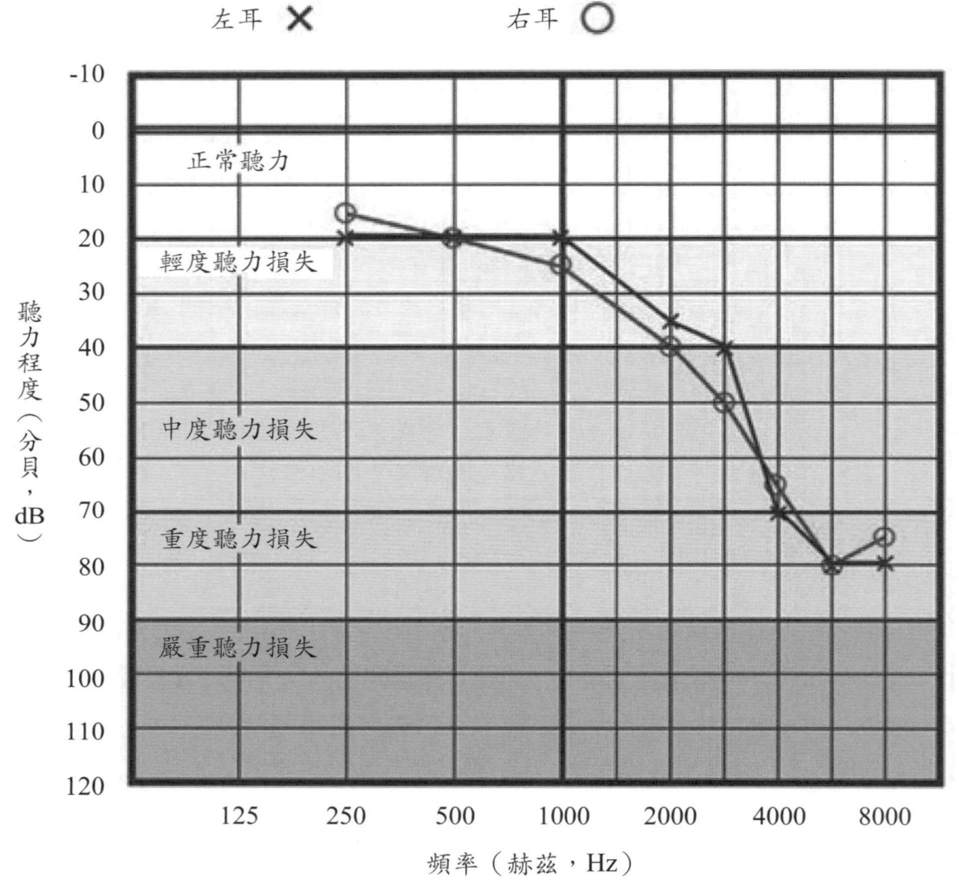

圖 3-6　聽力圖

資料來源：http://www.google.com.tw/pure tone audiometry

圖3-6的水平軸為音域的間隔，主要為測試頻率，垂直軸為分貝，如下表所示：

項目	重要內涵
頻率	・頻率（frequency）是指在測量中聲音的震動幅度。單位：赫茲（Hz）。 ・頻率在聽力圖的下方，有 125、250……等數字，這些數字是表示聲音頻率的高或低。數字愈小，頻率愈低。 ・聲音的頻率可以藉由電子設備準確測出。 ・音高在心理學上和頻率有關，但不能在科學技術上被準確測出，因為每個人感受到的音高是不同的。 ・當頻率↑時，聆聽者也會相對地感到音高↑。 ・人類容易察覺的音頻介於 125～8000 赫茲之間，而人類在講話中發出的頻率多半介於 500～3000 赫茲。
分貝	・分貝（dB）主要是用來表示音量的大小。在聽力圖的左邊，數字愈小，表示聲音愈小。 ・以 10 分貝為距，零分貝在最上方，代表聽力狀態沒問題。 ・隨著聽力程度下降，圖表的圖示也愈往下。 ・分貝愈增加，對音量的感受也會增加。 ・音量是可以精準測量出的。 ・人類的音量多落在 40～60 分貝間。 ・一旦超過 130 分貝便會產生不適感且可能造成傷害。

聽覺障礙的分類即依據個人在各項頻率對音量需求的大小來定義，若以聽覺障礙的鑑定標準，則可分為下列三大類：

輕度聽覺障礙	中度聽覺障礙	重度聽覺障礙
・優耳聽力損失在 55～69 分貝者	・優耳聽力損失在 70～89 分貝者	・優耳聽力損失在 90 分貝以上者

而聽力損失程度仍可細分為六級：

- 正常：・聽力損失小於 25 分貝者
- 輕度：・聽力損失介於 26～40 分貝者
- 中度：・聽力損失介於 41～55 分貝者
- 中重度：・聽力損失介於 56～70 分貝者
- 重度：・聽力損失介於 71～90 分貝者
- 極重度：・聽力損失大於 91 分貝者

一般說話的頻率是 500、1000、2000 赫茲，所以聽覺障礙的程度就是以這三個頻率來決定聽力損失程度，如下圖所示（圈圈為右耳；叉叉記號為左耳）：

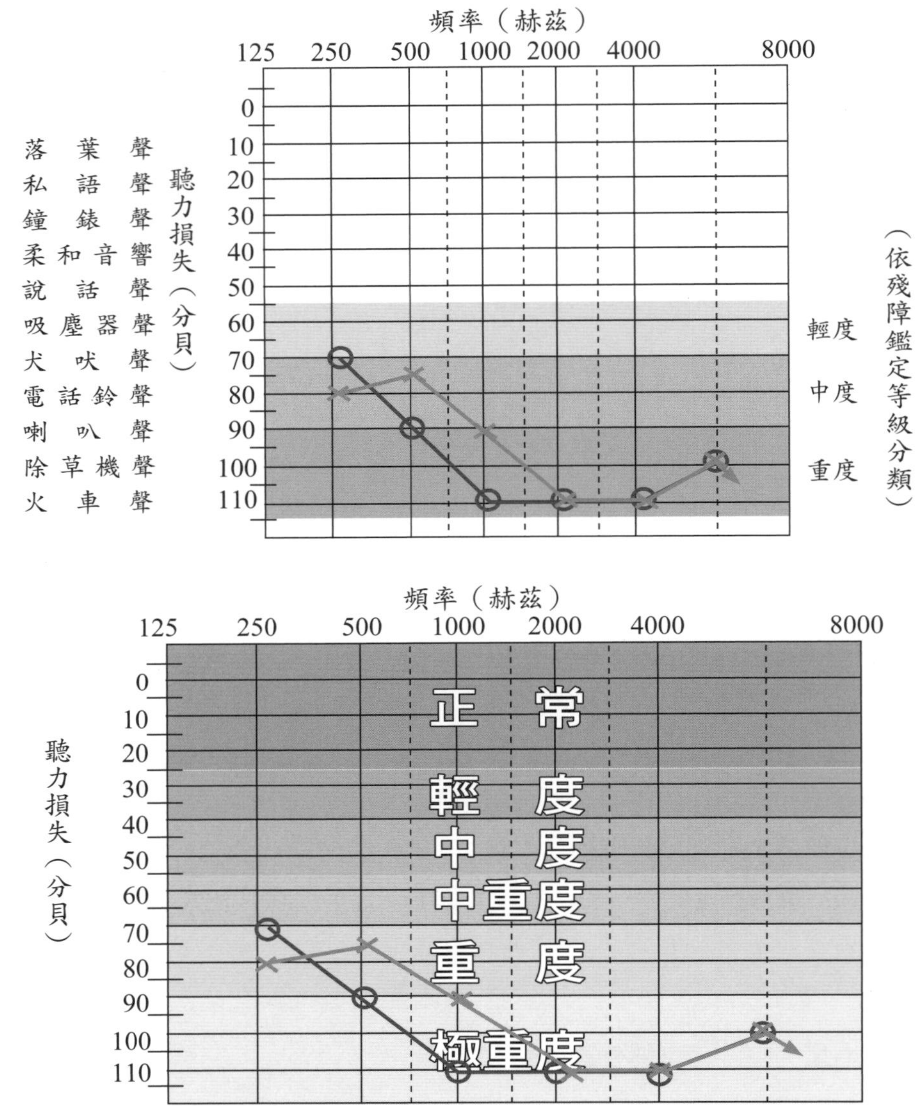

我們可以發現個案右耳在 500、1000、2000 等頻率分別是 90、110、110 的音量才能聽得見，這些數值都落在極重度區，表示右耳是極重度，而個案右耳的聽力損失程度為 103.3 分貝〔（90+110+110）/3〕；個案左耳在這三個頻率的數值是 75、90、110 分貝，分別落在重度及極重度區，表示左耳聽覺障礙是從重度到極重度，而左耳的聽力損失程度是 91.6 分貝〔（75+90+110）/3〕（調整自 http://www.ear.com.tw/CGMH-WEB/earinfo-map.htm）。

（五）聽覺障礙的個人評估法

聽覺障礙最主要且客觀的個人評估法，是將認知、溝通和個人特色放在一起準確的評估（Simeonsson & Rosenthal, 2001）。這些資訊是決定個人教學計畫和其他實驗性活動的準則，如此才能更有效的達成目標。

對聽覺障礙兒童作智力評量時，很重要的是，不能只依賴口語表達能力作為認知測驗的方法。惟評量工具或儀器若是以非口語為主的表達方式，對於兒童的口語能力和日後成就的預測就會變得比較艱難，因為聽覺障礙者對於口語能力的習得是有限制的。

在社交／行為評量方面，有許多針對聽覺障礙者個人的社交與行為能力的功能評估，上述的功能評估會運用到大量的語言，對於聽覺障礙者來說是非常具挑戰性的，其難處不在於社交能力上的發展障礙，而是因為他們在語言表達上的問題。

至於溝通評量方面，聽覺障礙對個體來說最為負面的影響是辨識語言及口語能力的發展，針對聽覺障礙者的語言能力評估須測試接受性及表達性的溝通技能，包括語言的形式、語言的內容及語言的使用，然而，大部分語言的評估都缺乏這些內容。聽覺障礙者的口語評估測驗項目須包含語音的發音、音準、音量、品質及速度，分析上述數值才能為聽覺障礙者設計良好的語言治療及教育計畫的基礎。

三、鑑定基準

前項所定聽覺障礙，其鑑定基準依下列各款規定之一：

基準一	接受行為式純音聽力檢查後，其優耳之 500 赫、1000 赫、2000 赫聽閾平均值，6 歲以下達 21 分貝以上者；7 歲以上達 25 分貝以上。
基準二	聽力無法以前款行為式純音聽力測定時，以聽覺電生理檢查方式測定後認定。

註：聽覺電生理檢查，包括穩定狀態的聽性誘發反應檢查（ASSR）、聽性腦幹反應檢查（ABR）等。

四、資格決定

一旦評量資料蒐集後，鑑定小組就會召開會議，考量有關學生所蒐集到的資料，包含聽力損失是否構成障礙，而需要接受特殊教育服務，鑑定小組通常需探討下列問題：

學生是否在接受行為式純音聽力檢查後，其優耳之500赫、1000赫、2000赫聽閾平均值，6歲以下達21分貝以上？7歲以上達25分貝以上？

如果學生的聽力無法以行為式純音聽力測定時，他的聽覺電生理檢查的結果如何？

學生的智力水準、在固定情境中的聽覺能力、語言能力，以及適應性行為的表現情形如何？

在聽覺障礙學生的資格決定上，醫療的診斷證明通常扮演關鍵性的角色，其他評量則是輔助性的。如果鑑定小組對於先前問題的回答是肯定的，學生將會被鑑定為有聽覺障礙，在取得家長同意後將會進行安置與接受特殊教育的服務。

五、聽覺障礙之鑑定實務（以下資料請見本書附錄7）

1. 鑑定及安置工作計畫（含聽覺障礙組）
2. 聽覺障礙組鑑定心評工作流程圖
3. 鑑定評估摘要報告（聽覺障礙組）
4. 臺北市○○學年度國小升國中特殊教育需求學生轉介特教服務研習手冊（聽覺障礙）
5. 臺北市○○學年度國中身障在校生暨新生鑑定手冊（聽覺障礙組）

第五節　語言障礙

一、定義

「**語言障礙**」（communication disorders）是指，語言理解或語言表達能力與同年齡者相較，有顯著偏差或低落現象，造成溝通困難者。

二、語言障礙的評量議題

溝通是指利用各種傳達工具與各種媒介，以達到相互交換訊息的過程；凡是有組織、有系統的語音性符號，用來作為人類交談的工具皆稱為語言，其中包括口述、書寫及符號語言。在溝通過程中，語言被認為是種手段，也是種學習工具；

說話（言語）是語言運作的聲帶運動，因此說話是語言的一種表現（林寶貴，2006）。

就以上描述可知，說話、語言及溝通障礙這三者之間是有差異的。說話障礙是指個體的說話過分異於常人而達到引人注目、厭煩或不易被他人所理解的地步；語言障礙是指個體所表現的語法與被期待的標準不相稱；而溝通障礙是指構音、語言、聲音或說話流暢方面的缺陷。

對不同語言障礙類型可透過早期介入，有助於語言障礙兒童預後的情形。因此，我們需透過評量方式來篩選、鑑定語言障礙兒童，才能提供適性服務。基本上，語言障礙評量取向可分為兩種（Owens, 1999），如圖 3-7。

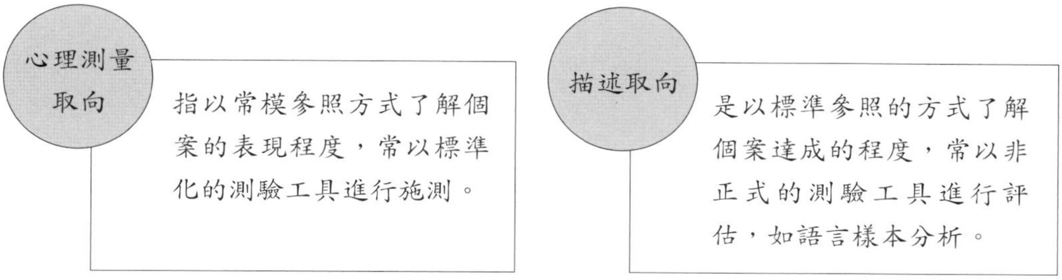

心理測量取向	描述取向
指以常模參照方式了解個案的表現程度，常以標準化的測驗工具進行施測。	是以標準參照的方式了解個案達成的程度，常以非正式的測驗工具進行評估，如語言樣本分析。

圖 3-7　語言障礙評量取向

以下分別就語言障礙評量內容和技術進行探究。

（一）語言障礙評量內容

語言障礙評量有兩個主要的評估向度，分別是說話及語言評估（Kumin, 2008），說話是指語言運作的聲帶運動，因此說話是語言的一種表現行為；而語言是有組織、有系統的語音性符號，用來作為交談的工具皆可成為語言，包括符號、口語及書寫。因此，兩者的評估內容有所差異，其詳細內容敘述如下。

1. 說話評估

在進行說話問題的評量時，評量人員應盡可能蒐集完整的個案背景歷史、與家長訪談或觀察紀錄、家長檢核表，了解孩童在家說話情形。**說話（言語）評估**（speech evaluation）主要在評估兒童說話聲音產出的技巧，以及檢驗是否具器質性問題。因此，評估範圍包括以下各項：

(1)檢查口腔結構與功能

評估其模仿面部表情的能力，以及檢查肌肉動作能力，透過吹泡泡、牙齒咬合，檢查發音器官（唇、舌、頷、顎）的動作能力，及進食與吞嚥能力進行評估。

(2)語音評估

評量人員針對兒童在語音接收與表達聲音的能力做評估，是否因舌頭位置及共鳴問題造成語音錯誤。

(3)發音評估

發音評估是指發音器官的準確性，影響發音時的清晰程度與可理解性，判斷是否出現替代、添加、省略、歪曲的現象。

(4)交替動作測試

了解兒童的拼音能力，如中文的注音符號拼讀，包含假字拼讀，例如：說出「ㄅㄧㄤˋ」的音。

(5)刺激測試

測試兒童是否能正確重複或模仿聲音，評量人員透過一句話讓兒童模仿，並說出正確語詞與句子。

(6)可理解性評估

可理解性評估是指評估兒童的說話能力是否能讓他人理解，以表達溝通需求。評估內容包括下列幾項：

- 嗓音：音質評估，說話聲音是否過大或過小、是否伴有大的呼吸聲或聲音粗啞。
- 語暢：說話是否有口吃、不流利的現象。
- 共鳴：說話是否鼻音過重或缺乏。
- 韻律：說話是否具有抑揚頓挫的韻律感。
- 語速：說話速度是否有過快、過慢或速度不一的現象。

評估語言障礙時，通常應考量其語言的接受性與表達性能力，以及是否為器質性因素所造成，若為器質性因素，應先進行手術矯治，再來改善說話及語言能力。

(7)發展性失用症

發展性失用症（Childhood Apraxia of Speech, CAS）是指表達難以一致，說話動作排序上出現問題，發音器官無法自主放置於目標位置，而呈現說話時的錯誤。有時能正確說出字詞，但不同情境下，便產生無法說出相同字詞的困難（林寶貴，2006；張世彗，2006a）。這樣的評估透過家長描述，比使用多種談話測驗更有效率，也能爭取更多處遇時間。因此，常運用訪談家長或家長檢核表進行評估。

2. 語言評估

進行**語言評估**（language evaluation）時，主要是針對兒童在下列各項的表現。

(1)非語言溝通

評估非語言溝通是以觀察、遊戲或家長檢核表等非正式評量的方式進行。評量人員應評估兒童的遊戲或活動能力、相互注視的技巧、社會性手勢（如揮手再見），以及其他語言前技巧的方式。所謂語言前技巧是指一般兒童應於 2 歲前建立的技巧，包括對聲音的反應和辨別、發聲能力、模仿能力、專注力、輪流和概念建立等，以為日後語言學習做好準備。因此，評量人員採取上述方式來評估學生的非語言溝通能力，並判斷兒童：

- 是否表現出溝通意圖並了解溝通的涵意？
- 如何請求協助？
- 是否試著想與他人互動？
- 如何以非語言方式進行要求？

(2)語音

語音（phonology）是指語言中聲音的型態，及其在字詞中的構成規則，例如中文注音符號有「ㄨㄛ」的音，但沒有「ㄨㄝ」的構成方式。評量人員主要在評估兒童音韻覺察能力，包括兒童對語音的區辨：是否能分辨兩者聲音的異同；語音的辨識：是否能知道其中的音素，例如：爸（˙ㄅㄚ）的發音是ㄅ不是ㄆ；以及察覺的能力：是否能覺察語音的型態，如：中文的雙聲、疊韻。雙聲詞指一個聲母相同的語詞。簡單來說，聲母就是注音符號中，開頭標的第一個音。例如，切結（ㄑㄧㄝˋ ㄐㄧㄝˊ）聲母分別是「ㄑ」和「ㄐ」，所以它不是雙聲，不過它卻是疊韻，因為它的韻母相同，都是「ㄝ」。至於參差（ㄘㄣ ㄘ）就是雙聲詞了！而語音察覺技巧對於孩子閱讀、寫作，是基本且重要的能力，因此需要對兒童進行這類的評估。

(3)構詞

構詞（morphology）是指構成有意義的字的最小語言單位。中文最小單位為詞素，為具有意義的詞，如吃（單字詞）、葡萄（雙字詞）。亦指字詞的結構和形成方式，結構是可拆解的部分；形成是指如何拼湊成字，如何產生新字詞的規則。

(4)語法

語法（syntax）就是評估兒童語言的結構，包括文法與字詞的順序；動詞時態的一致；句子的複雜性，如中文是「主詞＋時間＋地點＋動詞」；句子長度；能變化句子，如使用疑問句、否定句等句型；能使用連繫動詞等。

(5)語意

語意（semantics）在於評估兒童對字彙及其意思的使用能力，包括接受性及表達性語言能力。評量人員常以下列方式來進行評估：①字彙的使用，以了解兒童是否能知道其意；②是否能說出同義字、反義字；物品名稱（芒果）、概括性名稱（西瓜和百香果都是水果）的能力；③找出不合理的語句，以及一字多義的使用能力；④是否能定義字詞、找出詞彙之間的關聯性。

(6)語用

語用（pragmatics）是指涉及語言的社會功能，包括：溝通技巧、敘述演講能力（故事重述）、時事論述的能力，以此作為評估兒童語用能力的內容。

(7)其他

由於家長與孩童的接觸時間較長。因此，評量人員透過家長檢核表，可更確定自己診斷的正確性與可靠性，能更了解學生的說話或語言發展現況。

（二）語言障礙評量常用的技術

語言障礙評量會因單位不同而有差異。以下從醫療及教育的角度加以說明。

1. 醫療方面

國內語言治療師最常用於評量語言障礙兒童的方式有三種：觀察兒童的行為表現、訪談家長或教師，以及使用標準化語言測驗（王秋鈴、林素貞，2008）。在評量程序上，醫療方面將評量分為評估和診斷兩階段；評估部分包含從現存紀錄和個案史、父母訪談及問卷填寫，和對兒童實施直接的評量中蒐集資料，再對所蒐集的資料進行分析解釋後做出診斷。

2. 教育方面

就教育方面來說，評量人員最常用於評量語言障礙兒童的方式包括檢核表、標準化測驗及訪談主要照顧者。在評量程序上，會先運用語言障礙篩檢表找出疑似個案，然後進一步進行標準化的測驗施測；並與主要照顧者進行訪談，了解個案的語言發展史、病史與成長史等基本資料，最後再就上述資料綜合研判。

（三）評量課題

由於目前國內的兒童語言障礙評量是由醫療單位主導，參與人員也多以醫療人員為主，因此，和教育系統的緊密合作仍有待建立（王秋鈴、林素貞，2008），彼此之間的資源應整合，才能避免資源的重複使用與浪費。

醫療與教育方面的語言障礙評量工具與程序，因所處角色與所受專業訓練不同，所以鑑定程序及評估項目不盡相同，結果解釋也有差異。但不論是那個體系的評量，其判斷不應只依賴某專業人士的說法，而應以專業團隊合作的方式共同討論兒童的語言問題。雖然，語言評量的目的在篩選與鑑定語言障礙的兒童，但如何將評量結果與後續的介入服務和教育緊密連結，也是評量者進行評估時應考量的項目，這樣才能使評量結果更具意義。

三、鑑定基準

前項所定語言障礙，其鑑定基準依下列各款規定之一：

類別	內容
構音異常	語音有省略、替代、添加、歪曲、聲調錯誤或含糊不清等現象。
嗓音異常	說話之音質、音調、音量或共鳴與個人之性別或年齡不相稱等現象。
語暢異常	說話節律有明顯且不自主之重複、延長、中斷、首語難發或急促不清等現象。
語言發展異常	語言之語形、語法、語意或語用異常，致語言理解或語言表達較同年齡者有顯著偏差或低落。

四、資格決定

一旦蒐集好評量資料後，包含心理評量人員、語言治療師，以及特殊教育學者等鑑定小組人員就會召開會議，做出有關資格的關鍵性決定。決定學生是否有語言障礙或說話和語言異常，鑑定小組人員通常會探討下列問題：

1. 與同年齡者相較，學生的語言理解或語言表達能力有顯著偏差或低落現象，造成溝通困難嗎？

   依據目前國內法律的規定，這些困難的範圍包含：構音異常、嗓音異常、語暢異常、語言發展異常。另外，要留意的是，這些問題若是由於母語或文化的緣故，就必須審慎處理。

2. 學生的語言障礙不利地影響到教育的成就表現嗎？因為惟有障礙不利地影響到教育成就表現，才能提供特殊教育需求的服務。

基於所蒐集的各項評量資料，回答這些問題的結果，鑑定小組人員就會決定學生是否有語言障礙而需要特殊教育。

五、語言障礙之鑑定實務（以下資料請見本書附錄8）

1. 鑑定及安置工作計畫（含語言障礙組）
2. 語言障礙組鑑定心評工作流程圖
3. 學齡兒童言語障礙篩檢表
4. 語言障礙組鑑定心評教師初判結果
5. 臺北市○○學年度國小升國中特殊教育需求學生轉介特教服務研習手冊（語言障礙）
6. 臺北市○○學年度國中身障在校生暨新生鑑定手冊（語言障礙組）

第六節　肢體障礙

一、定義

「**肢體障礙**」（physical disabilities）是指，上肢、下肢或軀幹之機能有部分或全部障礙，致影響參與學習活動者。

二、鑑定基準

前項所定肢體障礙，應由專科醫師診斷，其鑑定基準依下列各款規定之一：

基準一	先天性肢體功能障礙。
基準二	疾病或意外導致永久性肢體功能障礙。

註：可參考《身心障礙者鑑定作業辦法》（http://law.moj.gov.tw）

三、資格決定

就像其他障礙學生一樣，一旦評量資料蒐集後，鑑定小組就會召開會議，做出有關資格的關鍵性決定。他們會共同探討肢體障礙學生資格的關鍵性問題，以確定學生是否因為肢體障礙顯著地不利影響教育性成就表現，而需要接受特殊教育：

- 肢體障礙學生是否取得醫師診斷證明，而符合先天性肢體功能障礙或疾病或意外導致永久性肢體功能障礙之鑑定基準？
- 肢體障礙學生的智力、成就、語言、適應性行為和相關領域的表現如何？他們的障礙是否顯著地不利影響到他們的教育性成就表現？

如果鑑定小組對於先前問題的回答是肯定的，學生將會被鑑定為有肢體障礙學生，在取得家長或主要照顧者的同意下，將會進行安置和接受特殊教育的服務。

四、肢體障礙之鑑定實務（以下資料請見本書附錄 9）

1. 鑑定及安置工作計畫（含肢體障礙、腦性麻痺、身體病弱與多重障礙組）
2. 肢體障礙、腦性麻痺、身體病弱與多重障礙組鑑定心評工作流程圖
3. 肢體障礙、腦性麻痺、身體病弱與多重障礙組鑑定心評教師初判結果
4. 臺北市○○學年度國小升國中特殊教育需求學生轉介特教服務研習手冊（肢病腦麻）
5. 臺北市○○學年度國中身障在校生暨新生鑑定手冊（肢病腦麻組）

第七節　腦性麻痺

一、定義

「**腦性麻痺**」（cerebral palsy, CP）是指以肢體運動功能障礙為主的多重性障礙，為一種非進行性的腦部病變，在大腦發育未成熟前，因故造成控制動作的某些腦細胞受到傷害或發生病變，所引起的運動機能障礙。這些傷害有時也會影響到控制動作以外的其他腦部區域，而合併成視覺、聽覺、語言溝通，以及智能與學習發展上的多重障礙。

二、常見症狀與問題

腦性麻痺最主要的症狀就是運動障礙，其他症狀則依病童的年齡及產生神經障礙的位置而各有不同，其分類與運動特性如下（http://www.cgmh.org.tw）。

（一）依神經肌肉系統影響的部位分類

1. 單側受損

(1) 單肢麻痺：最常見。

(2) 半側偏癱：半邊肢體受到影響。

2. 雙側受損

(1) 雙邊麻痺：四肢都受到影響，但以雙腳影響較為嚴重。

(2) 四肢麻痺：四肢都受到影響。

（二）依神經肌肉系統影響的形式分類

1. 痙攣型：為上運動神經元或神經傳導路徑的傷害，此為最常見的型態。主要表現是肢體僵硬或緊縮，病童會出現高張力、肌肉持續性的阻力和增加深肌腱反射等現象。
2. 運動失調型：當小腦受傷時，會造成運動失調型腦性麻痺。此類病童會出現低張力、喪失協調功能及無法維持平衡情形。
3. 徐動型：為腦基底核受傷，病童因肌肉張力的變化而會出現不規則、無法控制的不自主性運動，例如：做鬼臉，但在睡眠、安全和舒服的狀態下，則不會出現不自主性運動。

（三）依神經肌肉系統影響的程度分類

1. 輕度：可做一般日常活動，僅有異常動作形態，不需支架亦可步行。
2. 中度：有輕度步行障礙，需使用支架或輔具來協助日常活動及步行，通常需要加以復健治療；經治療或輔具協助後，可生活自理或就業。
3. 重度：有嚴重的神經肌肉系統的失調，無法步行，治療起來較為困難，而且需要經常性的照護，幾乎無法獨立生活，需依賴他人協助。

腦性麻痺患者常見問題如下所述。

（一）動作表現

腦性麻痺患者因異常的神經動作控制，例如：神經反射異常、肌肉張力異常等問題，進而影響其動作模式、動作穩定度、平衡及動作協調能力。

（二）感覺、知覺整合能力

腦性麻痺患者的感覺處理問題常常被忽略，但可能會因大腦神經細胞損傷或感覺經驗不足，造成感覺整合不佳，包括：身體形象不佳、左右區辨能力不足、空間位置感不佳、視覺和知覺能力不足等。

（三）語言表現

腦性麻痺患者因構音器官麻痺或不隨意動作，或動作範圍、力量、方向受限或不平衡，會造成構音困難；有些患者由於肌肉協調不良而影響發聲過程，因呼吸運動調節不當，導致說話節律及速度受到影響。另外，腦性麻痺患者因動作障礙，而造成移動物品、用手碰觸物品，使用感官刺激比一般兒童少，而造成語意理解困難。

（四）認知表現

腦性麻痺患者的軀幹控制及上肢能力不佳，在操作玩具、學習書寫甚至閱讀等認知相關的能力發展時，可能會受到影響。

（五）社會情緒表現

腦性麻痺患者雖然在動作發展受到張力異常的影響，而無法順利運作，但在認知發展方面不見得會有問題，也因此會有較多「想得到但做不到」的挫折感；在復健過程中易出現情緒問題，例如：情緒低落、生氣等。

三、鑑定基準

前項所定的腦性麻痺，其鑑定由醫師診斷後認定。

四、資格決定

就像其他障礙學生一樣，一旦評量資料蒐集後，鑑定小組就會召開會議，做出有關資格的關鍵性決定。他們會共同探討腦性麻痺學生資格的關鍵性問題，以確定學生是否因為腦性麻痺顯著地不利影響教育性成就表現，而需要接受特殊教育：

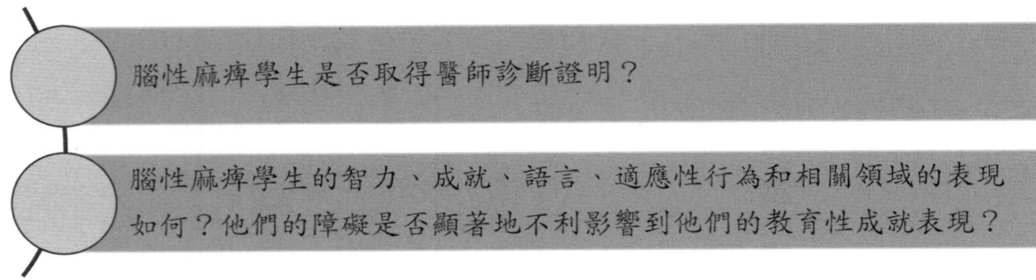

如果鑑定小組對於先前問題的回答是肯定的，學生將會被鑑定為有腦性麻痺學生，在取得家長或主要照顧者的同意下，將會進行安置和接受特殊教育的服務。

五、腦性麻痺之鑑定實務（以下資料請見本書附錄 9）

1. 鑑定及安置工作計畫（含肢體障礙、腦性麻痺、身體病弱與多重障礙組）
2. 肢體障礙、腦性麻痺、身體病弱與多重障礙組鑑定心評工作流程圖
3. 肢體障礙、腦性麻痺、身體病弱與多重障礙組鑑定心評教師初判結果
4. 臺北市〇〇學年度國小升國中特殊教育需求學生轉介特教服務研習手冊（肢病腦麻）
5. 臺北市〇〇學年度國中身障在校生暨新生鑑定手冊（肢病腦麻組）

第八節　身體病弱

一、定義

「**身體病弱**」（health impaired）是指，罹患疾病、體能衰弱，需要長期療養，且影響學習活動者。

二、心理和行為特性

1. 長期多病而經常缺課或長期連續缺課。

2.異常肥胖、瘦弱或發育不良。

3.身體經常顯得虛弱無力，容易昏倒。

4.輕微運動就心跳加速、呼吸困難，甚至面色發紫。

三、鑑定基準

前項所定身體病弱，其鑑定由醫師診斷後認定。

四、資格決定

就像其他障礙學生一樣，一旦評量資料蒐集後，鑑定小組就會召開會議，做出有關資格的關鍵性決定。他們會共同探討身體病弱學生資格的關鍵性問題，以確定學生是否因為身體病弱顯著地不利影響教育性成就表現，而需要接受特殊教育：

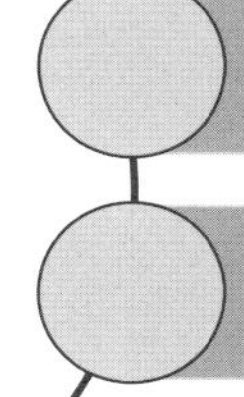

身體病弱學生是否取得醫師診斷證明？

身體病弱學生的智力、成就、語言、適應性行為和相關領域的表現如何？他們的障礙是否顯著地不利影響到他們的教育性成就表現？

如果鑑定小組對於先前問題的回答是肯定的，學生將會被鑑定為有身體病弱學生，在取得家長或主要照顧者的同意下，將會進行安置和接受特殊教育的服務。

五、身體病弱之鑑定實務（以下資料請見本書附錄9）

1.鑑定及安置工作計畫（含肢體障礙、腦性麻痺、身體病弱與多重障礙組）

2.肢體障礙、腦性麻痺、身體病弱與多重障礙組鑑定心評工作流程圖

3.肢體障礙、腦性麻痺、身體病弱與多重障礙組鑑定心評教師初判結果

4.臺北市○○學年度國小升國中特殊教育需求學生轉介特教服務研習手冊（肢病腦麻）

5.臺北市○○學年度國中身障在校生暨新生鑑定手冊（肢病腦麻組）

第九節　情緒行為障礙

一、定義

「**情緒行為障礙**」（emotional and behavioral impairment）是指，長期情緒或行為表現顯著異常，嚴重影響學校適應者；其障礙非因智能、感官或健康等因素直接造成之結果。前項情緒障礙之症狀，包括精神性疾患、情感性疾患、畏懼性疾患、焦慮性疾患、注意力缺陷過動症，或有其他持續性之情緒或行為問題者。

美國《障礙者教育法案》將「情緒困擾」界定為：

一種或一種以上下列特徵持續一段長時間，且達到顯著程度，而不利兒童的教育性成就表現的一種狀態：
1. 無能力學習，且無法由智能、感官或健康因素來加以解釋。
2. 無能力與同儕及教師建立或維持令人滿意的人際關係。
3. 在正常環境下，出現不適當的行為或情感型式。
4. 不快樂或沮喪的一般廣泛性心情。
5. 發展出與個人或學校問題有關之身體症狀或害怕的傾向。

這個術語包含思覺失調症（精神分裂症），但是不適用於社會不適應的兒童，除非他們擁有情緒困擾。對於透過這項定義而符合特殊教育服務資格的兒童來說，需要考慮三項因素：

- 學生的問題必須發生持續一段長時間，達到顯著程度且不利的影響到教育性成就。
- 一種或一種以上列舉標準的學生，就會被視為有這項障礙。
- 就像學習障礙的定義一樣，這項定義包含排除條款：凡是社會不適應的學生不能視為有這項障礙，除非他們也符合其他標準之一。

二、情緒障礙的類型

情緒障礙大致可以分成以下五種類型（參見 https://kb.commonhealth.com.tw），如圖 3-8。

人際關係	行為規範	憂鬱情緒	焦慮	偏畸習癖
● 無法與同學或教師建立良好人際關係，經常與同學打架以及爭吵。	● 常有違規及反社會行為，遲到、逃學、偷竊以及破壞公物等。	● 經常不快樂以及沮喪，對活動沒興趣、自殘、愛哭及畏縮。	● 過度焦慮造成身體不適、恐懼或強迫症。	● 經常咬指甲、奇裝異服、吸毒、沉迷色情書刊、菸癮及酒癮等。

圖 3-8　情緒障礙類型

三、情緒行為障礙的評量議題

情緒行為障礙的鑑定議題變得愈益複雜。一方面受到廣泛性情緒行為障礙所困擾的兒童或青少年愈來愈多，包含：思覺失調症、焦慮症等。另外，愈來愈強調在普通班中提供問題學生服務。這種服務的目的在於將兒童在普通教育環境的變動降到最小，並降低標記的風險。因此，在評量前就提供策略，因為某些兒童或青少年的情況很輕微，只需調整一些環境就可以矯正。以下就評量工具與技術及教師在評量扮演的角色加以探究（Newcomer, 1993）。

（一）評量工具與技術

情緒行為障礙的評量工具與技術很多元，茲分述如下。

1. 行為評定量表

量的分數代表問題行為輕中重的程度，這可藉由行為評定量表來獲得。不同測驗者對同一個案通常會有不同的評價，例如：教師或父母。最準確預估兒童的行為是蒐集不同的資料來源，最好是使用對同一對象提供多種評定的量表，如問題行為篩選量表，同時包含教師和父母。惟若這些量表的結果無一致性，就可以連同使用其他類型的資料，如軼事記錄或訪談，來指出兒童是否需要轉介進一步評估。

2. 自我概念、沮喪、焦慮和其他人格量表

有些量表傾向聚焦在兒童的自我感覺上更勝於問題行為。這些量表測量若干特質，如自我概念、沮喪等。

3. 軼事記錄

軼事記錄對上述所提及的量表是個有用的補充。因為這可以提供有關兒童特定行為的文件記錄。教師在一般基準上記錄兒童先前事件的行為，可以降低回憶時的錯誤提取和對行為的過度負面判斷。

4. 要事記錄

要事記錄也可以提供教師記錄特定行為，通常是描述重要且具破壞性的行為，例如破壞公物。事件發生時，教師也要記錄環境狀況和發生原因，以辨別環境如何引發行為及其所導致的結果。

5. 社交計量工具

重複的在學期間進行社交關係的測量，可讓教師在學生更融入團體生活中去評估其可能的社交成長，並確認本來為團體接受的學生何時開始發生問題。然而，這雖然可測量出學生的被接受度，但卻無法顯示社交關係是如何建立的（如受威脅或是給予好處等）。

6. 訪談家長

父母或主要照顧者是取得兒童資訊的重要來源之一。因此，關心兒童情緒問題的教師會被建議和父母或主要照顧者晤談，而這也被視為是多階段轉介過程中早期介入的重要第一步。訪談家長時，須謹記：(1)兒童的狀況須坦白描述，但不能有負面語氣。喚起家長的防禦或敵意對訪談無益；(2)教師需將面談過程中要討論的議題列出。

7. 應用行為分析

應用行為分析是使用高結構化的觀察策略，去取樣和記錄學生行為。這些策略是在問題行為發生時執行，通常是在教室。最常用的方法是以一天或某一特定時間來記錄行為的頻率，並以圖表記錄。可能會先有基準線，然後去督導介入策略的影響。

8. 臨床診斷工具

最常被專業人員使用的診斷工具是投射測驗和半投射測驗。這些測驗通常是主題形式的，利用模糊不清的刺激而可用多種方式詮釋。不像自陳量表，兒童很難意識到回答內容所代表的重要性。

9.臨床訪談

臨床面談主要由心理師、精神科醫師和心理健康機構的人員所使用。雖然它使用的部分技巧與教師有所重疊，但臨床面談的特徵是探察個人影響情緒穩定的敏感議題和推論個體的影響、防禦程度、接觸現實的層面，所依據的不只是對問題的直接回應，還有非直接評論、非口語行為表現或一般態度等。

10.病理學上行為的整體特徵

學者曾提供一個分類問題行為標準的摘要。若要使用這個系統，教師可列出行為並決定其是正常、顯現問題行為或是評估此種強度是否需要進行轉介（Gropper, Kress, Huges, & Pekich, 1968）。如表 3-1。

表 3-1　分類問題行為的標準

標準描述	正常	問題	需轉介的
A：強度 問題行為妨礙自己參與其他活動的程度有多少	**不干擾** 行為沒有妨礙自己的其他活動	**干擾** 行為已妨礙自己的其他活動	**非常干擾** 行為已完全妨礙自己的其他活動
B：適當性 行為對情境來說是合理的反應嗎	**合理的** 對情境來說，所表現的行為是可接受或可預期的	**不適當的** 反應不是情境所期許的	**過度的** 行為已超出情境所允許的
C：持久性 行為發生持續多久	**短暫經歷** 行為只持續短暫時間（一節）	**普通久** 持續一段時間（從一節到下一節）	**長時間持續** 行為經常發生（一天中或每天經常發生）
D：頻率 行為多久發生一次	**不頻繁** 行為通常未重複出現；一天內很少重複發生；很少在其他天重複	**經常** 行為會重複；一天會發生數次或很多天就重複發生	**慣常的** 行為經常發生；一天會發生很多次或很多天都會發生
E：特定的 行為發生的情境有多少類型	**特定情況** 行為只會發生在特定環境	**在數種情況** 行為在數種情況下也會發生	**在多種情況** 行為發生在很多種情況
F：處理性 對於行為的處理成效如何	**很好處理** 容易地處理問題	**很難處理** 對處理效果不持續或效果緩慢	**無法處理** 對行為處理無回應

（續下表）

（承上表）

G：情境的確認 行為發生的情境易或難於鑑定	容易確認 很容易認定引發行為的情境	難於確認 很難確認引發行為的情境	無法確認 無法確認影響行為的情境
H：和同儕的成熟比較 和同班的基準差距	沒有差距 行為合乎同班常態	在平均以下 行為在團體標準之下	遠低於平均 行為遠落於團體標準
I：問題行為表現的數目	很少超過一個	通常超過一個	很多種而且多變的
J：同儕的接受性 個案是否有被同儕接受的困難	接受的 是被同儕所接受的	相處有困難 和特定的個人有相處上的困難	不被接受 不被團體所接受
K：復原時間 其行為復原或改變所需時間多少	很快 很快即可克服	慢 克服的速度稍慢	延遲的 很難克服
L：感染力 1. 行為是否會中斷其他人的活動 2. 其他人是否會仿效行為	對其他人沒影響 行為沒有干擾他人或成為仿效的對象	對其他人有相當影響 行為立刻影響他人或被他人模仿	對他人極度有影響力 行為會干擾整個團體或團體都會模仿行為
M：和現實接觸的程度 行為是否有呈現出和現實的脫離	無困惑 能區別現實和虛擬	有些困惑 對現實和虛擬感到一些困惑	相當困惑 無法區別現實和虛擬
N：對學習機會的回應 當提供他學習機會，他會如何回應	對豐富的或補救性的工作有正向回應	對豐富的或補救性的工作回應稍慢或微弱	對豐富的或補救性的工作沒有回應

此外，教師參考運用下列幾個潛在問題來源的領域：

- 參與課堂活動的注意力——不注意、白日夢、退縮
- 身體活動狀況——坐立不安、過動、製造聲音
- 對緊張的反應——沮喪
- 不適當行為——說謊
- 面對課業要求——自我苛求、放棄、不執行
- 對工作的興趣——遊玩、閒晃、塗鴉
- 和他人相處——人身攻擊、打架、無抵抗順從
- 考慮到團隊需求——對他人沒耐心、打斷他人談話、大聲說話
- 對教師要求或指導的反應——爭論、無理、不服從
- 獨立程度——追求讚揚、注意、支持；拍馬屁
- 對校規和集會——咒罵、抽菸
- 對一般規定——逃避責任、不甘願、破壞公物
- 正直——說謊、偷竊、說閒話

（二）教師在評量學生情緒行為中所扮演的角色

整體而言，情緒行為障礙學生的鑑定應該要階段性的執行。下列鑑定過程讓教師的角色更清楚。教室活動是個對學生適應與否的重要資訊來源。學生的問題處處可見，他們需要和不同的壓力相處。成功的學習調整是看學生是否有能力承擔責任或面對不同壓力（如學業成就、社交關係）。在所有專業人員間，教師是最熟悉學生的人，且最有資格提供關於學生情緒的各種資料。最後，再將學生轉介至專業人員。以下描述教師在這過程中所扮演的角色：

階段一：對所有學生進行觀察和評估

在階段一是指所有學生都參與學校課程，這些學生中有些經驗到某些問題，而引起教師的關心。教師是這個階段中重要的部分，此時沒有正式或系統性的介入，來界定這些問題行為的原因。

↓

階段二：對問題學生增加非正式觀察

在此階段，教師已察覺學生的困難，並試圖在教育環境中減輕問題行為。這個階段中的鑑定主要依賴教師的判斷，並沒有正式的診斷介入。

↓

階段三：教師對教室中疑似情緒行為障礙學生進行篩選
持續有困難的個案就進入階段三，教師會特別設計步驟來篩選鑑定這些學生。在此階段，教師使用任一下列所提及的工具在教室中進行評量。雖然教師在這階段可能受到部分人員的協助，如輔導人員，但主要的資料收集還是以教師意見和判斷為主。

↓

階段四：個別且多向評估以確認學生是否為情緒行為障礙
這階段的學生通常是經篩選後，極有可能是情緒行為障礙的學生。在這階段，專業團隊會對學生在教室以外的情境進行評估。評量是設計用來診斷學生問題行為的來源。雖然在評量中會使用部分工具，但教師所做篩選結果也會列入資料中，作為決定學生是否為情緒行為障礙之參考。

↓

階段五：接受心理評估
明顯有情緒行為障礙的學生會被轉介到階段五，進行心理評估，也許可以確認特定問題類型。而所有在此階段前的資料都須提供並納入考量。

三、ADHD 的評量議題

注意力不足過動症（Attention Deficit Hyperactivity Disorder, ADHD）常因其注意力不足、過動／衝動的特徵，而成為教師的困擾。學校教育人員關心ADHD兒童的評量過程，主要原因有三：(1)ADHD在我國《特殊教育法》之「情緒行為障礙」類別下，是法定的服務對象；(2)行為控制和注意力的問題；(3)這類兒童在特定族群中較普遍，且常是由學校人員提供服務（DuPaul & Stoner, 2003）。如何針對ADHD兒童進行精確評量，以利提供後續的特殊教育服務，是值得探討的問題。

（一）定義與診斷標準

ADHD 會表現出不適當的注意力不足和過動／衝動，這兩項行為向度導致其在維持學校表現、自控的一致性上有困難。目前ADHD的診斷標準，主要以《精神疾病診斷與統計手冊》（第五版）（*Diagnostic and Statistical Manual of Mental Disorder,* DSM-5）（American Psychiatric Association, 2013）為依據，如圖 3-9：

A. 1 或 2 有一種成立：

1. 下列九項注意力不足症狀中，出現大於或等於六項，且症狀持續出現至少 6 個月，足以達到直接在社會及學業／職業之影響，且造成與其應有的發展程度不相符合，才稱為注意力不足。
   (1) 在學校功課、工作或其他活動上，經常無法注意到細節或因粗心而造成錯誤。
   (2) 經常無法在工作或遊戲活動中持續維持注意力。
   (3) 別人說話時經常似乎沒在聽。
   (4) 經常無法完成老師、家長或他人交辦的事務，包括課業、家事或工作的職責（不是對抗行為或不了解指示）。
   (5) 經常難以組織工作或活動。
   (6) 經常逃避、不喜歡或拒絕參與需要持續使用腦力的工作，如學校工作或家庭作業。
   (7) 經常遺失或忘了工作或遊戲所需的東西，如玩具、鉛筆、書等。
   (8) 常容易受到外界刺激所吸引。
   (9) 容易忘記每日常規活動，需要大人時常提醒。
2. 下列十三項過動及衝動症狀中，出現大於或等於六項，且症狀持續出現至少 6 個月，足以達到直接在社會及學業／職業之影響，且造成與其應有的發展程度不相符合，才稱為過動及衝動。
   《過動》
   (1) 在坐位上無法安靜的坐著，身體動來動去。
   (2) 在課堂中或其他須乖乖坐好的場合，時常離席、坐不住。
   (3) 在教室或活動場合中不適當的跑、跳及爬高等（青少年或成人可僅限於主觀感覺到不能安靜）。
   (4) 無法安靜的參與遊戲及休閒活動。
   (5) 經常處於活躍狀態，或常像「馬達推動」般四處活動。
   (6) 經常說話過多。
   《衝動》
   (7) 問題尚未問完前，就搶先答題。
   (8) 不能輪流等待（在需要輪流的地方，無法耐心等待）。
   (9) 經常中斷或干擾其他人，如貿然插嘴或打斷別人的遊戲。
   (10) <u>不會三思而後行。</u>
   (11) <u>做事情經常不耐煩。</u>
   (12) <u>在活動或任務中以快步調的方式進行（缺乏認真和系統）。</u>
   (13) <u>難以拒絕誘惑或機會（儘管這些事情有負面影響）。</u>

B. <u>某些注意力不足或過動—衝動的症狀，會在 12 歲以前就出現。</u>
C. 某些症狀在兩種情境以上明顯的呈現，如學校、工作或家裡。
D. 上列症狀必須有明顯證據顯示會干擾或降低社交、學習或職業功能的品質。
E. 需要排除有廣泛性發展障礙、思覺失調症或其他精神異常及情緒障礙（如情緒異常，焦慮、分離情緒異常）。
F. <u>不排除自閉症類群異常（ASD）的共病。</u>
G. 四種表現型式：<u>綜合型、注意力不足型、過動／衝動型、（局限性）注意力不足表現型。</u>
H. 17 歲（含）以上，只要符合注意力不足或過動及衝動之四項症狀，即可症狀診斷標準。

註：畫底線部分表示與 DSM-IV-TR 不同之處

圖 3-9　DSM-5 之 ADHD 診斷標準

基於 DSM-IV-TR，學者指出使用診斷標準具有下列優點和限制（DuPaul & Stoner, 2003）：

優　點	限　制
1. 這項診斷標準建構了標準化評量，提供了一致看法。 2. 這項診斷標準可引導競爭性假設的選擇，由於不同診斷結論，可增加介入方案成功的機會，如ADHD兒童的症狀是由焦慮所引起，則介入方案會聚焦處理焦慮而有所不同。 3. 這項診斷標準描述了ADHD兒童共同的行為問題，可用來預測相關介入方式，以及同時存在或更多行為問題的風險。 4. 根據這項診斷標準所述的症狀，可作為問題行為介入的參考。 5. 認同這項診斷標準可強化各領域之間的溝通，促進團隊合作的介入。	1. 診斷標準以醫學模式出發，行為特徵以兒童本身的問題為主，降低對環境的評估。 2. 著重病理診斷，強調找出病因，在某種情況下可能會誤判，出現偽陽性個案。 3. 診斷標準和心理疾病分類系統會損傷兒童自尊，甚至影響兒童自我概念的發展。 4. 尚未建立良好的信度和效度。

由於上述優弱點，因而在使用這項診斷標準就需有適當的技巧：(1)對兒童在DSM-5上的ADHD各類情形應有認識，如診斷標準、持續時間、發生年齡等；(2)特殊教育人員或心理評量人員須接受廣泛的評量訓練，才能決定症狀所代表的功能；(3)特殊教育人員應對個案有充分認識，並了解其問題行為的典型特徵，才能明確指出那些是問題行為。

（二）評量ADHD的方法

評量 ADHD 通常會用多元的方法，透過各種資料蒐集和跨情境的方式。因此，評量重點在於訪談及問卷調查父母、老師和學生，來判定ADHD診斷標準的症狀是否出現，以及學生過去／現在問題行為的成因。同時亦常使用跨情境的直接觀察行為。

特殊教育人員常用於ADHD的一些評量其實是有限制的。認知或神經心理測驗對ADHD的診斷通常是沒有助益的；智力測驗對ADHD的診斷也是沒必要的。此外，評量情緒功能亦會用在ADHD，如投射測驗是假設問題行為發生是因潛意識的情緒困擾所導致，而這種假設目前仍缺乏經驗支持，且其信度和效度也仍有待考驗。

（三）評量 ADHD 的階段

評量ADHD可分五個階段，如圖3-10（DuPaul & Stoner, 2003）。茲分述如下。

圖 3-10　評量 ADHD 的階段

1. 篩選

這個階段可能提出的問題是學生是否有可能為 ADHD？是否需要進一步評估 ADHD？其篩選步驟為：(1)教師尋求學生行為問題的協助時；(2)進行簡短晤談詳述行為的焦慮，並證實可能誘發及（或）維持問題行為的環境因素；(3)評估ADHD 症狀的頻率。至於篩選技術則包含下列幾項：

- 與教師晤談應集中特定行為問題的強度、持續時間及頻率，也應探索環境因素來建立問題行為的前因後果。
- 確認問題行為是否與 ADHD 相關，不管這個徵候是否出現在 DSM-5 都應決定。
- 對教師來說，最有效的篩選方式是完成ADHD評估量表，來標示在DSM-5 中 ADHD 十八種行為徵候，但須考慮其他障礙的解釋。
- 如果六個以上的不專注及（或）過動／衝動特徵發生頻繁，進一步評量是必要的。
- 即使每方面少於六個以下，也應進一步評量 ADHD，尤其是階段二的學生。

2. 多元評量

這個階段可能提出的問題是ADHD相關行為發生的情境為何？出現有多久？問題行為的頻率、持續時間及（或）強度為何？ADHD 相關問題的範圍和本質為何？維持這些問題的環境因素為何？其評量步驟則包含：(1)跨情境觀察行為，蒐集學業表現的資料；(2)建立與ADHD相關發展的異常行為，並確認是短暫出現或跨情境的；(3)證實特定行為問題、環境因素及評估所需的變項。至於評量技術則包含下列幾項：(1)晤談教師；(2)重新審視學校記錄；(3)晤談父母；(4)父母評分；(5)教師評分；(6)直接觀察行為；(7)學業表現評量。

3. 診斷／分類

在決定診斷結果之前，須探討下列問題：(1)依教師及家長的報告，兒童是否表現出重要的 ADHD 症狀；(2)與同儕相較，兒童的 ADHD 症狀是否表現出較高頻率；(3)兒童在何時開始表現出與ADHD相關的行為問題，這些問題是否跨情境且持續發生；(4)兒童是否在學校、家庭、同儕人際方面的功能普遍受損；(5)是否有其他問題或原因是兒童容易被視為 ADHD。至於診斷／分類的程序如下：

- ADHD 症狀的數量。
- 與 ADHD 相關行為的頻率。
- 問題行為的開始年齡與持續時間。
- 問題行為是否跨情境發生。
- 功能的損害。
- 與 ADHD 類似行為的其他因素。

4. 設計療育計畫

這個階段可能提出的問題是：(1)造成ADHD的行為問題之可能原因為何；(2)學生優弱勢能力為何；(3)介入時的行為目標為何；(4)最佳的介入策略是什麼。至於介入計畫的程序為：(1)評量資料是用來設計更適切的療育計畫。研究都支持使用中樞神經興奮劑及行為改變技術作為介入的策略；(2)ADHD的症狀是顯現於生活環境中，所以應列出療育策略，讓不同的照顧者在各種情境下使用；(3)療育目標應增加良好行為的次數，例如能與同儕正向互動、服從教師指令等；(4)設計應以個別化為原則，並透過直接觀察評量和家長與教師來評定結果。

5. 評估介入方案

直接觀察行為與學業表現資料可用來評估處遇時的改變。這些資料可用來描述行為改變的發生是否與所設計的介入有關。在每次處遇階段中至少要評定幾次觀察者間的一致性，以確保觀察資料的可靠性。

（四）評量 ADHD 的發展性考量

評量 ADHD 時，須考量下列幾項發展性課題：

- ADHD 青少年整體功能的損傷可能更勝於兒童時期，因此更可能產生其他問題，如濫用藥物、反社會行為等。
- 藉學校記錄來獲得問題行為的發展史。
- 應考慮青少年的自陳報告，來獲得評量的相關資料。

四、鑑定基準

情緒行為障礙的鑑定基準依下列各款規定：

基準一	情緒或行為表現顯著異於其同年齡或社會文化之常態者，得參考精神科醫師之診斷認定之。
基準二	除學校外，在家庭、社區、社會或任一情境中顯現適應困難。
基準三	在學業、社會、人際、生活等適應有顯著困難，且經評估後確定一般教育所提供之介入，仍難獲得有效改善。

五、資格決定

（一）情緒行為障礙

一旦評量資料蒐集後，鑑定小組就會召開會議，做出有關資格的關鍵性決定。決定學生是否有情緒行為障礙，而應接受特殊教育，鑑定小組需探討下列問題：

1. 學生是否有情緒行為障礙定義上一種或一種以上的特徵？也就是說學生的情緒或行為表現顯著異於其同年齡或社會文化之常態者。如果學生要接受特殊教育，透過資料蒐集必須證實一種或一種以上的特徵，包括無能力學習、無能力與同儕及教師建立或維持令人滿意的人際關係、出現不適當的行為或情感型式、不快樂或沮喪的一般廣泛性心情，及發展出與個人或學校問題有關之身體症狀或害怕的傾向。
2. 除學校外，在家庭、社區、社會或任一情境中顯現適應困難嗎？也就是，要鑑定學生是否為情緒行為障礙，必須要在兩種或兩種以上的情境顯現適應困難。
3. 學生在學業、社會、人際、生活等適應有顯著困難，且經一般教育所提供之介入，仍難獲得有效改善嗎？鑑定小組會檢視「學生適應調查表」的結果資料來作決定。對情緒行為障礙學生而言，關注情緒或行為困難是否阻礙與其水準相一致的學習。
4. 學生是否有情緒行為障礙方面的醫療診斷證明？除上述問題外，這類學生的鑑定通常會要求取得醫療診斷證明。

如果鑑定小組對於先前問題的回答是肯定的，學生將會被鑑定為有情緒行為障礙，在取得家庭的同意下，進行安置與接受特殊教育的服務。

（二）注意力不足過動症

學生是否有注意力不足過動症，是由鑑定小組考量各項正式和非正式資料作決定的，包含醫師所提供的注意力不足過動症診斷證明。不過，醫學評量結果在學校教育系統的鑑定上並非絕對的要件，還會融入其他相關評量資料中作綜合研判。在決定學生是否符合注意力不足過動症的資格標準上，他們會詢問下列問題：

- 依據教師及家長的報告，學生是否表現出重要的注意力不足過動症症狀？
- 與同儕相較，學生的注意力不足過動症症狀是否表現出較高頻率？
- 兒童在何時開始表現出與注意力不足過動症相關的行為問題，這些問題是否跨情境且持續發生？
- 兒童是否在學校、家庭、同儕人際方面的功能普遍受損？
- 是否有其他問題或原因是學生容易被視為注意力缺陷過動症？

如果鑑定小組對於上述問題的回答是肯定的，學生將會被鑑定為有情緒行為障礙，在取得家庭的同意下，進行安置和接受特殊教育的服務。

六、情緒行為障礙之鑑定實務（以下資料請見本書附錄 10）

1. 鑑定及安置工作計畫（含情緒行為障礙組）
2. 情緒行為障礙組鑑定心評工作流程圖
3. 情緒行為障礙學生鑑定流程圖
4. 情緒行為障礙學生鑑定安置模式
5. 情緒行為障礙組鑑定基準與參考原則
6. 情緒行為障礙組鑑定心評教師初判結果
7. 情緒行為障礙組鑑定心評教師初判結果：填寫說明
8. 鑑定評估摘要報告情緒行為障礙組初次鑑定：填寫說明
9. 疑似情緒行為障礙學生複評鑑定心評工作流程圖
10. 臺北市○○學年度國小升國中特殊教育需求學生轉介特教服務研習手冊（心智障礙組）
11. 臺北市○○學年度國中身障在校生暨新生鑑定手冊（心智障礙組）

第十節　學習障礙

一、定義

「**學習障礙**」（learning disabilities）是指，統稱神經心理功能異常而顯現出注意、記憶、理解、知覺、知覺動作、推理等能力有問題，致在聽、說、讀、寫或算等學習上有顯著困難者；其障礙並非因感官、智能、情緒等障礙因素或文化刺激不足、教學不當等環境因素所直接造成之結果。

二、學習障礙的評量議題

學習障礙是有關個人大腦運作或結構上差異的一種神經生物異常，這種大腦上的不全或異常會直接影響到個人聽、說、讀、寫、算、拼字、記憶、注意或推理的能力。教師轉介學生接受評量，是因他們正體驗到學業問題，而評量過程可協助確定學生問題本質和優弱勢。透過評量過程，特殊教育人員想要回答此類問題：「這位學生為何有學習上的困難？」「什麼特性阻礙這位學生的學習？」「如何協助這位學生的特殊需求？」（張世彗，2006a）。以下分別就獲得評量資訊、評量決定應考量的課題及評量學習障礙的新趨向等方面加以探討。

（一）獲得評量資訊

為回答許多先前的問題，教師可從下列方式來獲得資訊。多種資訊常常會在同時間彙集，或一種評量程序會影響到另一個評量程序，例如：觀察學生可推測到應使用特定測驗或無關的言論，連同測驗者對話的誤解，就可推測為聽覺困難和導致決定應使用測驗來了解學生的聽力嚴重程度。

1. 個案史或面談

透過面談，父母分享孩子在懷孕時的資訊、出生情形及發展狀況、重要發展里程碑、孩子健康史和家庭成員的學習問題。學生的學校歷史記錄可從父母和學校人員學校記錄中得以持續。

2. 觀察

觀察是評量學習障礙學生必要的部分，而它所產生的資料可提供有價值的貢獻。

3. 評定量表

評定量表要求教師或父母記錄他們的觀察和對學生的主觀印象。教師對學生行為特性的判斷有助於確認學習障礙學生，而評定量表在此過程中也是有幫助的。

4. 課程本位評量

課程本位評量是種成就表現形式的評量，被廣泛運用在特殊教育上。課程本位評量強化評量和教學之間的連結，藉由依據學生自己學校或班級的課程要求來評鑑學生。首先，教師決定課程領域或學生被期待學習的個別化教育計畫目標；然後透過經常的、系統的和重複的測量學生那些學習任務。圖表化成就表現結果，使得教師和學生能夠清晰地觀察到學生的進展情形。

5. 標準參照測驗

標準參照測驗評量學生特定能力的精熟度，教師可設定可接受的精熟標準，一旦達到成就表現的水準，就可以依序教授學生下一項能力。標準參照測驗是描述而非比較成就表現，測量精熟水準而非年級水準；這種差異可以運用非學業學習領域（如游泳）來加以說明。在標準參照術語上，判斷兒童有能力演示某項任務（如把臉放入水中、漂浮或划行）。相較而言，在常模參照術語上，可以測試和判斷兒童與平均 9 歲兒童的游泳水準。

標準參照測驗是有用的，因為它們提供了一種績效的方法。雖然依據百分比或年級水準分數要顯示學生的進展情形通常是有困難的，惟依據標準參照測量的精熟程度，教師可以顯示學生已學習到某些特定的能力。

6. 標準化測驗

標準化測驗需要嚴格地執行評分和解釋程序。有經驗的測驗評量者可發現單獨使用某些測驗就可產生必要資訊。許多用來評量學習障礙的測驗在這些標準上是不充分的（Salvia et al., 2016）；不過，在評量過程上可使用這些測驗。

（二）評量決定應考量的課題

在形成評量和撰寫評鑑報告上應考量下列課題（張世彗，2006a；Lerner, 2003）。

1. 決定目前的成就表現水準

這種決定方式常包括下列幾項步驟：

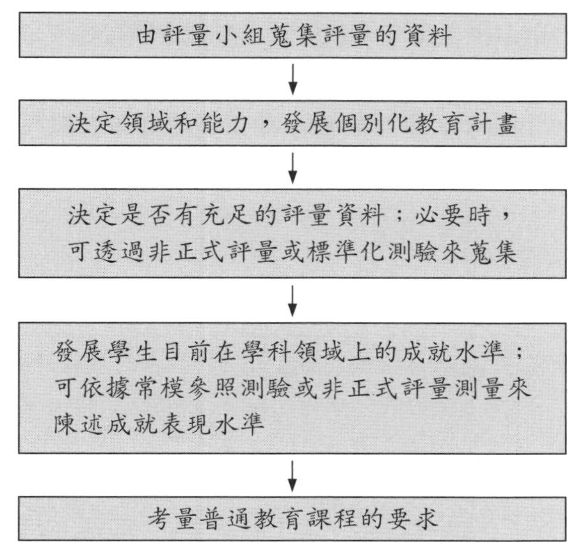

2. 蒐集額外的資料

評量人員須獲得額外資料，以充分了解學生全面性的面貌。他們需到班級中觀察，以提供有關學生在學校行為的資料。

3. 服務取向

學校教育人員需提供什麼樣的特殊教育和相關服務呢？對普通班學生要提供何種服務的範圍？這些選擇跟學生服務的安置有關。

4. 監督進步情形

學生的進步要如何檢試或測量呢？誰來負責？

5. 發展教學計畫

這項計畫須知道學生所有的資料以作為評估，其發展階段和技能是否尚未精熟、年齡、興趣及態度等，教師要對方法、教材和學生本身有深入的認識，以利形成教學計畫的策略。

6. 考量潛能和成就間之差距

國內的學習障礙鑑定基準已含有差距本位程序，亦即，學習障礙學生在成就和潛能間有嚴重差距。成就是指學生目前的學業能力（如國語文等）。至於何謂個體的學習潛能？通常是基於智力測驗、認知能力測驗、臨床判斷或其他工具等的測量，惟通常採用智力測驗來測量。

差距因素提供了一種判斷學生是否有學習障礙和符合學校接受特殊教育服務資格的一種方法。我國直轄市暨各縣市政府鑑輔會須自己建立界定「嚴重」差距的方法，而在美國多數學校也是使用差距觀念來確定學習障礙學生（Mercer, Jordan, Allsop, & Mercer, 1996）。國內外的學習障礙鑑定不乏採用差距因素者，這種方式有其優點；不過，有些研究人員和實務工作者對於運用差距公式來確定學習障礙學生的實務感到質疑（Mather, 1998）。這些質疑包括下列議題（Salvia et al., 2016; Swanson, 1993）：

議　題	詮　釋
智力測驗可有效測出兒童的潛能嗎？	研究人員指出有關智力測驗本身的嚴重問題，以及學習障礙兒童可能因其障礙特性在智力測驗上的得分稍低。此外，兒童的文化和個人經驗也可能不利於智力測驗分數。
差距公式無法確定學習障礙幼兒	潛能—成就的差距主要是基於在校學業能力上的失敗。由於幼兒尚未暴露到正規的學業能力，所以我們無法運用差距公式來確定學習障礙幼兒。
等待失敗	此種差距標準需要兒童落在預期成就表現水準之後，才符合接受特殊教育的服務資格。這種情形常導致服務的遲緩，並造成兒童因等待而形成低自尊及喪失興趣和動機。
強調低成就標準會降低定義的其他範圍	學習障礙個體除低成就外，尚有許多理由，包括學校不良、動機或興趣不足、情緒因素或者是基本心理歷程異常，單靠低成就的標準是不充足的。
現今用來測量個體成就表現的測驗完美嗎？	目前許多學業性成就測驗的信度和效度並不佳，因此，所得分數可能無法充分反映出兒童的成就表現水準。
潛能和成就之間要差異到什麼程度才算嚴重呢？	國小二年級水準以上的一年差距要比國小六年級水準以上的一年差距來得嚴重嗎？而嚴重差距應透過固定時間總數（一年或二年）來測量嗎？或應使用一些統計測量或公式呢？

（三）評量學習障礙的新趨向

自從美國 2004 年通過《障礙者教育促進法案》（IDEIA），研究和實務人員已開始使用教學反應介入（Response to Intervention, RTI）來證實學習障礙學生的資格。雖然運用此種方法在學習障礙學生的資格確定上仍有許多問題尚待解決，惟這種方法的運用已在快速成長中（Gersten & Dimino, 2006）。以下茲介紹兩種常見的教學反應介入模式。

1. RTI 標準處遇通則

RTI 的**標準處遇通則**（Standard Treatment Protocol）的程序包含多項獨立的教育介入，可用來區別出學習障礙學生。這項通則讓學生確實接受教育介入，並再三監控進程以了解學生的反應。在系統性嚴格監控下，常會讓學生學科進步，若經過許多教學介入後，學生還是沒進步才可認定為學習障礙。

這種通則常有三個不同階段的介入，階段一人數最多，階段二人數會變少，階段三則變成個位數。階段一是指在班級教學中一大部分學生會有學習困難（可能是學習困難學生的 80%），他們可以接受教學來改善而不需要更進一步的支持；階段一通常會在普通班中執行。經過階段一的教學後，剩下部分學習困難的學生（可能只有學習困難的 15%）需進入階段二。階段二也是普通班的責任，但包含更多的介入與對學生的進步有更多的監控。階段三是最後的介入層次，學生進入階段三時，教師會確認其有學習障礙，僅有大約 5%的學生要接受這個階段的服務。

至於要怎麼做才能有效蒐集到 RTI 所需的文件，並保護學生權利且公正的考量其資格呢？表 3-2 說明了這些原則（Bender & Shores, 2007）。

表 3-2　有效標準處遇的原則

- 確定普通班教學的閱讀課程是經過實證研究的，教師也受過訓練。若條件都符合，階段一介入就成為每週一次的進步監控，不需分開來教學。
- 專業的介入訓練要有科學基礎，是為保證處遇的真誠性，即執行 RTI 對所有學生都有幫助。
- 階段一和階段二可運用普通班專業教師或特殊教育教師等來進行獨立觀察。
- 當成員已花時間觀察學生，並提供再安置的建議，就不需再花時間為學生進行個別施測。
- 階段一和階段二介入可能會有不同的觀察者。這樣的做法可讓教師更了解到學生對介入的反應，也會有更多對教學的建議。
- 階段二的介入，學生需參與學校中原有的小團體教學，同時會每天和每週監控進步情形，並繪成圖表。
- 進入階段三前，須召開身分確認會議，正式決定學生在階段一和階段二的介入無效。會議後，學生會確認為學習障礙，階段三的介入就如同執行特殊教育服務資格的法定程序。

2. 問題解決反應介入模式

這種模式與標準處遇通則有許多共同點，都涵蓋三到四個層級，每進一個層級，其處理強度愈強。如果當下的處理層級成效不彰，則建議採取進一步層級的處理。惟在作決定的過程和提供介入的類型上，兩種模式亦有明顯的區別。

問題解決介入反應模式（Problem-Solving Response to Intervention）不像標準處遇通則那麼正式，但這不意味著此種模式是非結構的。事實上，為避免實施時的雜亂，這種模式須有清楚的結構。問題解決介入反應模式首見於行為諮商，過程能以行為、歸納與實證的來描述，其中關鍵是歸納。在模式裡，團隊成員開會討論個別學生需求，並以需求為基礎發展介入方案。雖然介入可能服務一位以上的學生，然而策略是特別設計來解決個別學生的問題。團隊會評估介入成效，並根據學生成績資料來調整教學策略。

多數問題解決 RTI 模式是種四項步驟的循環過程（Grimes & Kurns, 2003），其步驟如圖 3-11。

界定問題
為界定與分析學生問題，最重要的是嘗試找出學生困難的原因，並以可量化的詞界定。任何與學生有關的訊息都須徹底探究，如發展遲緩、健康議題或阻礙正常發育的資訊可能意味進一步檢查的必要。

↓

擬定介入計畫
為針對學生的特殊問題，設定目標並發展包括一個或多個策略的介入計畫。學生目標須以基線期資料為參考，規劃適當的年級進步水準。有科學實徵且忠實執行的教學課程是成敗的關鍵。

↓

實施介入
實施時須精確且忠實，行政人員的觀察要能證明介入如原先規劃。教師可利用課程本位評量來偵測學生的進步情形。

↓

評估學生的進步情形
在介入足夠時間後，團隊要討論介入效果。經介入後所得學生進步資料，可用來再評估學生的功能，並決定接著該怎麼做。這些資料須包括以天或星期為間隔，衡量學生進步的圖表或班級成績。所有決定都要有數據作依據，若缺乏足夠數據，不能妄下論斷。

圖 3-11　問題解決環

如同標準處遇通則，問題解決介入反應模式常分成三或四個層次。在三個層次的模式中，層次一涵蓋在普通班對學習困難學生實施經科學證明有效的課程或策略。進步不彰的學生宜接受層次二更為強化的教學，以課程本位評量，每週或更頻繁地將學生的進步情形繪成圖表；若學生進步仍不理想，則啟動層次三以進一步評估特殊教育服務的適法性。

在問題解決介入反應模式中，最重要的是如何決定進步是足夠的。學者建議聚焦在表現與成長兩者的雙重差距。雙重差距須考量的因素，如圖 3-12（Shores & Bender, 2007）。同時考量這兩種資料來檢測學生對介入反應的全貌是很重要的。即使學生在個人的學科有進步，但與同儕相較仍落於最後的 20%，這樣我們將無法了解學生是否從介入中獲益。

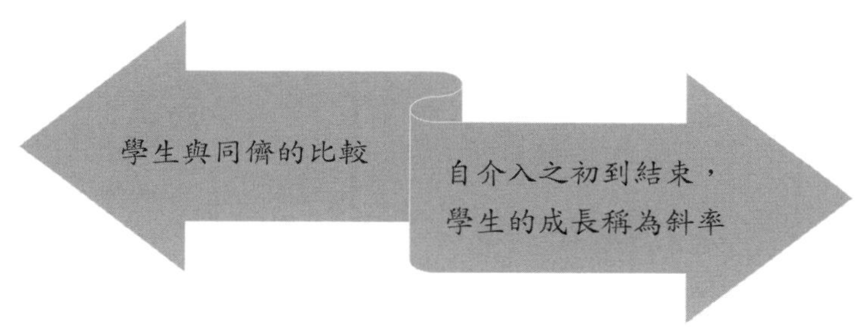

圖 3-12　雙重差距須考量的因素

團隊須比較介入前、介入時與介入後學生進步的資料點或斜率。如果學生進步明顯，但仍落後同儕時，或許需要持續相同的、但再複雜些的策略介入；若開始介入時，學生落後同儕 20%且進步極其有限，便可能需跨進一個層次。所以，同時考量這兩種資料會更精確了解學生反應的全貌。在多數 RTI 文獻中，第二和第三層次的切截點（cut-points），包括後 10%到 20%的班級成績。表 3-3 乃是問題解決 RTI 模式的指南（Shores & Bender, 2007）。

（四）結語

雖然上述兩種教學反應介入模式為美國學術及實務界因應 2004 年所通過《障礙者教育法案》（IDEIA）的產物，且迄今仍有許多問題尚待解決，不過這種發展日後也可能會對我國的學習障礙評量產生影響，值得留意和了解。

表 3-3　問題解決 RTI 模式的指南

• 教師以班級指標性測驗來篩選普通班無法跟上一般課程的學生。 • 篩選測驗的成績落在最後 20%～25%的學生，教師應啟動層次一循環的介入計畫。 • 問題解決團隊開始完成問題解決的第一與第二程序。團隊仔細記錄決策過程，包括由誰負責及時程、監控進步的程序與工具等，團隊亦須確定負責人員經過充分訓練。 • 教師或他人執行計畫。在介入的課堂上，學校行政人員、語文或數學教師須觀察並註記該課程或策略與計畫中之教學程序相符。 • 層次一介入因屬普通班的功能，可用於全部學生，故層次一介入無須通知家長。 • 層次一介入耗時 6 到 12 週，至少每週評量一次，故最少有六個資料點可供教師評估學生對介入的反應。 • 問題解決團隊開會來評估所得數據，結果可能繼續此種介入或更換策略。學生若達到進步目標，可停止介入或轉往層次二；若決定留在層次一或轉往層級二，則開始另一次循環。

三、鑑定基準

學習障礙的鑑定基準，依下列各款規定：

基準一	智力正常或在正常程度以上。
基準二	個人內在能力有顯著差異。
基準三	聽覺理解、口語表達、識字、閱讀理解、書寫、數學運算等學習表現有顯著困難，且經確定一般教育所提供之介入，仍難有效改善。

四、資格決定

在學校使用傳統取向鑑定學習障礙，一旦蒐集好評量資料，鑑定小組就會進行開會，然後會運用所有評量資料，決定學生是否符合學習障礙的資格標準。他們會詢問下列問題：

1. 學生的潛能和學業成就之間存在顯著的差距嗎？

最常見的方法在於比較學生個別智力測驗的分數與個別常模或標準參照成就測量上的分數，然後考量課程本位測量和檔案資料。例如：如果學生的智力正常或在正常程度以上，但是他的閱讀理解能力卻落於困難，可能就會決定學生有閱讀障礙；反之，則不是學習障礙學生。在回答這項問題上，任何其他相關資料也是有用的。要注意的是，能力和任何學業成就領域都可以發現差距，包括口語表達、聽覺理解、書寫、識字、閱讀理解、數學計算和推理等。

2. 學習問題涉及到了解語言之基本心理處理異常的結果嗎？

這種處理含在學習障礙的定義內，包括注意、記憶、理解、知覺動作、推理等能力。鑑定小組瀏覽所有評量資料時，須考量這類神經心理功能異常的處理問題是否存在。

3. 能夠排除其他學習問題可能的成因嗎？

這項問題又稱為排他因素。我國《特殊教育法》和美國《障礙者教育法案》的學習障礙定義中，都顯示規定差距不可以是其他因素的結果，包含學習障礙不是其他障礙的結果，例如：感官障礙（視覺或聽覺）、智能障礙，以及情緒行為障礙等；同樣地，學習障礙也不是這類環境因素的結果，例如：無法令人滿意之家庭或學校情境、教學不佳、貧窮和文化刺激不足等。

如果鑑定委員發現學生符合所確認的鑑定基準而鑑定為有學習障礙，就會依循後續的特殊教育程序，進行適當的教育安置，以利學生能夠接受適當的教育。

五、學習障礙之鑑定實務（以下資料請見本書附錄 11）

1. 鑑定及安置工作計畫（含學習障礙）
2. 學習障礙組鑑定心評工作流程圖
3. 學習障礙組鑑定心評教師初判結果：填寫說明
4. 學習障礙學生鑑定模式及流程圖
5. 疑似學習障礙組學生複評鑑定心評工作流程圖
6. 學習障礙組研判架構參考
7. 學習障礙組鑑定基準及參考原則
8. 學習障礙組鑑定心評教師初判結果
9. 鑑定評估摘要報告學習障礙組初次鑑定：填寫說明
10. 臺北市○○學年度國小升國中特殊教育需求學生轉介特教服務研習手冊（心智障礙組）
11. 臺北市○○學年度國中身障在校生暨新生鑑定手冊（心智障礙組）

第十一節　自閉症

一、定義

「**自閉症**」（autism）是指，因神經心理功能異常而顯現出溝通、社會互動、行為及興趣表現上有嚴重問題，致在學習及生活適應上有顯著困難者。

二、自閉症光譜異常的概念

在新的術語中：「**自閉症光譜異常**」（Autism Spectrum Disorder, ASD）又稱「**自閉症類群障礙**」，包含：**自閉症**（autism 或 autistic disorder）、**亞斯伯格症**（Asperger's disorder, AD）、**兒童時期崩解症**（childhood disintegrative disorder, CDD），以及**未分類的廣泛性發展障礙**（pervasive developmental disorder not otherwise specified, PDD-NOS）等症狀。以下針對這些症狀做進一步描述。在自閉症方面，《精神疾病診斷與統計手冊》（第五版）（DSM-5）依據自閉症者在「社交溝通」和「侷限的興趣及重複性的行為」等二大核心障礙的表現，區分成三種程度（APA, 2013），如表 3-4。因此，傳統分類中的亞斯伯格症、高功能自閉症及未分類之廣泛性發展障礙者在新的分類系統中應多屬於程度 I 的輕度自閉症。

表 3-4　DSM-5 的自閉症分類

嚴重程度	社交溝通	侷限的興趣及重複性的行為
程度 I： 需要協助	在沒有他人協助下，在社交互動上會出現顯而易見的缺損；在起始社交互動有困難，回應他人起始的社交互動時，會出現異常的情形；可能會出現對於社交互動不感興趣的情形。	在一種或多種情境下，固定的儀式、重複性的行為明顯的干擾功能，若要打斷其固著，會出現抗拒的情形。
程度 II： 需要大量協助	語言及非語言能力的社交溝通技巧明顯缺損，即使在支持的環境下也會出現社交互動缺損；在起始社交互動有困難，對於他人起始的社交互動回應較少，或可能出現異常的互動反應。	固定儀式、重複性行為或過度專注的情形明顯，影響不同情境下的功能；當儀式或常規被打斷，會顯得失落或沮喪，很難打斷固著的情形。

（續下表）

（承上表）

程度Ⅲ： 需要非常大量的協助	語言及非語言能力的社交溝通技巧嚴重缺損，嚴重影響社交互動；在起始社交互動有困難，對於他人起始的社交互動較少有回應。	過度專注、固定儀式或重複性的行為明顯影響各領域的功能。當儀式或常規被打斷，會顯得非常沮喪。很難打斷固著的情形，即使被打斷了也會很快的再回復固著行為。

另一種包含在自閉症光譜異常上的是「**亞斯伯格症**」。這種障礙的主要特色是社會互動損傷，這類兒童通常在 5 歲時說話流暢，但是他們的語言可能是不尋常的，智商約在中等或中等之上。他們也會顯現對他人的興趣，但是在社會情境上表現出適當行為通常充滿著挑戰。

「**兒童時期崩解症**」最常見的是 3 歲至 4 歲發病，發病後喪失已習得的技巧，同時合併和自閉症相同的社會功能及溝通功能質的異常。通常呈現明顯的語言退化或完全喪失，遊戲、社交技巧及適應行為退化，常見大小便失控，有時會有運動功能退化。

「**未分類的廣泛性發展障礙**」是指兒童在人際互動或語言與非語言溝通技巧，出現嚴重而廣泛的發展障礙，或出現固定型式的行為、興趣或活動，但是未符合自閉症光譜異常、思覺失調、分裂型人格異常、逃避型人格異常等障礙之標準。「**非典型自閉症**」（atypical autism）是指兒童行為症狀未符合典型自閉兒的標準，例如：可能是症狀出現較晚、非典型症狀或某些領域症狀較不明顯（宋維村編，2000）。

三、自閉症與亞斯伯格症的評量議題

以下茲分別就自閉症與亞斯伯格症進行說明。

（一）自閉症

1. 自閉症診斷

DSM-5 的自閉症光譜異常診斷標準如下（臺灣精神醫學會譯，2014）：

自閉症光譜異常的臨床行為診斷標準
自閉症光譜異常的診斷需同時符合下列 A、B、C、D 四項標準： A. 有持續且跨情境的社會溝通及社會互動上的缺損，下列三項都需具備（以下例子為列舉而非盡舉）。 1. 在社會—情緒的互動上有缺損；其範圍從，如社會互動異常及無法維持雙向對談，到較少分享興趣、情緒或情感，到無法起始或回應社會性互動。 2. 在社會互動上有非口語溝通行為的缺損；其範圍從，如難以合併使用口語及非口語的溝通，到眼神注視及肢體語言的異常，或有理解及肢體動作的異常，到完全缺乏臉部表情及非口語溝通。 3. 在發展、維持及了解人際關係的缺損；其範圍從，如難以做出符合各種情境的適當行為，到分享想像性的遊戲或交朋友方面有困難，到對同輩完全缺乏興趣。 B. 侷限、重複的行為、興趣及活動，四項中至少需具備兩項。 1. 固著或重複性的動作、使用物品及言語（如仿說等）。 2. 過度堅持同一性、常規，儀式化的使用語言或非口語的行為，極度抗拒改變。 3. 非常侷限及固定的興趣，對於興趣極度的專注。 4. 對於感覺刺激的輸入過度反應及過度反應不足、對於環境中的感覺刺激有異常。 C. 症狀必須在早期發展階段出現（但症狀可能不會完全顯現，直到環境或情境中的社交要求超出兒童的能力）。 D. 症狀導致在社會、職業，或其他日常重要領域功能有臨床上顯著的困難。 E. 這些表現不能被其他智能障礙（智能發展障礙）或發展遲緩所解釋。智能障礙和自閉症經常伴隨發生，要作智能障礙及自閉症共病之診斷，社會溝通技巧必須低於預期的發展水準。

與診斷手冊第四修訂版做比較，最新的 DSM-5 做了以下修正：

(1) 新的名稱自閉症光譜異常（ASD），在新的名稱中將包括原來的自閉症、亞斯伯格症、兒童時期崩解症、未分類的廣泛性發展障礙等疾病名稱。也就是過去大家常聽到，也最常被比較的自閉症、亞斯伯格症，都將統稱為「自閉症光譜異常」（ASD）。

像光譜中的各種色彩，每種顏色都象徵著自閉症可能的症狀或伴隨可能出現的特質，像語言能力及智能狀況，而深淺顏色就代表症狀的嚴重程度，每一個自閉症，都是一道獨一無二的光譜，這樣的診斷描述及分級更貼切自閉症的狀況，也更能反映出自閉症的優缺點。

(2) 由三個臨床診斷的範圍變成為兩個臨床診斷：

①社交溝通及社會互動上的缺損。

②固定的興趣及重複的行為。

a. 溝通及社交行為上的缺陷被認為是無法分開討論，所以合併成單一症狀來進行診斷及描述，再結合環境及情境的因素進行自閉症社交溝通缺陷診斷的考量。

b. 自閉症在語言方面的缺陷，在過去被認為是亞斯伯格症及自閉症的差異處，但在新的第五版本，認為語言方面的缺陷不是自閉症特有的缺陷，也不是出現在所有自閉症身上，所以充其量頂多就是影響自閉症症狀的因素，而非診斷的標準之一。

(3) 多個社交及溝通的診斷分項合併，在診斷上更有效率。

(4) 自閉症是一個神經發展疾患，必須在嬰兒期或童年早期發病，但有可能因為家長或照顧者在社交溝通上的支持，而比較晚發現自閉症兒童的症狀。在DSM-5對於自閉症診斷的修正，讓這些描述更貼近自閉症真實的狀況，也讓未來專業人員與家長或其他專業間的溝通能夠更順利，希冀每個有需要的人，都可以先應用到這份文件。

就上述自閉症的診斷標準來看，下列幾項議題仍需加以注意。

(1)若干特徵與表現在幼兒階段較難發現

下列診斷標準上之行為特徵較難在年齡幼小的兒童身上觀察到，會有診斷限制（Stone, Ousley, Hepburn, Hogan, & Brown, 1999）：

- 「社會互動領域」之第二點：「不能發展與其發展水準相稱的同儕關係」。
- 「溝通領域」之第二點：「在語言能力足夠的個案，引發或維持與他人談話的能力有明顯障礙」與第三點：「刻板及重複使用語句或使用特異字句」。
- 「行為、興趣與活動領域」之第三點：「在行為同一性中，刻板而重複的運動性作態身體動作」。

雖然DSM-IV-TR在自閉症的鑑別中，提供了許多具參考價值的診斷指標，然而相關人員仍需了解其限制，因為自閉症迄今仍有若干模糊之處，例如：亞斯伯格症與高功能自閉症的分野，至今尚無統一標準（Klin, Mcpartlands, & Volkmar, 2005）。

(2)醫生的診斷

醫生的自閉症診斷是基於觀察社會功能缺損、非語言表達形式缺損，以及無法建立同儕關係等領域中之一的一致性缺損，並透過溝通能力缺損、語言發展遲緩、無法與說話個體展開或維持對話、言語使用刻板、有限和重複性的行為、興趣和活動、對刻板或侷限性的行為異常專注，以及固著於不具功能性的儀式等特徵，來確定個案為自閉症光譜或疑似自閉症（史錫蓉譯，2007）。

篩檢時機是利用嬰幼兒健康檢查之發展遲緩篩檢，透過疑似兒童與同儕相較的技能與發展程度，例如：幼兒會不會說話、使用字彙、非口語溝通等（傅秀媚，2001）。另外，他們也會透過觀察個案、蒐集父母的資料及其他臨床篩檢訊息，如詢問個案病史與發展史、身體檢查與其他障礙的排除，以綜合研判個案。

2. 相關特徵或共病

在鑑定或診斷上，除自閉症鑑別外，了解常見的伴隨症狀，亦可提供教師與家長在教育服務或擬定個別化教育計畫等方面參酌運用（Sally, Beth, & Marjorie, 2007）。茲描述幾種常見的相關特徵或共病如下。

(1)智能障礙

智能障礙為自閉症最主要的共病，約 75%的自閉症會伴隨智能障礙。惟後續針對學前階段自閉症兒童進行調查，則發現有下降至 25%～50%的趨勢，原因可能是預防醫學發達及早期介入效果，使得智力分數有逐漸提升的現象（Chakrabarti & Fombonne, 2001）。

(2)精神與行為問題

這類問題包含下列幾項：①情緒與焦慮異常：焦慮異常與憂鬱情緒為自閉症常見的共病，而高功能自閉症與亞斯伯格症又具有焦慮與情緒問題的高風險（Towbin, 2005）。自閉症兒童與青少年由於口語表達有限，常有需求無法獲得滿足與了解的狀況，若給予過多限制、缺少自我認同和價值肯定，則相關情緒與焦慮問題常會伴隨而生（王晴瓏、詹瑞祺，2005）；②注意力與過動問題：60%的自閉症有注意力與專注的問題，40%具衝動特質；臺灣的過動症和自閉症，在臨床上亦發現有許多重疊的特質（宋維村，2009）；③行為問題：自閉症患者亦常見行為問題，即使一般智力的自閉症，也有近半數的個案家庭會回報有行為問題存在；約有四分之一的自閉症患者因其具突然侵略及易怒情緒，而被轉介至門診（Gillberg & Coleman, 2000）。

(3)癲癇

在自閉症伴隨癲癇的研究上，不同地區有不同的發現。在臨床發現，伴隨癲癇的自閉症兒童人數約在三分之一（Giovanardi-Rossi, Posar, & Parmeggiani, 2000）。常善媚（2003）指出，近四分之一的自閉症會產生癲癇。而臺大醫院的統計顯示，自閉症兒童的腦電圖檢查呈現癲癇腦波型的比例高達五分之一以上（宋維村編，

2000）。

(4)飲食及睡眠異常

約有50%或更高比例的自閉症兒童與青少年有睡眠問題（Oyane & Bjorvatn, 2005）。對食物敏感及選擇性是自閉症的另項伴隨問題。自閉症兒童的偏食常需父母與教師花時間引導及勸誘（常善媚，2003）。

3.評量核心與內容

臨床上主要會探究兒童早期的溝通、社會互動與行為發展概況；若需要，亦會針對潛在生理或精神狀況進行篩檢，如焦慮或憂鬱。評量開始應透過詢問家長以了解兒童發展史與現況，包含用藥概況、學校表現、評量結果，以及早期療育後的成果等，並透過跨情境領域與專業團隊服務與評量模式，將學生在校表現資料列入參考（Jones, 2002; Worth, 2005）。教師觀察學生的校園情境比醫院更自然真實，往往可看到學生更多的功能表現及在校社會互動中所面臨的挑戰。

(1)醫療模式工具

以下是一些在醫療單位經常會使用的評量工具（史錫蓉譯，2007；姜忠信、宋維村，2005；Jones, 2002）：

①「幼兒自閉症檢核表」（The Checklist for Autism in Toddlers, CHAT）：這項篩檢工具可鑑別18個月大的自閉症幼兒，包含家長訪談A部分（九題是非題）和B部分兒童互動方式（五題觀察紀錄）。

②「修訂版幼兒自閉症檢核表」（Modified Checklist for Autism in Toddlers, M-CHAT）：這項工具是以「幼兒自閉症檢核表」（CHAT）A部分的題目為藍本，再加入新題目共23題。以自我施測方式，篩檢18個月至24個月的疑似自閉症的幼兒，得分愈少，罹患自閉症的風險愈高。

③「二歲幼兒自閉症篩檢工具」（The Screening Tool for Autism in Two-Year-Olds, STAT）：為互動性的篩檢工具，用於24個月至36個月之間。這份工具可從一般發展遲緩兒童中區分出疑似自閉症兒童，共12題，包含：評估遊戲、溝通和模仿能力等。

④「自閉症觀察晤談」（修訂版）（Autism Diagnostic Interview-Revised, ADI-R）：為最廣泛使用的父母晤談與探測自閉症的測驗，是半結構性的家長問卷，可從主要照顧者回答自閉症的發展史和目前生活狀態。測驗涵蓋兒童溝通狀況、社會互動、重複行為和初發症狀，共110題，包含長版和短版。

⑤「自閉症診斷觀察表」（Autism Diagnostic Observation Schedule, 2nd edition,

ADOS-2）：這份工具的適用對象為無語言或有語言且心理年齡小於 36 個月的幼兒。在 30 分鐘至 45 分鐘的半結構遊戲活動中，觀察焦點在遊戲、溝通與社會互動面向上。

⑥「兒童自閉症評估量表」（The Childhood Autism Rating Scale, CARS）：兒童互動與家長會談同時進行，適用 2 歲以上兒童。以 15 題來評量一系列自閉症狀，包含：模仿、重複性行為、與人關係、各式感官反應、語言和非語言溝通、智力等。

(2)領域評量

①智力評量

自閉症兒童透過認知能力的優勢與限制了解，可擬定適合其認知能力的教育計畫（Sally et al., 2007）。然而，許多自閉症患者在接受評量時，除面臨動機問題外，評量過程的自傷行為及僅能維持短時間的專注，皆會影響到評量過程與結果解釋（Koegel, Koegel, & Smith, 1997）。因此，如何增加自閉症患者評量的參與動機，並在無替代性評量的情況下，以其有限的專注力完成標準化評量並解釋結果，是施測人員在進行評量前需思考的問題。

②語言評量

語言表達程度會隨著智力分數而提升，因此由智力分數作為長期結果預測的最佳方式是重要的測量向度。國外的測量工具種類繁多，包含：「畢保德圖畫詞彙測驗」（Peabody Picture Vocabulary Test）、「字彙圖畫表達測驗」（Expressive One-Word Picture Vocabulary）、「語言基礎的臨床評估」（Clinical Evaluation of Language Fundamentals），以及「學前幼兒語言量表」（Preschool Language Scales），皆可測量自閉症兒童的接收性和表達性語言能力。

③適應行為評量

自閉症兒童的適應行為都一致低於智力，且這樣的差異會表現在高功能自閉症與亞斯伯格症及 IQ 正常的自閉症患者（Bolte & Poustka, 2002）。自閉症最常用的適應行為量表為「文蘭適應行為量表」，此量表主要是由家長或教師填寫，適用對象為 19 歲以下的青少年或智能障礙成人，國內目前有中文版可供使用。

4. 幼兒階段的篩檢

在幼兒階段中，父母可透過兒童健康手冊中所提供的頭圍測量表，作為自閉症兒童及早期發現的警示（行政院衛生署，2008b），多數自閉症幼兒與沒有發展自閉症的兒童相較，其平均頭圍比較小，但出生後第一年的頭圍會過度增長而突然變大（史錫蓉譯，2007）。其次，多數的自閉症幼兒在溝通、社會互動（例如：叫名反應、看大人、社會性微笑、臉部表情）和感官動作等領域有別於非自閉症幼兒，自閉症幼兒對與父母互動及回饋是較無反應的（Osterling, Dawson, & Munson, 2000）。上述特徵與表現皆可在 3 歲之前發現。

3 歲後的自閉症兒童，可透過口語或非口語溝通的語言發展、同儕互動和特殊固著行為及興趣偏好作為發現指標，供家長與幼兒園教師作為觀察線索。

（二）亞斯伯格症

亞斯伯格症（AS）、自閉症（AD）、兒童早期崩解症（CDD）等這些症狀都包含在自閉症光譜中，它們都具有共同的核心障礙，包括：社會性障礙、溝通障礙及行為興趣固著與有限等，只是程度上的不同。上述症狀程度由重至輕，依序是CDD、AD、AS及未分類的廣泛性發展障礙（張正芬、吳佑佑，2006）。其中，CDD 因外顯症狀明顯，容易界定；而 AD 是國內專家學者及特殊教育教師所熟知的自閉症；至於 AS，則是目前國內外研究的焦點。國內對亞斯伯格症兒童的評量，目前的相關鑑定仍以醫院診斷為主，學校鑑定則搭配醫院的診斷證明書進行判定。

1. 亞斯伯格症的特質

亞斯伯格症兒童的智力多接近正常或優異，口語能力不差（Henderson, 2001）。因此，一旦他們出現固執行為、自我中心或學業成就低落等問題時，很少人會認為是特殊兒童，反而會認為他是故意或不用功，因此很自然在學校成為老師頭痛及同儕欺負的對象（張正芬、吳佑佑，2006）。以下將從五個層面來探討亞斯伯格症學童的特質。

(1)溝通特質

根據DSM-IV-TR的描述，亞斯伯格症沒有語言發展遲緩，惟在表達性語言方面，常出現說話節律怪異、聲音扭曲、速度或音量不當、自言自語、學究式說話風格，以及不會依情境、對象調整說話方式與態度等問題，表達的內容常在同一話題間重複詢問或不停闡述。在接受性語言方面，對理解隱喻式語言有困難；在一般溝通情境中，也因訊息源多元與複雜，會影響到其對訊息的處理與理解。至於其他會出現的溝通困難，包括開啟話題困難或難以維續、無法轉換話題、對尋求澄清有困難、內容冗長及話題表面化等（孔繁鐘、孔繁錦編譯，2007）。

(2)行為和興趣特質

這方面的特質主要為刻板及侷限的行為，對某些知識領域格外著迷，或是對某些規範、禮儀恪遵不已，形成很固著的興趣。

(3)社會人際特質

亞斯伯格症兒童的社交問題在面對學校情境時最容易顯現出來。在一個被期待能理解相關社會語言的場合，他們常會令人失望。由於外在世界互動之社交規則是隱而未現的，對要求規則的亞斯伯格症兒童而言，變得較難去遵循。另外，他們也多半偏好獨自活動，不太願意與人分享自己的生活經驗，或是會用一些怪異或特定的行為與語言來與他人互動。

(4)學習特質

亞斯伯格症兒童的學習特質為「特定學習困難」（SLD），而不是一般的「學習困難」（Manjiviona, 2003）。他們擁有 IQ 80 以上的認知能力，但學科表現薄弱。亞斯伯格症兒童的SLD問題，包括：訊息處理困難、特定科目表現極差、挫折容忍度低等。

亞斯伯格症兒童的SLD問題在小學階段並不明顯。臨床發現，二～三年級的亞斯伯格症兒童，常有六年級的推理能力。然而到了中學，要求更高的組織技巧、複雜的語言推理、社交推理、文章內容的詮釋及寫作技巧，反而凸顯出他們訊息處理的困難，尤其是在寫作方面，高達63%學齡階段有正常智商的自閉症兒童（多數診斷為亞斯伯格症）有寫作問題。國內研究亦發現，亞斯伯格症兒童的寫作困難，在於其心智理論缺陷，使其無法覺察寫作者的寫作背後經驗，而無法將寫作內容與本身經驗形成連結，或所形成的連結無法與第三者引發共鳴（王敏薰，2007）。

(5)其他特質

亞斯伯格症也會合併其他的心理疾患，例如：焦慮症、ADHD、憂鬱症及相關行為問題。Kohn、Fahum、Ratzoni與Apter（1998）在其關於亞斯伯格症與侵犯行為的個案研究中，則發現其個案具有等同行為異常／規範障礙症（conduct disorder）的衝動與侵犯行為。

2. 亞斯伯格症的評量

自閉症兒童約在 3 歲時會被鑑定出來，甚至有研究發現，早在嬰兒出生後 18 個月就可以診斷出自閉症（Baird et al., 2000）。而亞斯伯格症接受鑑定的時間通常比 AD 晚很多，這類孩童平均在 11 歲之後才接受鑑定，有些甚至更晚（Scott, Baron-Cohen, Bolton, & Brayne, 2002）。這意味著亞斯伯格症兒童在幼年時幾乎無法得到妥善的介入，以至於在學齡及青春期出現焦慮及憂鬱現象，因此有待盡早篩選出這類兒童，以因應其特殊需求。

在探討亞斯伯格症學童的 SLD 問題時，Manjiviona（2003）發現他們在接受特殊教育有顯著困難。即使這類學童的SLD問題明確，且在國中階段出現明顯的學習困難，然而因其認知能力並未達到顯著困難的適應行為，使他們要接受相關的特殊教育服務，比起其他同類型的障礙來得困難。以下將介紹國外對於評量亞斯伯格症學童相關能力所進行的流程及使用的工具。

(1)評估流程

首先是與家長晤談，包括：醫療史、語言史等。其中，語言部分是新近研究亞斯伯格症相關議題時最常關注之處，尤其是與高功能自閉症（HFA）的區別，常藉由語言發展遲緩來界定，惟仍有爭議。3 歲前有語言發展遲緩的現象，在HFA有七成，在亞斯伯格症有五成，顯見這部分並未造成明顯區別（張正芬、吳佑佑，2006）。

至於評量模式，以跨專業團隊合作的模式來進行全面性評量較為適當。評量項目包括智力、社交、認知、組織計畫及其他相關能力。評量亞斯伯格症的智力，焦點在學業成就、注意與記憶問題、語言、視知覺空間及處理速度能力。

實際的評量作法是先從一般認知能力進行，並詳載受測者的質性觀察，然後彙整相關評量結果進行診斷假設，以進行後續的評量與施測。施測過程須特別注意亞斯伯格症的注意力問題，釐清是因其本身注意力缺陷或缺乏學習動機所致。這類兒童在視聽覺領域、注意力、組織、溝通及動作能力等方面普遍有缺損，評量亞斯伯格症的 SLD 時是很重要的參考指標（Manjiviona, 2003）。

(2)評量工具

以下分別從智力、學業、語言及注意力等方面，來介紹所使用的評估工具，以及亞斯伯格症在這些評量工具上的表現。

①智力評量

吳沛璇（2009）曾運用「魏氏兒童智力量表」（第四版），對各 25 位亞斯伯格症（AS）的國中與國小學生評估其智力表現如下：

- AS 學生的全量表智商（FSIQ）在 85～144 之間。
- 在四個因素指數中，語文理解指數（VCI）為AS學生的優勢，處理速度指數（PSI）則為 AS 學生的弱勢。
- 分測驗的優勢多在VCI（類同、理解、詞彙、常識），知覺推理（PRI）也有部分呈現優勢（圖形設計、圖畫概念）。
- 符號替代以及符號尋找為 AS 學生的弱勢能力。
- 國中組在工作記憶指數（WMI）的離散情形，較國小來得大。

由上可知，亞斯伯格症學生在該測驗表現上的共同特質為語文分測驗普遍平均高於作業分測驗，類同、常識等分測驗表現在平均水準之上，而符號替代、符號尋找、記憶廣度等分測驗表現較弱。此顯示亞斯伯格症學生在訊息處理及組織方面較弱，也間接顯示其寫作不佳的可能原因。

②學業能力評量

此領域的評量，普遍包含閱讀準確度、閱讀理解、拼字、寫作及算術。整體來看，亞斯伯格症兒童的字面閱讀能力高於同齡兒童，至於閱讀理解、寫作及書寫能力的表現則較弱（Manjiviona, 2003）。

③語言能力評量

整體而言，亞斯伯格症兒童的語言能力在平均水準以上，他們可用高深的字彙，並會適當使用相關句型文法規則。從語言學來看，他們在語音、語形及語法方面表現較佳，而在語用方面卻相對較弱，因為這牽涉到語文字彙使用的場合與情境，也呼應到他們較缺乏社交能力，無法判斷何種場合該說怎樣的話語（Manjiviona, 2003）。

④注意力評量

在早期接受醫院就診時，亞斯伯格症兒童的主訴症狀就是注意力，常與ADHD搞混。他們有幾項特定的注意力問題，例如：選擇性及轉換性注意力的問題，而持續性注意有時比 ADHD 還弱（Manjiviona, 2003）。

3. 結語

鑑定亞斯伯格症學生所要面對的是異質性問題，這類學生大都具備下列特質：智商至少要在 80 以上、智力測驗組型須是語文智商高於作業智商，以及社交能力顯現顯著障礙等，惟仍待進一步探究。

四、鑑定基準

自閉症的鑑定基準，依下列各款規定：

基準一	顯著社會互動及溝通困難。
基準二	表現出固定而有限之行為模式及興趣。

五、資格決定

一旦評量資料蒐集後，由特殊教育學者、醫師、行政人員或相關服務人員等所組成的鑑定小組就會召開會議，做出有關資格的關鍵性決定。他們會共同探討下列問題，以確定學生是否為自閉症，而需要接受特殊教育，如圖 3-13。

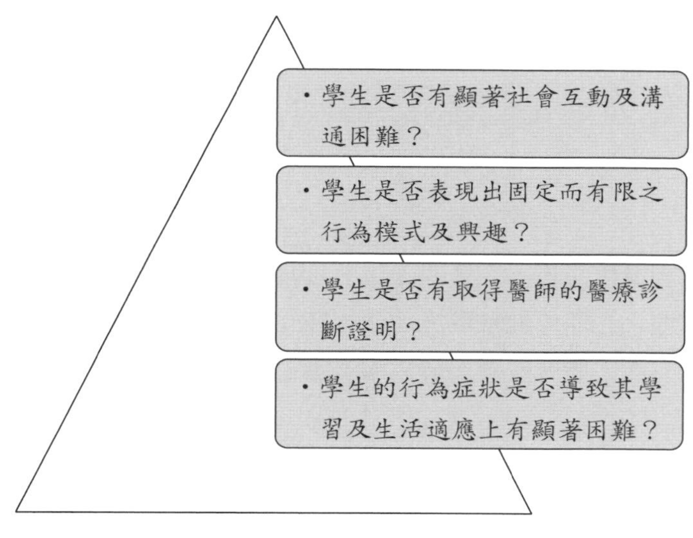

圖 3-13　自閉症資格認定的問題

如果鑑定小組人員對於先前問題的回答是肯定的，學生將會被鑑定為有自閉症，且可以開始安置與接受特殊教育的服務。

六、自閉症之鑑定實務（以下資料請見本書附錄 12）

1. 鑑定及安置工作計畫（含自閉症組）
2. 自閉症組鑑定心評工作流程圖
3. 自閉症學生鑑定訪談紀錄表
4. 自閉症組鑑定心評教師初判結果
5. 自閉症組鑑定心評教師初判結果：填寫說明
6. 自閉症組鑑定疑似自閉症組複評用：心評教師初判結果
7. 臺北市○○學年度國小升國中特殊教育需求學生轉介特教服務研習手冊（心智障礙組）
8. 臺北市○○學年度國中身障在校生暨新生鑑定手冊（心智障礙組）

第十二節　發展遲緩

一、定義

根據我國現行法規，「發展遲緩」（developmental delay）是指，未滿 6 歲之兒童，因生理、心理或社會環境因素，在知覺、認知、動作、溝通、社會情緒或自理能力等方面之發展較同年齡者顯著遲緩，且其障礙類別無法確定者。

二、發展遲緩的評量議題

發展遲緩兒童係指因各種原因（包括中樞神經、神經肌肉系統、先天性或後天性疾病、心理社會環境及其他因素等），導致一個或多個發展領域，例如：認知、語言、動作、社會—情意、感官或生活自理等能力，較同年齡兒童落後或異常的現象。一般而言，如果兒童無法達到 90%同年齡兒童可以完成的能力，則可稱為發展遲緩。

事實上，要確定兒童發展遲緩的程度並不容易，因此目標是能夠識別和區分需要積極預防性早期介入的遲緩兒童和經歷正常波動和兒童發展範圍的兒童。有學者指出，適用於學齡前兒童的典型最低資格標準是在一個發育領域遲緩 40%以上，或者是在兩個或多個發育領域遲緩25%以上（Bender & Grim, 2013）。

研究顯示，與晚年被發現的發育遲緩兒童相比，在早期就被識別出的發育遲緩兒童獲得了更多的發育優化和更大的收益。因此，早期識別有發展問題的兒童很重要。

（一）評估嬰幼兒和學齡前兒童的特殊考量

評量嬰幼兒和學齡前兒童會面臨下列特殊考量，如圖3-14，並分述如下。

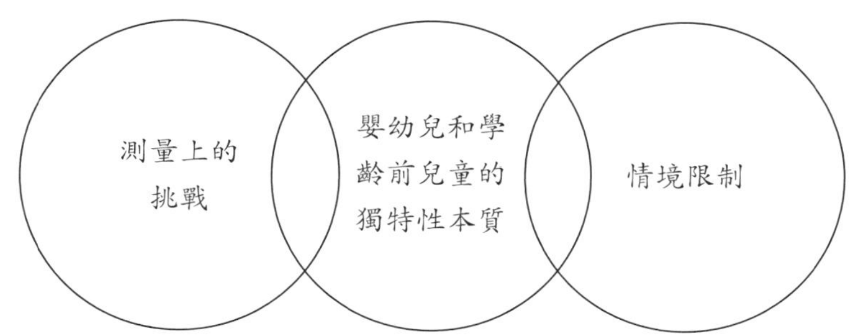

圖 3-14　評量嬰幼兒和學齡前兒童的特殊考量

1. 測量上的挑戰

選擇具備適切心理分析性質的評量工具，是評量嬰幼兒和學齡前兒童會面臨的一項挑戰。專業人員會發現適當的工具並不多。因工具很少，即使它們不是很適當，也只好使用。由於許多學前兒童評量工具的技術性品質不適切，而一直在爭論透過廣泛方法，可以更清晰地迎合嬰幼兒和學齡前兒童評量的不同目的，來取代常模參照的評量方法。這些方法可能包括遊戲本位評量、直接觀察、訪談、親子互動、臨床判斷和評定量表。雖然上述評量方法獲得許多支持，不過實徵地檢視這些方法的有效性仍是需要的。

另外，孤立和評量兒童發展技能上的表現並不能提供完整的畫面。孤立的認知、動作或語言技能是我們在評量中很容易使用的目標，例如：堆疊積木或拼圖之類的測試項目很容易呈現給孩子，易於評分並產生一致的結果，但是它們並沒有讓我們深入了解孩子如何組織他的世界，或者他如何準備自己在環境中採取行動和做出反應。當評量只是兒童表現出有能力或沒有能力的一系列孤立任務時，我們沒有描述這些技能如何在家庭、學前班或兒童保育環境或一家速食店的兒童遊樂場上之使用。

2. 嬰幼兒和學齡前兒童的獨特性本質

評量嬰幼兒和學齡前兒童是一項複雜且具挑戰性的任務。評量活動的有效性可能會因對於幼兒發展和成長的了解不深而受到限制。學前嬰幼兒和學齡前兒童是由一群非常獨特的團體所組成，與學齡兒童有質的不同。許多這類幼兒的特性會讓可信且有效的評量產生困難，評量情境內的嬰幼兒和學齡前兒童行為也可能會影響到測驗結果的正確性。基本上，這類幼兒的注意力廣度短暫、活動量高、易分心、挫折容忍力低及容易疲倦。他們對於評量活動會有不同的動機型式，傾向於不會將正確回答的問題擺在重要的位置、對測驗項目的持續性、取悅測試者或回應社會性增強。

對於多數嬰幼兒和學齡前兒童來說，測驗情境意味著讓他們由陌生的測試者（Strange Examiners）在不熟悉的環境上執行評量。我們不能指望幼兒為一位陌生的測試者演示，就像他在為熟悉的人演示一樣。幼兒可能會對陌生人的意圖感到焦慮、注意力分散，或者不願意嘗試測試者所考慮的任務，這些都是可以預期到典型的幼兒反應。這些當然會影響他們的表現，從而影響任何評量結果，無論使用何種技術（Bender & Grim, 2013）。而身心障礙的出現則擴大了評量任務的複雜性，例如：聽覺障礙幼兒可能要使用變通性的溝通方法，如手語；在探究評量材料上，視覺障礙幼兒也可能需要使用替代性的感官型式（觸摸）。

3. 情境限制

情境限制包括任何在評量過程上所產生的關心，最常見的一項限制就是出現嬰幼兒和學齡前兒童拒絕表現時，造成評量過程無法順利進行。在這些情境上，評量人員要熟悉不同型式的資料蒐集方法，以求能夠善用這些情境上的限制，例如：當幼兒不順從時，可以改變運用非正式的（如觀察）、間接的（如父母評定或報告），以及歷程本位（如遊戲）型式的資料蒐集策略。

對評量人員來說，了解有關嬰幼兒和學齡前兒童的生態也是有幫助的，此包括獲得有關幼兒、學前教師或照護者、家庭的知識。這種生態取向可以支持評量人員在評量過程中，了解他們可能顯現出許多不同的行為。

（二）處理發展遲緩兒童的方法

兒童的發展是一個動態過程，任何時候的評估都只是大局的一個快照，應該結合兒童從受孕到目前的歷史背景來解釋。雖然兒童在生命誕生後可能看起來發育正常，但隨後幾年兒童的發育過程出現偏差則顯示存在潛在的障礙。評估時須記住此點，要持續重新評估兒童。基本上，發展性評量涉及三個方面（National

Health and Medical Research Council, 2002）：

- **發展篩選**（Developmental screening）。識別可能需要更為全面性評估的兒童。這是一個簡短的評估程序，目的在於確定應該接受更深入診斷或評估的兒童。這部分通常使用諸如「學前幼兒發展篩選量表」或「零歲至六歲兒童發展篩檢量表」等工具來完成。
- **發展監測**（Developmental surveillance）。這是一個持續的過程，隨著時間推移，兒童會被追踪，以發現兒童發展軌跡中的細微缺陷。發展監測的成分包括獲取相關的發展史、引起和關注父母的擔憂、觀察兒童的發展及參考其他相關專業人員的進一步發展評估，例如：針對語言和溝通問題的語言治療師。
- **診斷評估**（Diagnostic assessment）。這是針對已被確定有潛在問題的兒童進行的。這項步驟需要各種專業團隊成員的參與，例如：特殊教育人員、醫生或其他相關專業人員。

（三）早期鑑定方法

根據估計，大約只有一半有發展問題的兒童會在入學前就被發現。家長通常是第一個發現可能發展遲緩的跡象，他們對於兒童發展的任何擔憂都應該被嚴肅地的看待；不過，沒有父母的關心也並不一定意味著一切都是很好的。多數專業人員會使用組合方法來評估兒童的發展，這些方法都各有其優弱點（Bender & Grim, 2013; Shonkoff & Meisels, 2000）。

- **發展里程碑檢核表**（Checklist of developmental milestones）。「發展里程碑」為每一個年齡層多數 75%～90%兒童所具備之能力，是一般用以觀察兒童是否有發展遲緩現象的依據。若有一個以上的發展面向較一般兒童落後20%，即可能是發展遲緩兒童。然而，兒童的發展也可能因個別差異而有提前或跳躍之情形，而且可能發生在單一或多個領域。另外，重要的是不要過分強調單一遲緩的里程碑，而應查看技能群組的型式。因此，使用發展里程碑檢核表作為唯一評估發展的方法並不適切，因為它可能不準確。
- **發展篩選測驗**（Developmental screening tests）。這是評量人員最常用的測試方式，不過，發展篩選測驗的敏感性（範圍 43%～90%）和特異性（範圍 56%～91%）相對較低。因此，它們可能會漏掉發展遲緩的兒童，並錯誤地將正常發展兒童識別為可能有發展遲緩。這類測驗並沒有考慮到兒童發展的動態特性。一位兒童在某個時間點的發展篩選測驗中之表現會受到無數因素的影響。發展是一個動態的，特點是突飛猛進、平穩甚至倒退。

某個時間點的單一快照，無論是正常或異常的，並不能提供有關兒童發展軌跡的訊息。因此，發展篩選逐漸被發展監測的概念所取代，但是這類測驗可以作為發展監測的一部分進行。

- **臨床判斷**（Clinical judgment）。很多評量人員都依靠臨床判斷來評估兒童的發育是否遲緩。然而，研究顯示僅憑臨床判斷並無法發現許多兒童的發展遲緩。
- **父母當前成就的報告**（Report on the current achievements of the parents）。與父母回憶過去的發展里程碑相比，父母當前完成發展任務的報告已被證明是準確和可靠的。
- **家長對發展狀況的評估**（Parent evaluation of developmental status）。研究顯示，透過家長報告來篩選發展遲緩兒童是一項最有效的方法。獲得家長的發展報告是一個很好的第一線篩選，也是選擇需要更詳細評估兒童的有效方法。

正式的發展性評量則包括對疾病史、身體和神經系統檢查，以及使用標準化儀器的詳細測試結果之綜合。在國內，0～2 歲以前懷疑有發展遲緩的兒童通常在醫院就診並接受療育，或者是轉介至直轄市暨各縣市的早期療育評估中心進行評估與介入；2 歲以後，若有機會進入學校附設幼兒園，則由學校心理評量人員進行特殊需求幼兒評估。

三、鑑定基準

前項所定發展遲緩，其鑑定依兒童發展及養育環境評估等資料，綜合研判之。

四、資格決定

一旦評量資料蒐集後，心理評量人員會撰寫鑑定報告，然後鑑定小組就會召開複審會議，綜合研判所有蒐集到有關幼兒的各項資料，確認兒童是否在認知、語言、動作、社會—情意、感官或生活自理能力等方面，有一個或多個發展領域較同年齡兒童顯著遲緩，而且其障礙類別無法確定者。

如果鑑定小組對於這些問題的回答是肯定的，兒童會被鑑定為發展遲緩，在取得家長同意後，將會進行安置與接受特殊教育的服務。

五、發展遲緩之鑑定實務（以下資料請見本書附錄 13）

1. 新北市各學年度特殊教育需求幼兒優先入園鑑定安置作業流程暨期程
2. 新北市○○學年度公立幼兒園學前特殊教育需求幼兒學期中鑑定安置申請流程表
3. 新北市學前特殊教育需求幼兒鑑定安置申請表暨家長同意書
4. 新北市學前特殊教育需求幼兒行為觀察紀錄表
5. 新北市學前特殊教育需求幼兒鑑定安置資料檢核表
6. 新北市學前特殊教育需求幼兒鑑定報告

第十三節　多重障礙與其他障礙

「**多重障礙**」（multiple disabilities）是指，包括二種以上不具連帶關係且非源於同一原因造成之障礙而影響學習者。多重障礙之鑑定，應參照《身心障礙及資賦優異學生鑑定辦法》其他各類障礙之鑑定基準。

「**其他障礙**」指在學習與生活有顯著困難，且其障礙類別無法歸類於《身心障礙及資賦優異學生鑑定辦法》之第 4 條至第 13 條類別者；其鑑定應由醫師診斷並開具證明。

第十四節　資賦優異

根據《特殊教育法》第 4 條的規定，資賦優異係指在下列領域中有卓越潛能或傑出表現者，包括：一般智能資賦優異、學術性向資賦優異、藝術才能資賦優異、創造能力資賦優異、領導能力資賦優異，以及其他特殊才能資賦優異等六類，茲分別敘述如後，然後再介紹特殊教育學生調整入學年齡及修業年限的方式。

一、一般智能資賦優異

（一）定義

「**一般智能資賦優異**」（general giftedness of intellectual ability）是指，在記憶、理解、分析、綜合、推理及評鑑等方面，較同年齡具有卓越潛能或傑出表現者。

（二）鑑定基準

前項所定一般智能資賦優異，其鑑定基準依下列各款規定：

基準一	個別智力測驗評量結果在平均數正二個標準差或百分等級 97 以上。
基準二	經專家學者、指導教師或家長觀察推薦，並檢附學習特質與表現卓越或傑出等之具體資料。

（三）一般智能資賦優異之評量

1. 正式評量

專業人員可以完成幾種正式評量的型式，來協助決定學生是否有資賦優異。首先，團體智力測驗可用來決定學生非語文和語文的智力水準，作為初步篩選之用，例如：「瑞文氏彩色矩陣推理測驗」（CPM-P）、「瑞文氏標準矩陣推理測驗」（SPM-P）、「國民小學團體非語文智力測驗」，及「新編國民小學團體語文智力測驗」等。其次，個別智力測驗可作為複選之用，例如：「魏氏兒童智力量表」（第四、五版）（WISC-IV、WISC-V）。

2. 觀察評量

除了個別智力測驗外，臺北市還會實施觀察評量。這種觀察評量是由資優班教師負責教學。教學時，其他的資優班教師會依據統一的評量表來評分，然後求取平均得分來確認學生是否有表現出資優特徵或行為。

（四）資格決定

鑑定學生是否具備一般智能資賦優異的資格決定，須依據所蒐集的各項評量資料。以下是需考量的問題：

1. 學生正式個別智力測驗的結果，在平均數正二個標準差或百分等級 97 以上嗎？

也就是說，學生所測量到的智力（IQ）大約在 130 以上嗎？不過，並沒有絕對的切截分數，學生IQ的分數若稍微低於 130 仍有可能被考慮為一般智能資賦優異，主要是受限於所使用之個別智力評量工具常模對照的緣故，有的測驗百分等級 97 的對應分數會低於 IQ 130 的對應分數，但是仍符合一般智能資賦優異的鑑定基準。

2. 學生有顯現一般智能資賦優異的特徵或行為嗎？

針對這項問題，鑑定小組在資格決定上會使用觀察評量所得到的量化和質性資料，來作決定。不過，觀察評量由於較為耗費人力和物力，而且評分者之間信度的變異性較大，仍存在著爭議。在國內，有的直轄市兼採個別智力測驗和觀察評量的結果，多數直轄市和縣市則只採用個別智力測驗的結果，來進行一般智能資賦優異的資格決定。

如果鑑定小組發現學生符合所確認的鑑定基準而鑑定為有一般智能資賦優異，就會依循後續的特殊教育程序，進行適當的教育安置及準備 IGP，以利學生能夠接受適當的資優教育。

（五）一般智能資賦優異之鑑定實務（以下資料請見本書附錄 14）

1. 一般智能資賦優異學生鑑定安置工作
2. 資優班學生鑑定轉介表
3. 鑑定安置初選（團體智力測驗）結果統計表
4. 鑑定安置複選（個別智力測驗）結果統計表
5. 鑑定資料暨結果分析表（安置分散式資優班用）
6. 鑑定資料暨結果分析表（安置特殊教育方案用）
7. 核定班級數、學生數、參加鑑定及建議安置人數一覽表
8. 入班觀察課程教學活動方案示例

二、學術性向資賦優異

（一）定義

「**學術性向資賦優異**」（giftedness of specific academic aptitude）是指，在語文、數學、社會科學或自然科學等學術領域，較同年齡具有卓越潛能或傑出表現者。

（二）鑑定基準

前項所定學術性向資賦優異，其鑑定基準依下列各款規定之一：

基準一	前項任一領域學術性向或成就測驗得分在平均數正二個標準差或百分等級 97 以上，並經專家學者、指導教師或家長觀察推薦，及檢附專長學科學習特質與表現卓越或傑出等之具體資料。
基準二	參加政府機關或學術研究機構舉辦之國際性或全國性有關學科競賽或展覽活動表現特別優異，獲前三等獎項。
基準三	參加學術研究單位長期輔導之有關學科研習活動，成就特別優異，經主辦單位推薦。
基準四	獨立研究成果優異並刊載於學術性刊物，經專家學者或指導教師推薦，並檢附具體資料。

（三）學術性向資賦優異之評量

學術性向資賦優異的鑑定方式，可採書面審查或測驗方式辦理入班鑑定評量。

1. 書面審查

書面審查通常是針對下列學術性向資賦優異的鑑定基準：(1)參加政府機關或學術研究機構舉辦之國際性或全國性有關學科競賽或展覽活動表現特別優異，獲前三等獎項；(2)參加學術研究單位長期輔導之有關學科研習活動，成就特別優異，經主辦單位推薦；(3)獨立研究成果優異並刊載於學術性刊物，經專家學者或指導教師推薦，並檢附具體資料。

2. 測驗方式

學術性向資賦優異的測驗方式，包括：(1)正式評量：專業人員可以完成相關學科之性向測驗、成就測驗或能力測驗等正式評量，來協助決定學生是否有學術性向資賦優異，例如：「國民中學學業性向測驗」；(2)實作評量：除正式評量外，心評小組人員也會使用各種實作評量方式來協助決定學生是否有學術性向資賦優異，例如：觀察、檔案評量、實驗、口試、小論文、表演、演說等。

（四）資格決定

由於鑑定基準的規定，學術性向資賦優異的資格決定有兩種管道：

1. 管道一

主要是透過書面審查結果來作決定，學生只要符合審查標準：「參加政府機關或學術研究機構舉辦之國際性或全國性有關學科競賽或展覽活動表現特別優異，獲前三等獎項，或參加政府機關或學術研究機構舉辦之國際性或全國性各該類科競賽表現特別優異，獲前三等獎項」，鑑定小組就會認定它具有學術性向資賦優異的資格。

2. 管道二

管道二則需綜合考量正式評量和實作評量的結果，再作出資格決定。

如果鑑定小組發現學生符合所確認的鑑定基準而鑑定為有學術性向資賦優異，就會依循後續的特殊教育程序，進行適當的教育安置及準備 IGP，以利學生能夠接受適當的資優教育。

（五）國民中學學術性向資賦優異之鑑定實務（以下資料請見本書附錄15）

1. 國民中學學術性向資賦優異班學生鑑定安置工作
2. 國民中學學生參與特殊教育方案（資優校本方案）鑑定

（六）高級中學學術性向資賦優異之鑑定實務（以下資料請見本書附錄16）

1. 高級中學學術性向資賦優異班鑑定安置工作實施
2. 高級中等學校學術性向資賦優異學生鑑定安置流程
3. 高級中學學術性向資賦優異班鑑定安置工作
4. 高級中學學術性向資優班學生鑑定評量資料暨結果分析表

三、藝術才能資賦優異

（一）定義

「**藝術才能資賦優異**」（giftedness of fine arts）是指，在視覺或表演藝術方面具有卓越潛能或傑出表現者。

（二）鑑定基準

前項所定藝術才能資賦優異，其鑑定基準依下列各款規定之一：

基準一	任一領域藝術性向測驗得分在平均數正二個標準差或百分等級 97 以上，或術科測驗表現優異，並經專家學者、指導教師或家長觀察推薦，及檢附藝術才能特質與表現卓越或傑出等之具體資料。
基準二	參加政府機關或學術研究機構舉辦之國際性或全國性各該類科競賽表現特別優異，獲前三等獎項。

（三）藝術才能資賦優異之評量

就像學術性向資賦優異一樣，藝術才能資賦優異的鑑定方式也是採書面審查或測驗方式辦理入班鑑定評量。

1. 書面審查

書面審查通常是針對此類藝術才能資賦優異：「參加政府機關（構）或學術研究機構舉辦之國際性或全國性各該類競賽表現特別優異，獲前三等獎項。」

2. 測驗方式

藝術才能資賦優異的測驗方式，包括：(1)正式評量：專業人員可以完成相關藝術才能性向之正式評量，來協助決定學生是否有藝術才能資賦優異。例如：「國民小學音樂性向測驗」、「國民中學音樂性向測驗」、「國民小學藝能傾向測驗——美術」、「國民小學藝能傾向測驗——舞蹈」，或「國民小學藝能傾向測驗——音樂」；(2)實作評量：除了正式性向評量外，心評小組人員也會使用實作評量方式來協助決定學生是否有藝術才能資賦優異。不同的藝術才能資賦優異類別，通常有不同的評量內容。

（四）資格決定

由於鑑定基準的規定，藝術才能資賦優異的資格決定有兩種管道：

1. 管道一

主要是透過書面審查結果來作決定，學生只要符合審查標準：「參加政府機關或學術研究機構舉辦之國際性或全國性有關各該藝術才能類科競賽或展覽活動表現特別優異，獲前三等獎項，或參加政府機關或學術研究機構舉辦之國際性或全國性各該藝術才能類科競賽表現特別優異，獲前三等獎項」，鑑定小組就會認定他具有藝術才能資賦優異的資格。

2. 管道二

管道二則需綜合考量正式評量和實作評量的結果，再作出資格決定。

如果鑑定小組發現學生符合所確認的鑑定基準而鑑定為有藝術才能資賦優異，就會依循後續的特殊教育程序，進行適當的教育安置及準備 IGP，以利學生能夠接受適當的資優教育。

（五）國民小學藝術才能資賦優異之鑑定實務（以下資料請見本書附錄 17）

1. 國民小學藝術才能資賦優異學生鑑定重要日程表
2. 國民小學藝術才能資賦優異學生鑑定流程圖
3. 國民小學藝術才能資賦優異學生鑑定計畫
4. 國民小學藝術才能資賦優異學生鑑定觀察推薦表
5. 國小藝術才能資賦優異班甄別科目

（六）國民中學藝術才能資賦優異之鑑定實務（以下資料請見本書附錄 18）

1. 國民中學藝術才能資賦優異學生鑑定重要日程表
2. 國民中學藝術才能資賦優異學生鑑定流程圖
3. 國民中學藝術才能資賦優異學生鑑定計畫
4. 國民中學藝術才能資賦優異學生鑑定觀察推薦表
5. 國中藝術才能資賦優異班甄別科目

四、創造能力資賦優異

（一）定義

「**創造能力資賦優異**」（giftedness of creative thinking ability）是指，運用心智能力產生創新及建設性之作品、發明或解決問題，具有卓越潛能或傑出表現者。

（二）鑑定基準

前項所定創造能力資賦優異，其鑑定基準依下列各款規定之一：

基準一	創造能力測驗或創造性特質量表得分在平均數正二個標準差或百分等級 97 以上，並經專家學者、指導教師或家長觀察推薦，及檢附創造才能特質與表現卓越或傑出等之具體資料。
基準二	參加政府機關或學術研究機構舉辦之國際性或全國性創造發明競賽表現特別優異，獲前三等獎項。

五、領導能力資賦優異

（一）定義

「**領導能力資賦優異**」（giftedness of leadership ability）是指，具有優異之計畫、組織、溝通、協調、決策、評鑑等能力，而在處理團體事務上有傑出表現者。

（二）鑑定基準

前項所定領導能力資賦優異，其鑑定基準依下列各款規定：

基準一	領導才能測驗或領導特質量表得分在平均數正二個標準差或百分等級 97 以上。
基準二	經專家學者、指導教師、家長或同儕觀察推薦，並檢附領導才能特質與表現傑出等之具體資料。

六、其他特殊才能資賦優異

（一）定義

「**其他特殊才能資賦優異**」（giftedness of other ability）是指，在肢體動作、工具運用、資訊、棋藝、牌藝等能力具有卓越潛能或傑出表現者。

（二）鑑定基準

前項所定其他特殊才能資賦優異，其鑑定基準依下列各款規定之一：

基準一	參加政府機關或學術研究機構舉辦之國際性或全國性技藝競賽表現特別優異，獲前三等獎項。
基準二	經專家學者、指導教師或家長觀察推薦，並檢附專長才能特質與表現卓越或傑出等之具體資料。

七、特殊教育學生調整入學年齡及修業年限的方式

（一）資賦優異兒童提早入學

根據教育部修正發布施行的《特殊教育學生調整入學年齡及修業年限實施辦法》第 3 條可知，年滿 5 歲之資賦優異兒童，得申請提早入國民小學就讀，並應由其法定代理人提出申請，且經特殊教育學生鑑定及就學輔導會鑑定符合下列規定者為限（請參見本書附錄 2）：

- 規定一：智能評量之結果，在平均數正二個標準差以上或百分等級 97 以上。
- 規定二：社會適應行為之評量結果與適齡兒童相當。

（二）學前提早入學之鑑定實務（以下資料請見本書附錄 19）

1. 臺北市○○學年度未足齡兒童申請提早入學國民小學鑑定計畫
2. 未足齡兒童申請提早入國民小學鑑定
3. 未足齡資賦優異兒童申請提早入國民小學鑑定初選評量結果紀錄表

4.未足齡資賦優異兒童申請提早入國民小學鑑定複選評量結果紀錄表

（三）縮短修業年限的方式

依據《特殊教育學生調整入學年齡及修業年限實施辦法》第5條規定，高級中等以下學校資賦優異學生得依其身心發展狀況、學習需要及其意願，向學校申請縮短修業年限。縮短修業年限是指縮短專長學科（學習領域）的學習年限或各教育階段的修業年限，其方式如下：

- 學科成就測驗通過後免修該學科（學習領域）課程。
- 部分學科（學習領域）加速。
- 全部學科（學習領域）同時加速。
- 部分學科（學習領域）跳級。
- 全部學科（學習領域）跳級。

（四）縮短修業年限之實務（以下資料請見本書附錄20）

1.臺北市高級中等以下學校資賦優異學生縮短修業年限實施方式須知
2.臺北市高級中等以下學校資賦優異學生縮短修業年限實施要點
3.臺北市高級中等以下學校資賦優異學生縮短修業年限資優資格認定參考原則
4.臺北市高級中等以下學校資賦優異學生縮短修業年限資優評量一覽表
5.臺北市高級中等以下學校資賦優異學生縮短修業年限申請表參考示例

溫故知新專欄：舊制（94～109年度）

※選擇題

1. 對於身心障礙學生特徵之判斷，下列何者最有可能？【#95教檢，第15題】
(A) A生常常要求別人複述其說話內容，A生可能為自閉症學生
(B) B生常常遺失身邊的物品，B生可能為注意力缺陷的學生
(C) C生常常覺得手洗不乾淨而一直洗手，C生可能為亞斯柏格症學生
(D) D生智商55，情緒經常嚴重失控，D生可能是一位嚴重情緒障礙的學生
2. 依據我國現行特殊教育法規，智力測驗是下列哪些特殊教育學生鑑定的必要項目？【#103教檢，第1題】
(A)智能障礙、學習障礙、學術性向優異
(B)智能障礙、學習障礙、一般智能優異
(C)智能障礙、學術性向優異、一般智能優異
(D)學習障礙、領導才能優異、情緒行為障礙
3. 依據我國現行特殊教育法規，有關下列個案的描述，何者是正確的？
【#98教檢，第14題】
(A)小可經純音聽力檢查，其優耳聽力損失為20分貝，可能為「聽覺障礙」
(B)8歲的安安在知覺、認知、動作、溝通較同年齡發展緩慢，可能為「發展遲緩」
(C)皮皮經個別智力測驗智商為50，且適應行為出現嚴重困難，可能為「智能障礙」
(D)大華視力經最佳矯正後，依萬國視力表測定優眼視力未達0.4，可能為「視覺障礙」
4. 依據我國現行特殊教育法規，下列何者最可能被鑑定為身心障礙？
【#106教檢，第7題】
(A)在未戴眼鏡的狀況下視力值為0.2的兒童
(B)疾病或意外導致暫時性肢體功能限制的兒童
(C)經純音聽力檢查後，其優耳之語音聽閾為15分貝的兒童
(D)說話之音調與音量與個人之性別或年齡明顯不相稱的兒童
5. 依據我國現行特殊教育法規，身心障礙中有哪幾類的成因與神經心理功能異常有關？【#98教檢，第30題】
(A)自閉症、視覺障礙　(B)自閉症、學習障礙
(C)聽覺障礙、學習障礙　(D)身體病弱、學習障礙
6. 下列何者為判定學習障礙學生和輕度智能障礙學生二者最主要的差異點？
【#101教檢，第26題】
(A)智能水準　(B)文化刺激程度　(C)學習輔導成效　(D)基本學業學習困難

7. 下列哪一項不是目前我國各縣市「特殊教育學生鑑定及就學輔導委員會」之功能？【＃97 **教檢，第**9**題**】
(A)特殊教育學生之權益申訴 (B)特殊教育學生之障礙類別鑑定
(C)安置特殊教育學生就讀於普通班 (D)延長特殊教育學生之就學年限

8. 某生的媽媽請教老師應向哪一個單位領取身心障礙證明申請表及鑑定表，有關老師的回答，下列何者是正確的？【＃104 **教檢，第** 17 **題**】
(A)學校輔導室 (B)鄉（鎮、區）公所
(C)縣（市）政府衛生局 (D)身心障礙福利科（課）

9. 某多重障礙學生具有一般認知及理解能力，但有弱視、獨立行動能力不足且寫字緩慢等問題。該生參加考試時，下列何者為較不適切的調整評量方式？【＃101 **教檢，第** 15 **題**】
(A)製作點字試卷 (B)延長考試時間
(C)放大考試卷字體 (D)作文以電腦打字作答

10. 有關特殊教育學生鑑定的敘述，下列何者是正確的？甲、取得身心障礙證明後，方可申請鑑定；乙、透過鑑定確認學生是否為具有特殊需求的學生；丙、社會福利服務對象不包括經鑑定為學習障礙者；丁、懷疑學生有構音障礙，可安排語言治療師進行評估【＃108-1 **教資考，第** 26 **題**】
(A)甲丙 (B)甲丁 (C)乙丙 (D)乙丁

11. 依據我國現行特殊教育法規，有關身心障礙學生鑑定研判的敘述，下列何者是正確的？【＃108-1 **教資考，第** 29 **題**】
(A)甲生，9 歲，經最佳視力矯正後，其優眼視力 0.3，視野 50 度，故該生可研判為「視覺障礙」
(B)乙生，3 歲，經純音聽力檢查後，其優耳之 500 赫、1000 赫、2000 赫聽閾平均值為 24 分貝，故該生可研判為「聽覺障礙」
(C)丙生，15 歲，因車禍導致腦部中樞神經系統損傷，造成動作及姿勢的障礙，導致活動能力受限，故該生可研判為「腦性麻痺」
(D)丁生，8 歲，患有肌肉萎縮症，國語文和數學的學習表現與同儕無異，但該生個別智力測驗智商 65、語文智商 80、作業智商 52，故該生可研判為「多重障礙」

12. 依據我國現行特殊教育法規，哪兩類學生在提報鑑定前有「經一般教育所提供之介入，仍難有效改善」的規定？【＃109 **教資考，第** 27 **題**】
(A)智能障礙及自閉症 (B)學習障礙及智能障礙
(C)自閉症及情緒行為障礙 (D)情緒行為障礙及學習障礙

資賦優異

13. 依據我國現行特殊教育法規，資賦優異之未足齡兒童提早入學，應由下列哪一類人員提出申請？【＃97 **教檢，第** 3 **題**】
(A)其就讀縣市之教育行政人員 (B)其將就讀之國小教師
(C)其幼稚園教師 (D)其父母或監護人

14. 小明是普通班的成績優異學生，他有自己獨特的想法和看法，也喜歡挑戰權威，還對他有興趣的特殊事物充滿好奇心與冒險探索的心態，請問小明最有可能具備下列哪一項資優特質？【＃99 教檢，第 2 題】
(A)創造力　(B)學術性向　(C)領導才能　(D)其他特殊才能

15. 一般而言，學校在辦理一般智能優異學生複選的第二階段工作，主要進行的方式為何？【＃96 教檢，第 4 題】
(A)團體智力測驗　(B)家長推薦　(C)個別智力測驗　(D)同儕推薦

16. 依據教育部最新修正「身心障礙與資賦優異學生鑑定標準」規定，下列何者屬於「資賦優異」學生？【＃96 教檢，第 27 題】
(A)參加全國中等學校運動會田徑比賽金牌選手
(B)魏氏智力測驗智商為 125 的學生
(C)創造力測驗得分在百分等級 93 以上的學生
(D)音樂班入學術科成績在正 1.5 個標準差以上的學生

17. 下列哪一位學生不符合我國現行特殊教育法規所訂定的資賦優異學生鑑定標準？【＃97 教檢，第 10 題】
(A)真真得到國際數學奧林匹亞競賽金牌
(B)霖明得到國際圍棋比賽冠軍
(C)俊德智力測驗結果達平均數正 1.5 個標準差
(D)李彤學術性向測驗結果達百分等級 97

18. 下列哪一項用來鑑別低成就資賦優異兒童的方法是比較理想的？【＃96 教檢，第 30 題】
(A)以教師觀察評定　(B)以差距分數評定
(C)以成就商數評定　(D)以迴歸方法評定

19. 資優學生的鑑定，若在進行綜合研判時，先訂定各項評量的標準，然後挑選合乎各項標準的學生，這是屬於下列哪一種鑑定資料的統整方式？【＃103 教檢，第 28 題】
(A)加權方式　(B)矩陣方式　(C)多元迴歸方式　(D)多元截斷標準

20. 鑑定美術才能優異學生較適合採用下列哪些評量方法？【＃97 教檢，第 17 題】
(A)成就測驗、教師觀察、團體智力測驗
(B)性向測驗、個別智力測驗、檔案評量
(C)性向測驗、實作評量、競賽成績
(D)成就測驗、實作評量、團體智力測驗

21. 某校的美術班招生甄試，採學科（國語、數學）和術科（素描、水彩、立體造型）的合計成績，再由高分依次錄取到額滿。下列哪一項分數比率組合最不利於具有美術才能的考生？【＃100 教檢，第 19 題】
(A)學科 55%、術科 45%　(B)學科 50%、術科 50%
(C)學科 45%、術科 55%　(D)學科 40%、術科 60%

22. 小明善於協調不同意見、語言能力好、主動積極並很會籌辦活動。由此可知，小明最可能屬於下列哪一種資優？【 # 98 教檢，第 2 題】
(A)領導能力 (B)創造能力 (C)學術性向 (D)一般智能

23. 小明是普通班的成績優異學生，他有自己獨特的想法和看法，也喜歡挑戰權威，還對他有興趣的特殊事物充滿好奇心與冒險探索的心態，請問小明最有可能具備下列哪一項資優特質？【 # 99 教檢，第 2 題】
(A)創造力 (B)學術性向 (C)領導才能 (D)其他特殊才能

24. 小松是國小五年級學生，看起來聰明活潑，成績表現在班上有中等以上的水準。曾參加全市國小演說、作文比賽，拿到全市第一名；常常一看到數學教材便覺得緊張，數學成績表現在班上常是倒數的一、二名。根據上述資料，以下對小松的描述何者是最不可能的？【 # 98 教檢，第 7 題】
(A)數學障礙 (B)數學焦慮 (C)語文資優 (D)領導能力優異

25. 某國中欲辦理資優方案，學生初選標準為過去相關智能評量結果達百分等級 97 以上者。班上有學生有意願參加，下列資料何者符合初選的標準？
【 # 104 教檢，第 8 題】
(A)標準九 = 7 (B)T 分數 = 65 (C)魏氏 IQ = 132 (D)學期成績 = 95

26. 下列哪一位學生的測驗成績不符合我國現行身心障礙及資賦優異學生鑑定辦法中學術性向資賦優異學生的鑑定基準？【 # 105 教檢，第 30 題】

學生	數學學業成就 T 分數	數學性向標準分數 （平均數 100，標準差 15）
甲生	67.90	135
乙生	68.60	128
丙生	71.00	125
丁生	72.30	132

(A)甲生 (B)乙生 (C)丙生 (D)丁生

27. 下列有關標記資優兒童的敘述，何者較為正確？【 # 98 教檢，第 10 題】
(A)標記資優兒童不具有正面的效應
(B)標記資優兒童不具有負面的效應
(C)標記資優兒童能真正滿足這些兒童的需要
(D)標記資優兒童可能使其獲得較多教育資源

28. 有關資優學生鑑定的敘述，下列何者正確？【 # 102 教檢，第 19 題】
(A)多元評量比單一評量更有效度
(B)使用標準參照測驗，以維持鑑定客觀性
(C)非語文測驗比較適合鑑定高社經地位家庭的學生
(D)家長與親友不應該推薦資優學生，以維持鑑定公平性

29. 對於來自不同文化背景資賦優異學生的鑑定，應該要注重下列哪一原則？
【 # 105 教檢，第 11 題】
(A)著重個人的知識與經驗 (B)著重基本學科的學業成績
(C)用標準化測驗結果為依據 (D)著重非語文推理與創造能力

30. 有關資優學生的鑑定，下列哪兩類學生較適合實施成就測驗？
【＃98 教檢，第 11 題】
(A)藝術才能及學術性向優異 (B)一般智能及學術性向優異
(C)領導才能及藝術才能優異 (D)創造能力及一般智能優異

31. 某國中生獨立研究成果優異，寫成研究報告投稿，經審查後刊載於學術性刊物，依據我國現行特殊教育法規，他可以申請鑑定為下列哪一類資優？
【＃98 教檢，第 25 題】
(A)一般智能優異 (B)創造能力優異 (C)學術性向優異 (D)藝術才能優異

32. 就創造力優異與一般智能優異的關係而言，下列敘述何者較不適切？
【＃106 教檢，第 17 題】
(A)智商愈高者，其創造力也愈高
(B)智力測驗並非創造力優異學生鑑定的必要工具
(C)創造力測驗並非一般智能優異學生鑑定的必要工具
(D)一般智能優異與創造能力優異是兩種不同的資優類型

33. 依據我國現行特殊教育法規，提早入學資優生的鑑定標準，其智能評量結果應在平均數正幾個標準差以上？**【＃97 教檢，第 8 題】**
(A)1.5 個 (B)2 個 (C)2.5 個 (D)3 個

34. 就讀幼兒園的某生，由於興趣廣泛且記憶力強，喜歡閱讀及理解力優，他的父母想讓他參加資賦優異 5 歲兒童提早入國民小學。根據我國現行特殊教育法規，下列哪一項程序或鑑定標準是不正確的？**【＃101 教檢，第 23 題】**
(A)應由其父母或監護人提出申請
(B)智能評量之結果應在百分等級 97 以上
(C)須經特殊教育學生鑑定及就學輔導會鑑定
(D)社會適應行為之評量結果應在平均數正 2 個標準差以上

35. 根據我國現行身心障礙及資賦優異鑑定辦法的規定，下列敘述何者較為適切？
【＃102 教檢，第 20 題】
(A)國民教育階段資賦優異學生之鑑定時程採入學前鑑定為原則
(B)一般智能資賦優異學生須達個別智力測驗評量結果百分等級 93 以上
(C)藝術才能資賦優異的鑑定應採用學業成就測驗，以符合多元評量理念
(D)接受安置但適應不良的資賦優異學生，可由學生本人向學校提出重新評估的申請

36. 依據我國現行特殊教育法規，有關學前資賦優異兒童申請提早入學的敘述，下列何者是不正確的？**【＃108-2 教資考，第 14 題】**
(A)要年滿 5 歲
(B)不論就讀幼兒園與否，家長皆可提出申請
(C)智能評量結果在平均數正二個標準差以上
(D)社會適應行為評量結果在百分等級 97 以上

37. 某生經鑑定為學術性向資賦優異學生，下列何者最有可能為該生通過鑑定標準之依據？【＃108-2 **教資考，第** 27 **題**】
(A)智力測驗離差智商 130
(B)數學性向測驗 T 分數 70
(C)自然性向測驗百分等級 95
(D)語文成就測驗標準九的分數為 8

38. 某幼兒園中班幼兒的語言表達流暢精緻、好奇心強烈、發問頻率高，並且喜歡具競爭性或者規則複雜的遊戲。父母與老師認為該幼兒應提早進入國民小學就讀，依據我國現行特殊教育法規，下列何者對於申請提早入學的敘述適當？
【＃109 **教資考，第** 18 **題**】
甲、該幼兒應年滿 5 足歲
乙、該幼兒的社會適應行為的評量結果與適齡兒童相當
丙、該幼兒須通過智能評量，評量結果在百分等級 95 以上
丁、該幼兒須通過學業成就測驗，分數結果在平均數正 2 個標準差以上
(A)甲、乙　(B)丙、丁　(C)甲、乙、丙　(D)乙、丙、丁

39. 依據我國現行特殊教育法規，有關各類資賦優異學生鑑定工具或方式運用的搭配，下列何者最為正確？【＃109 **教資考，第** 7 **題**】
(A)數理性向測驗可用以評估創造力優異
(B)個別智力測驗可用以評估學術性向優異
(C)時間管理能力檢核表可用以評估領導才能優異
(D)全國性棋藝競賽結果可用以評估「其他特殊才能」優異

40. 有關資賦優異學生學習評量調整的說明，下列何者不適切？
【＃109 **教資考，第** 8 **題**】
(A)針對不同科目教學目標，擬定適合的評量方式
(B)鼓勵學生以多元的實作與作品，展現學習成果
(C)依據資賦優異學生優勢能力，增加評量的次數
(D)針對不同程度資賦優異學生，訂定區分性評量標準

41. 依據我國現行特殊教育法規，有關情緒行為障礙學生的篩選與鑑定，下列敘述何者正確？【＃109 **教資考，第** 9 **題**】
(A)轉介前介入所需之時間以一年為原則
(B)國小學童可參考標準化心理測驗結果
(C)精神科醫師的診斷是鑑定的必要依據
(D)學童必須在社區情境顯現出適應困難

42. 依據我國現行特殊教育法規，各級主管機關及學校在鑑定身心障礙及社經文化地位不利之資賦優異學生時，可以進行下列哪一種調整？
【＃109 **教資考，第** 13 **題**】
(A)鑑定標準及時限　(B)鑑定標準及程序
(C)評量工具及程序　(D)評量工具及時限

43. 某七年級學生自小喜愛文學，空閒時常以閱讀為樂。小學中年級起即經常代表班上參加國語文各項競賽，曾得校內作文第一、字音第一、書法第二；更代表學校參加縣市內區域小作文比賽得到第二名。課餘時該生喜歡閱讀、投稿，作品經常被刊登在報章雜誌上。該生若想取得資優生資格，依據我國現行特殊教育法規，下列敘述何者較為適切？

【# 109 教資考，第 19 題】

(A)依據該生多項獲獎紀錄，即為資優生

(B)該生仍須接受語文性向測驗後，再綜合研判

(C)該生若能獲得專家學者或指導教師推薦，即為資優生

(D)該生多項獲獎紀錄可作為鑑定語文資優時的有效證明

雙重特殊需求學生

44. 身心障礙資優學生的鑑定方式，宜優先考量下列哪一項？

【# 103 教檢，第 8 題】

(A)根據家長和教師觀察學生後，所提供的推薦資料

(B)依各類障礙特徵與限制將資優的鑑定標準彈性降低

(C)運用多元評量方式，將評量結果進行綜合研判後決定

(D)就現有的綜合測驗，選擇最有利且可實施的分測驗施測

45. 有關雙重特殊需求學生鑑定的敘述，下列何者較適切？

【# 106 教檢，第 18 題】

(A)可要求降低鑑定標準　(B)不可要求調整施測方式

(C)此類型學生的鑑出率偏低　(D)通常資優特質會先被鑑定出來

46. 下列何者屬於雙重特殊需求學生（twice exceptional students）？

【# 108 教資考，第 7 題】

(A)全盲且通過音樂資優鑑定

(B)自閉症且有情緒行為障礙

(C)聽力損失 25 分貝以上且構音異常

(D)通過一般智能資優鑑定與美術資優鑑定

47. 依據我國現行特殊教育法規，有關身心障礙資賦優異學生鑑定的敘述，下列何者是正確的？甲、評量工具適合該生身心特質；乙、評量方式適合該生身心特質；丙、評量程序同於一般資賦優異學生；丁、鑑定基準同於一般資賦優異學生**【# 108 教資考，第 24 題】**

(A)甲乙丙　(B)甲乙丁　(C)甲丙丁　(D)乙丙丁

48. 某生閱讀有跳行問題，經常拖延作業且排斥考試，學業成績低落；但對感興趣的事物有高度理解力，對課外活動也深感興趣。其智力為百分等級 97，每週三早自習有一節學習策略課程。試判斷該生最有可能是下列哪一類型特殊教育學生？**【# 108-2 教資考，第 1 題】**

(A)身心障礙資賦優異學生　(B)文化殊異資賦優異學生

(C)領導才能資賦優異學生　(D)社經地位不利資賦優異學生

49. 某生從小就很喜歡畫畫，並沒有因為被鑑定為智能障礙而放棄美術興趣，也因此在國小畢業後通過甄試進入國中美術班，該校為了讓他可以適性完成學業而做了一些調整。下列何者為不適切的作法？【＃108-2 **教資考，第 20 題**】
(A)安排同學協助該生參與課堂活動
(B)利用彈性課程安排學習策略課程
(C)學業評量標準應與同學一樣以避免被標記
(D)請資源班老師協助某些學科實施課程調整

智能障礙

50. 依據我國相關特殊教育法規，要符合智能障礙的界定，除智力水準是一項重要參考指標外還必須參考下列何種資料作為判定的依據？【＃99 **教檢，第 3 題**】
(A)語言發展　(B)情緒發展　(C)適應行為　(D)學業成就
51. 小華是國小四年級的學生，他魏氏兒童智力量表全量表的結果智商為 85，在學業成就測驗的結果是 72（該學業成就測驗平均數是 100，標準差 15），請問小華不可能有下列哪一種障礙？【＃95 **教檢，第 16 題**】
(A)學習障礙　(B)智能障礙　(C)聽覺障礙　(D)視覺障礙
52. 四位學生均實施個別智力測驗，下列哪一位學生較可能符合智能障礙的資格？【＃103 **教檢，第 16 題**】
(A)甲生的智力測驗分數離差智商為 78
(B)乙生的智力測驗分數百分等級為 20
(C)丙生的智力測驗分數轉換成 T 分數為 20
(D)丁生的智商正好落在平均數負 1 個標準差
53. 針對某智能障礙之七年級新生，甲老師與乙老師討論如何為該生實施學習評估，以下是他們的對話。
甲老師：「我想先幫他做個別智力測驗，再根據他的智力表現決定課程的難度。」
乙老師：「嗯，我想先幫他做適應行為量表，再根據生活能力實作評量的結果，找出他的學習需求。」
根據以上的對話，下列哪一選項較為合理？【＃104 **教檢，第 28 題**】
(A)甲老師的評估結果可以有效地連結該生的學習需求
(B)乙老師的評估方式具體、操作方便且不需要再做其他的評估
(C)適應行為評量結果可能與實際能力不符，所以再搭配生活能力實作評量
(D)對該生實施智力測驗是必要的，老師需依據該生的智能表現來設計課程

視覺障礙

54. 下列為四位學生矯正後的最佳視力，哪一位符合我國現行特殊教育法規對視覺障礙的定義？【＃96 **教檢，第 19 題**】
(A)甲生：左眼 0.6；右眼 0.1　　(B)乙生：左眼 0.2；右眼 0.01
(C)丙生：左眼全盲；右眼 0.8　　(D)丁生：左眼 0.4；右眼 0.1

55. 某生雙眼視力皆為 0.5，被鑑定為視覺障礙。依據我國現行特殊教育法規，下列何者最有可能是該生的視野？**【＃103 教檢，第 29 題】**
(A)15 度 (B)30 度 (C)50 度 (D)100 度

56. 某視覺障礙學生依據其評量調整需求，將原本試卷文字以電腦系統轉換為語音檔後逐題播放。該生的評量調整是主要屬於下列哪一類型？
【＃108 教資考，第 23 題】
(A)提供提醒服務 (B)調整考試時間
(C)試題調整服務 (D)作答方式調整服務

聽覺障礙

57. 為了更正確評估聽覺障礙學生的智力，除了個別智力測驗之外，宜加做下列哪一類測驗？**【＃99 教檢，第 12 題】**
(A)圖形推理測驗 (B)感覺發展檢核表
(C)閱讀理解困難篩檢測驗 (D)知覺動作統整發展測驗

58. 林老師帶四名學生去測試自覺性純音聽力，結果發現四人的優耳語音頻率聽閾分貝數分別是：甲生 20、乙生 30、丙生 40、丁生 50。依據我國現行特殊教育法規，哪些人可鑑定為聽覺障礙學生？**【＃97 教檢，第 6 題】**
(A)甲 (B)甲乙 (C)乙丙丁 (D)甲乙丙丁

59. 以下是小英到醫院做聽力檢查的結果：氣導的優耳聽閾 65 分貝，骨導的優耳聽閾 25 分貝。根據這一結果，小英有可能是哪一類型聽覺障礙？
【＃96 教檢，第 34 題】
(A)感音性聽覺障礙 (B)傳音性聽覺障礙
(C)混合性聽覺障礙 (D)中樞神經聽覺障礙

60. 關於聽覺障礙學生之聽力檢查及其相關名詞，下列敘述何者是正確的？
【＃101 教檢，第 27 題】
(A)聲音頻率的單位為「分貝」 (B)聲音強度的單位為「赫茲」
(C)大多使用自覺性語音聽力檢查 (D)聽力圖包含聲音頻率與強度二個向度

61. 有關聽覺障礙學生的聽力測量與檢查相關內容，下列敘述何者是正確的？
【＃105 教檢，第 24 題】
(A)1 分貝是指正常人對一般口語知覺的平均值
(B)依據現行法規，本國籍出生 3 個月內之新生兒均可接受聽力篩檢
(C)幫兒童戴上耳機，聽到聲音時就舉手的測量與檢查方法是骨導法
(D)若 4000 到 8000 Hz 頻段的聽力損失，聽取一般口語會遭遇較大困難

62. 某幼兒園生疑似聽力有問題，經帶至醫院做聽力檢查後，其右耳平均聽力閾值為 80 分貝，左耳平均聽力閾值為 12 分貝。下列敘述何者正確？
【＃102 教檢，第 11 題】
(A)不符合聽覺障礙的標準 (B)因效果有限，不必配戴助聽器
(C)其聽力問題應是聽神經缺陷所引起 (D)教育單位應提供其調頻團體助聽器

63. 某生接受純音聽力檢查之結果，右耳為 10 分貝，左耳為 80 分貝，依據我國現行特殊教育法規，下列敘述何者是正確的？【＃108-1 **教資考，第** 18 **題**】
(A)該生右耳聽力已符合聽障條件，屬於聽覺障礙學生
(B)該生左耳聽力已符合聽障條件，屬於聽覺障礙學生
(C)該生優耳聽力不符合聽障條件，不屬於聽覺障礙學生
(D)該生兩耳聽力平均值不符聽障條件，不屬於聽覺障礙學生

64. 某國小三年級學生純音聽力檢查結果如下：右耳250Hz為25dB，500Hz為20dB，1000Hz為25dB，2000Hz為20dB；左耳250Hz為55dB，500Hz為60dB，1000Hz為60dB，2000Hz 為60dB。依據我國現行特殊教育法規，試問下列哪些選項正確？【＃108-2 **教資考，第** 29 **題**】
甲、右耳聽力損失為25dB　　乙、左耳聽力損失為60dB
丙、符合聽覺障礙鑑定基準　丁、可以聽取聲音，但音源方向感差
(A)乙丙　(B)乙丁　(C)甲乙丙　(D)乙丙丁

語言障礙

65. 小美在說話時經常將「謝謝」說成「葉葉」，請問這是指哪一種型式的構音異常？【＃95 **教檢，第** 11 **題**】
(A)省略音　(B)添加音　(C)替代音　(D)歪曲音

66. 某生將「早安」說成「角安」，這是構音異常中的哪一種錯誤類型？
【＃100 **教檢，第** 25 **題**】
(A)歪曲音　(B)替代音　(C)省略音　(D)添加音

67. 說話時詞不達意，或無法理解說話內容，是屬於哪一方面的語言缺陷？
【＃98 **教檢，第** 4 **題**】
(A)語意方面　(B)語法方面　(C)語用方面　(D)語形方面

68. 某生有語言表達方面之困難，當與人會話時，無法合情合理的表達心聲，不該輪到他說話時他搶著說，該由他說時卻又文不對題，這是指在語言表達有下列哪一方面的困難？【＃102 **教檢，第** 5 **題**】
(A)語彙　(B)語意　(C)語用　(D)語音

69.說話之音質、音調、音量或共鳴與個人的性別或年齡不相稱之現象，這是屬於下列何者？【＃102 **教檢，第** 6 **題**】
(A)構音異常　(B)嗓音異常　(C)語暢異常　(D)語言發展異常

70. 8 歲的某生常有字形辨認不清或混淆等現象，對詞彙的結構學習有困難，如買腳踏車說成「買騎腳踏車」，無線電說成「無電線」，技能說成「技力」。這表示他可能有下列哪一類型語言障礙？【＃103 **教檢，第** 13 **題**】
(A)構音異常　(B)嗓音異常　(C)語暢異常　(D)語言發展異常

71. 小華說話時常有語法錯誤的問題，下列哪一種評量方式最適用於評量小華的語法問題？【＃97 **教檢，第** 21 **題**】
(A)要求小華唸一篇老師所指定的課文並說出內容大意
(B)要求小華根據教師所提供的數個詞彙組合成通順的句子
(C)要求小華根據教師所提供的數個詞彙分別說出其同義詞
(D)要求小華根據教師所提供的數個詞彙快速朗誦

72. 下列何者不是構音異常學生的診斷方法？【＃108-1 **教資考，第** 12 **題**】
(A)音量大小檢查 (B)構音器官檢查
(C)語言聽辨檢查 (D)說話聲調檢查

肢體障礙、身體病弱與腦性麻痺

73. 有關肢體障礙與身體病弱學生在心理與教育方面之評量，下列敘述何者是不正確的？【＃104 **教檢，第** 12 **題**】
(A)肢體障礙與身體病弱學生均可接受認知能力的評量
(B)一般而言，腦性麻痺會影響個人語言及溝通能力的發展
(C)一般而言，肢體障礙與身體病弱不會影響其自我概念的發展
(D)肢體障礙與身體病弱學生均宜施以日常生活自理能力之評量

學習障礙

74. 根據「身心障礙及資賦優異學生鑑定標準」，下列哪一類兒童的鑑定必須實施智力測驗？【＃94 **教檢，第** 27 **題**】
(A)學習障礙 (B)發展遲緩 (C)藝術才能優異 (D)嚴重情緒障礙

75. 可魯小姐在進行讀寫障礙學生的鑑定時，除了要收集學生的智力資料，您覺得她最需要進行何種測驗？【＃95 **教檢，第** 17 **題**】
(A)成就測驗 (B)適應行為量表 (C)發展測驗 (D)視知覺測驗

76. 心理歷程能力（psychological processing abilities）為下列何類學生之評量較常使用的方法？【＃95 **教檢，第** 32 **題**】
(A)智能障礙 (B)學習障礙 (C)嚴重情緒障礙 (D)資賦優異

77. 在鑑定學習障礙時，文化刺激不足或教學不當是需排除的因素。下列哪一項資料最能排除這個因素？【＃100 **教檢，第** 23 **題**】
(A)智力正常或正常程度以上
(B)個人內在能力有顯著差異
(C)一般教育所提供之學習輔導無顯著成效
(D)訊息處理及思考表達能力的表現有顯著困難

78. 下列哪一種障礙最不容易在學前階段鑑定？【＃97 **教檢，第** 24 **題**】
(A)注意力缺陷過動症 (B)自閉症 (C)智能障礙 (D)學習障礙

79. 學習障礙學生的鑑定標準有所謂「經確定一般教育所提供之介入，仍難有效改善」。其理念與下列何者最相近？【＃103 教檢，第 22 題】
(A)習得無助 (B)無縫轉銜 (C)個別化教學 (D)對教學的反應

情緒行為障礙

80. 情緒障礙學生的初步篩選工作，較適合使用下列何種評量工具？
【＃104 教檢，第 4 題】
(A)興趣測驗 (B)人格測驗 (C)性向測驗 (D)智力測驗

81. 下列哪一項是 DSM-IV 對行為規範障礙症（conduct disorder）的主要診斷標準之一？【＃97 教檢，第 13 題】
(A)時常與大人起爭執 (B)經常離開座位
(C)時常恐嚇威脅別人 (D)時常發脾氣

82. 小明常出現眨眼、臉部抽動，並會不自主地說出淫穢字眼，他最可能會被診斷為下列哪一種症狀？【＃97 教檢，第 5 題】
(A)亞斯伯格症 (B)妥瑞氏症 (C)自閉症 (D)精神分裂症

自閉症

83. 一位幼稚園老師為了確認班上某一位幼兒是否有自閉症行為，請問她應優先選擇下面哪一個量表？【＃95 教檢，第 31 題】
(A)中華適應行為量表 (B)克氏行為量表
(C)魏氏幼兒智力量表 (D)幼兒感覺發展檢核表

84. 小光在 6 歲時經醫師診斷出有自閉症、語言障礙及人際互動困難等問題。就小光的情況而言，依據我國現行特殊教育法規，最適合鑑定其為下列哪一類身心障礙？【＃97 教檢，第 25 題】
(A)多重障礙 (B)語言障礙 (C)自閉症 (D)嚴重情緒障礙

85. 根據我國新修訂「身心障礙及資賦優異學生鑑定辦法」，下列何者符合自閉症鑑定標準之歸類？【＃104 教檢，第 27 題】
(A)將「社會互動困難」與「溝通困難」合併為一項標準
(B)將「社會互動困難」與「溝通困難」分立為兩項標準
(C)將「社會互動困難」與「固定的行為模式」合併為一項標準
(D)將「有限的行為模式」與「固定的行為模式」分立為兩項標準

多重障礙與發展遲緩

86. 小琪是一名 5 歲兒童，經評量後發現其在溝通及動作的發展較同年齡的兒童顯著落後。
依據我國現行特殊教育法規，小琪最可能屬於下列哪一類身心障礙兒童？
【＃97 教檢，第 7 題】
(A)發展遲緩 (B)智能障礙 (C)注意力缺陷過動症 (D)亞斯伯格症

87. 依據我國現行特殊教育法規，發展遲緩兒童是指未滿幾歲的特殊需求兒童？
【＃98 **教檢，第** 5 **題**】
(A) 3 歲 (B) 5 歲 (C) 6 歲 (D) 9 歲

88. 關於學前特殊幼兒鑑定，下列敘述何者是正確的？【＃98 **教檢，第** 23 **題**】
(A)家長提供醫師診斷證明，即可延緩入學
(B)通過資優鑑定的幼童，入學後即可進入資優班就讀
(C)申請資優鑑定的幼童，其智力測驗通過標準即可提早入學
(D)特殊幼兒申請延緩入學，其身心發展是否嚴重遲滯，是鑑輔會評估的重點

89. 某生被診斷為發展遲緩，下列對於他的描述哪一項較不適當？
【＃104 **教檢，第** 10 **題**】
(A)3 歲半才學會走路 (B)5 歲時只能用單字溝通
(C)他的障礙類別尚無法確認 (D)二年級時才被診斷為發展遲緩

安置

90. 我國現行特殊教育法施行細則對「特殊教育學生鑑定及就學輔導委員會」（以下簡稱鑑輔會）安置身心障礙學生的規定，下列何者錯誤？
【＃95 **教檢，第** 35 **題**】
(A)應於身心障礙學生教育安置會議一個月前，將鑑定資料送交學生家長
(B)鑑輔會每年評估安置會議決議的適當性
(C)鑑輔會必要時，得視實際狀況調整安置方式
(D)鑑輔會在身心障礙學生入學前，對安置機構提出安置決議的書面建議

91. 根據民國 98 年修正公布的特殊教育法，負責國民教育階段身心障礙學生安置的單位為何？【＃100 **教檢，第** 12 **題**】
(A)各國民中小學
(B)各縣市教育局（處）
(C)各縣市特殊教育學生鑑定及就學輔導會
(D)各縣市特殊教育學生鑑定、安置及就學輔導委員會

92. 依據我國現行特殊教育法規，鑑輔會須於身心障礙學生確定安置學校後，對其安置學校須提出書面建議，建議內容不包含下列哪一項？
【＃98 **教檢，第** 33 **題**】
(A)復健服務之提供 (B)教學輔具之準備
(C)生活協助之計劃 (D)課程設計之內容

93. 發展遲緩兒童的教育安置，下列何者較適切？【＃106 **教檢，第** 6 **題**】
(A)巡迴輔導班 (B)集中式特教班 (C)在家自行教育 (D)醫院附設特教班

94. 依據我國現行特殊教育法規，對學生鑑定、安置及輔導如有爭議，家長可以向下列何者提出申訴？【＃103 **教檢，第** 26 **題**】
(A)學校 (B)主管機關 (C)家長團體 (D)中央政府

※問答題

1. 小漢已經3歲了，其父母認為他身心整體的發展落後同年齡幼童，就特殊教育教師而言，對於小漢這樣的孩子，你會採用哪些方式來評估他的發展狀況？評估內容為何？【#98 **教檢，第**1**題**】
2. 小豪是中度聽覺障礙學生，就讀國小普通班接受資源班服務，平常能以口語和熟悉的人溝通，能了解15個字以內的單一指令，但有構音的問題。自我照顧能力比一般同儕佳，但學科的學習有較多的困難且自信心不足。資源班教師應採取哪些彈性評量的措施協助該生？【#99 **教檢，第**4**題**】
3. 根據民國98年修正公布的特殊教育法中，對於身心障礙學生的教育評量，分別在篩選轉介、鑑定安置、教育需求評估、評量方式及教育方案評鑑五方面有哪些規定？【#100 **教檢，第**2**題**】
4. 某縣市特殊教育學生鑑定及就學輔導會（鑑輔會）要選擇一份智力測驗作為評量特殊兒童智能的工具。鑑輔會選擇合適智力測驗的原則為何？試列舉五項原則並簡要說明。【#103 **教檢，第**2**題**】
5. 以智力正常之中度腦性麻痺國中生為例，說明該生參與融合班級段考時，可建議做哪些評量上的調整？試列舉四項。【#104 **教檢，第**2**題**】
6. 身心障礙資優學生的鑑定特別困難，其原因為何？有何改進建議？
   【#104 **教檢，第**4**題**】
7. 某位國小五年級資賦優異學生通過縮短修業年限鑑定，即將到鄰近國中上數學課，試列舉並說明五項兩校應共同提供的支援與服務項目。
   【#105 **教檢，第**3**題**】
8. 最新修訂DSM-5針對自閉症的診斷準則有哪些變動（4分）？這樣的變動對自閉症的鑑定有哪些優點（3分）與限制（3分）？【#105 **教檢，第**4**題**】
9. 依據我國現行身心障礙及資賦優異學生鑑定辦法，各類身心障礙學生（4分）及各類資賦優異學生（4分）之教育需求評估，各應包括哪些項目？評估報告應針對學生所需的哪些方面提出建議（2分）？【#106 **教檢，第**1**題**】
10. 依據我國現行特殊教育法規，試比較分析創造能力資賦優異與領導能力資賦優異這兩類學生鑑定程序與鑑定基準的相似（4分）與相異（4分）之處。
    【#106 **教檢，第**3**題**】
11. 依據我國學習障礙的鑑定基準，「經確定一般教育所提供之介入，仍難有效改善」為鑑定的必要條件之一。試列舉五項此一做法的目的。
    【#106 **教檢，第**4**題**】
12. 某生上課不專心、愛講話、坐不住、易怒、無法遵守規範，容易與同學起爭執，甚至會出現動手打人的行為。老師若欲綜合研判該生是否為情緒行為障礙學生，試列舉五項重要的鑑別指標並說明之。【#108-1 **教資考，第**3**題**】

13.某國小五年級學生從小課業落後，一直有請一對一家教，在校接受晨光志工以及課後課業輔導。個案因長期課業落後，對於日常簡單指令可自行完成，可以簡單聊天，但無法聊較深的內容，與原班同學交流不多。作業及聯絡簿常用字仍會寫錯，常用同音字或注音替代。由導師轉介鑑定，下表為該生標準化智力測驗與相關評量表現：

【標準化智力測驗結果】

全量表：87	施測觀察紀錄：個案皆認真作答，鼓勵後會願意多回答一點。		
語文理解	知覺推理	工作記憶	處理速度
77	93	89	114

【基礎能力檢核】

類別	測驗名稱	標準分數或解釋
識字	常見字流暢性測驗	正確性 PR10；流暢性 PR5-10
理解	國小閱讀推理測驗	低於切截分數
	聽覺理解測驗	PR9
寫字	中文聽寫測驗	低於切截分數

根據我國現行特殊教育法規之鑑定基準，說明該生較可能符合哪一種障礙及其原因？並根據學生能力描述與相關測驗結果，規劃相對應之評量調整。

【＃108-1 教資考，第 4 題】

14. 某國小一年級男生，20 個月大才出現第一個有意義的詞彙，大約在 4 歲時才能說出簡單的句子。目前詞彙量少，較難有完整的口語表達且聲音沙啞、口齒不清，常因誤解同學話語而與同學起衝突。特教老師想轉介確認該生是否符合語言障礙，應從哪些面向蒐集資料進行評估？試列舉五項對應前述個案狀況的評估面向並說明之。**【＃108-2 教資考，第 2 題】**

15. 某校積極推動學校本位創造力教育。為有效發掘創造能力資賦優異學生，該校欲採用創造力 4P 觀點規劃評量方式，最後再以多元資料做綜合研判。4P 是指個人特質、過程、產品與環境，試依據 4P 要素分別說明鑑別具有創造能力潛能學生的評量方式，以供該校參考。**【＃108-2 教資考，第 4 題】**

☞選擇題答案：

1.(B)	2.(B)	3.(C)	4.(D)	5.(B)	6.(C)	7.(D)	8.(B)	9.(A)
10.(D)	11.(B)	12.(D)	13.(D)	14.(A)	15.(C)	16.(A)	17.(C)	18.(D)
19.(D)	20.(C)	21.(A)	22.(A)	23.(A)	24.(D)	25.(C)	26.(B)	27.(D)
28.(A)	29.(D)	30.(B)	31.(C)	32.(A)	33.(B)	34.(D)	35.(D)	36.(D)
37.(B)	38.(A)	39.(D)	40.(C)	41.(B)	42.(C)	43.(B)	44.(C)	45.(C)
46.(A)	47.(B)	48.(A)	49.(C)	50.(C)	51.(B)	52.(C)	53.(C)	54.(B)
55.(A)	56.(C)	57.(A)	58.(C)	59.(B)	60.(D)	61.(B)	62.(A)	63.(C)
64.(B)	65.(A)	66.(A)	67.(A)	68.(C)	69.(B)	70.(D)	71.(B)	72.(A)
73.(C)	74.(A)	75.(A)	76.(B)	77.(C)	78.(D)	79.(D)	80.(B)	81.(C)
82.(B)	83.(B)	84.(C)	85.(A)	86.(A)	87.(C)	88.(D)	89.(D)	90.(A)
91.(C)	92.(D)	93.(A)	94.(B)					

整理自 https://tqa.ntue.edu.tw/；# 表示特殊教育學生評量與輔導應試科目

溫故知新專欄：新制（110 年度～）

※選擇題

1. 某縣辦理國中學術性向（數學）資賦優異鑑定，已知鑑輔會成員包括：資優領域學者（男）、教育處特殊與學前教育科長（女）、督學（男）、教師會會長（男）、該縣某國中輔導主任（男），另一位成員是誰，才符合我國現行特殊教育法規的規定？**【☆110 教資考，第 24 題】**
(A)家長協會代表（女）　(B)數學領域學者（男）
(C)數學領域學者（女）　(D)家長協會代表（男）

智能障礙

2. 依據我國現行特殊教育法規，下列何者符合智能障礙學生的鑑定標準？
【☆110 教資考，第 2 題】
(A)有明顯的自傷或攻擊行為
(B)智力測驗測得智商在 80 以下
(C)適應行為水準顯著低於同年齡者
(D)學科（領域）學習表現為全班倒數百分之五

學習障礙

3. 「介入反應模式」（RTI）為鑑定與輔導學習障礙的一種模式。下列何者為此模式之特點？【☆110 **教資考，第** 12 **題**】
(A)需於特殊班級中執行
(B)隨機觀察學生對介入的反應
(C)以教學為主，評量並不是重點
(D)所獲得的資料，可作為轉介與鑑定的參考

※問答題

1. 依據我國現行特殊教育法規，國小一般智能資優學生鑑定後有哪些安置型態？試列舉說明之。【☆110 **教資考，第** 2 **題**】

☞選擇題答案：
1.(A)　2.(C)　3.(D)

整理自 https://tqa.ntue.edu.tw/；☆表示「學習者發展與適性輔導」應試科目

評量種類、領域及工具篇

第四章

非正式評量

傳統上，「**非正式評量**」（informal assessment）就已經用來建立資格，決定分類對象，誰需要接受補救或特殊教育服務，以及學生與其同儕比較的方法。雖然正式評量會有其目的和價值，惟本章將著重於描述非正式或非標準化評量程序的優弱點、用途或形式。

近年來，標準化的正式評量因無法統合評鑑和教學而經常受到批判。教師了解到學生正在學習，不過使用標準化的正式評量似乎並無法促進學習，或是提供已習得學習內容的良好指標。由於對傳統程序的不滿和爭議日益高漲，導致了評量方面的改革，使得更能統合教學與提供有關學生學習和成就更為有意義的資料。

良好的常模參照、標準化測驗可以測量大約40%班級中所教授的內容，惟大多數的常模參照測驗樣本僅有20%至30%是屬於已經學習過的內容。此外，標準化測驗強調各自獨立的事實性知識、強迫選擇一個正確答案，而非多重可能性的選擇、需要簡短且特定的答案，以及要求學生個別且獨立的運作。研究也顯示標準化測驗缺乏教師狀況、課程及教學的效果，教師會針對測驗形式和內容來進行教學，尤其是有績效的要求時（Taylor, 2008）。一旦教師依賴多重選擇與對錯的測驗形式時，課程通常會受到窄化和切割。如果花費太多時間用來精熟事實和基本概念，就會忽視知識和技巧的應用。

基本上，標準化測驗是用來測量組內的相對位置，而非個別學生的學習。另外，標準化施測與計分程序可能會影響到特殊需求學生的成就表現。學習方面的研究指出學生若能主動參與評估他們自己，而非被動接受測驗結果時，學生的學習會最好。通常非正式評量（非標準化和非常模的）的評鑑程序提供了最具實用的資料；也就是說，這些資料能夠協助教師了解學生的學習歷程，而非只是學習結果而已。

評估學生知識和能力精熟的非正式評量，通常可在很短的時間內一再改變，協助教師了解歷程（非結果），以及提供教學和評鑑之間直接的連結。它們可以直接測量到有關學生本身能力表現的方法。

第一節　非正式評量的種類

教師會針對特定科目和在特定情境下準備非正式測試，加以調整來迎合學生需求與教師的目的。這種測量並沒有標準化的施測形式或程序，可以客觀或主觀的、簡答、多重選擇等。它們可以個別或團體施測，也可以依據班級常模、測驗目的或教師目標來調整。非正式評量學生成就表現往往直接與學校的課程相連結。雖然非正式評量具有挑戰性，不過學生通常喜愛此種評量形式，因為它是真實的、參與的，以及最重要的是，它不像傳統測驗般的一試定結果。非正式評量提供了評估學生創造與生產性推理、回應新情境、評論和修訂任務、評鑑本身與他人任務，以及運用口頭和視覺的方式來溝通。

非正式評量的種類繁多，如圖 4-1，茲分述如下。

圖 4-1　非正式評量的種類

一、真實評量

由於傳統的標準化測驗扭曲了教育的真正目標，而真實評量有助於實現教育目標，此種評量方式比標準化測驗更人性化且具多元性，因而更能配合實際的教學設計與教學過程，確實地評量出教學與學習的真正情形，以提供真實的評量結果作為教學改進或是課程改革的參考依據、改善教師的價值觀與表現、強化學生的合作學習與自我監控的能力等（Inger, 1993）。

（一）真實評量的涵義

Wiggins 在 1989 年首先提出「**真實評量**」（authentic assessment）一詞，他主張設計一個真實測試的首要步驟是先決定我們希望學生在經過學習後所能呈現出來的確實表現是什麼（Wiggins, 1989a）。在考慮如何評量學生在課程中的學習情況時，大多數教師都同意理想的評量不僅要評估學生的學習，而且還要評量學生的學習情況。它也教導學生並增進他們的技能與對於課程內容的理解。這種評量的一個基本範圍是它們是真實的（authentic）。

真實評量的概念並不新鮮。在某些學科領域，學生總是被要求開發產品和／或執行真實任務以證明精熟；在許多學科中，學生精熟各種學習目標領域的表現，並不一定等同於他們在真實世界中的能力表現。簡言之，真實評量是要求學生將所學應用於新的、複雜的環境或情況。通常，這可以採用兩種形式：要求學生參與其領域的實際情況之真實世界評量，或本質上相關但讓學生參與模擬真實世界的情況之現實評估（例如：案例學習）。換言之，真實評量所重視的是實質內容的評量，而不是形式上的評量。無論是哪種類型，真實評量通常都伴隨著排練和／或練習的機會。與傳統評量不同，真實評量要求學生參與複雜、真實且有時混亂的場景或實踐。

真實的作業需要將學生所學習到的知識應用到新的情況中，並且需要判斷，以確定哪些訊息和技能是相關的，以及應該如何使用它們。真實的作業通常著重於凌亂、複雜的現實世界情境及其伴隨的限制。根據 Wiggins（1998a）的看法：

- 任務是真實的，如果它是注重實際的。
- 需要判斷和創新。
- 要求學生「做」這項主題（do the subject）。
- 複製或模擬成人在工作場所或個人生活中「測試」（tested）的環境。
- 評估學生有效地使用知識和技能來談判複雜任務的能力。
- 提供適當機會來排練、練習、諮詢資源，並獲得有關和改進表演和產品的回饋。

真實評量可以跟傳統的測試問題形成對比。傳統的測試或考試問題通常是間接測量學生應用在課程中所獲得知識和技能的能力。這種測試或考試在各教育階段的課程中都占有重要地位，但不能取代真實評量。以下是典型測試和真實評量之間的差異，如表 4-1（Wiggins, 1998）。

表 4-1　典型測試和真實評量之間的差異

典型測試	真實任務	真實性指標
要求正確回答。	需要高質量的產品或成果，以及面對問題解決方法的理由。	正確性不是唯一的標準；學生必須能夠證明他們的答案是正確的。
必須事先讓學生不知道才有效。	應盡可能事先讓學生知道。	判斷的任務和標準應該是已知的或可預測的。
與真實世界的背景和限制脫節。	與真實世界的環境和限制相關聯；要求學生「做」這項主題。	任務的脈絡和限制類似於該學科的實務人員所面對的那樣。
包含各自分立的特定技能或事實的項目。	在協調中必須使用一系列技能和知識的整合性挑戰。	即使有正確答案，任務也是多方面的和複雜的。
包括容易得分的項目。	涉及可能沒有正確答案且可能不容易評分的複雜任務。	不會為了可靠的評分而犧牲評量的有效性。
是一次性的；學生有機會展示他們的學習。	是反覆的；包含重複的任務。	學生可能在幾種不同的方式或脈絡中，使用特定的知識或技能。
提供分數。	提供有關學生技能和知識的有用診斷訊息。	評量旨在促進未來的表現，學生是此類訊息的重要消費者。

（二）真實評量的特徵

一個真實評量的設計包括了各種可以表現出學生學習成果的活動，例如：小組解題、學生的寫作檔案等，因此可以依據學生需求、教師的教學、學習環境與教材內容等因素來進行適當調整，以便能最忠實的呈現出學生的學習成果。若從評量內容的設計、實施程序、評分方式、師生在評量中扮演的角色等方面來看，真實評量具有以下特徵（Gulikers, Bastiaens, & Kirschner, 2005; Hart, 1994; Wiggins, 1989b）。

1. 評量的設計必須能真正表現出該領域所應有的表現。

2. 評量的內容需依照教學與學習的情形或過程來設計。

3. 在真實評量中，自我評量所扮演的角色要比傳統測驗的角色更為重要。

4. 在真實評量中，學生常被預期能呈現他們的工作或學習成果，並能以公開與口頭方式為自己所學的內容辯論，教師更可以藉此確實了解學生目前精熟的情形。
5. 評量應能反映出真實的生活，且是課程的一部分。
6. 評量應是有計畫且有結構的。
7. 評量強調以更廣泛的標準來作為評分的基礎，並鼓勵學生進行自我評量。
8. 學生在評量中是主動參與者。
9. 與在專業環境中完成的實際工作相似，並突出情境和情境知識，包括相關專業態度和能力的獲得。
10. 成果表現的部分，要求學生展示對專業實踐的精熟。任務愈接近真實實踐，真實性就愈大，學生就愈能意識到真實性。
11. 反映理想的學習成果、課程內容和未來職業知識之間的明確一致性。
12. 強調以學習為目的之評估，而不僅是為了評分，並結合學習的社會、認知和反思過程。

（三）真實評量的示例

真實評量的例子很多，包含：演示、角色扮演、作品集或檔案、備忘錄／致編輯的信和電子郵件、案例探究、報告、模擬遊戲、魚缸、提案、政策簡報等，茲分述如下：

- **演示**（Presentations）。演示是真實評量最常用的方法。讓學生接受他們的工作並在課堂中公開想法，不僅鼓勵學生在他們的工作中投入更多的時間和思考，而且還立即連接到專業技能的發展和面對各種觀眾的演示技巧。讓演示具有真實性的關鍵方面是成功所需的排練和準備時間，適當地使用 PPT 和／或其他視覺輔助工具，同時增強專業的口頭、視覺和書面溝通技巧，例如：化學專業的學生可能會介紹如何平衡簡單的燃燒反應。
- **角色扮演**（Role-Play）。這是一種體驗式學習，學生在明確定義的學習環境中扮演特定的角色。與模擬遊戲不同，角色扮演將學生置於不同的角色中。
- **作品集或檔案**（Portfolios）。這是對學生成果表現的有意義蒐集，也是對他們如何將知識實踐的深入評估。當學生創建他們的作品集或檔案時，他們會反思自己的目標並進行一定程度的自我評估。
- **備忘錄、致編輯的信和電子郵件**（Memos, Letters to the Editor and E-mails）。這種類型的作業要求學生從歷史個體、想像中的個體或他們自己的第一人稱視角，傳達有關已經定義主題的訊息。這種類型的項目鼓勵學生發揮想像力，整理學科中的知識，從不同的角度編織文本，同時培養批判性和專業的寫作和溝通技巧。有時他們可以像真實或想像的歷史人物一樣為真實或想像的觀眾寫作，例如：金融專業的學生可能會被要求寫一份客戶備忘錄；或者可能會被要求寫一封信給當地報紙的編輯，討論社區問題。

- **案例探究**（Case Studies）。你可以要求學生建立與主題相關的真實生活環境的案例研究，例如：學生可以對其所在社區的垃圾回收情形進行深入評估，並展示他們的發現。許多工作都用於構建案例研究，學生必須起草不同的封閉式和開放式研究問題，並使用不同的方法（包括調查、訪談和觀察）從研究人群中蒐集實時數據。
- **報告**（Reports）。學生可以觀察與特定主題相關的真實生活環境，並提交一份關於他們在特定時期內觀察的報告。
- **模擬遊戲**（Simulation Games）。有時，教師會創建一個案例研究，其中包含反映課堂中討論的特定主題之不同場景。然後，學生在案例研究中被分配不同角色或要求在場景中扮演不同角色。學生在模擬遊戲之前獲得案例研究的副本。透過這種方式，他們可以完全內化自己的角色，並可以接近數據、背景訊息，以及他們在遊戲中的角色描述，例如：模擬法庭訴訟和模擬市議會的會議。
- **魚缸**（Fishbowls）。魚缸是一種特殊類型的小組討論。教師選擇一小群學生坐在這些熱門座位（hot seats）上，並就特定主題回答班上其他人所提出的問題、想法和建議。把魚缸想像成一個小組會議，學生既是小組成員又是觀眾。觀眾圍坐在小組成員周圍，畫出魚缸的周長。魚缸不是即興的；提前給學生討論的特定主題，讓他們有充分的準備。除了測試學生對學科知識的了解外，魚缸還可以提高溝通、積極傾聽、理解和小組討論的技能。
- **提案**（Proposals）。提案是一份經過充分研究的文件，展示了學生將如何解決特定問題。在這裡，學生需要概述他們的想法，將這些想法與特定的目標聯繫起來，並證明解決問題所用方法的合理性。編寫提案很重要，因為它可以讓學生檢視他們的想法並發展全面的解決方案。
- **政策簡報**（Policy Briefs）。政策簡報是對提案的正式、結構化和專業的介紹。它是用行業術語為已經了解該問題，甚至可能對該主題進行了一定程度研究的專業目標聽眾編寫的。在許多情況下，要求學生在研討會或其他類似的學術活動中展示政策簡介，例如：諮商專業的學生可以提交關於青少年犯罪的政策簡報。

（四）設計真實評量的架構與程序

1. 架構

在設計真實評量上，學者曾提出了一個五向度框架（five-dimensional framework），可在每一個向度上考慮相關問題（Gulikers et al., 2004）。這些向度包括：

- **任務**（Task）。必須是一種讓學生參與反映專業實踐中所做的活動。你必須做什麼？
- **物理環境**（Physical Context）。實際工作場所不同於機構學習環境，因此評量應反映知識、技能和態度在真實環境中的使用方式。你必須在哪裡做？
- **社會背景**（Social Context）。真實評量任務應該涉及與真實生活中的社會過程相同之情況。這些可能包括也可能不包括團隊合作和協作，具體取決於在實際環境中是否需要這些特徵。你必須和誰一起做？
- **評量結果或形式**（Assessment Result or Form）。必須涉及產品或成果表現、能力展示、一系列任務，以及向他人口頭和／或書面介紹，結果是什麼？你努力的結果是什麼？
- **準則和標準**（Criteria and Standards）。必須如何評估或判斷你所做的事情？

2. 程序

真實評量要如何進行呢？下列步驟可幫助設計真實評量，解決學習目標、改進課程，並滿足學生的需求（University of Florida, 2018），如圖 4-2。

確定學習目標 → 界定相關任務 → 確定基本的成果表現標準 → 制定評分規則

圖 4-2　設計真實評量的步驟

- **確定學習目標**（Identify Learning Objectives）。學習目標傳達了學生應該能夠做什麼及他們將在課程中發展的技能。也就是說，你希望學生在完成任務後學習的技能和知識。因此，設計真實評量應該從這些目標開始。查看目標時，相關性也很重要。畢竟真實評量的優點之一是它如何讓學生參與相關的或新的環境，因此你需要確保學習目標適合這種類型的活動。
- **界定相關任務**（Define Relevant Tasks）。在確定學習目標後，就可開始界定學生實際會做什麼。也就是說，設計一項要求學生展示這些技能和知識的演示或成果表現任務。基於評量應該是真實的，首先看看你所在領域的專業人士每天做什麼，以及這些任務如何跟所選擇的學習目標相關。真實任務分為三種類型：

1. **建構反應**（Constructed-Response）：學生根據先前學到的知識和新學到的知識建構反應。

2. **生產**（Production）：學生創建一個交付物，展示他們應用、分析和綜合所學知識的能力。

3. **成果表現**（Performance）：學生執行一項任務，展示他們應用、分析和綜合所學知識的能力。

如果你正在努力確定相關任務，請考慮從學習目標的動詞開始。通常，你會發現可以透過查看目標要求學生做什麼來定義你的任務，例如：如果商業課程的目標是讓學生能夠分析組織決策的本地和全球影響，就可以考慮創建一個虛構的場景，學生必須在其中為企業做出組織決策並分析這些決策的影響。查看目標動詞還可以確保你的評量與學習目標保持一致。

- **確定基本的成果表現標準**（Identify Essential Performance Criteria）。如果上一步是定義學生將做什麼來完成你的真實評量，那麼接下來要關注怎樣知道他們做得好。你仍然需要了解學生的表現如何，以及他們是否已經掌握。因此，讓這些成果表現標準與你的任務性質保持一致非常重要。如同先前的示例，您需要確保衡量學生表現的方式反映或類似於他們在真實場景中會遇到的期望，例如：您想要創建特定於學生應如何做出組織決策，以及他們如何準確和／或適當地分析這些決策的成果標準。
- **制定評分規則**（Develop a Rubric）。真實評量是相當主觀的，因此一旦確定了任務和基本的成果表現標準，下一步就是制定評分規則。在設計評分規則時，應該為每一個成果表現標準，提出可以衡量的水準。一旦制定了評分規則，考慮在評量之前將它展示給學生。這樣一來，他們就會知道你對他們的期望，而且可以更輕鬆地衡量自己的表現。

（五）真實評量之評析

真實評量有其優弱點，分別列述如下（Gulikers, Bastiaens, & Kirschner, 2005; Mathies, 1994）。

1. 優點

- 鼓勵學生積極參與評估過程。
- 真實評量提供學生知識和知識應用的可驗證證據。
- 它讓學生做好迎接真實生活挑戰的準備。學習者運用邏輯和分析技能來解決不同的真實世界情況。
- 真實評量為教師提供了學生在課堂表現的整體概覽。其詳細過程揭示了學生的長處和短處，也顯示了學習差距。
- 將評量和教學相結合，創建詳細的評估過程。
- 真實評量可以培養學生解決問題的能力，並增強他們將知識應用於真實生活環境的能力。
- 真實評量不僅是評估學生的成果表現，更側重於加速學生的成長。
- 它加強了師生合作，並在課堂上建立了積極的教與學關係。

2. 弱點

雖然真實評量具有上述多項優點，但是這種評量也有下列弱點：

- 很難用真實評量的方法給學生打分。這些方法沒有任何正確或錯誤的答案；它們取決於學生對挑戰和環境的理解和獨特應對的能力。
- 真實評量具有高度主觀性，結果可能不可靠。
- 由於缺乏標準化的評估基準，影響真實評量方法的有效性。
- 耗時，尤其是大班級時。
- 真實評量通常需要詳細、個性化和具體的回饋，這可能需要很多時間。

真實評量實例

以下是王老師依據前述真實評量的原則和特徵，針對班上學生所做的數學評量示例。這份示例包含數學試題、分組評分表及問卷。（本實例感謝臺北市立民族國小王如茵老師的提供）

試題

說　明
1. 四人一組，一人寫一題，共四題。未寫題的人可提供意見，但不能代寫。請寫整齊，字體工整列入評分。
2. 請多討論，不可以個人意見為意見，要以小組意見為意見。
3. 討論時請輕聲細語，不要讓別人聽到你們討論的過程和結果，秩序列入評分。
4. 寫完請交給老師後全組趴下。
5. 答對一題得 20 分，速度最快者加 3 分，次快加 2、1 分，其餘不加分。

1. 王老師帶了 72 元到早餐店去，買了兩杯豆漿後，還可以買兩份什麼，剛好把錢花完？

燒餅類						飲料類			
油條	燒餅	燒餅豬排	燒餅蔥蛋	燒餅生菜	燒餅油條	豆漿	米漿	紅茶	奶茶
12	12	30	25	25	24	12	12	10	15

2. 王老師這一天除了到民族國小上班外，還需要到研究所上課，請你替老師算一算，她今天要花多少交通費？（註：不包含轉乘優惠）

A. 家→民族國小：公車

B. 民族國小→研究所：坐公車到捷運「中山國中」站，再從捷運「中山國中」站到捷運「科技大樓」站

C. 研究所→家：公車

公車票價表
全　票 (15) 元
學生票 12 元
優待票 8 元

捷運票價表											
中山國中											
20	南京東路										
20	20	忠孝復興									
20	20	20	大安								
(20)	20	20	20	科技大樓							
20	20	20	20	20	六張犁						
25	20	20	20	20	20	麟光					
25	25	25	20	20	20	20	辛亥				
30	25	25	25	20	20	20	20	萬芳醫院			
30	30	25	25	25	20	20	20	20	萬芳社區		
30	30	25	25	25	20	20	20	20	20	木柵	
30	30	30	25	25	25	20	20	20	20	20	動物園

3. 再過兩天就是母親節了，王老師要全班28位小朋友各畫一張圖（約30g）、寫一封信（約 10g），並以最快速、最安全的方式寄回家給媽媽，請問全班的郵資是多少？

	普通（5天）	限時（2天）	掛號（5天內親收）	限時掛號（2天內親收）
不超過 20g	5	12	25	32
21g～50g	10	17	30	(37)
51g～100g	15	22	35	42
101g～250g	25	32	45	52
251g～500g	45	52	65	72
501g～1000g	80	87	100	107
1001g～2000g	130	137	150	157

4. 明天是週末假日，王老師想要收看HBO的電影《墨水心》，請問王老師有哪兩個時間可以選擇？《墨水心》片長為幾小時幾分鐘？

12：00 AM	三棲大丈夫	1：00 AM	青春愛欲吻
2：40 AM	心靈角落	5：35 AM	舞夜驚魂
7：00 AM	愛情無限譜	8：30 AM	雪天使
10：25 AM	墨水心	12：10 PM	噬血真愛
1：00 PM	48小時闖天關	2：30 PM	HBO 本月最愛
3：00 PM	青春愛欲吻	4：35 PM	海闊天空
6：25 PM	真情快譯通	8：35 PM	請問總統先生幕後特輯
9：00 PM	請問總統先生	11：00 PM	墨水心

問卷

（含自評和同儕評）

三年七班____號　姓名：____________

一、在小組學習時，你自己的參與情形

1. 認真計算　□常常　□偶爾　□沒有
2. 認真參與討論　□常常　□偶爾　□沒有
3. 同組若有不懂的，我會主動教他　□常常　□偶爾　□沒有
4. 會與同學打鬧　□常常　□偶爾　□沒有

二、在小組學習時，同組同學的表現（寫號碼，不限人數）

1. 最用心計算的同學是：____________
2. 最認真參與討論的同學是：____________

3. 最會幫助組員學習的同學是：＿＿＿＿＿＿
4. 不參與小組活動的同學是：＿＿＿＿＿＿
5. 最常吵鬧干擾小組學習的同學是：＿＿＿＿＿＿

三、如果滿分是 100，其次是 90、80、70 分……，依此類推，最低 0 分。

1. 你給自己＿＿＿分，因為：＿＿＿＿＿＿
2. 你給小組＿＿＿分，因為：＿＿＿＿＿＿
3. 你給＿＿號＿＿＿分，因為：＿＿＿＿＿＿
   你給＿＿號＿＿＿分，因為：＿＿＿＿＿＿
   你給＿＿號＿＿＿分，因為：＿＿＿＿＿＿

四、感想

1. 你認為這樣學數學好玩嗎？
   □好玩 □還好 □不好玩 請寫出原因：＿＿＿＿＿＿
2. 如果我們以後都用這種方式上課，你贊成嗎？
   □贊成 □不贊成 □沒意見 請寫出原因：＿＿＿＿＿＿

分組評分表

	第 1 組	第 2 組	第 3 組	第 4 組	第 5 組	第 6 組	第 7 組
成員	01、41 51	05、31 33、39	02、34 40、43	04、35 47、49	06、38 46、48	07、37 45、50	03、36 42、44
第 1 題	20 分	20 分	20 分	20 分	0 分	20 分	0 分
	加 1 分	加 2 分	加 0 分	加 0 分	加 0 分	加 3 分	加 0 分
第 2 題	0 分	0 分	0 分	0 分	20 分	20 分	20 分
	加 0 分	加 3 分	加 1 分	加 0 分	加 2 分	加 0 分	加 0 分
第 3 題	0 分	0 分	20 分	0 分	0 分	0 分	0 分
	加 0 分	加 3 分	加 0 分	加 0 分	加 1 分	加 2 分	加 0 分
第 4 題	10 分	10 分	5 分	0 分	0 分	10 分	10 分
	加 3 分	加 1 分	加 0 分	加 0 分	加 0 分	加 0 分	加 2 分
秩序	★★★ ★★	★★★ ★★	★★★ ★★	★★★	★★★ ★★	★★★ ★★	★★★ ★★
字體	★	★★★	★★★	★★★	★★★	★★	★★★
總分	40 分	47 分	54 分	26 分	31 分	63 分	40 分
名次	第 4 名	第 3 名	第 2 名	第 6 名	第 5 名	第 1 名	第 4 名

（續下表）

（承上表）

	第 1 組	第 2 組	第 3 組	第 4 組	第 5 組	第 6 組	第 7 組
成員	01、41 51	05、31 33、39	02、34 40、43	04、35 47、49	06、38 46、48	07、37 45、50	03、36 42、44
自評	96＋40＋0＝136	99＋95＋50＋50＝294	90＋100＋90＋80＝360	60＋80＋20＋80＝240	100＋80＋90＋100＝370	100＋100＋30＋80＝310	99＋96＋80＋100＝375
評比 比較名次 與自評	自卑	謙虛	與表現 相符	與表現 相符	自我感覺 良好	謙虛	自我感覺 良好

試題答案

1. 答：豆漿：12×2＝24

72－24＝48

48÷2＝24

Ans：兩份燒餅油條。

2. 答：A.家→民族國小：公車 15 元

B.民族國小→研究所：坐公車 15 元到捷運中山國中站，再從捷運中山國中站到捷運科技大樓站 20 元

C.研究所→家：公車 15 元

15＋15＋20＋15＝65

Ans：65 元。

3. 答：一封信的重量：30＋10＝40

最快速最安全的方式：限時掛號（37 元）

37×28＝1,036

Ans：1,036 元。

4. 答：10：25AM～11：00AM 有 35 分鐘（60－25＝35）

11：00AM～12：00PM 有 60 分鐘

12：00PM～12：10PM 有 10 分鐘（10－0＝10）

35＋60＋10＝105

105－60＝45

Ans：① 10：25AM、11：00PM。② 1 小時 45 分鐘。

二、標準參照評量

「**標準參照評量**」（criterion-referenced assessment）在於根據一組固定的預定標準或學習標準來衡量學生的成果表現；也就是說，根據與課程學習成果相關的預定標準對學生之表現進行評估。評判作品的標準是明確的，評分旨在直接反映個別學生達到標準的程度，可適用於大多數學業領域和學習特定能力的學生。在中小學教育中，標準參照測驗用於評估學生是否已經學習了特定知識或獲得了特定技能。如果學生的成果表現達到或高於既定的預期結果，會被視為**精熟**（proficient），他們就會通過；如果結果低於他們的預期，就會失敗。雖然許多標準參照評量是非標準化的或是由教師自行設計的，不過也有些標準參照評量或測驗是標準化的（Burton, 2006）。

標準參照評量使用各自分立的能力領域或行為目標清單來比較學生的成就表現，而不是與同年齡或同年級的其他學生相比較。標準參照評量乃是基於任務分析模式，透過找出遺漏的必要任務因素，來檢視能力上缺陷的理由。教師編製的標準參照測驗通常是基於課程範圍和順序，而且直接與教學有關。因此，教師就可以快速獲取測試結果，具體診斷不足，為學生提供有關他們表現的有效回饋，而個別學生的分數跟其他學生的表現則無關。另外，任何沒有通過的測試項目都可以納入學生的補救教學計畫中。圖 4-3 為教師在教學設計過程中可以使用標準參照評量或測驗類型（Dick, Carey, & Carey, 2015）。

入門技能測試（entry skills test）	前測（pretest）	練習或排練測試（practice or rehearsal test）	後測（pretest）
● 在提供教學之前 ● 評估必備的技能 ● 如果缺乏技能，學習者可能更難學習材料	● 在提供教學之前呈現給學習者 ● 衡量學習者對材料的掌握程度，並幫助教師滿足課程需求 ● 滿足大多數學習者需求的材料	● 在教學過程中呈現 ● 用於促進學習者在教學過程中的參與 ● 幫助衡量學習和理解	● 教學之後呈現 ● 用於評估教學中的所有目標和技能 ● 協助評估教學成效和學習者知識

圖 4-3　標準參照測驗或評量的四種類型

雖然標準參照測驗的分數通常以百分比表示，並且許多都有最低及格分數，但也可以使用其他方式對於測試結果進行評分，例如：結果可分為廣泛的成果表現類別：「低於基礎」、「基本」、「精通」和「高級」或以1～5的數字量表報告，數字代表不同的成就水平與最低及格分數一樣，熟練程度是個人或團體做出的判斷，他們可以選擇透過提高或降低的方式來調整熟練程度。

教師可以透過自行編製的測驗，來確保工具中所涵蓋的相關目標和測驗項目。標準參照測驗與常模參照測驗不同，常模參照測驗可用來與其同儕的個別成就表現相比較，同時概要地提供能力領域上的一般優弱點，例如：常模參照測驗可能顯示某位學生的口頭閱讀能力顯著低於同儕，數學能力則未顯著低於其同儕。至於愈特定的標準參照測驗則可用來詳細分析不足的領域，因此標準參照測驗更有助於方案計畫與進展情形的監督。表 4-2 為標準參照測驗和常模參照測驗之間的區別。

表 4-2　標準參照測驗和常模參照測驗之間的區別

基礎	標準參照測驗	常模參照測驗
表現	每一個學生都經過獨立評估	依據其他學生的表現進行評估
比較	它不會將學生的表現與其他學生進行比較	它將學生的表現與其他學生進行比較
目標	主要目標是幫助學生學習	主要目標是評估學生與其他學生的表現
標準	有固定的評估標準	標準會隨著結果而變化
結果	結果可以快速得出	只需很少的時間即可得出結果
示例	*1.* 駕駛考試：旨在確定駕駛員是否已掌握在道路上安全駕駛所需的技能。這種考試不會將司機與其他司機進行排名。 *2.* 學校單元期末考試：這些考試旨在確定學生是否掌握了特定單元中提供的材料。每個學生的表現是根據所提供的材料來衡量的。如果所有學生完全掌握了材料，他們都可以獲得 100% 的成績。	*1.* 國中教育會考：旨在確定一名國中生的能力與其他國中生的能力相比。 *2.* 大學入學學科能力測驗（General Scholastic Ability Test, GSAT）：旨在確定一名高中生的能力與其他高中生的能力相比。

標準參照評量或測驗雖有其優點，不過也有一些缺點：

1. 標準參照評量或測驗的品質是很難建立的，因為它們提供班級特定的長期和短期目標的資料；而且似乎是耗時且不易實施的。

2. 結果不能在特定課程或計畫之外進行概括。

3. 標準參照評量或測驗特定於程序，不能用於衡量大型團體的表現。

標準參照評量實例

步驟一：確定要測量的能力

整數借位的減法。

步驟二：確定行為目標

1. 學生能正確做 18 以內的減法。
2. 學生能正確做 1～10 的數字減去 0 的減法。
3. 學生能正確做二位數減一位數不借位的減法。
4. 學生能正確做二位數減二位數不借位的減法。
5. 學生能正確做三位數減三位數不借位的減法。
6. 學生能正確做二位數減一位數借位的減法。
7. 學生能正確做二位數減二位數借位的減法。
8. 學生能正確做三位數減三位數借位的減法。

步驟三：發展測驗題目

1.	17 − 9	7 − 4	14 − 11	8 − 1	12 − 10	15 − 6	6 − 2	17 − 7	9 − 3	16 − 12
2.	8 − 0	6 − 0	4 − 0	8 − 0	1 − 0	4 − 0	7 − 0	2 − 0	6 − 0	10 − 0
3.	17 − 4	14 − 3	26 − 2	48 − 5	79 − 4	23 − 2	65 − 3	89 − 7	55 − 2	96 − 3
4.	28 − 15	39 − 15	45 − 22	13 − 11	86 − 44	64 − 32	78 − 24	57 − 33	92 − 81	40 − 10
5.	865 − 652	752 − 241	279 − 124	370 − 230	143 − 121	666 − 351	478 − 352	607 − 506	191 − 180	754 − 322
6.	17 − 9	56 − 7	63 − 8	28 − 9	77 − 8	92 − 3	37 − 9	43 − 5	81 − 4	16 − 8
7.	84 − 35	28 − 19	31 − 22	82 − 64	65 − 17	97 − 38	56 − 29	33 − 16	41 − 25	92 − 83
8.	985 − 796	257 − 179	381 − 193	973 − 588	444 − 255	543 − 358	674 − 596	278 − 179	626 − 337	552 − 274

步驟四：決定表現的標準

學生在確定精熟之前至少要從十個題目中正確回答九個題目（90%）。尤其，學生必須在確定精熟前連續三天達到參照的水準。

步驟五：施測、計分和解釋測驗結果

依據先前標準參照測驗的施測，教師就可以決定這位學生了解基本數學事實，而且對於一位數減法沒有問題。因此，標準參照測驗由目標 3：「二位數減一位數不借位的減法」開始。

第一次施測	第二次施測	第三次施測
1. 沒施測	1. 沒施測	1. 沒施測
2. 沒施測	2. 沒施測	2. 沒施測
3. 90%	3. 100%	3. 90%
4. 20%	4. 40%	4. 30%
5. 10%	5. 20%	5. 20%
6. 0%	6. 0%	6. 0%
7. 沒施測	7. 沒施測	7. 沒施測
8. 沒施測	8. 沒施測	8. 沒施測

這些結果顯示，已經精熟目標 1 至 3 的學生，對於目標 4 和 5 有困難，對於目標 6 至 8 則不知道如何做。這位學生的中期目標為多位數的不借位減法，目標是教授借位減法的概念。因此，教師將從目標 4 開始，並在教學後使用標準參照測驗來重新評鑑學生的數學能力。

三、任務分析

「**任務分析**」（task analysis）或稱「**工作分析**」，包括將一項任務分解成需要完成任務的最小步驟。這些步驟真正地反映了學生在完成一項任務之前，必須完成的次要能力或任務。在學業方面，許多這些次要能力或任務形成了整個學期所建立的能力階層。一旦學生精熟了某項能力和任務，就需要面對新且更為高級的課程任務，例如：在數學方面，了解數字和一對一配對必須先了解基本的加法事實。在進行乘法和除法之前，學生必須克服加法和減法。因此，透過非正式方式的任務分析學生能力，可以提供教師有關學生是否精熟的資訊。

「任務分析」是用來確定任務主要的因素與安排適當教學順序上的必要能力。此一程序可適用於任何學生與任務。一旦任務的複雜性增加，工作分析會變得更為困難。發展工作分析的教師必須能熟練地掌握課程、任務及能力階層的本質。結果是以可教育的方式列出任務要素和必要能力。教師將可以了解學生已精熟的部分，以及需要更多教學的地方。程序的品質繫於教師的專業能力。意義和教育性涵義是清晰且直接的，而且結果可以用來決定教學目標。

任務分析直接與標準參照評量有關聯，均涉及將較大的目標分解成階層的或系列的小步驟。教師透過將目標行為劃分成可以包含要素或次要步驟之能力順序，分解複雜的任務，來安排教學的順序以促進學習（McLoughlin & Lewis, 2005）。運用任務分析，教師可以確定在任務達到完成精熟之前，需要習得特定的步驟或能力。至於任務可以運用下列三種方法來加以分析。

1. 暫時性的順序

任務需要演示的次序（如十位數的數字加法應該在百位數的數字加法之前）。

2. 發展性的順序

在先前已習得的能力上逐漸進展的能力（如先教一位數的加法再教多位數的加法）

3. 困難水準

容易的任務要先習得（如學生要先習得以小時為單位的報時，再習得以分鐘為單位的報時）。

任務分析實例

任務分析可用於決定技能的步驟，而這些步驟是層次化的。每項數學運算或過程可分解成解題時所需的步驟，一旦將任務分解成這些步驟並進行分析，會將每項步驟相對應的發展成為條列清單，以利緊密監控學生的進步是否趨於精熟。

多重加法之任務分析檢核表

任務：求解加法：$\begin{array}{r} 472 \\ +288 \\ \hline \end{array}$

前置技能	精熟	出現	不精熟
能遵循書面及口頭指引			
數字配對			
視覺辨識數字			
寫數字			
辨識加號			
陳述數字相加的概念			
陳述值的位階概念			
展示重新組合數字的能力			
計算技能			
認出加法的等號			
「加」的方向由右到左			
辨認起點			
加 2 和 8			
在第一列中，在 8 的下面寫上 0			
在十位數的列上寫上 1			
移動到十位數			
在十位數這列將 7、8、1 相加			
將答案 6 寫在十位數這列，8 的下面			
進位到百位			
將 4、2 相加且移動 1			
在百位這一列，2 的下方寫上 7			

四、動態評量

由於傳統的評量方式受到相當多的批評，包括：傳統評量方式是一種靜態評量、重視成果導向而非歷程導向、容易忽略知識的組織性及統整性、評量結果只提供一種「量的差異」、評量結果容易引發「標記」問題，以及評量結果與教學之間常缺乏直接的關係等（林麗容，1995），對於身心障礙和文化不利兒童的學習潛能會有低估的現象（Feuerstein, Rand, Jensen, Kaniel, & Tzuriel, 1987）。因此，為了彌補傳統評量方式的不足，使得非正式評量取向之一的「動態評量」因而應運而生。

（一）動態評量的涵義

「**動態評量**」（dynamic assessment, DA）是一種同時評量和促進發展的程序，它隨著發展和學習而變化，考慮了個人的近側發展區（zone of proximal development, ZPD）。這種評量最早是由 Feuerstein（1979）所提出的。它是指在教學前、教學中及教學後，以因應及調整評量情境的方式，對學習者的認知能力進行持續性的評量，藉此了解教學與認知改變的關係。經由教學後，確認學習者所能夠達到的最大可能潛能表現（Day & Hall, 1987）。

在過程中，這種評量特別強調評量學生如何產生學習及學習如何發生變化的心理歷程，並企圖評量學習者是否有改變的潛能（Campione, 1989）。另外，動態評量也是一種評量與教學的歷程，評量者對於學生提出各種形式的協助、誘導或中介學習歷程（透過成人有計畫地對學習者說明、解釋及討論各項事件的因果關係，使學生的中介歷程逐漸產生內化），以幫助學生表現出最大可能的潛能表現。

因此，相較於傳統的、靜態的評量，動態評量能反映出學生的認知歷程，並敏銳地偵測出學習者的學習潛能，如圖 4-4。

靜態評量	動態評量
☐ 被動參與者	☐ 主動參與者
☐ 主試者觀察	☐ 主試者參加
☐ 確認缺陷	☐ 描述可修改性
☐ 標準化	☐ 流暢的、反應的

圖 4-4　靜態評量與動態評量程序特徵之比較

（二）動態評量的特色

一般而言，動態評量具有下列幾項特色（Meltzer & Reid, 1994）：

- 強調學習中的知覺、思考、問題解決等歷程的評量，目的在評估學生的潛能而不是目前的表現。
- 評量者以主導者的角色，透過彼此互動的關係，盡可能讓受試者的能力有所改變。
- 動態評量結合教學與評量，直接檢視學生對教學的反應，評估學生的學習潛能（非同儕間能力的比較，著重個別的學習歷程，比較不會低估學生的認知潛能）。
- 由評量中發現個體認知改變時所需介入的程度與方式。
- 強調認知能力的可變性，智力是可以改變增長的。
- 動態評量關心受評者在教學中獲益的情形，以便提供教學訊息。

（三）動態評量的模式或類型

動態評量模式或類型主要有下列幾種，茲分述如下。

1. 學習潛能評量模式

「**學習潛能評量模式**」（learning potential assessment, LPA）是由 Budoff 所提出的，這種評量模式之目的在於鑑別被錯誤分類的智能障礙兒童，運用「前測—訓練—後測」的程序，來評量學生從訓練中所獲得的能力，如圖 4-5。由於採用「標準化教學」，所以容易施行，但是如果學生的前測能力差異很大時，會有區分上的困難（Budoff, 1987）。

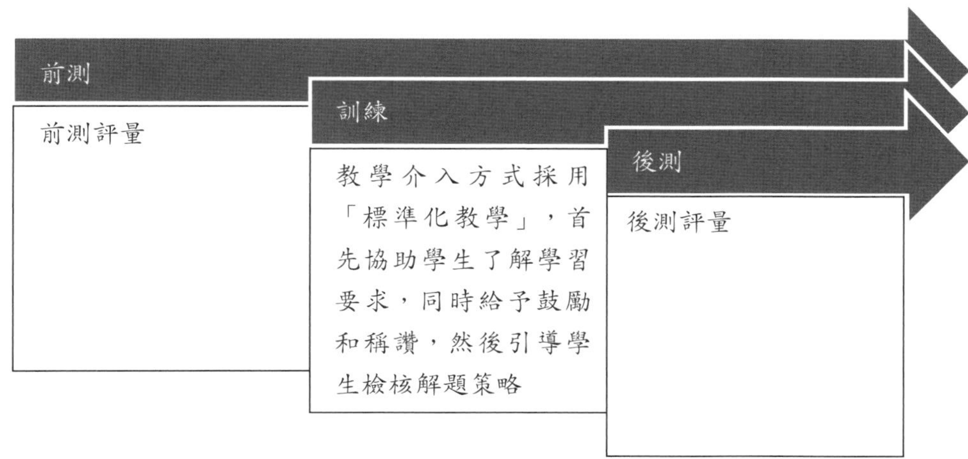

圖 4-5　學習潛能評量模式的運作程序

2. 學習潛能評量計畫模式

「**學習潛能評量計畫模式**」（learning potential assessment device, LPAD）是由Feuerstein（1979）所發展出來的，此種模式的評量目的有二：(1)找出個體的認知功能缺陷；(2)評量學生對教學的反應程度，所需訓練的類型及數量，以求改進，採取「前測—中介—後測」（或教學—後測）的程序，來評量學生經中介訓練後的表現。它的教學介入方式採用「非標準化臨床介入」，與LPA不同，如圖 4-6。這個模式的優點在於可提升學生的認知和遷移能力，惟因採用「非標準化臨床介入」使得實施不易，以及因計分不易客觀而使得評分者間信度較低。

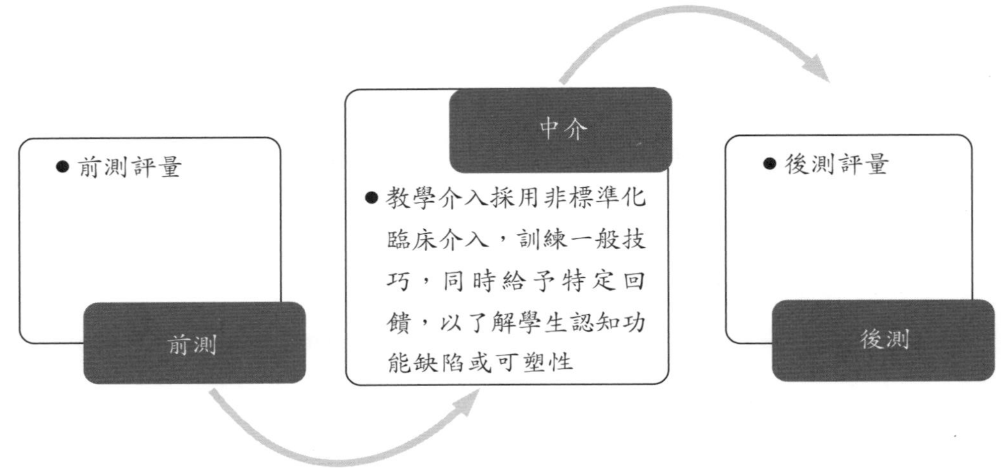

圖 4-6　學習潛能評量計畫模式的運作程序

3. 極限評量模式

「**極限評量模式**」（testing-the-limits）是由 Carlson 與 Wield （1978）所提倡的，此種模式的評量目的有二：(1)找出估計個體能力上限的最佳方式；(2)提供對一般智力較敏感的指標，採取「測驗中訓練」的標準化介入模式，來了解學生實際智力，分析學生人格因素和測驗情境的互動關係，以評析不同施測情境介入的最佳表現及介入策略的有效程度（李坤崇，1999）。此一評量模式因無前後歷程，故難以評估標準化介入的協助效益（莊麗娟，1996）。

4. 心理計量取向評量模式

Embretson（1987）所發展的「**心理計量取向評量模式**」（psychometric approach assessment, PAA）是以空間推理為材料，採取「前測—訓練—後測」的程序來評估學生的能力，運用標準化介入來協助學生，以評估學生訓練後學習能力（前後測分數的差異）改變的情形，如圖 4-7。這個模式可以克服傳統評量中改變分數（前後測分數）未必等距、解釋改變本質不易，以及評量誤差未必相等的缺點（莊麗娟，1996）。不過，這種評量模式在學科運用上仍嫌不足，有待發展。

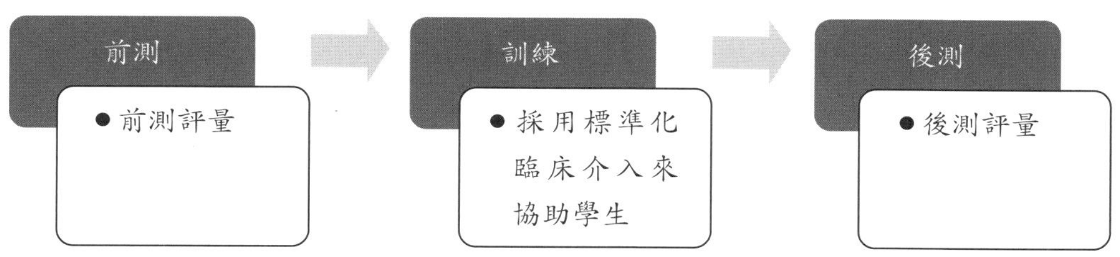

圖 4-7　心理計量取向評量模式的運作程序

5. **連續評量模式**

Burns、Vye 與 Bransford（1987）所主張的「**連續評量模式**」認為，認知發展的增進取決於有效的中介學習，並透過檢視不同教學介入的效果，以確認有效介入成分作為評量的主要目的。這個模式以數學、閱讀等領域為材料，採取「前測—訓練—再測—訓練—後測」的程序，分兩大階段評量學生的認知能力和缺陷；第一階段又分兩部分，先使用「靜態評量」評估學生的一般能力，再實施「漸進提示」，並測量未經協助的「獨立表現」水準。若第一階段未達預定標準，則進行第二階段的訓練或漸進提示，然後施予靜態評量，以評估學生的學習保留和遷移能力，如圖 4-8。此一模式雖有其優點，惟程序稍嫌複雜，設計較為困難，影響其實施與推廣。

圖 4-8　連續評量模式的運作程序

6. 漸進提示評量模式

Campione與Brown（1987）主張「**漸進提示評量模式**」（graduated prompting assessment, GPA）或稱為「**支持性學習和遷移動態評量**」，此一模式深受俄國心理學家 Vygotsky 的「近側發展區」概念之影響。他們將學習視為社會化中介歷程，認為認知能力的發展係通過他人支持的人際互動學習，而漸漸內化形成的（古明峰，1997）。

在漸進提示評量模式中，「教學提示量」是用以評量學生學習能力的指標。這個模式以學科作業為材料，事先建構一套標準化提示系統，然後再採取「前測—訓練—遷移—後測」等階段依序進行（前後測實施靜態評量，用以了解學生的最初能力及實施動態評量後所能表現的最大水準），如圖 4-9；至於訓練、遷移階段則實施動態評量，給予學生一系列協助，來了解學生的學習能力和遷移的效果，同時亦可觀察學生認知功能的運作（如運思速度、思考方式、學習態度等）（邱上真，1996；莊麗娟，1996）。

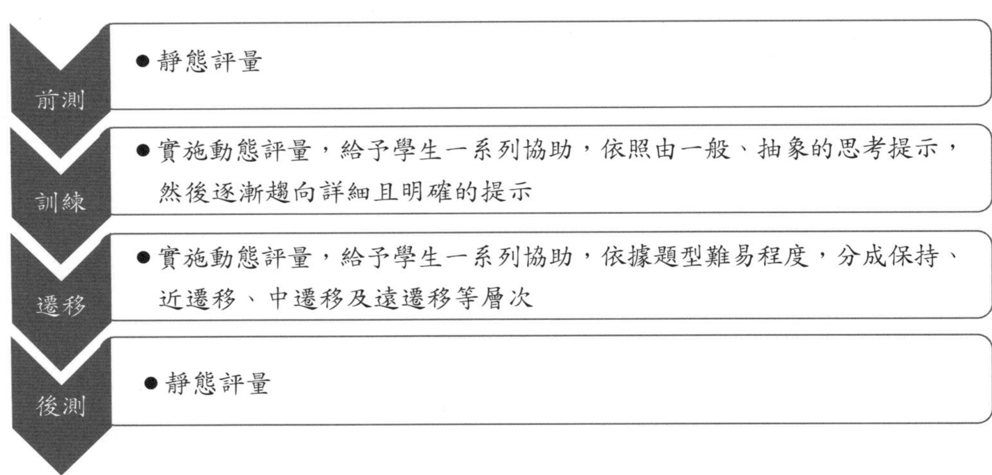

圖 4-9　漸進提示評量模式的運作程序

在評量時，此一模式主要在評估學生的學習量數（在教學階段時所需的提示量）和遷移量數（在遷移階段時所需的提示量）；而計分時，是以提示量的多少來核算，每提示一次計點一次，提示量愈多表示能力愈低。表 4-3 為用於評估學習者口頭提問能力的提示水準，主試者在此評量中記錄提示的頻率和品質（Davin, 2016）。

表 4-3　口頭提問能力的提示水準

明確的水準	提示
1（最含蓄）	用疑問的眼神停頓
2	教師重複整個短語並改變錯誤來源
3	特定錯誤部位的重複
4	強制選擇選項（例如：她要去，還是他要去？）
5（最明確）	提供了正確的回答和解釋

這種評量模式的主要限制在於針對複雜度高的學科，較不易建立提示系統。至於其優點有下列幾項，如圖 4-10。

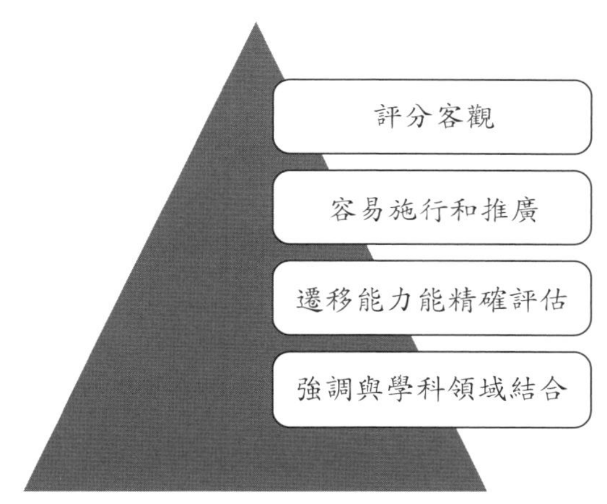

圖 4-10　漸進提示評量模式的優點

綜上所述，各種動態評量模式各有其優弱點，不過至目前為止，「漸進提示評量模式」因為能夠提供較為客觀的評分，並且可以對學習遷移歷程進行質的分析，而較常被用於班級教學中評量與協助學習障礙或困難的學生。

（四）動態評量的評析

相較於傳統評量，動態評量具有以下幾項優點（林麗容，1995；黃桂君，1995）。

1. 較能評估文化不利或身心障礙兒童的認知潛能

由於文化不利或身心障礙兒童往往缺乏先備知識與學習經驗，而需要在評量時給予較多的協助與詳細指導。教師若僅使用傳統評量方式作為學生分類與預測未來學習成就的方法，將會有潛伏的危機存在。因此，使用動態評量較能有效地預估學習的成就，彌補傳統評量的缺失，故動態評量又被為「**無歧視性的認知評量方法**」。

2. 評量與教學密切結合

動態評量的目的並不是要鑑定或分類學生，給予學生不當的烙印。相反地，這種評量是要確定在什麼教學情況下，學生能夠獲得最大可能的認知改變，以發掘學生的潛能。因此，教師應該能夠在教學與評量中做適當調整，並且詳細分析與研究教材，以因應學生學習上的需求。

3. 重視學生的潛能表現和認知歷程

動態評量的主要目標在於確定學習者的思考或問題解決歷程及其錯誤型態，以提供教學提示或課程設計的訊息，同時亦可觀察學生認知功能的運作（如運思速度、思考方式、學習態度等）。因此，該評量所重視的不僅是學生最大的潛能表現，也重視學生的認知歷程。

4. 連續歷程的評量模式

動態評量的模式主要是為了解學生經由教學後的認知改變，及其所需中介指導的型態與層次。因此，動態評量應該是一種連續的歷程，而不是僅僅一次評量即可。

動態評量雖有上述諸多優點，不過也有下列一些難題有待克服（李坤崇，1999；Guthke & Wingenfeld, 1992）。

1. 個別評量成本太高

動態評量大多以個別評量為主，惟個別評量必須投入大量時間、經費和人力，成本不低。

2. 研究題材仍待積極研發

動態評量著重教學與評量結合，但很多動態評量的研究題材與學生實際學習內容不符，仍有待研發。

3.信度與效度有待努力

動態評量通常要比靜態評量主觀，較易因情境改變而調整評量歷程，以至於信度不高；此外，此種評量著重透過逐步引導來協助學生發展其認知潛能，如何尋找適當的效標、如何確認認知歷程等，都是動態評量效度仍需商榷的課題。

4.評量執行不易

動態評量著重互動與教學介入歷程，不僅評量過程費時，而且評量結果難以適切解釋。

動態評量實例(一)

本實例採用動態評量中之「**漸進提示評量模式**」。請學生解題，如果答錯，則分析學生解題的錯誤原因，並進行教學提示。如果答對，則詢問學生解題的思考過程並予以記錄。學生若連續答對兩題，此學習階段之動態評量即告結束。

評量主題：「水流速與時間觀念題」

一、呈現題目

教師：「同學們，現有甲、乙兩條水管，甲水管一分鐘可裝滿20立方公分的水桶，乙水管一分鐘可裝滿10立方公分的水桶，假設現在有一個60立方公分的水桶，請問誰能先把水桶裝滿？為什麼呢？」

二、學生回答並說明原因

- 學生回答之後，教師將水桶分別利用甲、乙兩條水管注水，實際測量其裝滿所需時間，請學生觀察並記錄，以驗證答案正確與否。
- 如果答對，教師給予學生正面的回饋並予以記錄；如果答錯，教師則依序進行下列的教學提示。

三、學習階段動態評量之實施程序與提示語

學習階段之實施程序	評量者的提示語
1.簡單回饋： →如果學生答錯，但可以自己改正，則提示解題錯誤訊息，給予受試者自我矯正的機會。	提示1：「想想看或檢查看看可能哪裡疏忽了！造成這個結果的原因有可能是什麼？」

（續下表）

（承上表）

學習階段之實施程序	評量者的提示語
‧如果學生答錯，則給予其解題錯誤的原因，並進行下一個提示↓	
2.提示思考方向： →提醒學生思索方向	提示2：「想想看，相同的水桶裝滿，所需的時間不同，影響其時間是否相同的因素有哪些？」
‧如果學生還是答錯，則進行下一個提示↓	
3.提示解題重要關鍵 →提示體積與重量問題的一個重要關鍵——密度。	提示3：「想想看，要使水桶裝滿的時間相同，必須改變什麼？」
‧如果學生還是答錯，則進行下一個提示↓	
4.將問題予以表徵化： →要學生寫下會影響注滿水桶時間不同的可能原因。	提示4：如果要讓乙水管裝滿水桶的時間跟甲水管裝滿水桶的時間一樣，乙水管的流速要變快還是變慢？ 「甲水管裝滿水桶的時間需要多久呢？乙水管又需要多久呢？請將他們所需的時間做一記錄及比較。」
‧如果學生還是答錯，則進行下一個提示↓	
5.提供策略知識： →水管的流速大小是決定注滿水桶的時間長短的關鍵。	提示5：「造成甲水管與乙水管注滿水桶的時間不同的因素是什麼？」
‧如果學生還是答錯，則進行下一個提示↓	
6.協助執行策略： →執行正確的解題策略。 6-1 說明水管的流速大小是決定注滿水桶的時間長短的關鍵。 6-2 計算體積除以流速的數值。	提示6：「判斷注滿水桶時間的長短在於流速的大小。」
7.提示解題特殊技巧： →提示流速與體積的知識。 請學生比較流速較快的水管是否能較快注滿水桶？	提示7：「水管流速大小和注滿水桶時間長短有什麼關係？流速較大的那一邊會怎麼樣？」「比比看，哪一個時間比較短？」
‧如果學生還是答錯，則進行下一個提示↓	
8.直接教學： →教導學生一步一步的解題。 8-1 說明流速、體積與時間的概念。 8-2 提示解題公式。 8-3 說明「體積」□「流速」＝「時間」。	提示8：時間所需長度可用以下的步驟來解題： 1.「水桶體積」□「甲水管流速」 2.「水桶體積」□「乙水管流速」 3.結果：甲水管所需時間是3分鐘，乙水管所需時間是6分鐘，可見注滿水桶的時間長度與流速相關。
※如果任一過程答對，則讓學生嘗試獨自解一題，老師在旁給予適當的支持，此時仍繼續給予提示量，直到學生連續答對二題以上。	

四、計分

沒提示就會，得8分；提示1就會，得7分；提示2就會，得6分；提示3就會，得5分；提示4就會，得4分；提示5就會，得3分；提示6就會，得2分；提示7就會，得1分；提示8就會，得0分。

動態評量實例(二)

作答說明：

小朋友您好，今天我們要做數學應用問題的小測驗，本次測驗的分數不會影響你的成績，請不用擔心、安心作答，等會兒請你盡力、認真地作答即可，如果有不會或不懂的地方，老師都會幫助你並協助你，好的，剛剛老師的說明有沒有不懂的地方，或是有其他的問題？歡迎舉手發問喔！ 如果沒有，請你先把答案卷上面的學校、班級、姓名、性別、座號以及測驗的日期填寫好。好的，那我們現在正式開始！

第一題：100顆蘋果的價錢和25顆橘子的價格相同，如果蘋果一顆20元，那麼橘子一顆多少元？

說明：小朋友，你把題目看完後，請在答案卷上的第一題的第一格作答！

（如果做對了，則在答案卷上面的第1題的第一格中打V，並告訴小朋友：「你答對了，請繼續作第二題」）

提示一：你把題目再看一次，想一想再試試！把本題你的計算過程寫在第一題的第二格。

提示二：小朋友，老師來告訴你一些重點，請看題目並注意聽老師講。題目已經告訴我們1顆蘋果的價格，那我們就可以算出100顆蘋果的價格，我們從題目得知100顆蘋果的價格與25顆橘子的價格是相等的，所以我們就可以求出1顆橘子的價格了！

好的，請你再做答一次把第一題的答案寫在第三格的空格裡面。

提示三：小朋友，老師現在給你一個類似的題目做給你看，看仔細我是怎麼解題，請等一下你再回去做原來的題目。

例題：16顆蘋果的價錢和48顆橘子的價格相同，如果蘋果一顆9元，那麼橘子一顆多少元？

蘋果一顆9元，16顆蘋果是144元（9*16 = 144），48顆橘子也是144元，橘子一顆3元（144/48 = 3）

動態評量個別測驗之答案卷

學校：	班級：	日期：
姓名：	性別：	座號：

第一題：100 顆蘋果的價錢和 25 顆橘子的價格相同，如果蘋果一顆 20 元，那麼橘子一顆多少元？

第一格	第二格	第三格	第四格	第五格

例題：16 顆蘋果的價錢和 48 顆橘子的價格相同，如果蘋果一顆 9 元，那麼橘子一顆多少元？

第二題：105 枝鉛筆的價錢和 35 枝自動筆的價格相同，如果 1 枝鉛筆 3 元，那麼自動筆一枝多少元？

第一格	第二格	第三格	第四格	第五格

例題：15 枝鉛筆的價錢和 5 枝自動筆的價格相同，如果 1 枝鉛筆 3 元，那麼自動筆一枝多少元？

五、課程本位評量

課程本位評量是直接使用學校所教的課程進行評量，為發展有效教學提供了最豐富的資料來源，並改善了標準化測驗教學與評量無法連結的缺點。因此，「課程本位評量」為教師的教學與學生的學習提供了最適當的方向。

（一）課程本位評量的涵義

「**課程本位評量**」（Curriculum-based assessment, CBA）並不是嶄新的理論，也非創新的設計，很早就有學者提到相關的問題。Betts（1946）就曾指出：「許多兒童會產生閱讀上的問題，是由於施教者未針對兒童個別的差異做適當的調適」；Harris（1970）也指出：「約有 25%的學生需要不同於普通學生的閱讀指導」。

有許多學者對課程本位評量的涵義提出了看法，例如：

- 使用直接觀察和記錄學生在課程中的表現，作為蒐集資訊以做出教學決定基礎的任何測量活動（Deno, 1985）。
- 課程本位評量是一種評估過程，它利用直接從所教授的材料中選擇之學業性內容。這是一種標準參照評量形式，透過傳遞給教師學生進步情形和學習挑戰，將評量與教學連結起來（Cook & Tankersley, 2013）。
- 以學生現有課程內容上的持續表現來決定其教學需求的一種程序（Salvia et al., 2016）。
- 任何以實際上課的課程內容為依據，來考量學生技能發展的程序，都可稱為課程本位評量」（Tucker, 1987）。他同時指出課程本位評量有三項基本條件：

> ‧測驗材料選自學生的課程中。
> ‧必須經常性且重複的施測。
> ‧測驗的結果要用來作教育上的決定。

由此可見，「課程本位評量」就是基於學生目前的課程表現來決定他們的教學需要，以提供教學者快速而有效的資訊，是教學與評量並重的。它著眼於將測量所得的資料直接運用於教學上，是一種非正式的評量技術，與正式測驗不同。

「課程本位評量」的一個關鍵特徵是它提供了一種直接測量的形式，教師可以準確地評估他們所教授的內容，而間接或常模參照評量並不總是如此，這些評量不一定反映特定課堂中所涵蓋的特定材料（Cook & Tankersley, 2013）。

「課程本位評量」的各種方法利用直接的、持續的測量，包括簡短的探測或其他的測量，這些測量聚焦於課堂中的直接技能和內容。多數探測需要花費1～5分鐘的時間來執行，而且通常很容易評分，使得它成為一種持續性評量學生表現的形式。頻繁的蒐集資料通常會繪製圖表以進行視覺化分析，從而能夠針對新的技能、錯誤型式或需要補救的技能。

（二）課程本位評量的種類

依照Marston（1989）觀點，目前常見的課程本位評量有三種，分別是著重流暢性的課程本位評量模式、著重正確性的課程本位評量模式，以及標準參照的課程本位評量模式。茲分別敘述如下。

1. 著重流暢性的課程本位評量模式

「**著重流暢性的課程本位評量模式**」（fluency-based CBA model）旨在於直接測量學生的進步情形，作為教師長期觀察與修正教學的依據。此一模式以 Deno（1985）等人所發展出來的「**課程本位測量**」（curriculum-based measurement, CBM）最具有代表性，這種測量著重於評量速率，測量結果顯示個人在單位時間內正確反應的次數。

CBM是一種透過直接評估學業性技能來監控學生教育進展的方法，可用於測量閱讀、數學、拼寫和書面表達的基本技能，還可以用於監控準備技能。使用CBM時，教師會向學生提供從學校課程中獲取的學業性教材組成之簡短、定期的樣本或探測。這些 CBM 探測是在標準化條件下提供的，教師每次給出某種類型的CBM探測時都會使用相同的指導語。CBM探測的時間可能持續1～5分鐘，完全要視所要測量的技能而定，例如：在數學方面，你可以給學生 8 道問題和 5 分鐘來完成所有問題。或者在閱讀中，你給他們實施 1 分鐘的閱讀測試。學生在CBM 探測上的表現是按照速度、流暢度和表現的準確性來得分。由於 CBM 探測執行速度快，得分簡單，因此可以反覆實施（例如：每周兩次）。然後，繪製結果圖，有助於為教師和家長提供特定兒童學業進步率的視覺性記錄（Nisbet, 2019）。

在課堂上使用 CBM 有下列優點（Nisbet, 2019）：

- **確保課程重疊**。透過CBM，教師使用直接從課程中提取的教材構建探測。這保證了學生會回答在課堂上已經遇到的問題。更重要的是，課程重疊使教師更清楚地了解學生在教學中的成功或掙扎。
- **實施時間很少**。無論是測量數學、閱讀或寫作流暢性，CMB幾乎不需要任何時間，例如：在1～5分鐘內，教師可以分配個人閱讀或小組數學探測。
- **定期給予**。如果想要在短時間內衡量學生數學流暢性的程度，教師可以每天進行 3 分鐘的測試，為期兩周。透過在圖表上繪製兩周的數學流暢性結果，教師可以視覺化學生的進步並確認學習差距。
- **有效衡量短期學生成長**。CBM探測迅速可為教師提供班上學生的平均學習成績，使教師能夠確認那些努力獲得和應用特定學業性技能的學生。
- **激勵學生提升**。每周向學生展示他們的進步圖，看到進步和上升會讓學生們興奮不已，有助於激勵他們爭取更高的成績或設定更高的學業性目標。
- **告知教師的教學**。由於 CBM 能夠密切地監控學生的進展情形，教師也可以改進或調整他們的教學。

以閱讀為例，經常用來評估學生閱讀進展的課程本位測量形式，有下列幾種，如圖 4-11。

一分鐘朗讀	困惑字測驗	填充測驗	字詞認讀測驗
● 讓受試者朗讀文章 1 分鐘。	● 保留一篇文章段落的首句和最後一句，從第二句開始，每隔幾個字空一格，讓受試者選出適當的字。	● 保留一篇文章段落的首句和最後一句，從第二句開始，每隔幾個字空一格，讓受試者填出缺漏的字。	● 以學生課程中所教授的字詞為材料，每次隨機抽取若干字詞作測試。

圖 4-11　常用來評估學生閱讀進展的課程本位測量形式

教師如果能夠系統性的實施課程本位測量，不但可以有效提高輕度障礙學生的學習成就，也能夠提升教師的教學效能（John & Drouse, 1988）。許多的研究結果指出，這種評量模式是一種簡單操作、信度和效度令人滿意，而且能夠靈敏反應出學生在短期內進步情況（Deno & Fuchs, 1987）。

2. 著重正確性的課程本位評量模式

「**著重正確性的課程本位評量模式**」（accuracy-based CBA model），也可稱「**為教學設計之課程本位評量**」（CBA for instructional design, CBA-ID），目的在於檢視教材內容對於個別學生的難易程度，以作為挑選教材和分組教學的依據，而以 Gickling 等人所提出的最具有代表性（Gickling, Shane, & Croskery, 1989）。

CBA-ID 被定義為「根據學生在現有課程內容中的持續表現，確定學生的教學需求的系統，以便盡可能有效地提供教學」（Gickling et al., 1989），它有下列四項基本原則（Gickling & Rosenfield, 1995）：

- 將評量實務與課堂中實際教學內容一致。如此教師能夠更好地評估學生的表現和課堂上使用材料的教學效果。
- 從學生所知的評量基礎開始，然後嘗試確定特定領域的技能不足或弱點。這樣可以增加學習活動的任務時間，減少學習的零碎化，要求學生對包含大量未知訊息的課程材料作出反應。
- 由於學習有困難的學生往往其入門技（entry skills）能與不斷變化的學校任務要求不能相配，這種模式高度重視糾正這種教學差距，透過確定適當的適應或教學相配，將任務變異性和需求保持在適當的挑戰水準，同時調整教學速度以配合學生的學習速度。在實務中，教學相配的定義是學生可以獨立回應（即沒有教師支援：獨立學習）的學習任務，準確率為 93%～97%，支援（在教師指導下），準確率為 70%～85%。這些比率對於應用CBA-ID至關重要，因為它們是評估學生入門級技能的準則，並作為調整任務難度的基礎，也就是在預期學生學習和進步可優化的課程中確定適當的難度水準。

- CBA-ID力求使每個學生保持較高的成功率，並從適當相配的教學中獲益。這與大多數的教學實務形成鮮明對比，即不同入門級技能的學生都以相同的課程材料和相同的速度進行教學。

此一模式著重在於計算比例，例如：答對題數相對於答錯題數的比例、答對題數相對於總題數的百分比（例如：小傑在語文測試中答對了 50%的題目）。這是學校教師最常使用，也是最熟悉的方法。雖然目前這種評量模式除了內容效度外，有關其技術性的資料並不多，同時也尚未建立標準化的實施程序。葉靖雲（1996）曾比較三種課程本位數學評量模式的效度，顯示著重正確性模式的「計算和文字題合併答對的百分比」較容易在一般學校的班級中推行，可作為選取形成性數學評量工具的依據。

3. 標準參照的課程本位評量模式

「標準參照的課程本位評量模式」（criterion-reference CBA model, CR-CBA）目的是以學生在具有順序性之課程目標上，直接和經常性測量學生的表現，來作為教師設計教學的參考，而以 Blankenship（1985）以及 Idol（1986）等人所提出的模式最為著名。此種模式是先將課程中所要教的技能，按照難易程度或教學的先後順序予以排列，然後為每一項技能寫出相對應的行為目標，接著再根據行為目標來編選試題，同時擬定可以接受的表現水準。教師便可以根據學生在試題上的表現，判斷其是否精熟每項學習目標，用來作為種種與教學有關的決定，例如：設計教學的內容和預估教學所需的時間。這種評量模式與前述正確本位的課程本位評量模式一樣，雖然評量系統的內容效度甚佳，不過有關其技術性的資料並不多，而標準化的方法也尚未建立。

總括來說，上述三種課程本位評量模式都是以學生在課程中的表現作為決定的依據，而且經常被學校教師非正式的混合使用。此外，上述模式的課程本位評量方法大致可分為兩種不同的評量形式。多數課程本位評量形式都依賴於測量「特定次技能」的精熟程度。這種方法將一般／總體課程結果分解成一組次技能，然後依序作為短期的教學目標，從這些目標中來構建評量的材料，以產生所需的學生表現資料，來推斷個別次技能的精熟程度（Fuchs & Deno, 1992）。相較之下，一般／總體結果在於測量每個課程中所有技能階層中的學生熟練程度。研究指出，目前以「著重流暢性的課程本位評量模式」運用最為普遍（Mastropieri & Scruggs, 1994）。

（三）課程本位評量的方法

課程本位評量的方法主要有下列幾種。

1. 觀察

觀察是獲得社會行為的好方法，當然也可以運用在學科上。觀察法可分為兩種：有系統的和無系統的，兩者各有其優劣。有系統的觀察是預定行為的觀察，是依照已設計好的嚴謹程序去觀察目標行為的次數、持續時間等狀況，優點是能夠精確評量，但是較為費時；而無系統的觀察法則未依嚴謹的程序去觀察行為，優點是可以幫助系統性的觀察產生一個行為目標，惟此種觀察法可能造成三項主要的缺點：(1)可能觀察到不具有代表性的行為；(2)觀察者對於個人行為的定義可能不夠正確精細；(3)可能流於主觀或個人偏見。理想上，最好是結合兩種觀察方法，相互參考運用，以達到精確的觀察結果。

2. 測驗

一般來說，測驗的來源有兩種，一是商業出版品，另一為教師自編的測驗。使用商業出版品最基本的問題在於測試內容與上課內容未必完全相符合；而教師自編測驗對於提供有關學習表現的訊息有四項潛在的優點：

- 這種測驗能夠符合教學內容。
- 教師可以提供多樣複合且可互換的測驗形式。
- 教師能夠察覺學生學習上小小的改變而調整評量。
- 可依照目前的教學進度和需要彈性設計所需的評量。

不過，教師自編測驗的品質通常是未知數，信度和效度通常較商業出版的標準化測驗來得低。

3. 主觀印象

主觀印象是指基於非系統化的蒐集資料（或全然無資料）或未經界定的標準，來對個人下一個結論，大致上包括評定量表、面談及臨床的主觀印象。評量的最初期階段可以使用主觀印象。專業人員對於個人或情境可以有試驗性的結論，這些信念可以作為蒐集更多系統的資料形式的起點。不過，有些專業人員（如教師）僅使用其主觀印象，而非其他形式的資料。

學習曾調查特殊教育教師有關對學生進步情形的判斷，發現「**轉介前評量**」（preferred assessment）是採用非正式的主觀印象。遺憾的是，追蹤分析這些教師主觀印象的正確性並不是很理想。許多研究亦指出，主觀印象和判斷會受到不相關資料的扭曲，例如：學生父母的社經地位、學生的長相等（Salvia & Hughes, 1990）。

大體來講，上述三種方法各有其優缺點，惟方法中系統性的觀察法和教師自編測驗是最有潛在效用的，因為這兩種方式的限制都是可以克服的。

（四）課程本位評量的共通實施程序

很多學者提出實施課程本位評量的特定程序，但是在這些程序中有些階段是共通的（Jones & Southern, 1998），包括下列階段，如圖 4-12，並分述如下。

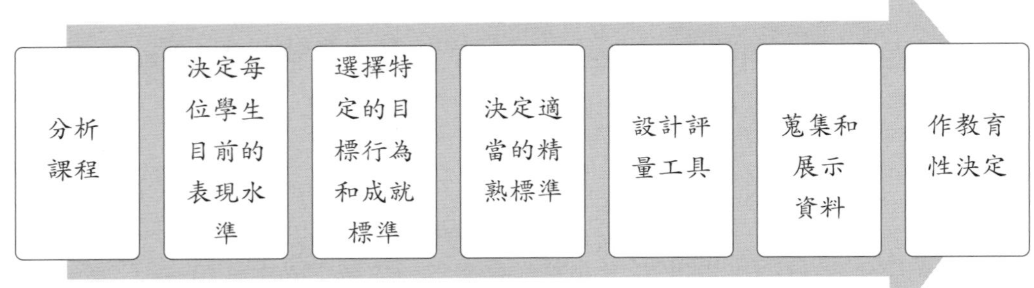

圖 4-12　課程本位評量的共通實施程序

1. 分析課程

分析學生學業困難應先由分析學生的課程著手。基於實施CBA的目的，分析課程包括探究課程上知識和能力的安排、評估課程上知識和能力之間的邏輯關係、檢視課程上關鍵性的教學活動，以及評估學生在課程上所需成就表現或能力。

2. 決定每位學生目前的表現水準

決定學生目前的表現水準乃是一項從各方面合併資料的過程，包括：(1)教師對學生的經驗和觀察；(2)學習困難學生的特性（如被動、分心、推論有困難）；(3)成就表現的資料（個別學生的個別特性）。

為了蒐集適合對個別學生所作教學決定的資料，可由下列四方面著手：(1)考慮紀錄和文件（如永久性的紀錄、個別化教育計畫）；(2)諮詢了解學生狀況的教師；(3)直接評量學生，因為轉介學生的教師通常並未提供學生目前在課程上的能力水準；(4)為了驗證成就表現水準和標準的效度，應考量其他能力不錯學生的成就表現，並作學習上的比較。

3. 選擇特定的目標行為和成就標準

這是關鍵性的一步。教師必須確認能夠被觀察到的目標行為和有意義的學業成就指標。如果符合下列條件：(1)依據可觀察的和可測量的方式來界定行為；(2)決定精細的、可接受的成就表現標準；(3)在成就改變上，目標行為應該是敏感的，那麼目標行為成就表現上的改變就可代表是學業成就上的改變。該目標行為的效度應不會受到經常性測量的影響。教師必須選擇可以觀察和測驗、能用以顯示教學問題上改變目標行為，例如：最常使用的CBA閱讀成就表現測量之一就是「每分鐘正確閱讀單字的數目」。除了學生精熟程度的改變可以客觀地和經常地測量之外，更重要的是該項測量與閱讀理解上的改變有密切關係（Deno, Mirkin, & Chiang, 1982; Fuchs, Fuchs, & Maxwell, 1988）。

4. 決定適當的精熟標準

教育的過程是要求更多標準的一種改變，因此教育人員必須持續地作出有關適當成就表現水準的決定。在成就水準上，有下列幾種精熟概念可用來協助作決定。

(1)布魯姆的認知分類

它包括記憶、理解、應用、分析、評鑑及創造等六個層次。此項分類系統可用於決定學生如何獲得、同化、應用資料和概念至內容資料上此項系統。

(2)第二種精熟概念則是考量所需操弄內容的層次

例如：數學的任務層次可以包括學生必須用以解決問題的各類資料。在最低層次，經由身體操弄具體物來完成問題解決；至於較高層次，則要求學生使用數學關係的符號和抽象的表徵來解決問題。

(3)第三種精熟概念是指期望學生的學習層次

考量課程階層是不夠的，Salvia 與 Hughes（1990）曾提出一種實用的學習階層，分別是獲得、流暢、保留、類化及調適（自發的改變已習得的反應至新的情境）等五個層次。

5. 設計評量工具

選擇目標行為的過程會受到所使用程序的實質影響。教師需要經常性的實施評量，但不可因花費時間而懶於實施。教師首需關心的課題在於設計一套實施評量卻融於教學的系統。其次是關於評量的內容為何？評量應該包括探測以決定先前習得的技能是否有保留，以及教學作用是否能類化，以促進相關或高層次能力的學習。為了有效實施評量，探測必須：(1)事先準備；(2)針對特定能力或次能力；(3)容易施行；(4)內容多到能可靠的評估學生成就。至於實施測驗探測過程的範圍可以融入例行性的教學中，增加教學直接針對目標行為的機會，以及例行性的評鑑教學效果。

6. 蒐集和展示資料

分析和展示資料可以協助教師準備作教育性決定。通常由資料本身可以看出學生明顯的成就趨向，但是若多次圖表化有時會更有價值。Jones 與 Southern（1998）相信CBA資料的視覺性展示，可以促進較高的成就水準。對某些學生來說，圖示 CBA 資料可以作為介入，並提升其動機。

7. 作教育性決定

一旦資料分析完成後，教師必須使用資料作有關每位學生教學成效的決定。依據學生成就表現資料的形式和教學時學生成就表現的本質，教師可以合理的選擇介入。Wolery 等人（1988）列出下列幾項決定規則，如圖 4-13。

不要改變介入	改變教學	提高教學目標
● 如果資料顯示學生有適當的進展且達到標準，則不應改變介入。	● 如果學生進展緩慢或錯誤率增加，那麼應該考量四種改變教學的選擇（回到較容易的技巧、回到較容易的任務形式、嘗試不同的教學程序，或者是提供更多學習的機會）。	● 如果學生表現出高的成功率，那麼教師應該考量改變教學目標。依據任務和真實世界的要求，教師應該考量三種可能的選擇之一（進入新的學習階段、增加任務的難度或提供新的技巧）。

圖 4-13　課程本位評量的共通實施程序

（五）課程本位評量在特殊教育上的應用

特殊教育方案肇始於特殊兒童的甄選、鑑定、分類，然後安置、編班分組，接著再安排課程、編選教材與實施個別化教學活動。教學時，特殊教育教師還需要不斷的評量學習成果，配合學生需求，改變教學策略，來有效達成教學目標。而課程本位評量在這一連串的特殊教育活動，扮演一定的角色。就整體來說，課程本位評量在特殊教育的應用，以鑑定安置及診療教學兩項功能最為重要。

在鑑定安置方面，課程本位評量可以提供有效的甄選資料，並作正確的推介，同時提供系統的觀察資料，來協助矯正主觀推介的缺失；至於在診療教學方面，特殊教育教師於平日教學，可以運用課程本位評量的方法進行密集式視導、持續性地的評估。從直接、重複的評估資料中獲得學生學習的表現效果，用以設計並改變課程與教學，來提升特殊教育學生的學習成效（Germann & Tindal, 1985）。

（六）課程本位評量的評析

相較於使用標準化的評量，課程本位評量的優點有下列幾項：

- 評量與教學能夠緊密的結合。
- 編製過程簡單易行。
- 評量訊息簡單明白易於溝通。
- 不易產生負面標記的問題。
- 能因應個別差異進行評量。

課程本位評量雖有上述諸多優點，不過也有下列一些問題有待解決：

- 信度和效度通常不是很理想。
- 測驗品質良莠不齊。

課程本位評量實例(一)

碩士在職專班學生：蘇靖文
指導教授：張世彗

一、個案簡介：小傑　　年級：二年級

障礙類別	智能障礙（輕度）
智力表現	【總體智能表現】WISC-IV 評量結果全量表智商 64，語文理解指數 75，知覺推理指數 67，工作記憶指數 60，處理速度 59，顯示個案智力落在同年齡學生中下水準。
顯著困難	僅能唸讀二年級課文（需一句一句帶著念），認讀字卡、寫字則處於仿寫階段。
優勢	注音符號拼讀、仿寫能力佳、上課態度積極。
弱勢	文本閱讀時，個案即使拼對每個字，但因受限於閱讀流暢性問題，導致課文唸的斷斷續續。

二、評量目的

（一）設計架構

1. 文獻指出，流暢性是一個可以快速、有效地區辨學童閱讀能力優劣的好指標，可見對閱讀能力的發展而言，流暢性是個重要的關鍵角色。
2. 課程本位朗讀流暢性的測驗方式主要可分為團體施測與個別施測。
3. Bos與Vaughn指出，為了能確實地記錄朗讀的錯誤類型，並且給予受試者適時地回饋與校正，流暢性測驗多以個別施測為主。
4. 本教材以康軒版第四冊第一至六課課文為架構，進行流暢性文本修改。

（二）教學目標

1. 流暢性教學的目的是讓學童能進行流暢的閱讀，協助學童順利過渡到閱讀理解的學習階段。
2. 流暢性教學有三項教學目標，包含朗讀的正確性、流暢性與韻律性，並且為了讓學生能專注於流暢性技巧的學習，教師應將「正確認讀」的目標放在流暢性之前。
3. 根據此教學目標，研發此流暢性教材，並以提升正確性及流暢性為主。

三、評量程序

（一）教學程序

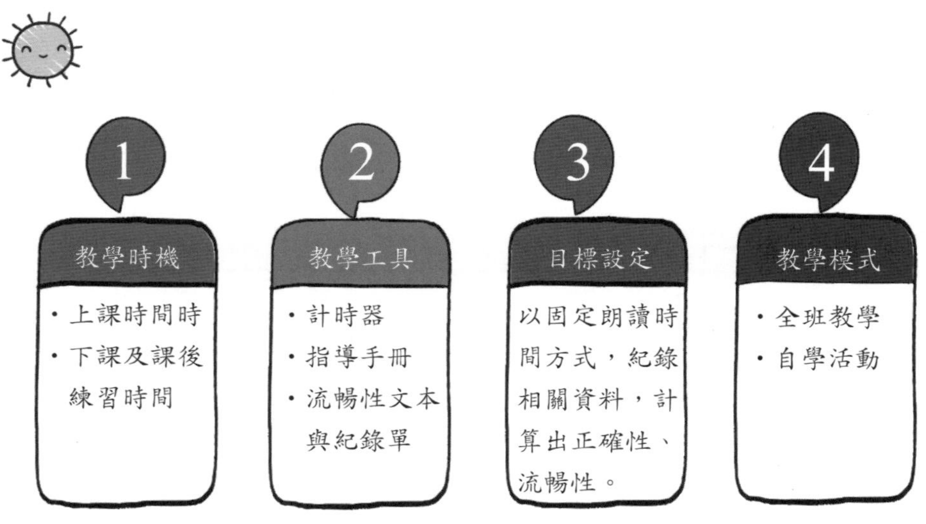

・流暢性教學花費的時間很短，每一次的教學利用3～5分鐘即可完成，是個便利、有效、低時間成本的學習活動。

- 流暢性的教學主要以碼表為計時工具，操作便利、成本耗費低，並且配合本教材的教學手冊、流暢性文本與紀錄單等，可以協助教師順利地執行流暢性的教學活動。

（二）施測過程

1. 施測前

- 流暢性測驗文本：含 6 篇流暢性測驗文本及記錄表。
- 流暢性指導手冊：為減少測驗時的誤差，讓每次的施測結果具備一致性，不因受試對象、時間、地點或施測者的不同而產生不一致的施測結果，施測者應依照指導手冊上的指導語，逐一為受測者說明，透過統一的指導語，讓每次的施測變數減到最小，力求最精確的施測結果。
- 計時器：每篇文本測驗時間為 1 分鐘，為力求精確，宜準備一個簡單好用的計時器，並在時間結束後，能夠予以聲響提示的計時器。
- 朗讀記號符號設計　　例題：五顏六色

朗讀記錄類型	標記符號	評分方式	朗讀與記錄範例
計時結束	」	以標記符號之前的字數，計算為朗讀總字數。	朗讀：五顏六色 記錄：五顏六色」
朗讀錯誤	／	包含唸錯、省略、不會唸的字，一個錯誤算一個錯字。	朗讀：五顏六色 記錄：五顏六色（「顏」「六」畫有／）
自我校正	O	原本是朗讀錯誤的字經過自我校正後，則不算錯字。	朗讀：五顏六色 記錄：五㊀顏六㊀色（「顏」「色」圈起）
添加與重複	V	不算錯字，也不算正確字。	朗讀：五顏六色 記錄：V 五顏六色

2. 施測中

- 將流暢性測驗文本發到受試者的桌上，並提醒受試者不可先行閱讀。
- 指導語：小朋友，待會等老師說開始時，請你從（手指）第一個字開始唸，由左至右，由上至下，一行一行唸，直到計時器鈴響時停止，盡你所能唸得愈快愈正確愈好。準備好了嗎？開始！
- 記錄受測者唸錯的地方，並待鈴響後，記錄唸的字數於紀錄表中，並給予施測者口頭讚美。

3. 施測後

- 施測完成後，於受試者唸到的地方，記錄「 」」，不論唸得正確或錯誤，都需記錄，此即為受試者在該本文的朗讀總字數。

・朗讀正確字數：朗讀總字數－扣除記錄「／」者，登錄於記錄表上。

・朗讀正確性：$\dfrac{\text{朗讀的正確字數}}{\text{朗讀的總字數}} \times 100\%$

・朗讀流暢性（WCPM）：$\dfrac{\text{朗讀的正確字數}}{\text{完成秒數}} \times 60$

（三）朗讀評分結果解釋

1. 朗讀評量的指標有正確性、流暢性及韻律性。為了讓學生能專注於流暢性技巧的學習，本教材將朗讀正確性的評分標準以高於95%為原則。

2. 流暢性訓練－紀錄表

請用計時器測量1分鐘朗讀的字數，並記錄在表格裡。

表現				
第一次拚	第二次拚	第三次拚	第四次拚	第五次拚
字	字	字	字	字

如果你1分鐘唸120字以上，你超級厲害！

如果你1分鐘唸60字以內，可以再多練習幾次！

四、評量結果

（一）第一課：春天的顏色朗讀正確性及流暢性之分析

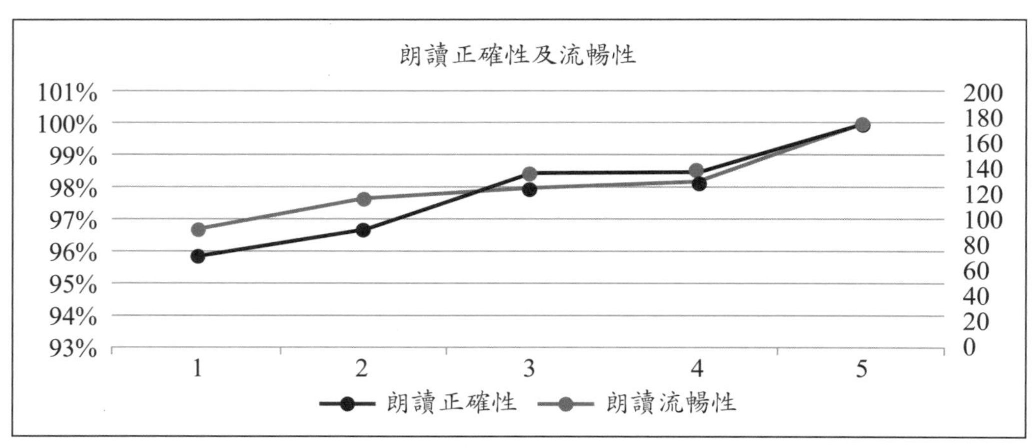

（二）第二課：花衣裳朗讀正確性及流暢性之分析

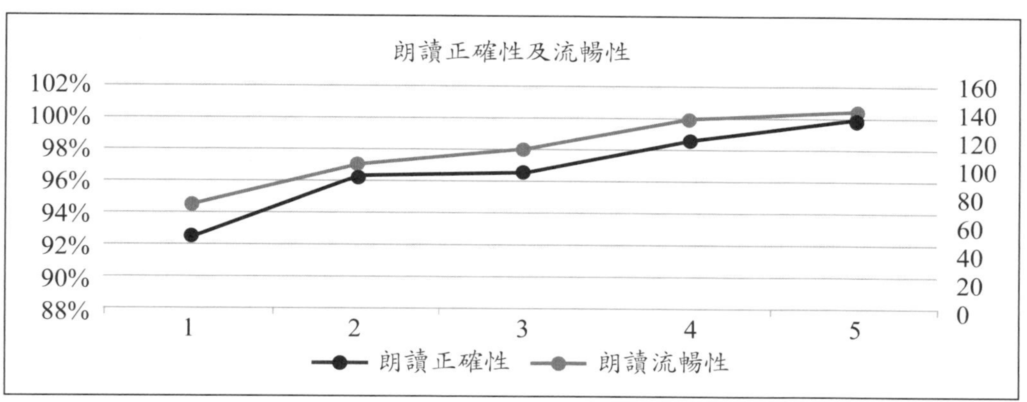

（三）第三課：彩色王國朗讀正確性及流暢性之分析

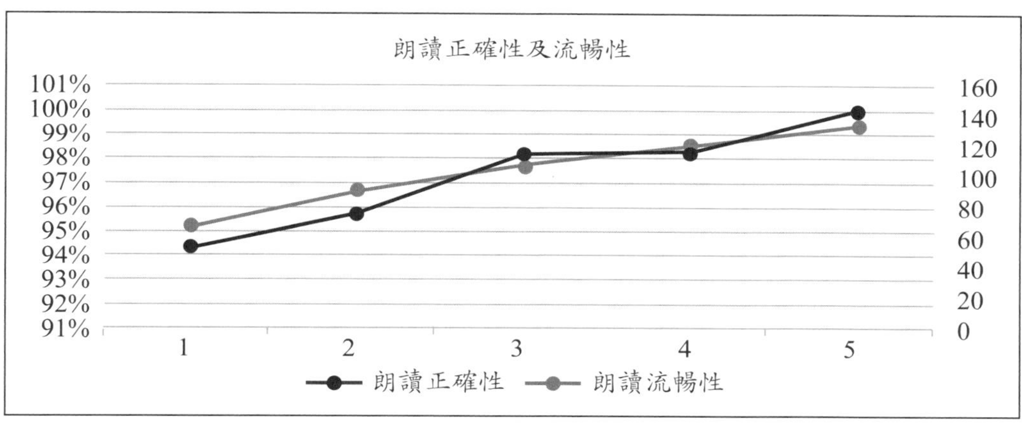

（四）第四課：爸爸朗讀正確性及流暢性之分析

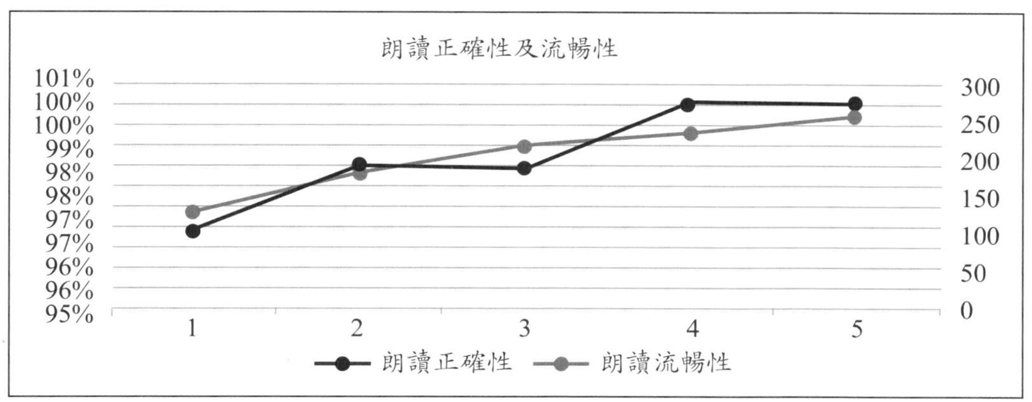

（五）第五課：我的家人朗讀正確性及流暢性之分析

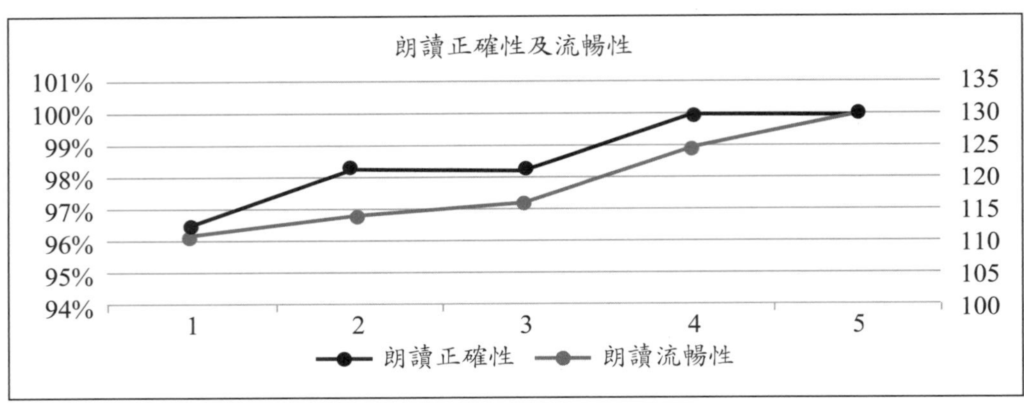

（六）第六課：感恩留言板朗讀正確性及流暢性之分析

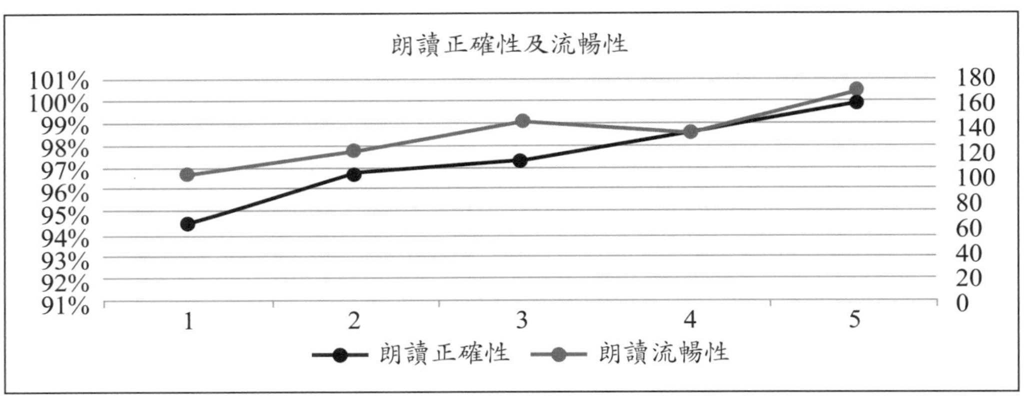

五、結論

（一）實作心得

1. 文獻中提及，二年級學生於下學期中的朗讀識字量需到達 1 分鐘 192 字，如下表。
2. 三位受測者僅某些文本有達到標準，尚須多加練習。
3. 學生上課專心度提升。
4. 給予策略學習課文，也能讓學生在閱讀上有所進步。
5. 施測時，學生在意自己能唸讀的國字數量，有自我提升之效果。
6. 對於課文中的生字識別，也能在提升閱讀流暢度後有更好的學習效果。

表 5 國內各年級的朗讀流暢性之平均字數

時間	上學期中	上學期末	上學期中	下學期末	
年級	11 月	1 月	4 月	6 月	（字／分）
一	135*	144	153	160	（字／分）
二	184	190	192	198	（字／分）
三	204*	209*	214*	219	（字／分）
四	221*	225*	229*	233*	（字／分）
五	237*	242*	247*	253	（字／分）
六	259	264*	269*	275*	（字／分）

*推估值

六、小傑學習單評量結果之示例

宜蘭縣冬山國小學習教室 語文科 調整教材學習單 康軒、南一、翰林版 第四冊

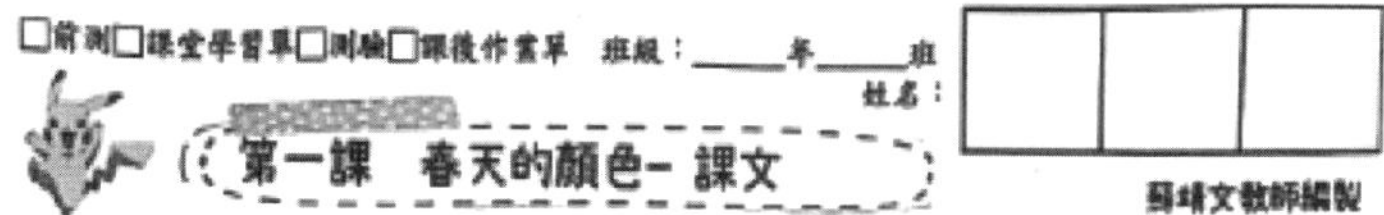

□前測□課堂學習單□測驗□課後作業單 班級：______年______班
姓名：

第一課 春天的顏色－課文

蘇靖文教師編製

小青蛙跳出池塘，一眼就看見蔚 13
藍的天空。他高興的說：「我看見了， 26
春天是藍色的。」小田鼠鑽出地洞， 39
一眼就看見青翠的草地。他開心的說 54
「我看見了，春天是綠色的。」小蜜 66
蜂飛出蜂窩，一眼就看見粉紅的桃花 81
他興奮的說：「我看見了，春天是粉 94
紅色的。」小燕子從遙遠的地方飛來 108
發現到處是五顏六色的景色。他笑咪 123
咪的說：「我看見了，春天的顏色像 136
彩虹。」 138

流暢性訓練－紀錄表

請用計時器測量1分鐘朗讀的字數，並記錄在表格裡。

表現				
第一次讀	第二次讀	第三次讀	第四次讀	第五次讀
67 字	99 字	108 字	127 字	138 字

如果你1分鐘唸120字以上，你超級厲害！

如果你1分鐘唸60字以內，可以再多練習幾次！

課程本位評量實例(二)

一、個案基本資料

（一）學生姓名：小羽

（二）年齡：7 歲，目前就讀某公立小學一年級

（三）障礙類別：自閉症

（四）能力現況說明：

1. 認知能力

(1)學生能正確指認並命名生活中常見的物品，除此之外，也能正確指認與命名物品的種類與功能、形狀、顏色。

(2)在指令方面，學生能正確執行簡單的指令，例如：書包放好、聯絡簿拿出來等，但抽象與較複雜的指令則會有錯誤反應，例如：書包放好，然後拿出鉛筆和國語課本，學生可能只拿出某一樣物品。

(3)在模仿技能方面，學生在活動中能正確模仿老師或同儕的動作。

(4)較易受環境中的人物事而影響學習專注力，例如：若旁邊有其他小朋友被老師糾正行為，學生則會中斷寫字並走至附近觀看。

(5)若進行較為困難的課程，例如：錢幣、閱讀測驗等，學生較容易出現逃避行為（如破壞東西、反應慢等）。

2. 學業能力

(1)國語

- 學生能正確認讀注音符號與拼音，但在認讀國字則需注音符號輔助。
- 在書寫方面，學生能正確抄寫和仿寫，但筆順與空間的分配則需提示，並且需多次練習後才有正確反應。
- 在詞彙方面，學生能理解生活中常用詞，但在生字造詞則有其困難，此為課程本位測量之目標。
- 在閱讀理解方面，學生未能依文章內容寫出題目的正確答案（閱讀測驗）。

(2)數學

- 能計算 100 以內的加減法，但受限於本身的理解能力，學生在應用題的計算則會有錯誤。
- 能正確命名時鐘的時間。
- 能比較 100 以內數字的大小。
- 能辨認與命名錢幣，目前在學習錢幣的組合，例如：拿取 48 元等。

3.社交溝通能力

- 可進行日常生活的對話，也可理解日常生活中的指令。
- 口語能清楚表達，但語句表達最多約 7 個字，而需口語示範後才能說出 8～10 個字的句子。
- 學生對於因果關係的回應較弱，則需引導後才能正確回應因果。
- 主動互動的對象多以大人為主，而對於同儕的詢問較少主動回應，其過程需老師口語提示或事先預告後，學生才會回應同儕，在參與同儕的活動則須在老師要求下才會參與。

二、教學與評量程序

（一）教學目標

能依國語課本之生字正確造兩個語詞，其中一個非課本的範例語詞。

（二）教學程序

1.教材：根據學生在校所使用的版本，因此教材設定為翰林一年級上學期國語首冊之第一課&第二課。

2.教學時間為 12 月至期末。

3.進行教學前老師事先翻至課文中的「語文焦點」生字表（見圖一）。

4.指導語：「我們等一下造詞要造兩個，有一個要跟課本不一樣，所以自己要想一想，如果想不到可以跟老師說我不會，請教我。」

圖一

（三）評量方式與標準

學生於上課時間為一周兩天。

1. 反應標準

(1)正確反應：老師隨機指出某個生字後，學生獨立說出兩個與生字相關的語詞，且其中一個語詞非課本的範例。

(2)錯誤反應：

- 學生未獨立說出與生字相關的兩個語詞。
- 學生獨立說出的兩個語詞皆為課本的範例。
- 學生只獨立說一個語詞。
- 學生所說的語詞非生字本身的字（同音異字）。

(3)每天教學其反應則會計算正確反應百分比。公式如下：

【正確反應的生字數／總生字數】×100%＝正確反應百分比

（四）通過標準

連續 2 天正確反應百分比為 80%以上。

三、資料分析

（一）學習數據與反應

1. 第一課生字之造詞學習反應紀錄表

日期	生字（+→正確反應／-→錯誤反應）										%
	拍	手	你	先	他	再	左	右	上	下	
12/2	+	+	-	-	-	+	-	-	+	+	50%
12/4	+	+	-	+	-	+	-	-	+	+	60%
12/9	+	+	-	+	-	+	-	-	+	+	60%
12/11	+	+	+	+	-	+	-	-	+	+	70%
12/16	+	+	+	+	+	+	-	-	+	+	80%
12/18	+	+	+	+	+	+	+	-	+	+	90%

2. 第二課生字之造詞學習反應紀錄表

日期	生字（+→正確反應／-→錯誤反應）											%
	這	是	誰	的	我	啊	怎	麼	多	了	個	
12/2	+	+	-	-	+	-	+	+	-	-	+	55%
12/4	+	+	+	-	+	-	+	+	-	-	+	64%
12/9	+	+	+	+	+	-	+	+	-	-	+	72%
12/11	+	+	+	+	+	-	+	+	+	-	+	82%
12/16	+	+	+	+	+	-	+	+	+	-	+	82%

（二）第一課和第二課之目視分析

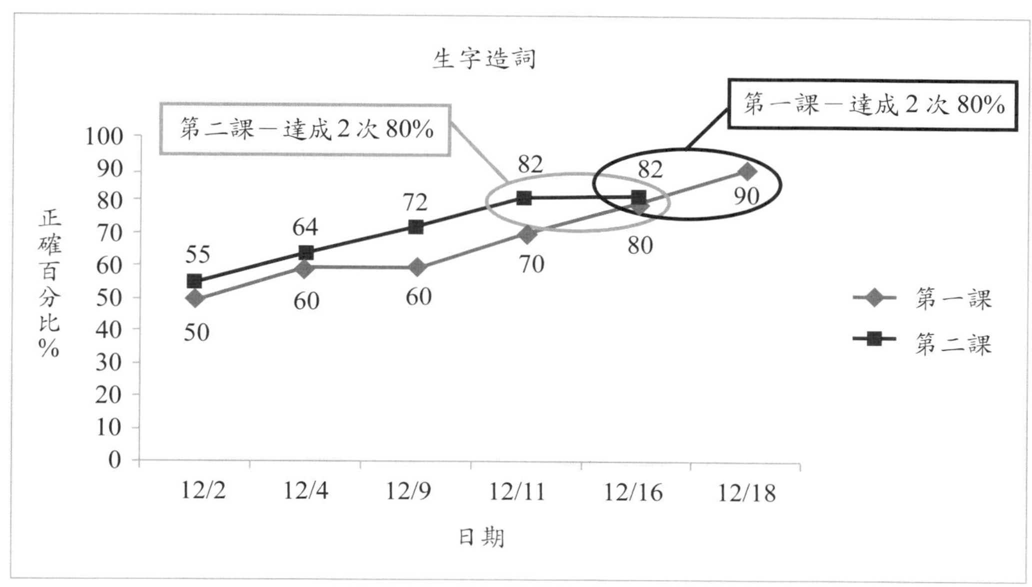

從目視分析來看，在第一課於12/4和12/9的學習正確反應同為60%，但12/11之後學習趨勢逐漸往上，並且在12/16和12/18達到通過標準；第二課於12/4之後學習趨勢逐漸往上，且在12/11和12/16達到通過標準，而第一課與第二課同時進行教學，但第二課比第一課更快達到通過，可能的原因是第二課生字較比第一課生字較常於生活中使用。

四、未來教學決定

由於在通過第一課和第二課之生字造詞後，學期也差不多結束，在考量學生的生字造詞穩定度，以及銜接下學期國語，因此上學期國語第三課之後的生字未進行教學介入，於寒假期間事前教導學生下學期國語課本中的生字造詞，持續觀察學生在生字造詞的技能表現。

六、實作評量

實作評量並不是嶄新的評量方式，近年來因為美國教育界廣泛地將這種評量方法運用在學科領域，以評估學校教學績效和了解學生的成就表現而成為關注的焦點。期望經由評量的革新來提高教師教學品質與學生學習的成就，而這正是實作評量所要反映的教育理念。

（一）實作評量的涵義

「**實作評量**」（performance assessment）是什麼呢？學者們對其的界定很多，例如：林素微（2000）將其界定為「著重於將所學所知表現在具體的成果及應用過程」；而Stiggins（1987）認為，實作評量是「以觀察和專業判斷來評量學生學習成就的評量方式」。簡言之，凡是強調實際表現行為的評量方式都可以稱為實作評量。

在學校情境下，學生有許多學習成就表現是無法運用客觀式紙筆測驗來加以正確評量的，例如：溝通能力、運動能力、數學或自然科概念應用能力等著重實際的表現行為，都需要教師根據學生在歷程和結果的表現情形來評量，以決定學生在這些方面的成就高低。由於實作評量必須要在真實的情境下實施，所以它可算是一種「真實評量」。這種評量形式是非常多元化的，例如：建構反應題、書面報告、作文、演說、操作、實驗、資料蒐集、作品展示、案卷評量等，都是屬於實作評量的例子。

（二）實作評量的特性

實作評量方式不同於傳統教室評量中紙筆測驗評量，詳細分析其具有下列幾項特性（林志忠，2001；盧雪梅，1998）。

1. 評量兼顧過程和作品

實作測驗可同時評量過程和作品二者。如有些學校評量學生閱讀過程時，同時兼顧：(1)過程：朗讀時，正確讀字的百分比和讀出故事中具代表性而有意義的句子；(2)作品：讀完後，能以自己話語說出句子內涵的多寡等項的表現，以綜合判定學生成績。

2. 要求執行一些高層思考或問題解決技能的活動

事實上，許多實作評量提倡者常堅持的理念是：「實作評量就是一種有效的教學活動」（Gronlund, 1993）。根據此觀點，建構一些有意義、挑戰性的實作評量活動，可以增進學生的學習經驗。學生在如何表現實作行為、加強教學與評量活動之間的密切配合，使得教學活動導向高階較真實性的行為。

3. 實作評量可同時評量情感和社會技巧

使用實作測驗不僅可評量高階認知技巧，而且也可評量非認知性結果，如自我管理、群體合作能力、社會知覺等。情感學習領域所反映出來的是教師要縝密規劃那些需專門實作表現的複雜工作，包括資訊回憶、形成概念、概括推廣及問題解決能力等，其中也包含了心智習慣、態度及社會技能。如果實作測驗建構得宜，則實作測驗比紙筆測驗更能評量出複雜思考歷程、態度及社會技能；相反地，如果建置得不恰當，則會如傳統測驗一樣，在真實成績評定、信效度方面受人質疑。學者Stiggins（1994）認為，實作評量也應如成就評量一樣，重視評量及計分的標準。

4. 評量方式的多元化

所謂的評量方式包括評量情境、評量方法和評量標準等三方面。在評量情境上，可進行學生獨自評量、配對評量或小組學習評量；至於評量方法則包含觀察、口試、檔案等方式；而評量標準則容許學生多樣化的選擇。

（三）實作評量的類型

雖然，實施實作評量的情境愈接近真實情境愈好，不過有時學習的真實情境無法完全複製，只好使用模擬的情境。當然，模擬的情境愈真實，則實作評量的結果愈能符合教師期望學生真正學會的教學目標和內容。

根據施測情境的真實性程度來區分，在教學情境下教師常用的實作評量類型有下列五種，如圖4-14（Gronlund, 1993）。

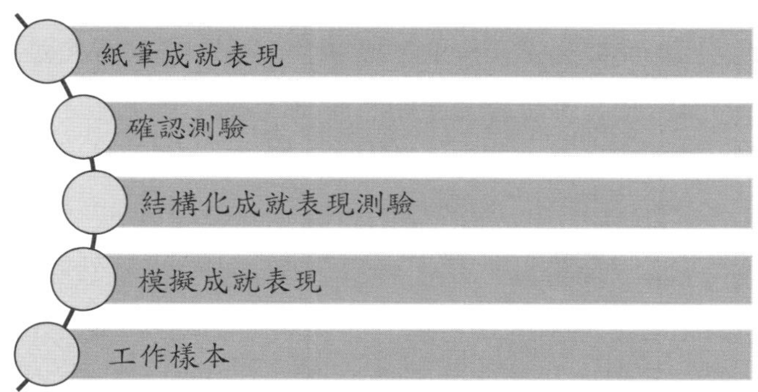

圖4-14　常用的實作評量類型

1. 紙筆成就表現

「**紙筆成就表現**」（paper-and-pencil performance）與傳統教學所使用的紙筆測驗不同，它是一種比較強調在模擬或真實情境中對於應用知識和技能的評量方式。在紙筆成就表現評量中，教師通常會使用類似「設計」、「創造」、「撰寫」等術語，例如：學期結束，每位學生要繳交下列作業，包括設計一個特殊教育教學設計流程圖、撰寫功能性診斷報告，或創造一首詩歌等。

2. 確認測驗

「**確認測驗**」（identification test）是指，由各種不同真實程度的測驗情境所組合而成的一種評量方式，例如：要求學生確認一套測驗工具，並說明其功用；或者是要學生去確認正確的語音。

3. 結構化成就表現測驗

「**結構化成就表現測驗**」（structured performance test）是一種可以作為在標準且控制的情境下進行評量的工具。這種工具測量表現的情境是非常有結構性的，它要求每位學生都能表現出相同的反應動作。因此，判斷表現優劣的標準都需使用操作型定義，以求評量結果的客觀性和公平性。

4. 模擬成就表現

這是一種為了配合或替代在真實情境中的表現，以部分或全部模擬真實情境而建立的一種評量方式，例如：在飛機駕駛的養成訓練中，學生所使用的或接受測試的飛機模擬儀器，就是一個模擬成就表現的實例。

5. 工作樣本

在各種實作評量類型中，「**工作樣本**」（work sample）算是真實程度最高的一種評量方式。它需要學生在實際作業上，表現出所要測量的全部真實技巧。工作樣本要包括全部表現中的要素，而且是在控制情境下進行表現的，例如：以測量重型機車駕駛技能來說，學員被要求一定要在標準且合格的重型機車駕訓場地練習，該場地有各種常見的道路狀況，學員若能通過測試，就表示已具備駕駛重型機車的能力。又如，國內陸軍設置了首座戰場心理抗壓訓練館，已在新竹湖口基地啟用。

訓練館設置多個關卡，由中科院協助設計「砲擊震動」、「煙硝味」、「屍臭」、「逐屋戰鬥」與「反登陸作戰」場景，讓進訓官兵在實景環境體會真實戰場。陸軍這座訓練館占地約兩座籃球場大，兩層樓的建物內設多項關卡，除了有震撼教育模擬砲擊時的煙硝氣味與地面震動場景，可產生恐懼效果；另有城鎮戰的逐屋搜索任務，內有人像靶配備可發射 BB 彈的 T91 模擬步槍，會依照設定角度開槍，訓練官兵身著特殊服裝隨機採取掩蔽或匍匐前進再還擊，被打中還會扣分。

另外，設有毒氣室，讓官兵體驗催淚瓦斯與戰場的屍臭味，最後還有夜戰與反登陸作戰，其中反登陸作戰關卡，官兵面對一個大螢幕，要射擊正在兩棲登陸的解放軍，猶如電影《搶救雷恩大兵》諾曼第登陸時德軍的視野。

同時，為了了解官兵訓練過程的反應，身上穿著的服裝可以監控呼吸、脈搏與體溫，館外的教官則是隨時注意數值的變化，以確定學員是否已陷入過度緊張的情況。

以上這五種評量類型之間有部分是重疊的。所以，教師在使用時應該根據所要評量的技能特質，來決定採用上述一種或多種的實作評量類型。

（四）實作評量的使用時機

實作評量可以使用的範圍相當廣泛，舉凡評量個體在語文方面（聽、說、讀寫）、科學方面（實驗的操作、科學精神、科學態度等）、體育方面（游泳、打網球的動作等）、道德方面（誠實、友愛等）或者是其他學科領域，都可以採用實作評量來進行評量工作。

此外，實作評量的內容應該要與教學目標一致，並用以評量學生行為表現過程或較複雜的學習結果（Linn & Gronlund, 1995）。但由於實施實作評量必須耗費大量的時間、金錢及人力資源，因此，在實施評量之前，評量者應先權衡評量的內容及目的，若以紙筆測驗方式即可達到評量目的，則不必採用較花費時間的實作評量。

（五）實作評量的實施步驟

實作評量重視的是學生應用知識和技能在實際表現活動上的方法，以及在接近真實的施測情境中產生出作品來。由於實作評量實施成敗的關鍵繫於實作評量進行的方法，因此有必要正確的了解。

實施實作評量時所要考量的基本步驟，如圖4-15（Airasian, 1996; Stiggins, 1994）。

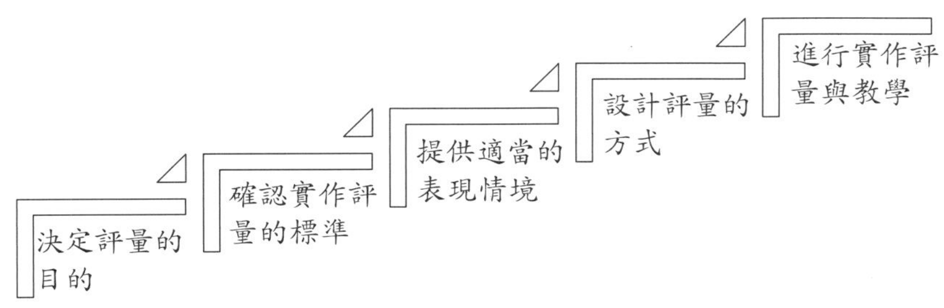

圖 4-15　實施實作評量所需考量的步驟

1. 決定評量的目的

實作評量需要教師在教學前就能夠明確陳述教學所期望學生達成的實際表現成果是什麼。清楚明確地陳述所期望達成的表現成果，將有助於教師挑選適當的評量方法，進行客觀公正的評量。如果預期的表現成果尚無法詳細明述，那麼教師就有必要先辨認和定義一下所要評量的表現成果到底是什麼。

2. 確認實作評量的標準

在確立好實作評量的目的之後，便要詳細說明行為的細項，以及教師所期望學生達成的成就表現標準為何？換句話說，教師必須先決定好實作評量的重點是擺在過程上呢？還是放在作品上呢？或者兼顧兩者？同時要明確列出行為表現的重要層面和各層面表現的評分標準。

3. 提供適當的表現情境

一旦成就表現標準界定後，教師便需要準備可以提供進行觀察表現成果的施測情境，這些情境可以是班級內自然發生的情境，也可以是教師特別設計模擬的真實情境；至於要挑選何種施測情境則繫於所要進行評量的表現或成果特質而定。教師若要獲得一個比較可靠的學生表現評量結果，則多次觀察表現的評量結果乃是必要的。

4. 設計評量的方式

實作評量不論是針對過程、成果，或這兩者的組合來進行判斷或評分，都需要使用某種有系統的方法。就如前述，作成決定本身的重要性程度會影響到教師所挑選的評分方法。針對實作評量所採行的計分方法，可以使用整體計分法和分析計分法兩種，端視作成決定本身的重要性而定。如果教師所作的決定只是一般性質的話（如評定成績），則使用整體計分法最佳，因為這類決定只需要教師提供單一的整體分數即可；若教師所作的決定是具有診斷困難和了解學生精熟表現水準的話，則以使用分析計分法最適當。

至於實作評量中用以蒐集和記錄學生實際表現行為的方法，通常有以下四種：(1)檢核表，檢驗受試者是否表現出某種行為；(2)評定量表，除了評定受試者是否表現出某種行為之外，還對不同程度的行為表現給予不同的成績；(3)軼事記錄，以文字對於受試者的行為做描述，並加以詮釋；(4)作品評量，類似於評定量表，包括一系列足以反映各種不同品質程度的樣本作品，然後將每位學生的作品與這五種樣本作對照，即得該樣本代號的分數。

5. 進行實作評量與教學

在前述各項步驟都完成之後，教師就可以開始進行實作評量與教學活動。

（六）實作評量的評析

既然近年來美國和國內教育界廣泛地將這種評量方法運用在學科領域，來評估學校教學績效或了解學生的成就表現，那麼實作評量到底有什麼樣的優點呢？又其限制或難題為何？茲分別列述如下。

在理論上，實作評量可以讓教師了解學生對問題了解、投入程度、解決技巧和表達能力，能夠較完整的反映出學生的學習成果。而且實作評量與真實生活較為相近，可以增進學生學習的動機、幫助學生建構有意義的學習情境、發展高層思考或問題解決能力等。

有時，實作評量也可以作為一種教學策略，提高學生的學習興趣和學習結果。總括而言，實作評量的精神與方式對於教和學均能提供較完整的回饋訊息，有助於促成教師教學品質和學生學習成就的提升。

雖然實作評量有其優點，但是在實施方面也有不少困難。下面幾點是實施實作評量時最常遇見的難題（林志忠，2001；盧雪梅，1998）。

1. 時間方面

實作評量在實施上及評量計分上所需要花費的時間比較多。

2. 經費及儀器設備方面

基本上，實作評量的經費花費通常比一般的紙筆測驗來得多；有時需要購置一些儀器設備，在保管維護上也可能會遇到問題。

3. 評分方面

實作評量除了需要花費時間和人力去計分外，評量和觀察重點的掌握和評分標準的訂定有時候也是一個難題，尤其是對非結構性的作業項目進行評量。

4. 技術品質方面

就技術品質來說，最主要的是評量結果的信度和效度，而這也是實作評量最受爭議的地方。通常評分者間的一致性信度不高；由於實作評量的實施通常需較多的時間，因此作業項目通常很少，以極少數的行為樣本是否能適當推論學生學習成就表現的全貌，其效度令人疑慮。

實作評量實例

一、測驗說明：這是國中教育會考寫作測驗試題本，僅有1題，提供答案卷1張，共2頁。

測驗時間從15：50到16：40，共50分鐘。作答開始與結束請聽從監試委員的指示。作答時，請從答案卷第1頁右邊第1行開始作答。

二、注意事項：

1. 請用本國文字書寫。
2. 可不必抄題。
3. 請於寫作測驗答案卷上作答，如需擬草稿，請使用試題本中之空白頁。
4. 依試場規則規定，寫作測驗答案卷上不得書寫姓名座號，也不得作任何標記。故意汙損答案卷、損壞試題本，或在答案卷上、寫作測驗內容中顯示自己身分者，該科考試不予計級分。
5. 依試場規則規定，寫作測驗作答時，書寫內容不得超出答案卷格線外框，且務必使用黑色墨水的筆，不得使用鉛筆。更正時，可以使用修正液（帶）。如有超出格線外框、書寫不清或汙損等情事，致電腦掃描後無法清晰呈現作答結果者，其責任由考生自負，不得提出異議。
6. 依試場規則規定，寫作測驗作答時，不得要求增加答案卷作答，亦不得使用詩歌體。

三、作答方式：請依據題意要求完成寫作。

四、測驗內容：

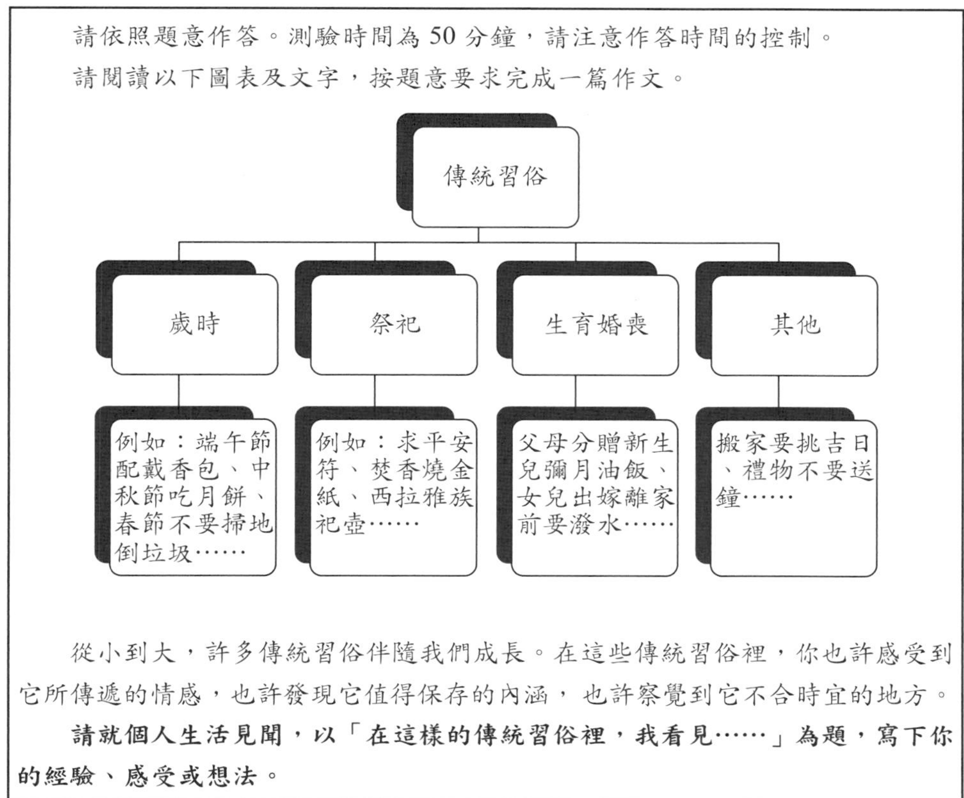

請依照題意作答。測驗時間為 50 分鐘，請注意作答時間的控制。

請閱讀以下圖表及文字，按題意要求完成一篇作文。

從小到大，許多傳統習俗伴隨我們成長。在這些傳統習俗裡，你也許感受到它所傳遞的情感，也許發現它值得保存的內涵，也許察覺到它不合時宜的地方。

請就個人生活見聞，以「在這樣的傳統習俗裡，我看見……」為題，寫下你的經驗、感受或想法。

※不可在文中洩漏私人身分。

※不可使用詩歌體。

國中教育會考寫作測驗評分規準

級分	評分規準	
六級分	六級分的文章是優秀的，這種文章明顯具有下列特徵：	
	立意取材	依據題目主旨選取適當材料，並能進一步闡述說明，以凸顯文章之主旨。
	結構組織	結構完整，段落分明，前後連貫，並能運用適當之連接詞連貫全文。
	遣詞造句	能精確使用語詞，並有效運用各種句型，使文句流暢。
	錯別字、格式及標點符號	幾乎沒有錯別字及格式、標點符號運用上之錯誤。
五級分	五級分的文章在一般水準之上，這種文章明顯具有下列特徵：	
	立意取材	能依據題目及主旨選取相關材料，並能闡述說明主旨。
	結構組織	文章結構大致完整，但偶有轉折不流暢之處。
	遣詞造句	能正確使用語詞，並運用各種句型，使文句通順。
	錯別字、格式及標點符號	少有錯字及格式、標點符號運用上之錯誤，不影響文意表達。
四級分	四級分的文章已達一般水準，這種文章明顯具有下列特徵：	
	立意取材	能依據題目及主旨選取材料，尚能有效地闡述說明主旨。
	結構組織	文章結構稍嫌鬆散，或偶有不連貫、轉折不清之處。
	遣詞造句	能正確使用語詞，文意表達尚稱清楚，但有時會出現冗詞贅句，句型較無變化。
	錯別字、格式及標點符號	有一些錯別字及格式、標點符號運用上之錯誤，但不至於造成理解上太大困難。

（續下表）

（承上表）

級分	項目	特徵
三級分	三級分的文章在表達上是不充分的，這種文章明顯具有下列特徵：	
	立意取材	嘗試依據題目及主旨選取材料，但選取之材料不夠適切或發展不夠充分。
	結構組織	文章結構鬆散，且前後不連貫。
	遣詞造句	用字遣詞不夠精確，或出現錯誤，或冗詞贅句過多。
	錯別字、格式及標點符號	有一些錯別字及格式、標點符號運用上之錯誤，以至於造成理解上之困難。
二級分	二級分的文章在表達上呈現嚴重的問題，這種文章明顯具有下列特徵：	
	立意取材	雖嘗試依據題目及主旨選取材料，但所選取之材料不足或未能加以發展。
	結構組織	結構本身不連貫，或僅有單一段落，但可區分出結構。
	遣詞造句	用字、遣詞、構句常有錯誤。
	錯別字、格式及標點符號	不太能掌握格式，不太會使用標點符號，且錯別字頗多。
一級分	一級分的文章在表達上呈現極嚴重的問題，這種文章明顯具有下列特徵：	
	立意取材	僅解釋提示，或雖提及文章主題，但無法選取相關材料加以發展。
	結構組織	沒有明顯之文章結構，或僅有單一段落，且不能辨認出結構。
	遣詞造句	用字遣詞有很多錯誤或甚至完全不恰當，且文句支離破碎。
	錯別字、格式及標點符號	完全不能掌握格式，不會運用標點符號，且錯別字極多。
零級分	使用詩歌體、完全離題、只抄寫題目或說明、空白卷。	

資料來源：https://cap.nace.edu.tw/exam_3_1.html

七、檔案評量

（一）檔案評量的涵義

「Portfolio」在字典裡的本義是「卷宗、檔案或是紙夾」，原來是畫家、音樂家、作家等保有的個人成果檔案。藉由檔案中的資料，人們可以了解他們的成長歷程，並評鑑他們的作品技巧，但這一類的 Portfolio 強調的是個人在某個時期的作品或表現。如果 Portfolio 應用在教育上，成為一種評量的策略時，就不只是檔案和卷宗而已，它應該是一種「歷程檔案」（process-folio）（張美玉，2000）。

有許多學者定義了檔案以解釋其特徵，如圖 4-16。

Paulson、Paulson 與 Mayer（1991）	De Fina（1992）	Birgin（2003）	Collions（1992）
●檔案是學生作品的有目的之集合，展示學生在一個以上領域的努力、進步和成就。蒐集須包括學生參與選擇內容和標準、評分標準和學生反思的證據。	●檔案是學生在一個或多個學科領域中系統的、有目的和有意義的作品集合。	●檔案是在一定時期內評估學生在一個或多個領域的技能之一些數據，根據預定標準定期蒐集他的學習和表現。	●檔案是一個有目的蒐集整理學習證據之資料文件，可以真實反應學生的表現，記錄學生的學習歷程，幫助學生作有意義的學習。

圖 4-16　檔案的定義

由此可知，只要與學生學習歷程和成果有關的作品均可列入檔案評量中。這些作品包括：作業、報告、圖片、測驗結果、筆記、作文、實驗、自我省思、照片、研究計畫、檢核表、軼事觀察、影片等。

綜上所述，**檔案評量**（portfolio assessment）是指學生蒐集可以代表自己學習的一系列作品，並將作品放入檔案夾中，教師在學生蒐集作品的過程中，加以輔助，最後再根據預定的評分標準或原則進行評分。

（二）檔案評量的考量範圍

有效的檔案評量會考慮下列幾個方面（Herman, Gearhart, & Aschbacher, 1996）：

- 評量的目的是什麼？
- 檔案集合中應包含哪些任務？
- 將採取哪些標準？
- 如何確保評分或判斷的一致性？
- 結果是否適用於預期的目的？
- 結果如何使用？

（三）檔案評量的特色

檔案評量是以學生持續地蒐集作品、資料和省思的檔案來評鑑其學習成果表現，它具有下列幾項特色：

- **教學以學生為中心**。學生在建立檔案的過程中要參與製作、評估、選擇和改良各項成品的工作。
- **評量與教學結合**。檔案內的資料能夠立即反應教室內的教學活動，使評量與教學相連。
- **多方面的學習**。檔案內記錄了認知、情意、技能及各科的進步狀況，可以包括寫作、心得報告、檢核表、製作成品、學生的自我評估，足以了解學生整體的發展。
- **系統地蒐集作品**。在過程中，教師和學生有系統的蒐集學生多方面的資料，以顯現學生的技巧、成就和進步。
- **分擔責任和分享資源**。學生、教師和家長分擔蒐集和評估檔案的工作，所以上述人員必須持續地溝通和聯絡，共同輔助學生的學習。
- 具有真實性。檔案可以反應學生真正的學習過程、有意義的教學活動，以及學生的設計成果，可以作為教學內容參考改進的資料。

（四）檔案內容的組織

檔案不是學生隨時間隨意蒐集的作品，因此在發展檔案時，重要的是要確定它的目的、由檔案構成的證據及其評量標準（Barton & Collins, 1997）。以下將描述檔案內容在組織過程中應該考慮的方面，如圖 4-17。

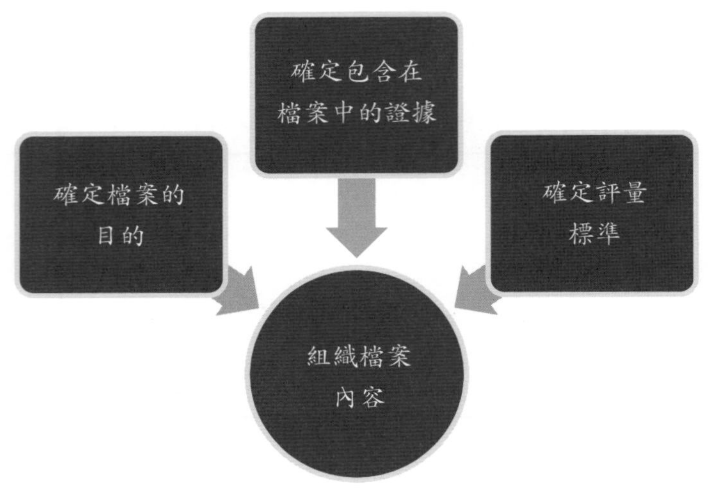

圖 4-17　組織檔案內容應考慮的範圍

1. 確定檔案的目的

檔案準備最重要的行為是確定檔案的目的，此可根據使用者的需求來確定。教師使用檔案的目的是評估學生在一段時間內的進步、確定教學效率、與學生家長建立聯繫、評估教育計畫、幫助學生進行自我評估，以及確定學生在學習過程中的弱點（De Fina, 1992）。因此，需要先確定檔案的目的，會直接影響到創建檔案的過程，例如：檔案的品質和蒐集的項目。

2. 確定包含在檔案中的證據

考慮檔案的目的，應確定要蒐集哪些證據、誰將蒐集作品、蒐集的頻率，以及如何評估。在檔案選擇時諮詢學生是很重要的，因為它使學生有責任感和占有感（Kuhs, 1994）。建議有一個附加到每一個檔案證據陳述的標題，描述它是什麼，以及為什麼是證據（Barton & Collins, 1997）。

在決定檔案的內容時，應關注兩個因素：**學生的願望**和**蒐集每個項目之目的**。理想上，檔案應盡可能以學生為中心，教師促進、引導和提供選擇，而不是告知、指導和預先確定優先順序。

3. 確定評量標準

確定評量檔案的標準非常重要，因為它可讓學生確認和選擇認為是高品質的作品，還能提供並鼓勵教師、學生和他人關注成果和成果品質。評量標準應該要清晰易懂，這對於學生評估自己的作品並能彌補自己的弱點非常重要。應該使用評分表來確定檔案中證據的品質，並進行可靠和有效的評量。

檔案的評量並沒有確切的方法，但可根據其目標使用不同的方法。如果檔案的目的是為了提高學生的學習能力和診斷其學習需求，那麼檔案作品通常是由教師決定的。老師和同學對學生的作品給予回饋，這些回饋通常被用來改善學生的學習。如果檔案的目的是評估學生在很長一段時間內的進步，並為成績提供證據，那麼檔案包含一些適用於每個人的標準作品，且檔案中的作品由學生選擇。該檔案包括學生在一個學期或一年中的最佳作品。他們由教師根據之前確定的標準進行評量。

Kuhs（1994）指出可以使用三種基本方法。首先是評估檔案中的每一件作品，並平均這些成績來確定檔案成績。第二種是使用分析方案，也就是針對不同的成果表現給予不同成績，例如：教師可能會審查檔案，並為每個人溝通數學觀念、準確執行程序、展示對觀念的洞察力和理解，以及在問題情境下應用數學的解決能力打分數。這種方法是基於審查檔案中的幾項作品。第三種是當針對多個層面的成果表現給予單一分數時，稱為重點—整體方法（focused-holistic approach）。這種方法讓教師對包含在檔案中的所有作品進行單一評分，例如：針對所提供問題情境評估與連結答案的能力。

（五）檔案評量的形式或層次

Duffy、Jones 與 Thomas（1999）曾提出下列四種具有順序的特定檔案形式或層次，其中第一個層次的檔案是由教師所界定和評鑑的，而最後層次的檔案則是由學生所界定和評鑑的，如圖 4-18。

發展性檔案	成果檔案	展示檔案	目標檔案
● 蒐集各學科、各學期或學年的作品或成果。	● 教師提供學生所要蒐集主題或作品的內容表格。	● 教師提供學生所需主題的內容表格，但由學生提供檔案的評鑑元素和特定的選擇原則。	● 教師提出有關品質成就表現的行為目標或陳述目錄。

圖 4-18　具順序的特定檔案形式

1. 層次一：發展性檔案

發展性檔案（developmental portfolio）就是蒐集各學科、各學期或學年的作品或成果，教師可以使用這種檔案來評鑑學生的進步情形，故名為發展性。基本上，此種檔案形式的評鑑過程是總結性的；也就是說，評鑑檔案上的材料可視為學生在不同階段上完成的作品實例。發展性檔案很容易給予成績，如完成或已精熟所教授的概念。以語文為例，發展性檔案可能就是要應用新的技巧時，蒐集學期間所有已完成的寫作計畫。

2. 層次二：成果檔案

成果檔案（product portfolio）是教師提供學生所要蒐集主題或作品的內容表格，例如：針對職業教育班來講，教師可以要求學生展示特定的能力，例如：測量二分之一公分、設計平面圖等。學生提出工作樣本，以及召開有關這些產品如何搭配標準或品質的師生會議。在用法上，這種檔案最類似於行為或能力檢核表。教師描述已經學過的重要主題與學生完成任務的精熟標準。在評鑑成果檔案上，教師會檢視檔案上的材料，以確認每一個標準最佳的部分。這種評鑑是在師生會議之後進行的。會議時，教師給予學生總結性回饋，但是示範形成性回饋的資料。換言之，教師選擇最佳的部分並解釋其最佳的理由。

3. 層次三：展示檔案

展示檔案（show portfolio）又稱為範例檔案（D'Aoust, 1992），即教師提供學生所需主題的內容表格，但由學生提供檔案的評鑑元素和特定的選擇原則。提醒學生不僅蒐集獲得高分的作品，在決定放入檔案裡的項目之前，尚須考量每項選擇的觀眾目的（Diez, 1994）。在評鑑過程上，師生會議、教師提供有關作品的總結性回饋，以及選擇過程中有關所用原則的形成性回饋。學生接受有關其選擇優劣的回饋是有必要的，這種回饋可以提高自我省思與自我評鑑能力的信心。類似於成果檔案，展示檔案是由教師提出內容表格，以及學生回應要求的最佳作品實例。無論如何，展示檔案最具關鍵性的元素就是項目選擇的原則。選擇原則應該反映何以選擇的成果符合評鑑標準或作業標準。

4. 層次四：目標檔案

在**目標檔案**（objective portfolio）層次，教師提出有關品質成就表現的行為目標或陳述目錄，例如：學生從其作品中選擇最具代表性的，以符合成就表現標準或陳述的目標。目標檔案需要學生的參與性最高，它需要學生分析任務的要求、瀏覽所有可能的作品、選擇最佳的代表能力，以及提供選擇原則。教師的角色在於認可目標的精熟，針對每項已精熟的目標，教師提供學生質性的回饋。如果學生未精熟目標上所包含的內容或能力，那麼教師就須要求學生更為了解目標的形成性回饋。

（六）檔案評量的實施步驟

檔案評量的實施可以依照下列步驟進行（葉錫南，2000；盧貞穎，2000）。

1. 每位學生準備一份檔案夾

檔案夾形式以方便存取作品和編排順序為佳。

2. 師生一同討論和決定檔案內容與格式

一開始時，可由教師規劃出檔案內容與格式的大架構，然後細節由學生自主。

3. 學生隨時放入新作品或抽換舊作品

學生在了解作法之後，便可開始隨時蒐集自己得意的作品或成就表現紀錄，置入檔案中。

4. 師生一起檢視檔案內的作品

教師可以個別談話的方式，與學生共同探討每件作品的優點及改進的方法，並將其簡要做記錄，放入學生的檔案中。

5. 學生自評，同學間彼此分享檔案內容

鼓勵學生針對自己的檔案內容進行自評，可以加強學生對檔案內容品質的重視，更可同時培養其內省能力。此外，教師還可讓學生相互觀摩，促進學生間的學習互動。

6. 定期評量

一旦學生個別檔案累積了一些成品後，教師便可開始檢視並予以評量，而成績的評定應兼重成果表現與學生學習過程中的成長。

（七）檔案評量的評析

相較於傳統的評量，檔案評量具下列優點（李坤崇，1999；Carpenter & Ray, 1995）。

1. 提供過程與結果的評鑑

檔案是動態方式長時間的學習紀錄，故可供教師對學生學習的過程與結果進

行評鑑，提升學習效果。

2. 為一種真實、動態與整體的評鑑

檔案包含學生在不同階段與不同情境下的資料，故可真實且完整呈現學生長時間的學習。

3. 評量主導權由教師轉移給學生

在資料選取與省思的過程中，學生學習主動分析自己的長處與短處，成為一位不斷改進的自我學習者及評量者。

4. 學生學會以整體觀點看待自己的學習與成長

由於學生必須選取跨時間及類別的作品至檔案中，他們得以學習採取更寬廣、整體與發展的角度看待自己的學習與成長。

5. 結合教學與評量

由於學生必須在學習過程中選取最能代表其學習歷程與結果的作品，評量不再只是憑幾次考試的片面評量，因此「檔案評量」能真正結合教學與評量。如此，可作為增進師生溝通的工具與學生對於目前及未來目標的省思。此類對話有助於提升學生的自我效能（Zimmerman, Bandura, & Martinez-Pans, 1992）。

6. 具診斷與評鑑雙重功能

檔案評量除了能鼓勵學生進行自我診斷外，也提供教師對學生的學習進行診斷與評鑑的機會。除此之外，學生檔案還兼具評鑑教師教學的功能。

7. 尊重學生個別差異

檔案評量很重要的一個目的是培育積極、主動的自我評量者，每位學生都必須與他自己先前的表現進行比較，學生的個別差異便因此受到充分的尊重。

8. 結合多種評量方法，資料來源多重與多樣

檔案資料可以透過不同來源及方法取得。資料的來源包含學生本人、教師、同儕、家長及學校等；資料蒐集的方法包括紙筆、報告、觀察、實作、示範、展示等。由於評量不再只是根據單一的資料與來源，評量的品質因此而提高。

9. 教師、學生與家長更能有效溝通學生的學習

學生檔案提供教師、學生及家長一個絕佳的溝通工具。

10. 可增進學生成就動機和自我效能

檔案評量提供學生多種選擇與作選擇的機會，可以增進其成就動機（Dweck, 1985）。此外，藉由參與個人檔案的發展，學生變為主動的學習者，可增進其自我效能感受（Carpenter & Ray, 1995）。

檔案評量固然有許多評量方式不可取代的優點，惟不可否認的，檔案評量也有下列的問題有待克服。

1. 評分方面

由於缺乏一致的評分標準、評語描述不夠精確，以及學生彼此間互評的能力等因素，都使得檔案評量的信度很容易受到質疑。此外，檔案評量的效度通常是受到質疑的（Shapley & Bush, 1999）。Cole與Struyk（1997）甚至指出，直到技術性品質（信度和效度）獲得強化為止，需謹慎使用檔案評量來表示學生的成就表現。

2. 時間方面

實施檔案評量需要時間經營，從檔案夾的選取、師生共同討論決定檔案內容與格式、檢視學生作品、指導學生自評與互評，乃至於學習單的製作等工作都頗為花費時間。

3. 教師負擔與學生作業量方面

對教師而言，實施檔案評量無形中必會加重教師的負擔。此外，檔案評量的內容常是課本和習作之外的活動或作業，應考量作業量的問題，避免造成家長和學生的困擾。

檔案評量評分表設計實例

臺北市○○國小教師專業評鑑教學檔案評量評分表

教師姓名：＿＿＿＿＿＿　　　　評鑑日期：○○ 年 ○月 ○ 日

指標	評量重點	說明	評量標準	自評			他評		
				優良	滿意	再加油	優良	滿意	再加油
1. 檔案目錄	1-1.□有目錄	有目錄但較簡陋	優良：目錄完備，且條理分明 滿意：有目錄 再加油：缺少目錄						
	1-2.□目次條理分明	條理分明、一目了然							
2. 個人專業背景	2-1.□基本資料	學經歷、專長著作、授課專長與興趣、所獲獎勵	優良：資料完備 滿意：達成兩項 再加油：達成一項						
	2-2.□個人教學理念	可含課程、教學、班級經營、評量							
	2-3.□教學情境描述	任教學校及社區的特性、學生特質、班級特色							
3. 課程設計與教學省思	3-1.□課程計畫	學期課程計劃表、每週進度表或授課大綱	優良：大部分達成且符合精緻 滿意：達成 2 項以上但欠精緻 再加油：未達 2 項 （優良及滿意者需達成 3-2 條，且要含省思）						
	3-2.□任教領域中任一單元之課程、教學設計與省思	（可含教材、教具、學習單、省思、照片等）							
	3-5.□其他（請詳列）								
4. 學生學習成果評量	4-1.□評量方法	與課程同一單元，提出多元評量方式、工具或選擇原因	優良：完全達成 滿意：達成 2 項 再加油：未達 2 項 （優良及滿意者需達成 4-1 條）						
	4-2.□學習評量結果和說明	呈現學生評量結果並以圖表簡要分析學習成效							

（續下表）

（承上表）

	4-3.□評量結果之運用與省思	說明如何應用學生評量結果調整教學							
	4-4.□學生作品	挑選不同程度學生的作品各乙份，含教師回饋意見							
	4-5.□其他								
5. 班級經營與輔導（科任可選填）	5-1.□班級規範與獎懲	班級規範、獎懲制度並說明建立方式和執行情形	優良：大部分達成且精緻 滿意：達成 2 項以上但欠精緻 再加油：未達 2 項						
	5-2.□教室情境佈置	班級佈置照片或座位安排簡圖，並說明其特色和用意							
	5-3.□班級成員工作分配	班級自治組織規劃，說明自治幹部或小老師產生方式、工作分配和輔導							
	5-4.□學生輔導紀錄	兩份有關學生學習、生活或行為等之輔導紀錄							
	5-5.□親師聯繫	親師聯繫方式（可含紀錄）							
	5-6.□其他								
6. 研究發展與進修（含紀錄與成品）	6-1.□創新教學開發	可含課程、教材、教法與數位媒體等	優良：達成 5 項以上 滿意：達成 3 項 再加油：未達 3 項						
	6-2.□教材與教具研發								
	6-3.□行動研究成果								
	6-4.□個人教學網頁製作								
	6-5.□班級網頁								
	6-6.□研習心得報告								
	6-7.□參加研習之記錄								

（續下表）

（承上表）

	6-8.□教學相關能力檢定	如英語、資訊							
	6-9.□教學自評與省思								
	6-10.□學生或家長回饋單	學生或家長的教學回饋資料							
	6-11.□個人專業成長計畫	可含近中遠程，已完成、待完成							
	6-12.□參與校本課程設計或協同教學之成果								
	6-13.□學術論文發表								
	6-14.□國內外期刊發表								
	6-15.□出版專書論著								
	6-16.□其他								
7. 其他	7-1.□兼任行政工作	擔任主任、組長	優良：達成 4 項以上 滿意：達成 3～4項 再加油：未達 3 項						
	7-2.□協辦學校行政	包括領域召集人、各項委員會委員、導師							
	7-3.□協辦學校各項活動	包括校慶運動會、各項競賽等							
	7-4.□指導社團或團隊	包括各項競賽、各類球隊、術科檢定、科展等							
	7-5.□擔任學校例行及義務性服務工作	為學校辦理研習活動、從事學校環境維護、擔任學校各類義工							
	7-6.□與同事溝通良好								
	7-7.□其他								

資料來源：參考張新仁、馮莉雅、邱上真（2004）修訂

【說明】

1. 指標內容只要能呈現佐證資料（如紙本文件、圖片……）均可。
2. 指標 7.其他：僅作教師自評，不列入一致性討論項目。

自評教師簽名：＿＿＿＿＿＿

質性描述（自評教師的省思）

評鑑人員簽名：＿＿＿＿＿＿、＿＿＿＿＿＿

質性描述（評鑑人員的回饋）

八、生態評量

近年來，由於特殊需求者教育機會受到相當的重視，使得吾人除了評估一位特殊需求者是否有參與計畫性活動設計的能力之外，也很關心如何經由評量以協助他們能夠成功地生活在最少限制的環境中。因此，使得生態評量一直成為關注的焦點。

（一）生態評量的涵義

依照生態學的觀點來說，個體的行為是個體與其所處環境因素互動作用的產物。所以生態學的評量就是針對個體與其所處環境中各項因素進行評量的過程。換言之，「**生態評量**」（ecological assessment）是一種透過觀察與其他蒐集資料的方式，直接針對個體在其所屬的各項環境（家庭、學校及社區等）中所表現出的各種能力進行評量分析，以利於教學目標及內容設計的過程（陳靜江，1997；Jackson, 1992）。此一評量模式的最終目的在於教導個體適當的社會性行為，協助個體社會化，以達到教育機會均等的理想（Swanson & Watson, 1989）。

（二）生態評量的特性

生態評量具有下列三項主要的特性（Jackson, 1992）：

- 評量重點以學生目前及未來可能接觸的環境為範圍：這些環境範圍包括學校、家庭、社區商店、工作場所和休閒娛樂設施。
- 生態評量是一個別化的評量過程：由於每位學生所處的環境範圍不盡相同，因而專家學者和老師會個別評估學生的各項環境，以了解和決定個別學生的教育需求。
- 特別強調協助學生成功的適應：事實上，生態評量不僅著重於學生適應某一環境所需具備的能力，而且更強調如何透過各種形式的輔助，幫助學生成功的適應與參與。

（三）生態評量蒐集資料的方式

生態評量主要在蒐集、診斷、評估及建立學生適應周遭所處環境的歷程。其蒐集資料可以採用的方式包括下列四種（何東墀，1989）：

- 直接觀察→有計畫的觀察特定學生，並將觀察結果記錄下來。
- 記錄分析→依照原有的記錄表或是其他現存資料加以分析彙整。
- 晤談→與學生本人、同儕、家長、師長或其他人員等晤談。
- 心理的教育測量→採用正式的或非正式的測量工具。

由上可知，生態評量的方式是以學生為中心，強調學生與其周遭環境互動關係的了解，藉由觀察、記錄、晤談或正式的或非正式的測量工具，蒐集學生在環境中的發展情形，以作為教師規劃教學方案的參考。

（四）生態評量的過程

一般而言，生態評量大約可分為下列幾項過程，如圖 4-19（Jackson, 1992; Swanson & Watson, 1989）。

確認學生所處的各項環境
這些環境可能包括家庭、學校、社區等。

↓

針對每項特定環境設立任務評量表
例如，針對家庭環境中的吃飯活動（包含協助安排餐具、自行吃飯、收拾餐具及處理桌面等任務）設計的評量表。

↓

針對某一特定的環境進行各種可能活動的分析
包括：(1)找出學生在這個環境中必須進行的各項活動；(2)找出進行這些活動所需具備的技能與輔助器材，並將其納入教學設計中。不需要針對每一環境中的每項活動進行分析，而是選擇與未來教學最具關聯的項目進行分析。

↓

進行所需技能的工作分析與差異分析
包括：(1)針對學生的家人、同儕在完成這些工作過程中所表現的各種行爲進行工作分析；(2)讓學生實際操作各項工作，再將其表現與前項步驟的工作分析記錄作比較分析。

↓

設計教學內容
前項過程所得到的差異分析結果，正是教師設計教學內容時最佳的教學目標。

↓

教學
一旦教學內容設計完成後，教師就可以開始進行教學。

圖 4-19　生態評量的過程

（五）生態評量在特殊教育上的應用

由於生態評量不僅著重於學生適應某一環境所需具備的能力，而且更強調如何透過各種形式的輔助，幫助學生成功的適應與參與。特殊需求學生往往因身心障礙無法參與或融入社區一般人的活動中，需要協助他們自在且有尊嚴地生活在每個環境中。

Jackson（1992）就認為，任何教育方案都應在有意義的環境中進行，而不是將學生從日常的生活情境中抽離出來治療，例如：通常在每一智能障礙或溝通障礙學生的教學方案中，都會陳述學生溝通（口語或非口語）上的困難，而在其個別化的教學方案中可能會出現「指認日常生活用品」或「從溝通板中指認自己想要的東西」。Jackson認為，這些教學目標都是從個體發展的角度設計出來的，並不完全符合生態評量的觀點。他發展出「溝通訊息需求分析」的評量模式，針對學生在各種不同情境中可能遭遇的溝通問題加以分析。

教師在教導這類學生溝通技能之前，必須結合學生本人、父母及其他相關人員共同確認溝通需求評估，才能找出學生在各種情境所具備的溝通能力。如果該學生缺乏口語溝通的能力，但評估結果指出學生需要具備在工作場合中尋求協助的溝通技巧，且將「教導學生以某種方式求助」列為教學目標，則教師可以教導學生藉由某些方式達到求助的目的，更重要的是教會周遭的人了解該生行為所代表的意義，以做出適當的回應。

因此，如何運用生態評量的觀念與策略對特殊需求學生在各項環境中，表現出來的各種能力進行分析，進而提供有利其行為改善的環境和活動，協助學生有機會、有能力參與學校、家庭或社區中的任何活動，是十分適合使用於中重度障礙的學生。

（六）生態評量之評析

生態評量固然有其生態觀點上的優點，惟在實際情境的運用上亦有未臻完善之處，分別列述如表 4-4。

表 4-4　生態評量的優點及內涵

優　點	內　涵
具功能性	生態評量完全以學生的實際生活環境為主要的評量重點，因此其評量結果較具功能性。
強調個別化	生態評量無障礙程度之分，著重不同學生的個別需求。
提供學生潛能的評量	生態評量在發掘更有利於學生參與環境的條件，其目的在發現學生的學習潛能，幫助學生生活在最少限制的環境中。
評量與教學緊密相關	生態評量的目的即在為教學鋪路，因此評量結果與教學之間的關係密切，評量結果可做教學內容設計的一環。
負面評價	**內　涵**
評量耗時費力	生態評量是一種個別化評量，需親自針對個別學生在所處各種生活環境中進行，而且需與許多人進行晤談，工程浩大。
生態環境難以成為教學情境	可能由於行政協調或情境限制，學生的生態環境往往難以成為適當的教學情境。
個別化教學難以完全掌握	每個個案的行為表現不同、適合的教學模式不盡相同，而特殊教育老師往往一堂課要面對五位以上的學生，使得個別化教學推行受阻。
輔具的設計問題	輔具設計往往並非特殊教育老師的專長，因此常需要求助其他的專業人員。惟目前國內專業人手不足，常常難以取得適當配合。

九、非正式量表

「非正式量表」（informal inventories）乃是評估所教授內容代表性部分的篩選工具。雖然這種形式的評量並不是全面性的，不過仍然可以測量到一定範圍的能力和概念。通常，施測非正式量表就像教學前的評量工具一樣，它們可以用來決定學生目前的成就水準與確定課程上特定的領域，是否需要更為廣泛的診斷性評量。

非正式評量在一般教材和活動上測試學生，這是有用且實用的替代性評量程序。運用班級教材來進行非正式評量的主要優點，就是評量較能夠接近預期的行為；同時這種評量也給予教師實施和解釋上的自由，例如：教師可以在評量時激發學生，或者是延長學生完成測試的時間。此種評量上的調適可以讓學生安心，並且有助於確定他們能夠做出最佳的努力。此外，它們可以使用各領域的教材和程序，也可以在一般教學中提供，而且比正式測驗來得便宜。

在本文中我們將介紹幾種可供教師使用的非正式量表，例如：「非正式認字測驗」（Informal Word-Recognition Test），這種類型的測驗可用來決定學生閱讀水準的一種快速方法，也可用來偵測學生的認字錯誤分析（Lerner, 2003）；至於「非正式數學測驗」（Informal Arithmetic Test）則可以簡易的設計來確認學生基本計算能力上的弱點。表 4-5 是非正式的數學調查測驗（適用三年級）。教師可以依據所要測試的年級來提高或降低測驗的難度水準。

表 4-5　非正式的數學調查測驗

減法	114 − 3	126 − 2	148 − 5	179 − 4	123 − 2	165 − 3	189 − 7	155 − 2	196 − 3
	139 − 16	145 − 22	113 − 11	186 − 44	164 − 32	178 − 24	157 − 33	192 − 81	140 − 10
	752 − 241	279 − 124	370 − 230	143 − 121	666 − 351	478 − 352	607 − 506	191 − 180	754 − 322

十、反應或學習日誌

「反應或學習日誌」（response journal or learning journal）讓學生保持個人的作品紀錄，包括他們已經學習過的事物、學習方法、不懂的地方、混淆的原因，以及他們需要怎樣的協助。學者認為學生也可以使用這種工具來維持個人的日誌，使得他們能夠描述、分析和評鑑本身的經驗、成功和挑戰，以及書寫有關結論

（Stiggins, 1987）。

反應或學習日誌可以包含他們已精熟和未精熟的作業、已經發現有用的策略和資訊、他們想要詢問的問題、未來計畫的想法、計畫作業的步驟、他們的作品的回應，以及進展情形的證據。至於書寫能力薄弱的學生可能需要維持一種聽力式的日誌，在錄音設備上記錄他們的反應。

以數學為例，這種日誌讓學生有機會省思他們的工作，寫下他們對數學的了解，並記錄任何不清楚或需要進一步檢視或指導的概念。教師會發現這種日誌有助於評估學生是否使用他們所教授的數學原理、過程和程序。因此，反應或學習日誌可提供方案規劃和評估有用的資訊。另外，這種日誌可促進學生自我評價技能的發展，也可透過記錄來保持學生掌握數學知識進步的個人記錄。

數學反應或學習日誌是你以書面形式探索數學思維的一種方式。主題建議包括下列事項（Spinelli, 2012）：

討論你在課堂上成功完成的數學問題。
- 你做了什麼來解決問題？簡單嗎？
- 遇到什麼挑戰？
- 你學到了什麼？

討論你在課堂上失敗的問題。
- 你在哪裡卡住了？
- 你怎麼能夠完成這個問題？
- 你怎麼可以解決這個問題？

向同學說明你今天學到的東西。
- 你在本單元遇到什麼麻煩？
- 你有什麼想法？

思考並描述你如何在完全不同的方式中解決問題。寫下：
- 數學中的重要問題。
- 我今天在課堂上學到最有趣的事情。
- 我今天對數學課最了解的是什麼？
- 針對什麼我需要更多的幫助？
- 舉兩個我解決問題的例子。
- 在現實生活中使用數學技能的方法。

十一、大聲思考技術

「**大聲思考技術**」（think-aloud technique, TAT），又稱放聲思考技術，也就是要求學生必須用邊說邊做的方式，將內心的思維歷程全部以口頭說出來，教師再利用這些資料進行分析。這種技術是學生在執行任務時，口頭解釋認知歷程和他們所運用步驟的一種評量形式，可能包括讓學生口頭解釋他們解決一道自然與生活科技問題的方法、閱讀時使用後設認知能力、計畫長期作業、描述社會章節，以及執行數學實驗。這種技術可以協助教師了解他們的學生是如何學習任務的，提供洞悉任何混亂或不正確的地方，用以調整學習目標或教學；也有助於學生洞察本身組織、分析、處理資訊與解決問題的能力。

為求有效執行大聲思考技術的程序，教師需要成為：(1)學生成就表現的敏銳觀察者；(2)了解課程範圍和順序；(3)熟悉認知策略（McLoughlin & Lewis, 2005）。

對多數學生來說，大聲思考技術可能是一種新經驗，教師需要透過學生在解決一項簡單問題時所涉及到的步驟來加以介紹，並提供學生練習的機會。這種技術包含下列優弱點，如圖 4-20；有關大聲思考問題的例子，如圖 4-21。

優點

- 可以反映實際的解題行為，而非這些行為的解釋和理由。
- 腦中的思考與解題行為的說明之間差距的時間短，降低理由化的可能。
- 容易學習，而且透過這種方法所得到的資料十分豐富，可觀察、可記錄、可分析。
- 有促進理解表現的效果。
- 即時口語可減少記憶負荷。

弱點

- 施測者介入對受測者認知產生壓力和負擔。
- 邊做邊說會讓受測者感到不習慣，使資料蒐集產生誤差。
- 當受測者面臨困難情境時，會導致口語無法完全反映思維歷程。
- 由於邊說邊做的關係，可能會增加受測者處理的錯誤機率。

圖 4-20　大聲思考技術的優弱點

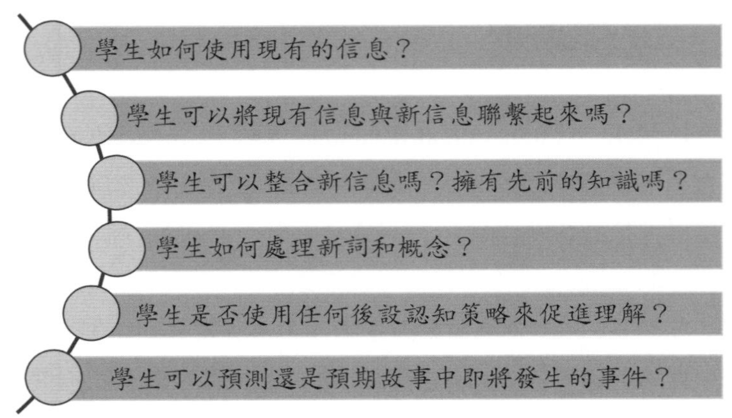

圖 4-21　大聲思考問題的示例

十二、檢核表

「**檢核表**」（checklist）是一種有效評估能力精熟水準的方法。教師可以發展能力檢核表，運用系統安排的方式，快速且有效地記錄特定能力或行為是否出現。

檢核表使用的種類往往取決於檢核表的目的。「行為檢核表」包含需要加以監督的特定問題行為或社會能力；「課程檢核表」通常是基於課程範圍和順序，以及特定能力，來檢核精熟的或未精熟的。檢核表可適用於全班或小組，讓教師能夠使用一種格式來針對多位學生，而不是讓每位學生維持一份個人的卷夾。

為求最實用，檢核表應該是特定的，有真正可以達成的目標數字。而評鑑標準也應該加以限制，指標可能包含相對的精熟水準（例如：M ＝精熟的；E ＝出現過；NS＝沒有能力）；質性目標（例如：優、良、中、可、差）；或是完整的事實（例如：A＝已完成；I＝未完成）。

「檢核表」以各種結構的形式來蒐集資料，能獲得其他技術無法發現的資料。專業人員或父母可以將它運用在任一科目。檢核表可能是由教師設計或建構的，可以依據格式來形成描述性的或數量性的資料。至於資料的品質則取決於設計精細及反應者的判斷，它們可能因缺乏指引而難以解釋，但是卻可以提供有用的教學方案資料。

檢核表實例(一)

數學語言檢核表

學生能夠辨認：		熟練	出現	不熟練
關係詞彙	時間：之前、之後、首先、最後、早、晚	☐	☐	☐
	位置：頂部、底、在……上面、外面、上面、裡面	☐	☐	☐
	比較：比較好、比較少、比較大、比較小、比較長	☐	☐	☐
	空間：長、窄、接近、遠、高、短、瘦、胖、寬廣	☐	☐	☐
時間詞彙	一般時間：早上、早、晚、明天、昨天	☐	☐	☐
	時鐘時間：時鐘、時針、分針、秒針	☐	☐	☐
	日曆時間：日期、生日、假期、假日、一個禮拜的日子、月、昨天、季節的稱呼	☐	☐	☐
形狀詞彙	圓、中心、扁、三角形、圓柱、邊	☐	☐	☐
數學符號	概念：數字（123）、元素（XY）	☐	☐	☐
	關係：＝、≠、＞、＜	☐	☐	☐
	操作：＋、－、×、÷	☐	☐	☐
	標點：小數點（4.50）、逗號（4,500）、括號，如：7＋（9－4）＝12、括號內括號，如：5×[2＋（3＋2）]＝35、連譜號（C＝[2,4,6]）	☐	☐	☐

檢核表實例(二)

人際往來關係檢核表

指導語：在每個問題中，你會如何在以下三個情境中做回應。思考這些情境後，將回答填入空格中。

問題	家庭	學校	社區
衝突			
1.當出現問題，你通常會怎麼做？			
2.當問題出現，你最好做什麼？			
3.當問題出現，你最害怕什麼？			
4.你如何處理害怕的情緒？			
5.當害怕時，誰可能是能夠幫助你的好人選？			
6.你如何處理壓力的問題？			
7.這個問題對你來說作用如何？			
8.當問題出現，你覺得難過、失望還是生氣？			
9.難過時你會怎麼做？			
10.生氣時你會怎麼做？			
11.現在你面臨什麼問題？			
12.你要如何處理這些問題？			
13.當你有問題時，有沒有人是你信任的可以找他？			
朋友們			
14.誰是你最喜歡的人或最喜歡的朋友？			
15.你如何交到這些朋友？			
16.你和你的朋友相處得好嗎？他們喜歡你嗎？			
17.你最喜歡這些人什麼部分？			
18.你覺得他們最喜歡你什麼部分？			
解決			
19.你有什麼想改變的社交狀況或想改變的人際來往關係嗎？			
20.你認為你可以改變這部分嗎？			
21.你知道如何改變這部分嗎？			
22.你有多少動力改變你自己來改變你所想改變的社會人際部分？			
23.你可以問誰或找誰幫忙？			

十三、工作樣本分析

樣本是指一小部分物質用以代表整個進行測試的對象。樣本經抽取後，可進行測試或分析等工作以了解整個對象。工作樣本需要學生在實際作業上，表現出所要測量的全部真實技巧；這種分析並不像前述任務分析，如此重視能力階層順序。而「**工作樣本分析**」（work-sample analyses）則包含針對學生產出的數量和品質來評量他們的產品。教師可以分析這些工作樣本來決定學生成功或需要補救的領域，其內容包括實驗報告、測驗、家庭作業、班級討論的錄音或錄影紀錄。

另外，「工作樣本分析」亦可用來研究學生作品上正確和不正確的反應，適用於任何科目與學生，如表 4-6。由於這種分析與課程密切連結，所得資料的潛在用途是很高的，教師可以使用這些資料來建立目標與確定修正教學的方法。

表 4-6　工作樣本檢核表：數學表現技巧

學生能夠執行	不是	是
從黑板或教科書準確的複製方程式？	☐	☐
在指定時限內完成一定數量的數學作業？	☐	☐
複製計算問題時能正確對齊數字？	☐	☐
寫數字時不會逆轉、顛倒或反轉？	☐	☐
解決基本運算，而不用使用手指或教具？	☐	☐
正確的排列數字？	☐	☐
計算數字列時不會失去它的位置？	☐	☐
計算直式方程式時從右邊開始？	☐	☐
計算有多個數字的方程式時，能正確排列步驟？	☐	☐
始終使用相同的重組程序（例如，在十位的地方「借」）	☐	☐
解決應用題時選擇和使用正確的操作方式？	☐	☐
辨別和忽略故事問題中不相關的訊息？	☐	☐
讀取多位數字而沒有排序或間隔的問題？	☐	☐
正確的使用小數位？減法？ 乘法？ 除法？	☐	☐
理解「不合理」的答案？	☐	☐
不使用第一次解出來的答案，會檢查計算？	☐	☐
會使用適當的步調，解決計算題時？解應用題時？	☐	☐
會解決多步驟的問題？	☐	☐
了解數學語言？	☐	☐

工作樣本分析實例

特二學生：王昕瑀
指導教授：張世彗

一、評量目的

自己搭乘捷運（用加值好的悠遊卡）。

二、評量目標

1. 能在捷運路線圖上指出目的地的站名。
2. 能刷卡進站。
3. 能搭上正確方向的列車。
4. 能在正確的站下車。
5. 能刷卡出站。

三、使用材料

1. 捷運路線圖一張。
2. 悠遊卡一張。
3. 捷運進出站門圖一張（遠圖）。
4. 捷運進出站門圖一張（近圖，要照到刷卡位置）。
5. 捷運兩側月臺圖各一張（要照到列車方向的標示）。
6. 捷運車廂內站名跑馬燈圖三張（目的地前一站、目的地、目的地後一站）。

四、評量標準：總分能達到 8 分以上

目標	良（2 分）	可（1 分）	再加油（0 分）
1. 能在捷運路線圖上指出目的地的站名	□能在捷運路線圖上指出正確站名，五次中四次通過。	□能在捷運路線圖上指出正確站名，五次中三次通過。	□能在捷運路線圖上指出正確站名，五次中兩次通過。
2. 能刷卡進站	□能在進站門的圖中，指出刷卡的正確位置，五次中四次通過。	□能在進站門的圖中，指出刷卡的正確位置，五次中三次通過。	□能在進站門的圖中，指出刷卡的正確位置，五次中兩次通過。
3. 能搭上正確方向的列車	□能在兩張月臺圖中指出往正確方向的那張，五次中四次通過。	□能在兩張月臺圖中指出往正確方向的那張，五次中三次通過。	□能在兩張月臺圖中指出往正確方向的那張，五次中兩次通過。

（續下表）

（承上表）

4. 能在正確的站下車	□能在三張跑馬燈圖中指出正確的那張，五次中四次通過。	□能在三張跑馬燈圖中指出正確的那張，五次中三次通過。	□能在三張跑馬燈圖中指出正確的那張，五次中兩次通過。
5. 能刷卡出站	□能在出站門的圖中，指出刷卡的正確位置，五次中四次通過。	□能在出站門的圖中，指出刷卡的正確位置，五次中三次通過。	□能在出站門的圖中，指出刷卡的正確位置，五次中兩次通過。

附件：

（續下表）

（承上表）

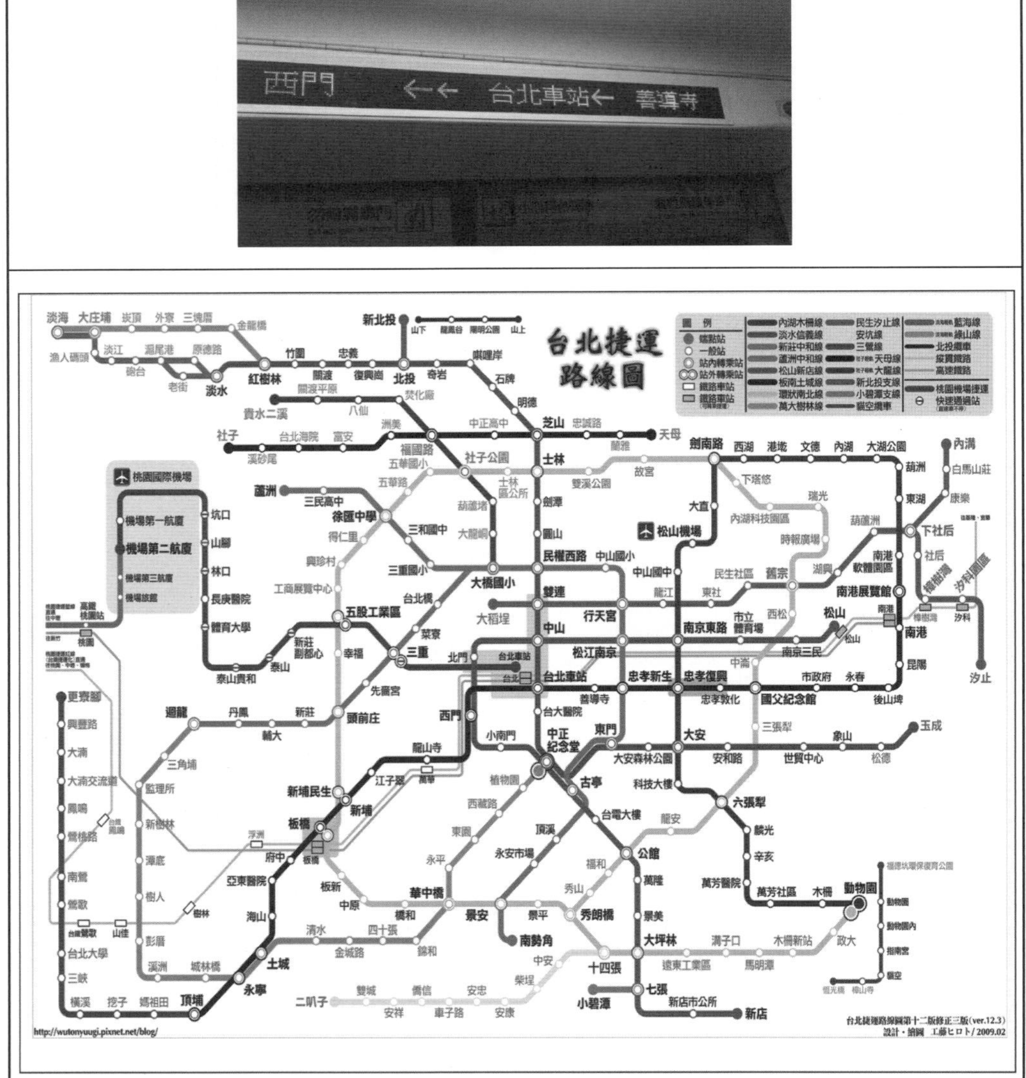

十四、訪談

「**訪談**」（interview）是種交互作用，通常是面對面的，參與者口頭分享有關學生的資訊。通常受訪者會依循指定的問題在個人和非正式的氣氛下，激發有關兒童的觀點、經驗觀察或背景資料的分享。

訪談可以由父母、同事或其他專業人士來加以執行，如果學生有文字障礙、指示過於複雜、問題需解釋，或是需要進一步探測時，訪談要比問卷更為適當。

透過訪談，父母可以分享孩子在懷孕時的資訊、出生情形及發展狀況、重要發展里程碑（站立、走路，以及語言）、健康史（包括疾病或意外紀錄）和家庭成員的學習問題。

訪談須試著建立彼此間互信的關係，避免詢問可能會引發父母產生防禦的問題。訪談者也應該傳達一種合作、接納和同理的精神，維持專業客觀的程度，以防止過度的情感涉入。有許多個案訪談表格可以使用，有些既長且完整，可以產生許多方面的資料。

另外，訪談也可運用在學科領域上。以數學為例，對學生進行訪談的價值在於了解學生對數學的見解和態度，他們對於自己數學能力的看法為何，以及他們對於數學領域喜愛的情形。在訪談中，詢問學生策略性問題，來判斷他們如何處理應用問題。事實上，訪談可以讓教師深入了解學生如何表達他們的數學知識，以及如何面對、分析和解決單字的問題。

訪談學生可以透過多種結構化的方式：(1)要求學生執行特定的數學任務；(2)允許閱讀或口語有問題的學生，運用非語言的方式或運用教具來傳達解決數學問題的策略；(3)鼓勵高認知能力的學生，運用口頭解釋他們的問題，回答是使用何種判斷、證明和評估的。有關數學訪談的示例，如圖 4-22。

學生數學訪談

- ☐ 你喜歡數學嗎？
- ☐ 你在上數學課時有何感受？
- ☐ 你今天或這星期在數學課上學到最棒的事情是什麼？
- ☐ 你最喜歡什麼類型的數學活動？
- ☐ 進行數學活動時，哪種類型你做得最好？
- ☐ 你最不喜歡什麼類型的數學活動？
- ☐ 對你來說，什麼數學活動最難？
- ☐ 你在數學哪方面需要更多的幫助嗎？
- ☐ 描述一個你發現很困難的特殊問題。

學生數學訪談

- ☐ 當你不知道如何解決數學問題時，你該怎麼辦？
- ☐ 你最常在數學中犯什麼樣的錯誤？
- ☐ 為什麼你認為你會犯錯？
- ☐ 說一個你現在可以解決的新問題。
- ☐ 在學校以外，你如何使用數學？
- ☐ 當須通過反覆試驗找出答案時，你覺得在數學上有學好嗎？做示範時？有範本時？可以使用教具時？
- ☐ 你覺得在班級中你的數學學得好嗎？在小組中呢？自己做題目時？
- ☐ 數學課該如何改進？

圖 4-22　數學訪談

社交技巧學習成效家長訪談大綱

1. 您認為孩子在社交技巧上的表現如何？
2. 您認為孩子在社交技巧上最大的問題為何？
3. 您對使用「社交技巧教學介入」提升社交技巧的教學有何看法？
4. 您認為使用「社交技巧教學介入」提升社交技巧的教學有何優弱點？
5. 整體而言，您認為個案經由這次實驗教學後，社交技巧能力有提升嗎？哪方面差異最大？
6. 經由這次實驗教學後，您認為孩子喜歡使用這種「社交技巧教學介入」的形式嗎？
7. 您認為孩子還有哪方面的社交技巧能力需要再提升？

十五、問卷

「**問卷**」（Questionnaires）是一組問題，讓教師由父母、學生或其他專業人士中更詳細地引出資訊。問卷可採用面對面的訪談，或是郵寄給反應者來分享他們的意見、想法，表達情感或深慮後的回應。一旦反應者需要蒐集資料，如發展的、醫學的或學校歷史資料時，這種工具特別有用。其他問卷格式包含多重選擇、對錯和填空，以及反應形式（如勾選、塗黑，打×，寫出數字等）。然而，問卷可能不適合閱讀或寫作有困難的受訪者。

水平思考教學方案學習回饋問卷

各位同學：你們參與創造思考課程，希望活動安排與課程設計能讓你有豐富的收穫。為了讓下一次的課程更臻完美，請你依參加的感受，提供寶貴的建議與回饋。

	非常喜歡	喜歡	普通	不喜歡	非常不喜歡
一、課程「喜歡程度」方面					
經脈逆行……	□	□	□	□	□
燃木刀法……	□	□	□	□	□
獨孤九劍……	□	□	□	□	□
一陽指……	□	□	□	□	□
名偵探柯南——密室殺人事件……	□	□	□	□	□
金蛇劍法……	□	□	□	□	□
凌波微步……	□	□	□	□	□
乾坤大挪移……	□	□	□	□	□
斗轉星移……	□	□	□	□	□
垃圾變黃金……	□	□	□	□	□
	非常有幫助	有幫助	普通	沒有幫助	完全沒幫助
二、課程「幫助程度」方面 關於課程，你覺得對你的學習幫助的程度如何？					
經脈逆行……	□	□	□	□	□
燃木刀法……	□	□	□	□	□

（續下表）

（承上表）

	非常有幫助	有幫助	普通	沒有幫助	完全沒幫助
獨孤九劍	□	□	□	□	□
一陽指	□	□	□	□	□
名偵探柯南——密室殺人事件	□	□	□	□	□
金蛇劍法	□	□	□	□	□
凌波微步	□	□	□	□	□
乾坤大挪移	□	□	□	□	□
斗轉星移	□	□	□	□	□
垃圾變黃金	□	□	□	□	□

三、課程好玩嗎？課程有趣嗎？還是吸引不了你的興趣，想一想，說一說！

1. 在本學期的學習過程裡，你的心情如何？為什麼？

____

2. 在這十堂的課程中，你最喜歡的是哪一堂課？為什麼？

____

3. 你喜歡這次水平思考教學方案的教學方式嗎？為什麼？

____

4. 這次的水平思考教學方案，你學習到什麼？對你有哪些幫助？

____

5. 這次的水平思考教學方案，你覺得有什麼地方需要改進？

____

資料來源：吳錦勳（2012）

十六、觀察

「**觀察**」（observation）在學校評鑑學生的成就表現上也是使用最為廣泛的方法。在一天中，教師對於學生有無數的觀察，但是教師需用有系統和有意義的方法來組織和歸類觀察。觀察應該是進行式的，可以非結構化的和自然發生的，或是直接和正式的，包含特定的編碼和計分系統。教師需要成為一位敏銳的觀察者，觀察學生正在做什麼，而且要觀察學生在班上表現的內容、時機和理由。在決定學生可能有困難時，無數因素可能扮演著重要角色。

觀察用來研究學習環境上的兒童一段時間，以描述其行為形式。這種方法可能探究班級行為、與教師同儕的互動，以及其他可觀察的因素（如表 4-7）。觀察的結果通常是兒童班級行為的數目和本質，經常以圖示方式呈現。這些觀察的品質取決於界定問題行為的方法、資料蒐集的方法等。至於觀察所得的資料則可用來形成短期和長期的教學目標。

觀察是評量學生必要的部分，而它所產生的資料可以提供有價值的貢獻。透過測驗或個案訪談如果依然無法確認許多學生的屬性，有效的觀察通常能夠偵測到學生在班級的重要特性和行為，而且也有助於其他評量的發現。

觀察對於了解學生的個人適應也是有幫助的。對於學生如何回應情境和他人？學生對於學習問題的態度是什麼？影響學生社會和家庭生活的學校問題為何？在測試期間，教師觀察班上一位兒童小明，發現一旦學習任務或活動變困難時，小明會完全放棄，簡單填答所有答案，拒絕猜想並害怕做錯。這些觀察可以提供教師有價值的資料。

至於動作協調和發展也可以藉由觀察學生的動作和步態來加以評定。兒童可以跳躍、踢或扔球嗎？學生如何握住一支鉛筆？另外，透過觀察學生的語用亦可以評估學生是否有構音問題嗎？有足夠的字彙嗎？能夠使用完整句嗎？而每日班級行為的觀察也可以提供許多真實的資料，例如：學習國語文的閱讀時，學生對於沒學過的生字如何回應？他是否停下來尋求老師的協助，或是試著從脈絡關係來推論這些沒學過的生字。

表 4-7　新北市〇〇國小幼兒園角落學習區行為表現之觀察紀錄表

幼兒姓名：								性別：□男□女							觀察者：									
日期：　年　月　日							觀察記錄		表現的評量符號：優（☆）　良（◎）　可（∨）　發展中（△）															
選擇角落	益智角				娃娃角				美勞角				圖書角				積木角				音樂角			
	1	2	3	4	1	2	3	4	1	2	3	4	1	2	3	4	1	2	3	4	1	2	3	4
分項評量結果																								
觀察評量項目	一、依興趣、能力選擇玩具	二、專注力	三、解決問題能力	四、自信心	一、喜歡扮演角色	二、和友伴分工合作	三、善於照顧人或幫助人	四、物歸原位	一、能自選材料創作	二、有始有終完成	三、分享友伴作品	四、收拾	一、喜歡閱讀圖書	二、愛惜書本	三、發表能力	四、輕聲細語	一、專注力	二、富創造力	三、能依循指示	四、收拾	一、小心操作	二、輪流等待	三、動作技巧	四、與友伴合作
觀察記錄																								
老師評語																								
照片																								

十七、錯誤類型分析

「**錯誤類型分析**」（analyses of error type）要求教師檢視學生在工作樣本上的反應，以確定學生處理任務上的困難和形式（如表 4-8）。錯誤類型分析通常是針對要確定有關不適當應用原則和概念的錯誤，而非因缺乏教學所造成的錯誤。錯誤類型分析的重要範圍是學生對其反應的解釋，這樣可以協助教師指出錯誤概念或程序的知識，以發展補救方案，例如：「學前幼兒與國小低年級兒童口語語法能力診斷測驗」（楊坤堂、張世彗、李水源，2005）和「中文年級認字量表」（黃秀霜，2001）就有這樣的設計，前者可用以了解幼兒在接受性和表達性口語語法上的錯誤類型，後者則可診斷出兒童認字的錯誤組型。

表 4-8　加法錯誤類型分析

類型	題目	錯誤 1	錯誤 2	錯誤說明
二位數加一位數不進位	36 + 3	36 + 3 = 12	36 + 3 = 69	1. 將所有的數字相加。 2. 被加數分別和一位數的加數相加。
二位數加一位數位數進位	35 + 9	35 + 9 = 134	35 + 9 = 34	1. 以乘法方式演算： 5+9=14 30+90=120 120+14=134 2. 沒有進位的錯誤。
二位數相加不進位	42 + 23	42 + 23 = 11	42 + 23 = 75	1. 不懂加法的意義，把所有的數字都相加起來。即：4+2+2+3=11 2. 不需要進位，卻進位。
二位數相加個位進位	26 + 49	26 + 49 = 65	26 + 49 = 15	1. 個位沒有進位。 2. 計算不完全，十位數忘了計算。
二位數相加十位進位	70 + 63	70 + 63 = 33	70 + 63 = 130	1. 十位數沒有進位。 2. 個位忘了計算。

十八、自我和同儕評鑑

（一）自我評鑑

「**自我評鑑**」（self-evaluations）是一種讓學生報告其感受、活動水準或知識，來加以蒐集資料的方法。這種方法有多種形式，包括自我評定量表、態度或興趣量表、檔案等。它要求學生回應其學習，直接應用成績標準到他們的學習任務上，以及思慮他們個人的長處與需要強化的領域，同時自我評鑑也可以協助學生計畫未來目標和發展達到目標的策略。

由於「自我評鑑」有助於提高後設認知的能力、思考獨立和自我監督，因而此種歷程可以是一種強而有力的一生學習工具。對於學生來說，要讓自我評鑑正確且可信，有兩項基本的要求：(1)學生必須能夠良好的表達自己，使得他們的想法能夠獲得了解；(2)學生必須成為可靠的資料來源。由於這些要求，自我報告最常用於年紀較大的學生和成人。

以數學為例，為了幫助學生在特定活動中思考所學及所練習的，老師可能需要提供口頭提示，例如：

- 告訴我當你第一次解應用題時，你做了什麼。
- 告訴我你是如何進行的。
- 你為什麼決定這麼做？
- 那個時候你在想些什麼？
- 在解應用題時，你學到了什麼？
- 你在進行時遇到了什麼問題？你是如何解決這個問題的？
- 如果你再做一次這道題目，你會有什麼不同的做法？
- 你是否選擇正確的策略來解決問題？
- 在嘗試解決問題之前，你是否組織了一個好的計畫？
- 是否使用適當行動來計算問題？

一旦學生開始為學習承擔更多責任，他們會收穫良多。另外，為了進行自我監控，教師可以提供學生自我評鑑的問題，讓他們開始持續的自我提問，如表4-9。

表 4-9　自我提問

階段		問題
前	開始計算題或應用題之前，請簡單關注一下：	・我要做什麼？我可以自己想像或是覺得自己做得好嗎？ ・我想用什麼標準來評估我的表現？ ・以前的演示我想要記住什麼，這將有助於我做得更好？
中	在任務期間，使用標準：	・我需要做一些不同的事情嗎？ ・我如何解決這個方程式／問題？ ・我使用什麼標準來判斷我是否正在做這項任務？
後	任務完成後，思考學習和建立連結：	・我做了什麼？ ・我是怎麼做到的 ・我做得如何？ ・這個方程式／問題與我所做的程式／問題有什麼關係？它提醒我什麼？ ・從這裡得到哪些更多的想法？

自我評鑑實例

學生對於「閱讀」後設認知的自我評鑑檢核表			
	經常	有時	從不
開始閱讀之前，我有……			
確定閱讀的目的？	____	____	____
想想我已經知道的話題？	____	____	____
問自己需要知道的話題？	____	____	____
思考或討論有關的經驗話題？	____	____	____
問自己從這個閱讀中學到什麼？	____	____	____
想到有助於我了解文本的策略？	____	____	____
看了看書名和插圖？	____	____	____
用看過的書名／主題句來預測我將會閱讀些什麼？	____	____	____
猜猜這個故事會發生什麼？	____	____	____
思考人的故事和安排的故事？	____	____	____

（續下表）

（承上表）

學生對於「閱讀」後設認知的自我評鑑檢核表			
	經常	有時	從不
閱讀時，我有……			
停下來，檢查我對我讀了什麼的了解？	____	____	____
如果內文混亂／困難，適時調整我的閱讀頻率？	____	____	____
注意關鍵詞（例如：因此、最後）？	____	____	____
突出顯示／畫底線部分重要或不清楚？	____	____	____
書面問題／評論在讀完後重讀或稍後檢查？	____	____	____
關於接下來會發生什麼做出預測或有個輪廓，組織記得的人物、情節等？	____	____	____
閱讀後，我有……			
問我自己是否知道我想知道什麼？	____	____	____
令人困惑／不清楚的段落，回去重讀特定的段落？	____	____	____
思考作者想傳達什麼？	____	____	____
確定如果我的預測是正確還是不同？	____	____	____
總結了我讀過的內容。	____	____	____
問我自己是否同意或不同意我閱讀什麼，為什麼？	____	____	____
想想我將來會如何使用這些信息？	____	____	____
決定是否需要閱讀更多關於這個主題？	____	____	____

資料來源：Spinelli（2012）

（二）同儕評鑑

「**同儕評鑑**」（peer evaluations）可以協助學生運用標準至工作樣本上。這種方法藉由要求肯定陳述有關彼此的作品，以及建設性批評以求修正，來教導尊重他人的想法與積極互動的方法。

「同儕評鑑」可以提高學生的動機、責任、自我引導、成功和自尊等正面的學習特性，也能夠協助學生洞察其他同儕的思考和推理歷程。重要的是，學生要參與發展「自我評鑑」和「同儕評鑑」的計分標準，使他們能夠了解評鑑程序和標準。參與此項過程也可以提供學生擁有成績系統的感受，讓他們了解和評價學習過程。也就是說，教師可以將發展計分標準發展視為學習歷程的一部分，來增進學生關鍵概念的知識。

另外，同儕評鑑可培養對他人作業的尊重，以及提供讓學生積極互相影響的機會，並且學習到給予有建設性的評斷。有關數學方面的同儕評鑑指引如下：

我的同儕……

- □仔細閱讀／分析問題或方程式？
- □重述問題？
- □確定數學過程需要什麼？
- □制定了計畫？
- □強調相關訊息，並刪除不相關的訊息？
- □想像和畫出問題？
- □將多個步驟組織成正確的序列？
- □選擇正確的操作方法？
- □預估答案？
- □正確解決了這個問題？
- □仔細檢查答案？

十九、連續性紀錄

教師可以運用一本適合兒童發展水準的書，採用「**連續性紀錄**」（running record）來進行引導式的閱讀評量。當他們閱讀這本書時，連續性紀錄可讓教師記錄兒童的閱讀行為，這種方式可用於從未看過的書或僅讀過一、兩次的書。不過，使用一本先前未曾讀過的書，在評量水準上更能正確的測量兒童的能力。

教師可以分析連續性紀錄評量結果，來了解兒童的閱讀發展水準。運用連續性紀錄會隨著經驗而有進步，會愈做愈好。

（一）紀錄格式

1. 符號和標記慣例

這種評量方式包括兩項可區別的部分：(1)連續性紀錄；(2)理解檢核。進行連續性紀錄時，教師可以使用特定符號和標記來記錄兒童的閱讀行為，如表 4-10。完成紀錄活動後，就可以分別計算「**閱讀率**」（reading rate）、「**錯誤率**」（error rate）和「**自我矯正率**」（self-correction rate）。

表 4-10 慣用連續性紀錄的符號

閱讀行為	標記	例子
閱讀正確的單字	「✓」在每個閱讀正確單字的上面	✓✓✓✓✓ 藍色的狐狸……
替代 （一個錯誤如未能自我矯正，不管其不正確替代的數目，就記錄一個錯誤）	在正確的單字上面寫下每個嘗試的單字	勇敢 ✓✓✓ 藍色的狐狸……
省略（一個錯誤）	「－」（長破折號）	✓－✓✓✓ 藍色的狐狸
插入（一個錯誤）	「Λ」標示在插入的地方，並在其上面寫上插入的單字	Λ深 ✓✓✓✓ 藍色的狐狸
重複一個單字 （沒錯誤）	「R」表示重複一次；「R2」表示重複二次	R 藍色的
重複語詞（沒錯誤）	用 R 連結線條和箭頭指到閱讀者重複之處	
自我矯正（沒錯誤）	「SC」：錯誤後表示學生已自我矯正錯誤	勇敢／SC 藍色的狐狸
介入／學生混亂且不願再試	寫下「TA」若需告訴學生再試，指出他們需再試的地方。加上框框繞著學生須再試的本文部分	TA 【藍色的狐狸】
介入／不能閱讀一個單字	如果你在等候 5～10 秒後告訴兒童單字，就在單字上面寫下「T」	T 藍色的
起始音（沒有錯誤）	如果學生初次說這個單字，就在單字上面標記起始音「b」，若閱讀正確，就給一個✓。	b／✓ 藍 色的狐狸

2. 熟悉紀錄的術語

使用連續性紀錄表格之前，教師須熟悉表 4-11 的術語。

表 4-11　連續性紀錄的術語

術語	內涵
錯誤（Error, E）	閱讀時只要兒童出現下列任何情形，就算錯誤：(1)在本文中使用某個字替代另一個字；(2)刪除一個字；(3)插入一個字；(4)須由主試者告訴一個字。
自我矯正（Self-correction, SC）	兒童了解本身的錯誤並矯正它時，就形成了自我矯正。一旦兒童做自我矯正時，就不紀錄為錯誤。
意義（Meaning, M）	意義是線索系統的一部分。兒童透過思考故事背景、圖片資料或句子的意義來運用其線索，讓本文更有意義。這些線索可支持這些單字或語詞的閱讀。
結構（Structure, S）	結構指語言的結構，常被視為語法。結構的隱喻知識可協助閱讀者了解其所閱讀的聲音是否正確。
視覺的（Visual, V）	視覺資料是關於注視單字本身。當他們研究起始音、單字長度、熟悉的字串時，就表示閱讀者正在運用視覺性資料來協助自己。

3. 在連續性紀錄表格上標記 M、S 或 V 的符號

當兒童在閱讀一行本文上有錯誤時，就在連續性紀錄表格上右邊第二欄，紀錄兒童所運用的資料來源。在該欄句子的右邊寫上 M、S 和 V，然後依據兒童使用的資料來源，圈上 M、S 或 V。

如果兒童在閱讀本文的一行上自我矯正錯誤，則使用更右邊的欄位紀錄這項資訊。在該欄句子的右邊寫下M、S和V，圈選兒童自我矯正所使用的資料來源。教師也可以僅選擇實施連續性紀錄評量，無須觀察紀錄有關兒童使用意義、結構或視覺線索的情形。即使在表格上教師不紀錄這些資訊，仍然可以使用錯誤、自我矯正和正確率的資訊，來決定兒童的閱讀水準。

（二）使用連續性紀錄的方法

- 選擇一本接近兒童閱讀水準的書對兒童說明，教師在觀察紀錄兒童閱讀行為時，兒童要大聲唸出來。
- 兒童閱讀本文時，教師使用連續性紀錄表格坐在兒童旁邊，讓教師能看到本文和兒童的動作。
- 兒童閱讀時，使用特定符號和標記在連續性紀錄表格上註記每一單字表現的情形，並標記檢核的記號。
- 兒童若閱讀太快，導致無法連續性紀錄時，可要求他中止直到跟上為止。
- 要確定有注意到閱讀者的行為〔兒童運用意義（M）、結構（S）或視覺（V）線索來協助閱讀單字和搜集意義〕。
- 兒童閱讀時，盡可能愈少介入愈好。
- 兒童若無法持續閱讀，等候5～10秒後告訴他，如果兒童仍然很混亂，教師就顯現混亂的地方，說：「再試看看。」

（三）分析和計分

1. 質性分析

質性分析是基於連續性紀錄時所觀察到的，它包含觀察兒童如何使用意義（M）、結構（S）或視覺線索（V）來協助閱讀，也包括注意流暢性、語調和語詞。思考一下教師所提供的提示與兒童回應提示的方法。所有這些訊息都可以協助教師了解兒童閱讀發展的圖像。

2. 計分

連續性紀錄時，所搜集的資料可用來決定錯誤、正確性和自我矯正率。以下是計算這些比率的公式。

(1)正確率

正確率以類似百分比的方式來表示。你可以使用下列公式來計算正確率：

（總閱讀單字－總錯誤）／總閱讀單字 × 100 ＝正確率
（TW-E）/TW × 100 ＝ AR

例子：（120 － 6）/120 × 100%＝ AR

AR ＝ 114/120 × 100

.95× 100 ＝ 95%

教師可以使用正確率，來決定是否所閱讀的本文是容易的，足以獨自閱讀或困難到需要實施教學，以避免挫折或對閱讀者太難。以下是這三種類別的分解：

類別描述	正確率的範圍
容易到足以獨立閱讀	95%～100%
可用來實施引導閱讀教學	90%～94%
太難會讓閱讀者感到挫折	89%以下

(2)錯誤率

錯誤率是種比率，使用總閱讀字數除以總錯誤數來計算。

> 總閱讀字數／總錯誤數＝錯誤率
> TW/E ＝ ER

例子：120/6 ＝ 20。

比率如同 1：20。這意指針對每項錯誤，兒童正確閱讀 20 個單字。

(3)自我矯正率

自我矯正以比率來表示，運用下列公式來計算：

> （錯誤＋自我矯正）／自我矯正＝自我矯正率
> （E ＋ SC）/SC ＝ SC 率

例子：（15+5）/5 ＝ SC

SC ＝ 20/5

SC ＝ 4

SC 以 4：1 來表示。這意味著兒童每 4 個錯誤會自行矯正 1 個錯誤。如果兒童的自我矯正率是 4：1 或更低，即顯示他是自我監督其閱讀。

（四）閱讀後

1. 重述

兒童閱讀書本後，教師進行連續性紀錄，讓兒童口頭重述故事。要求兒童闔上書本，然後說出有關故事的細節。兒童若對重述故事有困難或僅記得若干細節，教師就可以給予提示，例如：「告訴我更多有關……或……之後發生了什麼事」。分析兒童重述下列資料：(1)人物；(2)主要觀念和支持的細節；(3)事件的順序；(4)情境；(5)情節；(6)問題和解決方法；(7)對於特定本文字彙和語言的反應。

2. 重述檢核表

- 兒童能夠口述故事中發生了什麼事情嗎？
- 兒童是否在重述上包含有關人物的細節？能夠解釋人物之間的關係嗎？
- 兒童能描述情境嗎？細節描述得如何？
- 兒童能夠憶起故事中的事件嗎？能夠將這些事件放在正確的順序上嗎？
- 兒童能夠確認問題和解決方法嗎？
- 兒童有從本文中使用字彙嗎？
- 兒童的重述顯示低度、適度或完整且詳細的了解本文嗎？

連續性紀錄實例(一)

學生：賴姿允
指導教授：張世彗

一、學生基本資料

培培，國小三年級女生，輕度智能障礙，安置於桃園縣國小特教班，能學習該年齡語文課程之教材，能依注音或已習得之文字進行閱讀，但語文理解則尚可，有時會有文不對題或僅依線索搜尋相關答案，未能融會貫通，進行口語表達。

二、評量過程

（一）評量材料

《兒童的雜誌》第 79 號〈做一個乾乾淨淨的好孩子〉（文／蔣立琦）第 76 頁。（如右圖）

（二）評量方式

文本內容附有注音，給予指導語請其大聲唸出。

（三）記錄方式

為快速紀錄學生之反應，打字列印形成簡易紀錄表，以注音方式呈現紀錄錯誤語音，以了解其錯誤類型，並整理紀錄於下頁表中。

內容	E	S-C
小朋友從小就應培養自己做一個整齊清潔的孩子， 不僅別人看了舒服，自己也會覺得神清氣爽。		
很多小朋友以為老師太無聊，管的事真多， 其實養成這種保持清潔的習慣，自己將受益一生。	1	1
因為「乾乾淨淨」的好孩子，才會是個「健健康康」的好孩子。 每天起牀都應洗臉、刷牙，	1	
因為臉上的皮膚經過一個晚上的流汗，眼睛分泌眼屎， 會讓我們看起來很沒精神，睡眼惺忪的樣子。	2	
洗一洗臉可以把皮膚上的汗水清除乾淨，讓眼睛明亮起來。		
刷牙更是重要的清潔工作，不但可以使牙齒潔白健康， 同時也會使我們口氣芬芳。		
上學前應檢查書包，看看是否一天要用的東西都帶齊了， 課本、鉛筆、水壺、飯盒、手帕、衛生紙等都應準備好， 以免要用的時候沒得用。	3	
制服也應每天更換，保持清潔平整，注意鈕子及拉鏈功能 是否都正常，請媽媽將掉的鈕子縫好。	3	
衣服的縫線也應注意是否有脫線的情形，穿上乾淨整齊的衣服， 人也會變得漂漂亮亮的。	3	
總計	13	1

（四）學生行為表現

閱讀速率較為緩慢，約五分鐘唸完全文 329 字之內文，會用手指協助大聲唸出，能自發性的連續完成，未有停下或尋求協助。

三、評量結果分析

1. 正確率：（329-14）/329×100＝96% ⇨ 文本程度：容易，學生足以獨立閱讀。

2. 錯誤率：1：24。

3. 自我矯正率：（13+1）/1＝14：1 ⇨ 顯示學生無法自我監督之閱讀。

4. 錯誤類型分析：依注音符號類型、字型或上下文分析 ⇨ 以注音替代及音調錯誤為最多。

(1) 音調錯誤：牀（ㄔㄨㄤˊ）→（ㄔㄨㄤ）、是（ㄕˋ）→（ㄕ）、縫（ㄈㄥˊ）→（ㄈㄥ）。

(2) 省略：否（ㄈㄡˇ）→（ㄈㄨˊ）省略ㄛ音。

(3) 添加：原文僅為「應」字，添加成「應該」，推測可能為粗心未注意。

(4) 替代：以（ㄧˇ）→（ㄧㄣ），根據上下文推測，可能受經驗影響，將以為誤唸成「因為」；汗（ㄏㄢˋ）→（ㄏㄞˇ），ㄢ音被ㄞ音所替代；掉（ㄉㄧㄠˋ）→（ㄐㄧㄠ），ㄉ音被ㄐ音所替代。

(5) 自我矯正：成（ㄔㄥˊ）→（˙ㄉㄜ）。

(6) 未習得之生字：未依注音唸出，而將「忪」（ㄙㄨㄥ）讀成（ㄍㄨㄥ），有邊唸邊。

(7) 其他：免（ㄇㄧㄢˇ）→（ㄨㄢˋ）。

四、結果建議

（一）評量建議

使用刪除注音版本，以了解學生唸讀時為認字或拼讀注音，並根據其學習需求，調整教學模式。

（二）教學建議

透過此連續紀錄表，可了解學生唸讀之能力，包含口語表達及其構音等，但若需要深入了解其語文程度，尚需提供語意以供澄清解釋或說明其大意等，以達文章傳遞訊息之目的。

連續性紀錄實例(二)

學生姓名：林〇〇　　評量者：李佩均　　日期：2012.5.16

※紀錄時讓學生大聲朗讀出來

****

頁／行	E＝錯誤；S-C＝自我矯正；M＝意義； S＝結構；V＝視覺	E	S-C	E M S V	S-C M S V
P1	✔✔✔✔✔✔ ✔✔ ✔✔✔✔✔✔✔✔✔✔✔ 他是雞蛋哥哥，其實，他早就該從蛋殼裡出來了， ✔✔✔✔✔ ✔✔✔✔✔✔✔✔✔✔✔✔✔ 但是他不想。雞蛋哥哥想要一直待在蛋殼裡。				
P5	挖 ✔✔✔ ✔✔ 裝/S-C ✔✔✔✔✔✔ ✔✔ 「哇！好危險！萬一撞到了，是會裂開的！」雞蛋 ✔✔✔✔✔✔✔✔✔✔ ✔✔✔✔✔✔✔✔ 哥哥總是一邊這麼說著，一邊繞開石頭走路。	1	1	M S [V]	M S [V]
P6	✔✔ ✔✔ 「早安，媽媽。」 ✔ ✔✔ ✔✔✔✔ 「啊，早安，雞蛋哥哥。」				
P7	✔✔✔✔✔✔✔✔✔✔✔ ✔✔✔ ✔✔嗎 「你要是能快點長大就好了。」媽媽說。「不要嘛， ✔✔ ✔✔✔✔✔✔✔✔✔✔✔有✔了 ✔✔✔✔✔ 媽媽。我覺得現在這樣子就很好啦！他總是這麼 ✔✔ 回答。	1 2		M S [V] M [S] V M [S] V	
P8	✔✔✔✔✔✔✔✔✔✔✔✔✔✔✔ ✔ ✔✔ 雞蛋哥哥的弟弟是一隻黃色的小雞。「嗨，弟弟， ✔✔✔ ✔ ✔✔✔ ✔活✔ ✔有✔✔ 早安啊。」「啊，是哥哥。」「小伙子，你又長大 ✔嗎/SC ✔✔ ✔✔✔✔當/SC ✔✔✔✔✔✔✔ 了吧？」「是嗎？」雞蛋哥哥讓小雞弟弟站在自己 ✔✔✔ 的背上。	2	2	M S [V] [M] S V	M S [V] M S [V]

（續下表）

（承上表）

P9	✔✔ ✔✔✔✔✔✔ ✔✔罵 ✔/✔✔ 「看吧，你又變重了呀。」「真的嗎？我好高興 ✔ ✔✔✔✔✔✔✔✔✔✔✔✔✔✔✔✔✔ 喔！」雞蛋哥哥一點都不在意小雞弟弟看起來比 ✔✔ ✔✔✔✔✔✔✔✔✔✔ 他大。他覺得還是當雞蛋比較好。	2		M S [V] M S [V]	
P10	✔✔ / / ✔✔✔✔✔✔✔✔✔✔✔✔✔✔ 因為，~~因為~~……這樣就可以一直讓媽媽抱著入睡。	2		M S [V]	
P12	✔✔✔✔✔✔✔✔✔✔✔ ✔✔✔✔✔ ✔✔ 還有其他很多好玩的事情，可以像這樣、這樣、 ✔✔RR✔✔✔✔✔✔✔✔抓✔✔ 這樣，躲在各種地方玩捉迷藏。	1		M S [V]	
P13	✔✔✔✔歌/SC✔ ✔✔✔✔✔✔✔ ✔✔✔✔✔ 因為他是個雞蛋，即使這樣到處躲，大家也不會 ✔✔✔✔ 生他的氣。		1		M S [V]
P14	✔✔✔✔✔✔✔✔✔ 他最喜歡浮在水面上。				
P15	✔✔✔✔✔ ✔✔✔✔✔✔✔✔ 好幾個小時，就這麼浮在水面上。				
P16	✔✔ ✔✔✔✔✔✔✔✔ ✔✔✔✔✔✔✔✔✔ 但是，他好害怕烏鴉先生。烏鴉先生只要一發現 ✔ ✔✔✔✔✔ ✔✔✔✔✔✔ ✔ ✔✔✔貨 他，就會追過來，一邊追一邊喊：「喂，你這傢伙 ✔✔✔✔✔✔ ✔✔✔✔✔✔ 但✔✔✔✔✔ 還是個雞蛋啊，我來幫你打開！站在那裡別動！」	1 1		M S [V] M S [V]	
P17	✔✔ ✔✔ ✔✔✔ ✔✔✔✔✔✔ ✔✔✔ 「不要，不要！別碰我！雞蛋殼一打開，就不好 ✔✔ ✔✔✔✔✔✔✔✔✔✔ 玩啦！」嚇得雞蛋哥哥拚命的逃跑。				
P18	✔✔✔✔✔進✔✔✔✔✔✔ ✔ ✔✔✔ 雞蛋哥哥趕緊鑽進豬的鼻子裡。「呼——，終於可 ✔✔✔✔ 豆/SC✔✔✔✔✔ ✔✔✔✔✔✔✔ 以放心了。」但就在這個時候，豬開始覺得鼻子 ✔✔✔ 癢癢的……	1	1	M S [V]	M S [V]

（續下表）

（承上表）

P19	✔✔　TT✔✔✔✔✔✔　怕 哈啾！咕嚕咕嚕咕嚕咕嚕，啪。	3		M S [V]	
P22	✔✔✔✔✔✔✔✔✔　✔　✔✔✔✔✔✔✔ 「好像聽到討厭的聲音」「啊！真的有裂縫了啦」				
P24	✔✔✔✔　✔✔✔✔✔✔✔✔✔✔　✔✔✔ 「這樣下去，我就真的要變成哥哥了。」雞蛋哥 ✔✔✔✔✔✔✔✔✔　✔✔ 哥擔心得一夜都沒睡。然後……				
P26	✔✔✔✔✔　✔✔✔✔✔✔✔　✔✔✔李辣/SC 早晨來臨了。正如他所擔心的，蛋殼劈哩啪啦的 ✔✔✔✔　✔　✔✔✔✔✔✔✔ 掉了下來。「啊——果然還是裂開了。」	1	1	M S [V]	M S [V]
P27	✔　✔✔✔✔　✔✔✔✔✔✔ 「嗯，事到如今，也沒有辦法了。」				
P28	✔✔　✔✔　✔✔　✔✔✔✔✔✔✔　✔✔ 「早安，媽媽。」「哎呀，你忽然間長大了，小哥 ✔　✔✔✔✔✔✔✔✔　✔✔✔ 哥。看起來很有精神呀。」媽媽說。				
P29	✔✔　✔✔　挖　✔✔✔✔✔　✔✔　✔✔ 「你早，弟弟。」「哇，嚇了我一跳。哥哥，你好 ✔✔ 帥呵！」	1		M S [V]	
P30	✔✔✔✔✔✔✔✔✔✔✔✔✔　✔✔✔✔✔✔ 他看到了自己在水窪裡的倒影。已經不再是可愛 ✔✔✔✔/　✔✔　✔✔✔✔的✔ ∧　✔　✔✔✔ 的雞蛋了/。不過，比想像中帥多了。「嗯，你看起 ✔ / ✔✔✔　✔等✔✔✔✔✔✔✔✔✔✔✔ 來還不錯嘛。」他悄悄的對水窪中的自己說。	2 2		M S [V] [M] S V [M] S V M S [V]	
	總計	23	6		

總閱讀字數：628（不含標點符號）。

五、分析與記分

（一）正確率

（總閱讀單字－總錯誤）／總閱讀單字×100＝正確率

（TW － E）/TW ×100 ＝ AR

（628 － 23）/628×100 ＝ 96%

類別描述	正確率的範圍
容易到足以獨立閱讀	95～100%
困難到足以委任教學以避免挫折	90～94%
太難且將挫折閱讀者	89%以下

（二）錯誤率

總閱讀字數／總錯誤數＝錯誤率
（TW/E ＝ ER）

628/23 ＝ 27　ER ＝ 1：27

意指針對每個錯誤，學生正確閱讀 27 個字。

（三）自我矯正率

（錯誤＋自我矯正）／自我矯正＝自我矯正率
（E ＋ SC）/SC ＝ SC 率

（23 ＋ 6）/6 ＝ 5　SC ＝ 5：1

這意味著學生每 5 個錯誤會自行矯正 1 個錯誤。即顯示學生無法自我監督其閱讀。

（四）錯誤分析

學生唸讀錯誤的部分，大多為視覺上的錯誤，注音符號拼讀錯誤，較常出現在無意義的語助詞方面；另外，也有小部分錯誤為忽略而未唸出，分析其錯誤原因，可能因為學生專心拼讀注音，漏字造成語句流暢度不佳而自己卻未發現。

二十、功能性評量

在許多情境上，問題行為不僅是危險的，且似乎是無法理解的。良好「功能性評量」的目標之一，就是清楚地了解問題行為的來源。由於我們大都是針對診斷標記（如 ADHD、自閉症、智能障礙等）或問題行為的簡單型式（攻擊他人、尖叫等），所以很少能達到良好功能性評量的目標。

不過，現在我們了解到所有行為絕非是無的放矢，只要仔細探究，就可能會發現每種行為，不管其好壞，對個人來說都有其存在價值和功能（施顯烇，1995）。因此，有愈來愈多的行為改變者致力透過系統的評量和了解問題行為發生情境，以及維持這些行為的行為後果來達到這項要求。

（一）涵義

功能性評量（functional assessment）是一種蒐集行為資料並分析其行為功能的過程。它的目的是要經由有效蒐集資料與分析，來增進行為支持或介入的效果（施顯烇，1995；Miltenberger, 2015）。簡言之，我們若能達成下列五項主要結果，就表示已經完成了功能性評量：

1. 清晰的描述問題行為，包括問題行為經常發生的順序或類別。
2. 確定事件、時間及情境，來預測問題行為在日常各種範圍發生或未發生的情形。
3. 確定維持問題行為的行為後果。
4. 提出一種以上的假設或陳述，描述特定行為、情境及維持情境的結果增強物。
5. 蒐集支持假設的直接觀察資料。

執行功能性評量的形式有多種，任何人曾使用過 A-B-C 行為分析法，即找出行為的前提事件（antecedent, A）—目前的行為表現（behavior, B）—行為後果（concequence, C），並從中歸結出目標行為與前提事件、行為後果間的關係，就表示他已執行了一種功能性評量的形式。另外，任何曾在不同情境下觀察表現出不適當行為的人，並指出「他表現出那些行為是因……」，也表示他已發展了影響行為的結論性陳述。

（二）功能性評量的實施方法

最常使用來蒐集功能性評量資料的實施方法有下列幾種（Miltenberger, 2015; O'Neill, Horner, Albin, Sprague, Storey, & Newton, 1997）。

1. 詢問法

「詢問法」（informant methods）就是與個案或者是了解個案者直接接觸和交談。個案本身可能有條件提供問題行為發生的有關資訊，或從相關他人尋求此類資訊（如父母、教師）。面談與其他詢問方法（問卷和評定量表）在界定和縮小變項範圍上是很有用的。

任何面談的主要目標在確定那些環境中事件與個人特定的問題行為有所關聯。面談時，我們應考量個人所表現的日常例行事件。如果是針對學校中的兒童，則班級中的例行事件是什麼？兒童進教室的情形？課間和午餐時發生了哪些事情？

運用面談問題來了解兒童在顯著例行事件中的特性。而這些特性產生了什麼改變似乎與問題行為的增加或降低有關？相同情境、診斷及問題行為型式下的兩位個案可能會有極為不同的特性。

良好功能性評量要項之一，就是將問題行為置於環境條件中。而行為改變者也指出我們總是在談論環境條件中所發生的行為，而非個人。如果我們將問題行為視為發生在個人，就會嘗試著改變個人；同樣的，如果我們認為問題行為發生在環境中，就會嘗試著改變環境條件來改變行為。事實上，功能性評量是一種了解與問題行為有關環境條件（前提事件和行為後果）的過程。而詢問法則是確認與個體問題行為有關之環境條件重要特性的一種很有價值的工具。

O'Neill 等人（1997）曾指出，許多功能性評量面談和問卷，都是強調獲得下列幾項資料：

- 引發關心的問題行為是什麼？
- 問題行為之前，正發生何種事件和情境或身體條件，可以確實地預測問題行為的發生？何種事件和情境，可以確實地預測不會發生問題行為？
- 獲得問題行為發生時的特定情境，什麼行為後果維持著問題行為？
- 何種適當行為所產生的行為後果與維持問題行為之行為後果相同？
- 從先前無效、部分有效或短暫有效的行為支持策略中，我們可以獲得那些啟示呢？

2. 直接觀察

「直接觀察」（direct observation）是指在日常生活中系統性地觀察問題行為者。長久以來，有系統的直接觀察已經是行為應用程序的基礎。這種蒐集行為資料的方法通常由教師或父母來負責直接觀察的工作。最常見的是 A-B-C 行為分析法（如表 4-12），以及 O'Neill 等人（1997）所發展出來的「功能性評量觀察表」（Functional Assessment Observation, FAO）（如表 4-13）。

表 4-12　A-B-C 行為分析法的格式

觀察者：＿＿＿＿＿＿ 個案姓名：＿＿＿＿＿＿ 目標行為：					
日期	地點	前提事件（A）	目前的行為表現（B）	行為後果（C）	備註
結論性陳述：					

表 4-13　功能性評量觀察表的格式

觀察者：		個案：	起始時間：		結束時間：	
時間			感受到的行為功能		真正的行為後果（C）	評論／備註
	問題行為（B）	前提事件（A）	獲得	逃避／避免		
總計						
事件	1 2 3 4 5 6 7 8 9 10 11 12 13 14 15 16 17 18 19 20 21 22 23					
日期						

資料來源：修改自 O'Neill 等人（1997）

在多數個案中，觀察者直接紀錄問題行為所發生的時間、前提事件、行為後果，以及他們對此一實例中行為功能的看法，例如：運用 A-B-C 的行為分析法重複蒐集 10～15 次此類行為資料後，觀察者可能就會有機會發現下列形式：(1)問題行為最可能發生的時間、地點及人物？(2)維持問題行為發生的可能行為後果？(3)伴隨問題行為一起發生的是什麼？

直接觀察法是直接獲得行為資料的有效方法，但往往需花費大量時間來蒐集和分析行為資料。

3. 功能性分析

第三項用來蒐集功能性評量行為資料的策略就是系統化地實驗操弄與問題行為有關或無關的特定變項，以便找出行為所代表的真正功能。實施時，要系統性地監督和操弄環境中的行為。有種常使用的**功能性分析**（functional analysis）就是操弄目標行為發生之行為後果；另一種方法則是操弄結構變項，如任務難度、任務長度、活動中所提供的注意水準及活動上的選擇等。

在功能性評量上，功能性分析是一種最精確且嚴謹的方法。它是唯一要求明確顯示環境事件和問題行為間功能性關係的方法。由於功能性分析包括創造引發問題行為的情境及成功歷程需要類似研究的能力，因此受過訓練的人員實施功能性分析，若未直接參與實施行為分析研究，往往是不夠明智的。

這種方法的優點是可直接操弄變項來驗證假設。不過，由於行為與環境之間的關係複雜，有時並不易明確認定維持行為的功能。另外，它的實施難度頗高，必須受過訓練的人才能進行，往往會造成推廣的問題。

（三）功能性評量策略

通常，我們先開始詢問、然後直接觀察行為、最後再完成功能性分析。在許多日常生活情境上，詢問和直接觀察已經成為描述不適當行為與確認維持行為後果的主要方法。以下將先介紹「**功能性評量面談表**」（The Functional Assessment Interview, FAI），再描述「**功能性評量觀察表**」（Functional Assessment Observation, FAO）的實施步驟。

1. 詢問相關個人——功能性評量面談表

(1)詢問對象、時間及結果

功能性評量面談的目的主要在蒐集影響問題行為事件的有關資料，而行為改變者的任務就在於縮小這些行為事件的範圍。就技術面來看，功能性評量面談並不是一種嚴謹的功能性分析。不過，面談卻有助於確認這些變項：「情境、事件及活動」成為直接觀察或系統性實驗操弄的對象。

(2)功能性評量面談表的運用

功能性評量面談表（FAI）可分為十一項類別，包括：①行為描述；②界定潛在的生態／情境事件；③界定問題行為發生或未發生的立即前提事件；④確認維持不適當行為的行為後果；⑤界定不受歡迎行為的效能；⑥個體已經知道何種功能性替代性行為；⑦個人與他人溝通的主要方法；⑧應該做或應該避免的事；⑨個人喜歡那些對其具強化作用的事情？⑩了解不受歡迎行為史、已嘗試用來降低行為的方案及其效果為何？⑪針對每一行為後果，發展結論性的陳述。

(3)發展結論性陳述

面談的最終結果是要將面談資料統整為對問題行為的結論性陳述。這些結論性陳述對於其他評量活動和發展行為支持計畫是很重要的。至於結論性陳述的要素有下列幾項：

- 情境——發生問題行為的立即前提事件
- 正在發生的行為
- 行為的功能或行為所產生的強化結果

它統合了所蒐集的行為、前提事件及維持行為之行為後果的資料。我們應試著發展下列結論性陳述：(1)擔負特定功能的每項行為；(2)每種行為發生的特定情境型式，例如：有兩項個人自傷行為（如撞頭、咬手）的結論性陳述。一是處理小組教學活動中所發生的行為；另一則是處理坐車到學校中所發生的行為。這樣做的目的主要是為了確保我們正在處理不同的行為功能。以下是結論性陳述的假設性例子：

- 小華被停止玩電腦或錄音機時，他可能會躺在地板上尖叫，並持續要求玩電腦或錄音機。
- 在家裡活動低或較不受到注意時，小傑會翻滾並開始咬手以產生自我刺激。
- 開始對閱讀或數學作業有困難時，小英就會低頭、拒絕回應及闔上書本，試著逃避完成作業。

2. 直接觀察——功能性評量觀察表

這個過程在蒐集直接觀察的資料，來驗證和澄清有關預測和維持問題行為的結論性陳述。下面所要介紹的功能性評量觀察表（FAO）及其步驟，則可用來獲得全面性資料，而無須進行冗長的摘要（如表 4-14）。

(1)觀察者、觀察時機和地點及長度

表 4-14　功能性評量觀察表的觀察時機和地點、觀察者及觀察長度

項目	內容
觀察者	直接接觸問題行為者應負責蒐集觀察資料，如老師、父母及家庭成員等。
觀察時機和地點	使用表格來蒐集個人在特定情境內不同時間的資料。而這些資料對確認問題行為發生與否的時機和地點是有幫助的。另外，FAO 表格亦適用於監督出現次數較低的行為（每天少於二十）。不過，問題行為發生次數很高時，這種表格就需修改。除非要試著記錄一天中的每一事件，否則應採用時間取樣法。
觀察長度	理想上，觀察者應持續蒐集資料，直到行為與環境／事件之間的關係已清晰呈現為止。基本上，目標行為至少需發生十五至二十次，至少蒐集二至五天。惟蒐集時間長度會受到行為發生次數的影響。至於資料蒐集是否需超越二至五天，則取決於行為和與環境關係之一致性和清晰性。

(2)功能性評量觀察表格的作法

FAO記錄指標事件和與問題行為有關的行為後果。這種表格是繞著問題行為事件而組成。事件與單一問題行為的發生並不相同，事件包括所有問題行為。因此，一個問題行為事件是：(1)一件單一簡短的尖叫；(2)持續五分鐘的尖叫；(3)持續十分鐘，但包含幾項問題行為，而每項行為表現的時間是多重的。計算事件要比計算問題行為的正確次數（如撞頭）或持久性（尖叫）來得更正確容易且更具有資料性。FAO 顯示下列事項：

- 問題行為事件的次數。
- 發生在一起的問題行為。
- 最可能或最不可能發生問題行為事件的時間。
- 預測問題行為事件的事件。
- 有關問題行為維持功能的看法。
- 伴隨問題行為而來的真正行為後果。

組合上述這些資料對於驗證和澄清結論性陳述是有幫助的。

(3)功能性評量觀察表格的內容

功能性評量觀察表（FAO）有八項主要的部分：鑑定／日期、時距、行為、前提或情境事件、感受的行為功能、真正的行為後果、評論／備註及記錄事件和日期。表 4-15 是一項已完成的功能性評量觀察表格。由表格中顯現了幾項重要訊息。觀察者觀察大年兩天，共記錄了十六項問題行為（見表格下方的事件行）；

觀察了三項問題行為：拍打他人、在桌上刻字及大吼大叫。大年真正的行為後果是阻礙和重建或行為受到忽視。

表 4-15　已完成的功能性評量觀察表格

觀察者：張老師　個案：大年　起始時間：11/21　結束時間：11/22																		
時間											感受的行為功能					真正的行為後果		評論／備註
	問題行為			前提事件							獲得		逃避／避免			忽視	口頭重建	
	拍打他人	在桌上刻字	大吼大叫	要求	困難任務	單獨					注意	自我刺激	要求	活動	個人			
8：40-9：20 國語	1,11	2,10	1,11	1,11		2,10					2,10		1,11			2,10	1,11	
9：30-10：10 數學	3,4,5,12,13		12	3,4,5,12,13									3,4,5,12,13				3,4,5,12,13	
10：30-11：10 社會																		
11：20-12：00 音樂	6,7	14	6,7	6,7		14		6,7			14		6,7			14	6,7	
12：00-1：30 午休																		
1：30-2：10 美勞	8,15		8,15	8,15				8,15					8,15				8,15	
2：20-3：00 美勞		9	16		16	9			16		9			16		9,16		
3：20-4：00 體育																		
總計	11	4	8															
事件	1 2 3 4 5 6 7 8 9			10 11 12 13 14 15 16					17 18 19 20 21 22 23									
日期	11/21			11/22														

在問題行為發生上，注意一下包含問題行為的第一個事件，它被紀錄為 1。第一個事件包括拍打他人和大吼大叫。這種行為出現於要求閱讀時。老師採取阻礙和重建的策略。其感受到的行為功能為逃離要求。

在尋找整體型式上，我們了解到拍打他人（兩天發生 11 次）和大吼大叫（8 次）經常一起發生，但並非總是如此（見事件 3、4、5）。這項發現指出這兩項行為是相同反應，可作為相同的功能。兩種感受到的行為功能都是「逃避要求」。

大吼大叫曾經在 11/22 的美勞課單獨發生（見事件 16），其指標為困難任務，而感受到的行為功能是「逃避任務」。這項特別的大吼大叫事件受到忽視。阻礙和重建策略被運用在其他的拍打他人和大吼大叫的事件上。

至於在桌子刻字有四次，被認為是為了獲得注意的功能。前提事件是大年單獨學習（缺乏注意）。評論則進一步提供了事件 2、10 及 14 的資訊。不管感受到的行為功能為何，至少在觀察期間老師忽視了大年在桌上刻字的行為。

(4)肯定或修訂先前的結論性陳述

重要的是，我們應整體來看所直接觀察到的資料。蒐集觀察資料的主要目的之一在要求基於面談和詢問資料，來肯定、不肯定或修訂先前已發展的結論性陳述。一旦已蒐集足夠的資料，就可決定是否先前有關不同情境、行為和維持的增強物是正確的，或是需要修訂。在選擇和實施方案策略上，這種澄清過程是很重要的。以下是運用 FAO 表格解釋資料的基本原則：

- 檢視行為以決定何種行為正在發生，發生的頻率，以及某些或所有行為似乎是共同發生的。
- 檢視表格，以了解行為是否在特定時間內一致性發生，以及特別指標是否與特別行為的發生有一致性關係。
- 考量表格中感受到行為功能與真正的行為後果，以確認不同行為可能的功能及維持這項行為發生的行為後果。
- 決定先前的結論性陳述是否正確，是否應修正或放棄，以及是否需發展其他的陳述。

(5)依據直接觀察的資料作決定

一旦有了充足的資料，就可以作出下列決定：

- 學習型式和關係是否變得更清楚。
- 實施功能性分析，以澄清特別的行為型式。
- 依據面談和所蒐集的資料，來發展和實施行為支持方案。

3.功能性分析

就多數功能性評量來說，運用詢問和直接觀察就可以確認問題行為指標和維持其功能之行為後果，形成結論性陳述。如果運用這兩種方法無法達到目標，下一步策略就是實施功能性分析。

功能性分析是設計來測試與問題行為最具關聯的假設性變項或事件，例如：從結論性陳述（假設性的）可知，提供困難任務時，大年最可能表現出尖叫和攻擊他人的行為，同時相信問題行為是受到逃避困難任務所維持。我們就可以先提供大年十分鐘容易的任務，休息一下，再給予十分鐘困難的任務，然後容易的任務，緊接著是困難的任務，來測試結論性陳述的要素。

如果，他做得很好就可以得到讚美，若是他開始出現最輕微的問題行為，就排除任務一分鐘並要求他冷卻下來。如果在困難任務要比容易任務時更可能出現問題行為，以及若排除困難任務可導致降低問題行為，則功能性分析實驗操作就可驗證此假設。

功能性分析的基本核心在於確認環境事件和問題行為的關係。其過程可能包括比較不同情境，以測試結論性假設，但是基本觀念在於測試預測問題行為發生的情境是否真正地與問題行為有關，以及預測問題行為未發生的情境是否與低水準的問題行為有關。功能性分析是唯一要求證實真正功能性關係，並提供最可能建立問題行為發生的時間、地點和原因。雖然功能性分析可用於學校或社區情境，不過最常用於研究方面。在實施功能性分析之前，應考量下列幾項課題。

(1)實施時機

功能性分析通常僅在使用詢問法和直接觀察法所蒐集的資料不明確時，才考慮。

(2)參與人員

基本上，功能性分析是一團隊努力，由對實施功能性分析有經驗者來引導整個過程。若小組內沒有這類專家，小組需尋求協助。至於其他參與人數則繫於潛在的安全考量。由於功能性分析可能會涉及嚴重問題行為的發生，需要若干人來維持安全與適當控制潛在的困難情境，例如：個案可能會表現出自傷行為（如撞頭），而需足夠的人提供保護。除非有適當的保護措施，否則就不應實施功能性分析。

(3)實施功能性分析的過程

功能性分析的基本過程包括提出不同的環境事件或情境，以及觀察它們對個人行為的影響。在應用情境上，有兩種不同的方法：

- 操弄結構的或前提的事件：包括提出特別要求或教學、要求個人參與某一活動、在特別情境上實施互動，或是讓個人獨處。進行這些活動是為測試預測行為可能發生之變項或事件的有關假設。
- 操弄問題行為的行為後果：例如大人做事時，告訴兒童單獨遊戲。若開始產生尖叫，大人可以提供短暫的注意（不要尖叫，現在是遊戲時間），然後繼續工作。如果傳遞特別的行為後果時，仍然看到高頻率的問題行為出現，就可以指出這些行為後果可能維持著行為。

依照面談和直接觀察的結果，我們至少對所關切的行為會有些假設性看法，稱為結論性陳述，例如：(1)活動很少時，小英會飛舞手指以獲得視覺刺激；(2)老師接近其他學生時，輝德會大叫來引起注意。為直接測試這些結論性陳述，須觀察個人特定的相關前提事件和行為後果出現及未出現的情境。我們建立情境（前提事件或行為後果），期望看到問題行為的增加，然後觀察問題行為，以決定是否真正發生期望的效果。

同時我們也應建立不期望看到問題行為增加或高頻率的情境，來進行比較觀察。透過這些操作（觀察問題行為在不同情境上的改變），就可以決定哪種變項會真正影響到問題行為的發生。

在不同功能性分析設計的策略上，有兩種單一受試實驗設計最常用來實施功能性分析：「**倒返實驗設計**」（ABAB）和「**多元素實驗設計**」（multi-element design）。「倒返實驗設計」包括：蒐集基準線資料（A）、實施處理或操弄（B），以及重複這些基準線和操弄情境，來建立問題行為與操弄變項之間的關係。

「多元素或變通性實驗設計」則包括在短時間內提出幾種不同的情境，例如：提供會導致問題行為發生的困難教學、社會性注意及具體東西（如玩具）等情境，配合提供不會導致問題行為發生的控制情境（如非要求的社會性遊戲）。如此，觀察者就可決定沒有提供外在刺激時，問題行為是不是會發生。這種方法的目的在於要求確認對問題行為具有一致性效果的變項。基本上，每種情境至少要重複幾次，以了解不同情境之間的差異。

若重複幾種不同的情境，個體仍然沒有出現明確的型式是可能的。針對此類個案，重要的是決定「情境的實施是否正確且一致」，例如：對個人來說，困難任務是否真正地困難？我們可能會修改情境，然後再提出以獲得清晰維持問題行為之前提事件和行為後果；也可能需確認其他真正影響問題行為發生的前提事件或行為後果，或需要發展出新的假設，再透過功能性分析來測試。

第二節　非正式評分程序的形式

一、評分表的涵義

「**評分表**」（rubrics）是一種事先建立或計畫好的一組標準，用以描述成就表現水準或了解預期的內容，可用來判斷作業或成就表現，給予分數或等第。這種標準以數字表示，而且每個數字都附有特定成就表現的描述。評分表是提供教師預期學生結果與教師明確判斷的常見用法，它有助於提升評量的一致性和信度。運用評分表來評估學生時，應該提供解釋和示範標準。這些資訊也可以提供學生預期所要接受的評量內容和需要達成的標準。

運用評分表評分提供了鼓勵學生在任務完成過程中自我評鑑的標準。由於評分表量化了學生朝向最終教學目標的接近狀況，可用來繪製學生邁向達成標準的進展情形。透過注視特定的標準，學生就能夠分析它們最後的分數並發現本身的優弱點。

評分表甚至要比一般的成績系統更能夠提供清晰的期望和指示，它們應該在教學之前就加以發展，並用來連接教學內容與評量程序。在發展時，教師可以選擇讓學生參與，這樣不僅可以增進學生對於學習歷程的投入，也可以提升他們的動機、興趣和學習。當然，教師可能會偏好自己發展出來的評分表，同時在教學或實施之前提供學生評分表，以求有助於學生了解教師期望的內容與解釋評鑑其作品時所使用的標準。總之，學生應該能夠使用評分表來進行自我和同儕評量，而教師也應仔細評量評分表並提供示範，以確保學生能夠了解它的重要特性與不同層面的比重。

二、評分表的形式

僅使用單一量尺的評分表則稱作「**整體式的評分表**」（holistic rubric），而有兩種以上各自分立量尺的評分表稱為「**分析式的評分表**」（analytical rubric）。整體式的評分表通常要比分析式的評分表更有效率，但是分析式的評分系統可以提供更為詳細的教學計畫、學生回饋的資訊與監督進展情形。評分表的評定量尺可以是量化的、質化的或者是兩者的組合（如表 4-16）。

表 4-16　質性與量化的評分

根據量化標準的數字得分例子	
分數	標準
0	0 項正確反應
1	14 項反應中有 1～4 項正確的反應
2	14 項反應中有 5～8 項正確的反應
3	9～12 項正確的反應
4	13～14 項正確的反應
根據質性標準的數字得分例子	
分數	標準
1	無企圖做
2	企圖做，不完整或發展不足的成就表現
3	成功的企圖做，適當的成就表現
4	優異的努力，卓越的成就表現
質性分數階層的例子	
未發展、發展中、完全發展 差、可、中、良、優	

（一）整體式評分表

整體式評分表乃是根據對於學生作品上整體印象的成就表現來給予分數。依據清晰界定的標準來提供單一分數或品質描述，通常量尺範圍由 0 至 5 或 0 至 6，同時要考量所有標準以形成單一的分數。標準的範圍可能包含「無反應」、「有策略的部分反應」及「有明確解釋的完整反應」。就像分析式評分一樣，整體式評分應該包含每個成就表現水準的描述。雖然整體式評分缺乏分析式評分所涵蓋資料的深度，不過這種評分方式比較容易設計和計分。至於整體式評分的目的如下所示：

- 僅用一種成就表現的特徵來判斷學生的作品。
- 快速獲得整體品質或成就。
- 判斷產品或成就的影響。

這些計分規格不像分析式評分表，它並未提供更為詳細分析學生長處和需要改進的領域。使用整體式評分表的評定方法可以包含藉由決定作品的整體品質來評定學生的等級，將作品分成優異或不佳的作品，然後重新閱讀和評鑑，直到教師根據整體品質清晰評定學生作品的等級為止。為求效果，教師通常會提供學生優異作品的模式或每項層次所評定作品的實例，這樣可以提供學生明確的期望與作為評估其本身和他人作品的例子。

（二）分析式評分表

分析性質的評分是一種評分系統，將成就表現或作品分成必要的特質或層面，讓每項特質或層面均能分開加以判斷，提供評量量尺上每項效標一個獨立的分數。而描述性指標不是數字就是類別，在加總或平均分數時，雖然類別式的描述性指標可以提供更詳細且明確的資料，不過它們也可以提供有用的診斷資料。在分析式評分表方面，學生在不同層面的成就表現或作品上可以獲得個別的分數，我們常常針對清晰度、文法、整體結構和自我評量給予分數。分析式分數可以作為複雜性作業的描述性回饋。

採用分析式評分表時，需要針對每項指定的領域加以個別評分，讓成就表現不佳的某一領域不會對於另一項指定領域的分數產生負面的影響。雖然這種評分方式較為費時，不過如果評量是用在班上，而且目標在於提供學習改進的回饋時，分析式評分可能要比整體式評分更為有用。分析式評分可以直接且明確的用來與教師、父母和學生進行溝通。

第三節　計畫、編製和執行評分程序

一、使用評分表的方法和理由

評分表可與現行的核心課程標準相連結，如此有利於學生之間的比較。評分表應該組織和明定評分標準，使得兩位教師能夠應用同樣的評分標準來評定學生作品就是所謂的「評分者間信度」。基本上，需要提供教師練習使用評分表的機會。

決定評分者間信度是否已經達到的方法之一，就是讓兩位評定者獨自針對高、中、低成就學生的學習任務進行評分，同時記錄評定者指派至每份作品相同分數的範圍。一旦完成後，就可以比較評定者間的分數來決定其相似性。

如果評定是不一致的，兩位評定者可以討論他們的評分原則，或是請第三者評定作品。一旦教師熟悉執行分析和蒐集可靠且有效的資料，他們就可以使用評分表來進行真正教學評量的評分。

二、評分表的要素

評分表有幾種要素，這些要素包括評定一種以上層面的成就表現、圖解說明所要測量屬性的定義和例子，以及評定每個層面的量尺（如表 4-17），對於評分表的使用都有很大的幫助。表 4-17 乃是發展評分表的指南。

表 4-17　發展評分表的指南

- 與他人討論特殊訓練和學習活動上成就表現評估的方法。
- 蒐集反應成就表現水準範圍的作品例子，並分析它們以描述學習活動的重要層面與各自優異、良好、平凡和不佳例子的特徵。
- 針對所確認的每個層面，做一組界定和提供重要特徵例子的描述符號。
- 運用描述符號設計回應不同成就表現水準用以判斷學生作品的量尺（如優異的、可接受的、低於期望）。
- 若有需要，針對不同的評分層面加權計分。
- 檢視在評分表上所使用的語言和標準，以確保學生、家庭和其他專業人士能夠了解，以及它是可行的、公平的且不具有偏見的。
- 對學生解說評分表與提供評分表上每個水準的實例。
- 蒐集額外的學生作品實例，並運用評分表的層面、描述符號和成就表現水準來評估這些樣本。
- 透過檢視評分表對於學生的影響，來評估其成效和效率。
- 根據所蒐集的評估資料來修正評分表的元素。
- 繼續實地測試與修改評分表。

三、編製與使用評分表

許多學校會修正傳統用來通知學業進展情形的等第的評分系統。也就是說，這是一種清楚說明與量表上每個點有關的數值。學生可以用書面或口語的形式清晰且全面的表達他們自己嗎？解釋自己時包含足夠的細節嗎？他們可以自我評鑑本身作品的品質？他們使用的字彙適當嗎？如果要發展評分標準，教師可以透過寫下有關理想結果的描述，來確保數值的標準包含核心的課程原則。

一旦建立了六個層次的評分表結構，就要在滿意的 4、5、6 與不滿意 1、2、3 之間做區分。寫下數值 6（優異作品）的描述之後，教師接著就要決定其餘五個數值的品質，圖 4-23 乃是編製評分表的步驟。

步驟一：列出學習活動的目標或關鍵要素

如內容的理解度、呈現的品質、文法／拼字的正確性、參考來源的數目和多元性。

↓

步驟二：決定評估量尺所使用的標準

如 4 代表優異；1 代表差。如果使用的標準超過六項水準時，評分就會變得更加複雜。

↓

步驟三：寫出描述每項效標類別的預期成就表現

如深度或精緻性、清晰性。標準也可以做個人、歷史或文化的連結；冒險、挑戰本文、運用先前的經驗等。

圖 4-23　編製評分表的步驟

至於評分方面，評分表的評定量尺確認了成就表現的特定領域，同時界定每項成就表現領域的水準。評定量尺要書寫清晰，而且要適合學生的發展水準。到目前為止，並沒有一種最佳的評分表可以針對所有的目的。不過，有許多不同的評分表可以應用在相同的學習任務上。

溫故知新專欄：舊制（94～109 年度）

※選擇題

1. 下列四種評量策略中，哪一種最能夠評量出特殊教育學生在自然情境中的自發性行為?【＃94 教檢，第 3 題】
(A)常模參照測驗　(B)晤談　(C)觀察　(D)檔案評量
2. 下列有關正式和非正式評量程序的敘述，何者是不正確的？
【＃99 教檢，第 23 題】
(A)非正式評量須做結果解釋，也須列出百分等級
(B)實施正式測驗評量可以採用個別或團體的方式
(C)非正式評量程序通常是非結構的或與標準化測驗不同的結構
(D)正式測驗有其特定實施程序、計分和結果解釋指引的結構性評量程序
3. 下列選項何者是標準（效標）參照測驗？【＃94 教檢，第 9 題】
(A)兒童智力測驗　(B)國中學力測驗
(C)英文托福測驗　(D)全民英語檢定測驗
4. 想知道資優資源班學生在領導才能課程學習後的實際表現，下列哪一種評量方式最適切？【＃100 教檢，第 3 題】
(A)讓學生自我檢核，了解自己的領導才能
(B)利用學習歷程檔案，讓學生蒐集相關的資料
(C)利用期末考試，讓學生了解領導才能的重要性
(D)讓學生實際規劃活動，並帶領同學討論與分工
5. 下列哪一類評量的施測工具最需要採用標準化測驗及常模參照的概念？
【＃101 教檢，第 5 題】
(A)檔案評量　(B)生態評量　(C)發展性評量　(D)功能性評量
6. 有關實施非語文測驗應注意的事項，下列何者較適切？
【＃103 教檢，第 23 題】
(A)以文字說明施測　(B)應以團體方式施測
(C)正式施測前需有例題　(D)測驗題目應符合受試者的學習經驗
7. 下列評量方法中，哪一項較能有效發掘自閉症資優學生的最大潛能？
【＃105 教檢，第 14 題】
(A)宜採用語文測驗來取代非語文測驗
(B)評量材料呈現形式主要以聽覺刺激為主
(C)為求評量客觀，勿對學生提供線索或建議
(D)運用訪談、觀察與實作評量等多元評量方式

8. 如用統計迴歸方法篩選低成就資優學生，下列何種做法較適切？
【＃106 教檢，第 30 題】
(A)計算實際成就與預測成就的差距
(B)計算智力測驗分數與成就測驗分數的差距
(C)檢視學業成績是否比同儕落後一個年級以上
(D)設定學校成績表現（例如段考成績）的切截分數

9. 有關特殊教育學生評量的敘述，下列何者是不正確的？
【＃108-1 教資考，第 20 題】
(A)形成性評量的題目難度是依教學進度與內容而定
(B)總結性評量的主要目的是要診斷學生學習困難處
(C)形成性評量和診斷性評量均有助於補救教學的實施
(D)形成性評量和總結性評量的評量資料蒐集時間不同

10. 「不管我多努力，就是看不懂文章在寫什麼。」面對這樣的孩子，老師應優先選擇下列哪一類測量工具，找出孩子的問題？**【＃108-2 教資考，第 4 題】**
(A)學科興趣　(B)學習態度　(C)學習適應　(D)學業診斷

11. 有關各種評量方法的敘述，下列哪些選項是正確的？**【＃108-2 教資考，第 5 題】**
甲、功能性評量廣泛運用在認知的學習
乙、課程本位評量可做為教學決策使用
丙、檔案評量具有教學與評量整合性功能
丁、生態評量適合了解學生實驗操作技巧
(A)甲乙　(B)甲丁　(C)乙丙　(D)丙丁

生態評量

12. 對於一個極重度智能障礙學生，較為適用的評量方法為何？
【＃94 教檢，第 25 題】
(A)生態評量　(B)課程本位評量　(C)標準化測驗　(D)檔案評量

13. 對身心障礙學生進行評估時，將社區與家庭的環境對其影響納入考量，這主要是依據下列何種理論取向？**【＃106 教檢，第 10 題】**
(A)醫療理論　(B)發展理論　(C)生態理論　(D)行為理論

14. 在身心障礙學生的測驗與評量中，下列哪一項不是為了「鑑定與安置」的目的？
【＃96 教檢，第 5 題】
(A)智力測驗　(B)適應行為評量　(C)感覺動作評量　(D)生態評量

15. 某老師首先將學生的生活情境區分為學校、家庭、社區，了解學生在三種情境中需要的活動內容，並分析學生是否具備參與這些活動的技能，進而考量必要的輔具或環境調整與替代行為。這位老師使用的評量方式為下列何者？
【＃108-1 教資考，第 6 題】
(A)實作評量　(B)生態評量　(C)動態評量　(D)真實評量

實作評量

16. 想要了解小如在打掃時的技巧以及打掃時的細心度，最適合用下列哪一種評量方法？【# 95 教檢，第 4 題】
(A)動態評量 (B)實作評量 (C)功能性評量 (D)課程本位評量

17. 本學期某老師希望同學能夠認讀課本中的國字達 80%，同時能夠將認識的字詞應用在超級市場的購物情境中。這位老師運用下列何種評量方式？
【# 105 教檢，第 21 題】
(A)工作分析與效標參照評量 (B)實作評量與效標參照評量
(C)動態評量與常模參照評量 (D)檔案評量與常模參照評量

18. 有關課堂實作評量的敘述，下列何者是不正確的？【# 108-2 教資考，第 11 題】
(A)具有高度的信度
(B)比紙筆式評量費時
(C)特別適合評量技能相關的學習成就
(D)有助於了解學生在真實情境中的表現

功能性評量

19. 對特殊學童問題行為的評量，可以先使用什麼方式來了解行為的可能原因，再進一步發展適當的處理方案？【# 95 教檢，第 13 題】
(A)工作分析 (B)檔案評量 (C)功能性評量 (D)生態評量

20. 要了解注意力缺陷過動症學生在教室中的問題行為，下列何者是較適合的評量分析？【# 99 教檢，第 5 題】
(A)人格評量分析 (B)智力評量分析
(C)性向評量分析 (D)功能評量分析

21. 小新是一位重度智能障礙的學生，缺乏口語能力。最近幾天上課時，他持續地出現搥打自己大腿、突然尖叫等行為，但這樣的行為則很少在烹飪課時發生。下列何種評估方式最能幫助我們較精確地判斷小新行為的原因？
【# 99 教檢，第 13 題】
(A)生態評估 (B)口語能力評估 (C)事件觀察紀錄 (D)行為功能分析

22. 某生經常有爆發脾氣及打人的行為。針對該生的行為問題，下列何者為最適當的評量策略？【# 101 教檢，第 14 題】
(A)運用社會計量評量了解其人際關係
(B)以功能性行為分析了解事件前因後果
(C)訪問普通班老師了解其家庭與成長背景
(D)採用魏氏兒童智力量表評估其智力水準

23.下列各種評量的應用何者最恰當？**【＃102 教檢，第29題】**

(A)應用生態評量了解學生的學業成績

(B)應用動態評量了解學生的社交技巧

(C)應用課程本位評量確認學生的寫作能力

(D)應用功能性評量了解學生的生活自理能力

24. 某生上課時不斷和鄰座同學說話，嚴重干擾老師上課。特教教師想利用 A-B-C 分析法了解其干擾行為，下列哪一項是屬於「A」的部分？

【＃106 教檢，第22題】

(A)干擾行為的定義及目標　(B)同儕關係及教室座位安排

(C)干擾行為出現的頻率或持續時間　(D)該生出現干擾行為時老師的反應

25. 當特教班學生出現不適當行為時，老師開始觀察不適當行為出現的情境與頻率，找出可能導致不適當行為的原因，擬定介入的策略，並持續不斷進行評量與介入。上述情形屬於下列哪一種評量？**【＃108-1 教資考，第8題】**

(A)檔案評量　(B)動態評量　(C)實作評量　(D)功能性評量

26. 進行身心障礙學生行為功能分析時，下列何者最符合對目標行為的敘述？

【＃108-1 教資考，第15題】

(A)經常沈溺在反覆行為中

(B)在課堂中用自己的下巴撞擊桌面

(C)行為離經叛道，需要轉介心理師或輔導教師

(D)個性魯莽，時常製造各種麻煩，讓教師非常困擾

真實評量

27. 下列各種評量的應用何者最恰當？**【＃95 教檢，第14題】**

(A)想了解 A 生在家裡曬衣服的技能，應使用真實評量

(B)想了解 B 生為什麼在學校常常對他人吐口水，應使用生態評量

(C)想了解 C 生加法步驟的錯誤所在，應使用檔案評量

(D)想了解 D 生的購物能力表現，應使用功能性評量

28. 有關真實評量的敘述，下列何者是不正確的？**【＃108-1 教資考，第19題】**

(A)評量能反映真實生活　(B)評量強調嚴謹的評分標準

(C)學生在評量中是主動參與者　(D)評量重視對行為的有計畫觀察

課程本位評量

29.「請學生朗讀教科書課文，並記錄他每分鐘讀出的正確字數。再系統地製成圖表，來了解學生進步的情形。」這是屬於哪一種評量？**【＃95 教檢，第26題】**

(A)課程本位評量　(B)檔案評量　(C)功能性評量　(D)生態評量

30. 在課程本位評量過程中，最能有效證明教師教學的成效，而展現績效責任的是下列哪一項工作？**【＃99 教檢，第10題】**

(A)決定適當的精熟標準　(B)選擇特定的目標行為和成就標準

(C)透過學生進步曲線展示教學成果　(D)對每一項技能編寫相對應的表現水準

31. 實施課程本位評量（curriculum-based assessment），不包括下列哪一個程序？
【＃96 教檢，第 35 題】
(A)換算百分等級　(B)進行教材分析　(C)繪製行為圖表　(D)設定具體目標

32. 下列有關標準參照之課程本位評量模式的敘述哪一項是最正確的？
【＃97 教檢，第 30 題】
(A)適合監控學生學習目標的進步情形
(B)評量內容不包含尚未教導的技能與概念
(C)適用於評量學生的學習速度
(D)適用於比較個別間差異

33. 下圖為三名學生的課程本位評量結果，下列敘述何者較為正確？
【＃105 教檢，第 29 題】
(A)學生乙和丙在第二層教學都比第一層教學有顯著成效
(B)進行此項評量的目的是為了確認學生是否有智能障礙
(C)圖中所呈現的閱讀流暢性指標是每分鐘朗讀正確字數
(D)此圖表主要目的是提供老師做教學決策及學生鑑定用

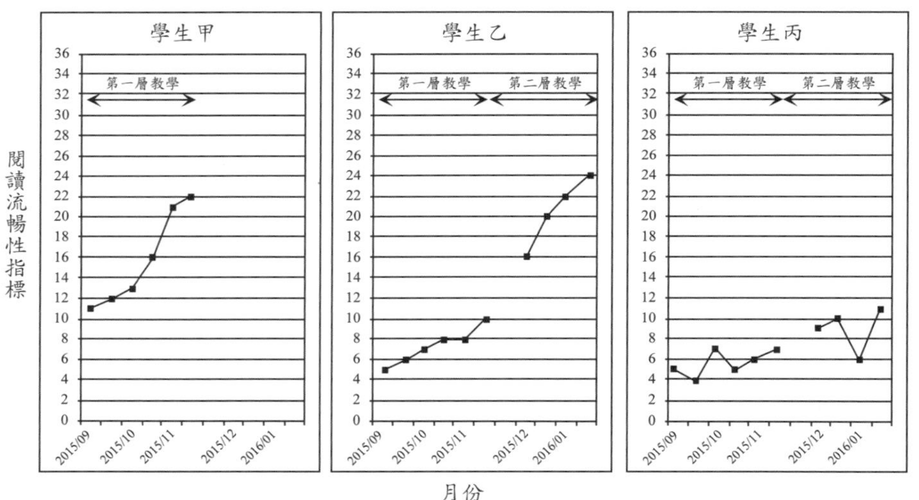

34. 老師改編某課課文，記錄學生唸讀該課文的時間與正確字數，以測量其閱讀的流暢性，此為下列哪一種評量方式？**【＃108-1 教資考，第 2 題】**
(A)動態評量　(B)生態評量　(C)檔案評量　(D)課程本位評量

35. 下列敘述何者不是課程本位評量的優點？**【＃108-1 教資考，第 9 題】**
(A)信度與效度通常是很理想的　(B)評量能與教學內容緊密結合
(C)評量結果容易了解有利於溝通　(D)能針對學生個別差異進行評量

36. 有一項評量模式是先將課程中所要教的技能，按照難易程度或教學的先後順序予以排列，然後為每一項技能寫出相對應的行為目標，接著再根據行為目標來編寫試題，同時擬定可以接受的表現水準。教師便可以根據學生在試題上的表現，判斷其是否精熟每項學習目標。這較屬於下列哪一種評量模式？
【＃109 教資考，第 12 題】
(A)動態評量　(B)標準化評量　(C)常模參照評量　(D)課程本位評量

檔案評量

37. 教師為了評量資優學生的學習表現，指導學生將自我學習過程及作品均放置在個人檔案資料夾中，並針對學習檔案進行評量。教師所持最可能的評量理念為何？【＃101 **教檢，第7題**】
(A)評量學生潛能是否改變　(B)重視學生資料蒐集能力
(C)重視學生與環境互動關係　(D)評量學生真實的學習歷程及成果
38. 有關檔案評量的敘述，下列何者正確？【＃102 **教檢，第7題**】
(A)須標準化　(B)過於耗時　(C)信、效度佳　(D)有固定項目及格式
39. 有關檔案評量的敘述，下列何者不適切？【＃103 **教檢，第25題**】
(A)是以學生為中心的評量方式
(B)可以反應學生真實的學習過程
(C)教師和學生都需系統化蒐集多元的作品
(D)教師應定期為學生施測以建立學習檔案
40. 老師根據某生的個別化教育計畫目標，蒐集該生學習單元的作品、隨堂測驗、相關活動照片、讀書心得等資料，據以檢視該生的寫作能力。老師所運用的評量方式較符合下列哪一種？【＃104 **教檢，第2題**】
(A)檔案評量　(B)動態評量　(C)生態評量　(D)課程本位評量
41. 依據我國現行特殊教育法規的概念，有關鑑定方法與應用情境配對，下列何者較適切？【＃106 **教檢，第27題**】
(A)檔案評量－創造能力資賦優異學生鑑定
(B)動態評量－學術性向資賦優異學生鑑定
(C)標準化學業成就測驗－領導能力資賦優異學生鑑定
(D)李克特氏五點自陳量表－藝術才能資賦優異學生鑑定

動態評量

42. 老師要求某生仿寫「太陽」詞卡，該生寫錯了，老師直接教導並要求他再仿寫原來的詞卡。這種評量方式是下列哪一項？【＃102 **教檢，第8題**】
(A)生態評量　(B)檔案評量　(C)動態評量　(D)工作分析評量
43. 下列何種評量方式較適合用來鑑定文化殊異資優學生的智能？
【＃102 **教檢，第15題**】
(A)動態評量　(B)社會計量　(C)社會適應評量　(D)標準化成就測驗
44. 有關動態評量的敘述，下列何者不適切？【＃103 **教檢，第24題**】
(A)評量與教學緊密結合
(B)採用評量－教學－評量之模式
(C)目的在評估學生目前表現而非潛能
(D)強調評估學習的歷程而非學習結果

45. 有關多元化評量的敘述，下列何者較為正確？【＃104 **教檢，第** 26 **題**】
(A)動態評量適用於文化殊異資優學生及身心障礙學生
(B)凡是強調實際行為表現的評量方式都可稱為檔案評量
(C)生態評量強調長期蒐集學生的作品以評估各項能力進步情形
(D)課程本位評量是直接評量學生在學習環境中的各項行為表現

46. 老師依據以下步驟進行學生的評量，這是使用下列哪一種評量方式？【＃106 **教檢，第** 12 **題**】
步驟一：將問題呈現在學生面前
步驟二：學生解題
步驟三：評量者分析學生可能的思考問題
步驟四：評量者逐步引導學生解答問題
步驟五：計分
(A)檔案評量　(B)動態評量　(C)生態評量　(D)功能性評量

47. 下列何種系統性提示方式較符合動態評量的作法？【＃108-1 **教資考，第** 16 **題**】
(A)直接教學—關鍵提示—題意說明　(B)關鍵提示—簡單回饋—直接教學
(C)簡單回饋—關鍵提示—直接教學　(D)題意說明—直接教學—簡單回饋

48. 某老師在教整數四則運算時，發現學生經常出現諸如「30÷6×5 ＝ 30÷30」、「96－ 10÷2×(18 ＋ 5) ＝ 86÷2×(18 ＋ 5)」此類的錯誤，因此設計一串提示系統，根據學生的表現採漸進提示方式協助學生學習，並針對學生接受提示量的多寡加以計分。試問該老師在教學中運用了下列哪一種評量？【＃108-2 **教資考，第** 2 **題**】
(A)動態評量　(B)生態評量　(C)實作評量　(D)檔案評量

※問答題

1. 何謂「功能性評量」（functional assessment）？其評量方法為何？此種方法有何優缺點？【＃94 **教檢，第** 3 **題**】
2. 試列出進行功能性評量時學生問題行為觀察表必須記載的要項。【＃102 **教檢，第** 2 **題**】
3. 洪老師在新學期接了新的特教班，擬用非正式評量的方式評量學生，請說明何謂非正式評量？其評量方式有哪些？【＃95 **教檢，第** 2 **題**】
4. 試說明課程本位測量（CBM）的意義與目的（2 分），並列舉及說明其實施程序（8 分）。【＃101 **教檢，第** 1 **題**】
5. 試列舉動態評量、課程本位評量、檔案評量等三種評量方式的定義（各 2 分）、優點（各 1 分）與限制（各 1 分）。【＃105 **教檢，第** 1 **題**】
6. 小豪是中度聽覺障礙學生，就讀國小普通班接受資源班服務，平常能以口語和熟悉的人溝通，能了解 15 個字以內的單一指令，但有構音的問題。自我照顧能力比一般同儕佳，但學科的學習有較多的困難且自信心不足。資源班教師應採取哪些彈性評量的措施協助該生？【＃99 **教檢，第** 4 **題**】

7. 試說明實作評量的定義（2 分）？並參考下列人物速寫作業評定量表的資料，完整說明實作評量的步驟（8 分）。**【#109 教資考，第 3 題】**

實作作品：人物速寫評分向度

評分向度		評分項目
實作技能	準備畫具	____畫具（鉛筆、素描紙、軟橡皮、畫板、畫架） (1)完整(2)缺漏少部分(3)缺漏二項以上(4)完全遺漏
	繪畫技巧	____1.人物臉部比例(1)優(2)良(3)普通(4)不良(5)差 ____2.線條流暢(1)優(2)良(3)普通(4)不良(5)差 ____3.作品架構(1)優(2)良(3)普通(4)不良(5)差
情意表現	____1.是否能獨立完成作品(1)是(2)否 ____2.創作態度表現(1)享受(2)主動參與(3)逃避(4)被動	

☞選擇題答案：

1.(C) 2.(A) 3.(D) 4.(D) 5.(C) 6.(C) 7.(D) 8.(A) 9.(B)
10.(D) 11.(C) 12.(A) 13.(C) 14.(D) 15.(B) 16.(B) 17.(B) 18.(A)
19.(C) 20.(D) 21.(D) 22.(B) 23.(D) 24.(B) 25.(D) 26.(B) 27.(A)
28.(B) 29.(A) 30.(C) 31.(A) 32.(A) 33.(C) 34.(D) 35.(A) 36.(D)
37.(D) 38.(B) 39.(D) 40.(A) 41.(A) 42.(C) 43.(A) 44.(C) 45.(A)
46.(B) 47.(C) 48.(A)

整理自 https://tqa.ntue.edu.tw/；# 表示特殊教育學生評量與輔導應試科目

溫故知新專欄：新制（110 年度～）

※選擇題

1. 針對不同資優課程學習活動所規劃的評量方式與重點，下列哪些較為適切？**【★110 教資考，第 25 題】**

項目	學習活動	評量方式	評量重點
甲	學生策劃三天兩夜農村體驗營	生態評量	領導與計畫能力
乙	學生修理一部無法發動的模型車	真實評量	電動機原理的運用
丙	學生收集這一學期數學幾何學習成果與學習心得	動態評量	學習回饋與學習結果的關聯性
丁	學生設計水火箭並實際操作	共識評量	創意與實用性

(A)甲乙 (B)甲丙 (C)乙丁 (D)丙丁

實作評量

2. 特殊教育學校的陳老師計劃帶領班上學生到校外用餐，他先在教室內模擬餐廳情境，並評量個別學生的用餐禮儀、使用金錢及與人互動的表現。下列哪一選項較符合陳老師的評量方式？【▲110 **教資考，第 20 題**】
(A)生態評量 (B)動態評量 (C)實作評量 (D)真實評量
3. 有關實作評量的敘述，下列哪一項較為適切？【★110 **教資考，第 4 題**】
(A)強調讓學生應用習得的技能，解決日常生活情境的問題，並依據評量標準評量其表現或成品
(B)了解教師的介入與學生的反應之間的關係，以及學生認知可增進的程度，確認其發展的最大學習潛能
(C)透過觀察與其他蒐集資料的方式，針對個體在其目前及未來可能的生活環境中的行為表現進行評量分析
(D)學生與教師共同有系統地收集各種資料，追蹤學生表現與進步的情形，呈現學生學習經驗的廣度與深度

檔案評量

4. 某師與班上智能障礙學生經過一學期的時間共同蒐集並整理學習歷程的資料，從中看學生的學習成長變化，該師是使用下列哪一種評量方式？
【☆110 **教資考，第 1 題**】
(A)檔案評量 (B)生態評量 (C)功能性評量 (D)社區本位評量

動態評量

5. 老師在評量某生學習表現時，該生答對給予正面的回饋，答錯會依序給予教學提示，由簡單提醒、提示思考方向到最後提示解題特殊技巧。這位老師的評量方式為何？【☆110 **教資考，第 16 題**】
(A)真實評量 (B)情境評量 (C)動態評量 (D)課程本位評量
6. 陳老師先把社會技巧科目的教學內容編成評量題目，用來評估學生的學習成效；再把學生可以獨立完成的項目列為已有的能力，把未能獨立完成的部分列為學習目標進行教學，採用教學—評量的循環步驟，過程中逐步提供適當的提示。陳老師採用下列哪一選項的評量方式？甲、動態評量 乙、檔案評量 丙、生態評量 丁、課程本位評量【▲110 **教資考，第 24 題**】
(A)甲乙 (B)甲丁 (C)乙丙 (D)丙丁

標準參照評量

7. 大美是就讀普通班七年級的身心障礙學生，數學表現落後班級同學。為了解大美的數學能力與同年級學生的差異程度，王老師較不宜採用下列哪一種評量方式以利教學介入？【▲110 **教資考，第 5 題**】
(A)常模參照評量 (B)標準參照評量 (C)形成性評量 (D)總結性評量

錯誤類型分析

8. 小華是五年級的身心障礙學生，分數加法時經常發生：$\frac{1}{4}+\frac{2}{4}=\frac{3}{8}$、$\frac{1}{2}+\frac{2}{3}=\frac{3}{5}$等錯誤，小華的錯誤類型是屬於下列哪一種？【▲110 **教資考，第 25 題**】
(A)策略錯誤 (B)元素錯誤 (C)隨機反應 (D)位值錯誤

※問答題

1. 試依序說明資優學生申請全部學科跳級應評估的五大向度與內涵。
【★110 教資考，第 2 題】

☞選擇題答案：
1.(C) 2.(C) 3.(A) 4.(A) 5.(C) 6.(B) 7.(B) 8.(A)

整理自 https://tqa.ntue.edu.tw/；☆表示「學習者發展與適性輔導」應試科目；▲表示「課程教學與評量（身障組）」應試科目；★表示「課程教學與評量（資優組）」應試科目

第五章

認知能力評量

第一節　認知的涵義

認知涵蓋感官輸入訊息的轉換、簡化、推敲、儲存、還原及使用等心智處理，包含了感覺、知覺、心像、保留、回憶、問題解決及思考等名詞。Neisser（1967）認為認知是對經由感知覺系統輸入的刺激，所進行的六種歷程。這些心理歷程包含轉換、縮減、添加、儲存、提取和運用。Wood（1999）認為「認知」（cognition）係指涵蓋儲存、檢索和使用知識的心理歷程，包括知覺、記憶、想像、概念形成、推理、作決定、問題解決和語言等。張春興（2011）在其《張氏心理學辭典》一書中則指出：「認知」（cognition）為(1)個體經由意識活動對事物認識與理解的心理歷程。認知一詞的涵義廣泛，舉凡知覺、記憶、想像、辨認、思考、推理、判斷、創造等複雜的心理活動均屬之；(2)個體知識獲得的歷程，即個體在生活環境中究竟如何獲知，知之後在必要時又如何用知。

Plotnik（1999）亦將「認知」（cognition）界定為獲取、檢索、轉換、儲存和運用資訊的智能歷程，如知覺、記憶、思考和語言等。由這個定義可知，「認知」這個名詞的複雜性與其三個主要的層面，如圖 5-1。

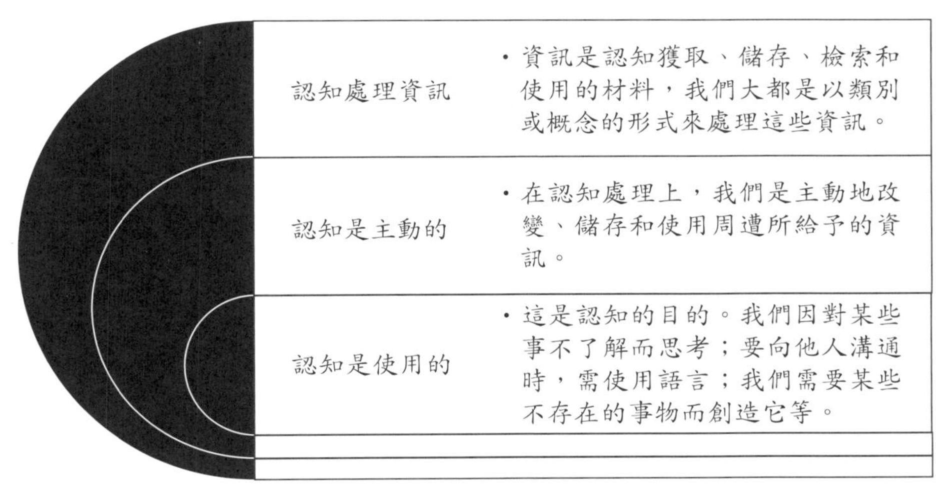

圖 5-1　認知的層面

總之，學者們對於「認知」的看法大致類似。又張春興（2011）指出，「認知發展」是除了智力發展之外（狹義的定義），泛指一切認知行為的發展。據此而論，狹義的認知能力是指一般的心智能力，而認知能力遠較智力為廣泛。至於智力評量部分，我們將於第六章進行探討。

第二節　不同取向的認知能力發展觀

學者們對於認知能力的發展有著不同取向的看法，這些看法大致可以分為下列幾種：(1)生物學取向的；(2)社會文化取向的；(3)認知結構取向；(4)訊息處理取向的。茲分別列述如下（王珮玲，2021；張春興，2013；Vygotsky, 1962）。

一、生物學取向的認知發展觀

瑞士兒童心理學家 Piaget 的認知發展論被認為是二十世紀發展心理學上最權威的理論。他認為兒童的心智活動與成人不同，兒童隨著年齡增長而產生的心智能力發展，不是知識量的增加，而是思維上產生了質的變化。他這種帶有生物學取向的認知發展論要義主要有下列幾點。

（一）認知結構與基模

Piaget 認為，個體用以了解周圍世界的、從而獲得知識的方式稱為認知結構（cognitive construct），又可稱作基模（schema）。他將基模視為人類吸收知識的基本架構，因而將認知能力發展或智力發展均解釋為個體的基模年齡增長而產生變化。

（二）組織與適應

Piaget 採用組織與適應兩個概念來解釋兒童內在的心理歷程。前者是指個體在處理其周圍事物時，能統合運用其身體與心智的各種功能，從而達到目的的一種身心活動歷程；而後者則為個體的認知結構或基模因環境限制而主動改變的心理歷程，一種為同化，一種是調適。

（三）平衡與失衡

個體的認知結構或基模的功能，能夠在同化與調適間維持一種波動的心理狀態稱為平衡。反之，則是失衡，促使個體改變或調適既有的基模，以容納新的知識經驗。

（四）階段觀的認知發展論

Piaget 認為，所有兒童的認知能力發展都是遵循「感覺動作期」、「前運思期」、「具體運思期」及「形式運思期」等四階段的法則進行的。

二、社會文化取向的認知發展觀

由於 Piaget 的認知發展論帶有生物學色彩，常被批評為較缺少社會文化的意義。所以就有後 Piaget 的說法，來修正 Piaget 理論的錯誤觀點。其中以俄國心理學家 Vygotsky（1962）的觀點最受到注目。其認知發展論的要義有三。

（一）倡議近側發展區

Vygotsky 所謂的「近側發展區」（zone of proximal development, ZPD）就是介於兒童自己實力所能達到的水平，與經別人給予協助後所可能達到的水平，這兩種水平間的差距即為該兒童的近側發展區。而在此種情形下別人所給予兒童的協助稱為「鷹架作用」。也就是說，在了解兒童實際發展水準後，找出其近側發展區，就可透過大人協助使其認知能力作最充分的發展。

（二）社會文化會影響到認知發展

Vygotsky 認為，人類自出生開始一直生長於社會中，而此一社會文化世界既會影響成人的行為，也會影響正在成長中的兒童。在認知發展上，由外化而漸進內化，由初生時的自然人漸漸轉變成社會人，亦即兒童的認知發展無異是在社會學習的歷程中進行的。

（三）語言發展與認知發展有關聯

在解釋語言發展幫助兒童認知能力發展時，Vygotsky 非常強調兒童自我中心語言的重要性，Piaget則不認為自我中心語言有何重要。Vygotsky觀察指出當兒童面對困難情境時，他的自我中心語言就會顯著增加。因此，Vygotsky 認為自我中心語言有促進兒童心理發展的功能，不僅可以藉此紓解其情緒，更有益心智能力的發展。

三、認知結構取向的認知發展觀

認知心理學家們將學習視為個體對事物經由認識、辨別、理解，從而獲得新知識的歷程。在此歷程中，個體所學到的思維方式，即是認知心理學家所謂的「認知結構」，而 Bruner（1964）乃是這種取向的代表性人物。他將人類對其環境中周圍事物，經知覺物體或事件轉換為內在心理事件的過程稱為「認知表徵」（cognitive representation）。他所提出認知表徵分期與 Piaget 認知發展階段論並不同，如圖 5-2。

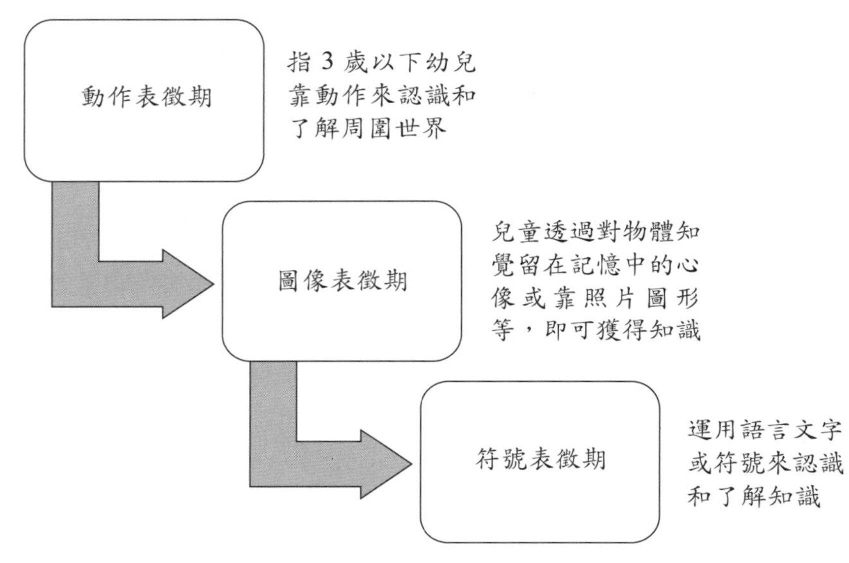

圖 5-2　認知表徵分期

四、訊息處理取向的認知發展觀

訊息處理論（information-processing theory）興起於 1960 年代，主要是受到電腦快速發展的影響，近來相當的風行，而成為現代認知心理學重要的理論。此一理論取向是特為解釋人類在環境中，如何經由感官覺察、注意、辨識、轉換、記憶等內在心理活動，以吸收並運用知識的歷程。一般而言，認知心理學家將訊息處理分成下列三個階段來加以解釋：

1. 感官記錄（sensory register, SR）：也稱為感官收錄和感官記憶，是指個體經由視、聽等感覺器官來感應外界刺激所引起的短暫記憶（在 3 秒鐘以下）。如決定進一步處理時，則加以注意，並予以編碼轉換成另種形式；否則就予以放棄。
2. 短期記憶（short-term memory, STM）是指經感官收錄後再經注意而在時間上持續 20 秒以內的記憶而言。在訊息處理過程中，短期記憶對個體的行為具有兩種重要作用：(1)對刺激表現出適當反應；(2)對個體認為要進一步處理的訊息，採用複習的方式（及工作記憶），以保留較長的時間，然後輸入長期記憶中。
3. 長期記憶（long-term memory, LTM）是指保持訊息長期不忘的永久記憶。依照 Tulving（1972）的看法，長期記憶中的訊息大致可分為兩類：(1)語意記憶（semantic memory）：是指有關語文所表達之意義的記憶；(2)情節記憶（episodic memory）：為有關生活情節的現況記憶（如圖 5-3）。

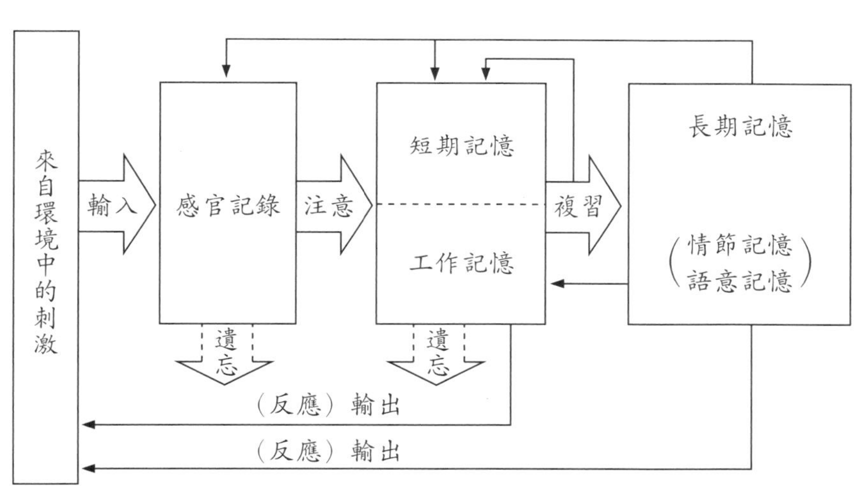

圖 5-3　訊息處理的心理歷程

第三節　認知能力的內涵

認知能力的內涵大致可包含下列幾類（張春興，2013；黃秀瑄譯，2009；Plotnik, 1999），如圖 5-4，分別簡述如下。

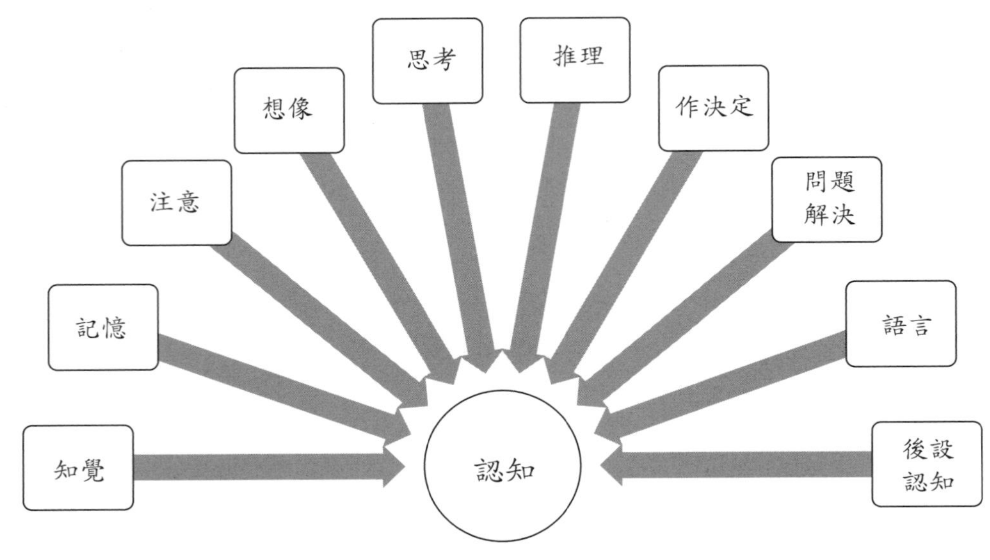

圖 5-4　認知能力的內涵

一、知覺

所謂「知覺」（perception）是指經由感官以覺知環境中物體存在、特徵及其彼此關係的歷程，亦即個體以生理為基礎的感官獲得訊息，進而對其周圍世界的事物做出反應或解釋的心理歷程。有關這個部分請詳見本書第八章「知覺動作評量」，這裡所介紹的評量工具並不包括在內。

二、記憶

記憶（memory）是指：(1)引起個體反應的刺激、事件、形象、意見等消失之後，個體仍能保留原反應的心理功能；(2)對內在心理結構或大腦生理功能中假設的一種儲存訊息之系統；(3)個體在環境中為適應生存需要而對某些訊息予以收錄、儲存，以便隨時使用的處理歷程。本詞只是對記憶的概括解釋，通常會形成很多複合詞，用以說明各種記憶，例如：長期記憶、視覺記憶、工作記憶等。

三、注意

「注意」（attention）乃是個體對情境中的眾多刺激，只選擇其中一個或一部分去反應，並從而獲得知覺經驗的心理活動。當個體注意時，對選定的注意刺激可以獲得清楚的知覺；而對注意以外的刺激則會模糊不清。

四、概念形成

「概念」（concept）有時又稱為「觀念」，也就是對各種人、事、物等概括性的意念。人們辨識事物與分類事物的思考都是以「概念」為基礎，人若對事物缺乏適當的概念，就無法將個別刺激與相關刺激產生連結，也無法進行思考。

五、想像

「想像」（imagination）是指將記憶中的經驗與意象予以整理組合從而產生新意象的心理歷程。想像的歷程極為複雜，按其功能可分為：(1)預期想像（anticipatory imagination）：即想像未來可能發生的事情或是想像達成預期目的的方法；(2)再生想像（reproductive imagination）：又稱為記憶想像，即將以往經驗加以整理組織使之重現在記憶之中；(3)創造想像（creative imagination）：在意識中重組以往經驗，並企圖超越以往經驗以產生新的構想。因創造想像是對舊問題的新構想，也稱構念想像。

六、思考

「思考」（thinking）是指：(1)憑記憶與想像以處理抽象事物的推理歷程；(2)在超越現實的情境之下，分析情境中的條件，從而探求答案以突破困難的意識歷程。由此定義可知，「思考」一詞至少含有以下多重意義：(1)思考是內在的心理歷程；(2)思考是記憶中訊息的靈活運用；(3)思考是從舊訊息中產生新的意義；(4)思考主要是既有認知結構重組而後檢索並輸出的歷程；(5)思考的產生必有原因，可能是外在的，也可能是內在的。

七、推理

「推理」（reasoning）或稱「邏輯推理」（logical reasoning）是指按邏輯規範推理思考的歷程，亦即在解決問題時合理思考的歷程。推理時可採演繹法（根據普遍性原理原則，推論到某一特殊事例，並從而得到結論），也可採歸納法（由特殊事例歸結為概括原則）。

八、作決定（判斷）

作決定（decision-making）或判斷（judgement）可視為是解決問題的一種形式或者是解決問題過程中的一種重要步驟。大致而言，作決定的類型有四種：(1)理智的決定：是以數理或統計方法來計算不同決定所可能產生的利弊，以為取捨決定的依據；(2)主觀效益模式：根據自己的主觀效益為決定取捨的根據；(3)非理智的決定：這是一般人作決定的方式（相對於理智的決定）；(4)冒險策略：這是說明一個人對冒險所採取的策略及態度，會對其作決定產生影響。

九、創造

一般的心理學家認為「創造」（creativity）乃是一種行為表現，該行為表現的結果富有新奇性和價值性。所謂「新奇性」是指個人能別出心裁做出前人未曾做過的事，如科技發明、文藝創作等；至於「價值性」是指舉凡創出的結果或具有實用價值、學術價值等。

十、問題解決

「問題解決」（problem-solving）是指個人在面對問題時，綜合運用知識技能以期達到解決目的的思維活動歷程。對個人而言問題雖然是主觀的，但按照問題性質可分為「結構清楚問題」（指按一定思考方式即可求得答案的問題）、「未明結構問題」（指情境不明、因素不定、不易找出解答線索的問題）及「爭論性問題」（指帶有情緒色彩的問題）。

十一、語言

廣義的語言（language）是指人類思想與感情的符號化，用以與他人傳達情意或溝通行為的工具，舉凡言語、文字、手語、音樂、圖畫、雕刻等都是；狹義的語言則是指口述的語言（說話）。有關這個部分請詳見本書第七章「語言評量」，這裡所介紹的評量工具並不包括在內。

十二、後設認知

「後設認知」（metacognition）是指個人對自己認知歷程的認知，亦即個人經由認知思考從事求知活動時，個人自己既能明確了解他所學知識的性質與內容，而且也能了解進一步支配知識的方法，以解決問題。Flavell（1985）認為，「後設認知」包括「後設認知知識」（metacognitive knowledge）和「後設認知技能」（metacognitive skills）。前者是指個人對自己所學知識的明確了解，個人不但了解自己所學知識的性質和內容，也知道知識中所蘊含的意義及原理原則；至於後者則指在求知活動中個人對自己行動適當監控的心理歷程。

第四節　認知評量的涵義與技術

一、認知評量的涵義

認知評量（Cognitive Assessments）包括評估個體使用認知能力和解決複雜問題或獲取新知識的潛力問題。它涉及使用紙筆任務或某些電腦化組合（computerized batteries）來評估廣泛的能力，例如：注意力、記憶力、推理能力、語言技能和智力功能。然後，透過質性（處理任務和觀察到的方法）和量化（標準化措施）方法，決定個體認知優弱勢的過程。

二、認知評量的好處

認知評量可以帶來許多好處，包括：

- 提供學習剖面圖，包括優勢和困難。
- 確定學習需求。
- 能夠與標準化樣本進行比較。
- 幫助識別能力優異的人。
- 引導個性化學習。
- 提供證據以支持特定的應用。
- 以證據為基礎。
- 作為一個強大且全面性的評估。
- 認知評量後，會有一些建議來支持個人的學習環境。

三、認知評量技術

認知評量技術用於評估人腦的心理能力。在這種類型的評量中，受試者將被要求完成一系列需要認知技能的任務。測試可能分為幾個不同部分，以測試推理、理解語言等內容。每個部分都會單獨評分，並可將結果與其他參加測試的人之結果進行比較，以了解某人在認知表現量表上的位置。執行此種評量過程有多種方法，這些方法可能僅使用紙筆測試或認知評量組合（cognitive assessment batteries）。認知評量可分為（Singh & Sachdeva, 2014）：

- **面向任務的評量**（task oriented assessment）。要求受試者完成一系列任務，如邏輯謎題、匹配數字等，例如：「魏氏記憶量表」（Wechsler Memory Scale）。
- **生理評量**（physiological assessment）。認知評量也可以透過獲取認知信號來完成，例如：腦電圖（Electro Encephalo Graphy, EEG）、心電圖（Electro Cardio Graphy, ECG）、皮膚電電阻（Galvanic Skin Resistance, GSR）、心率（Heart Rate, HR）等生理參數，與要評量和增強的各種認知能力有關聯，如腦電圖通常用於檢測癲癇等病理狀況，也可用於檢測和量化情緒。

第五節　認知能力評量的工具

臺灣數字奇偶序列測驗

一、目的：為國內臨床上評估工作記憶的適當工具。
二、編製者：花茂棽、彭鍾伃。
三、出版單位（日期）：中國行為科學社（2015 年 6 月）。
四、適用範圍：16 歲至 84 歲一般成人。
五、實施時間：約 10 分鐘。
六、內容：本測驗共有七題，每題包含三個嘗試，在主試者唸完一串數字後，請受試者依照規則說出正確的數字排序。
七、常模：依不同年齡層，分別建立原始分數與量表分數等值對照表，及原始分數與不同切分點之常態化 Z 分數等值對照表。

魏氏記憶量表（WMS-III）

一、目的：可提供有關神經認知功能的重要訊息、臨床上可量化記憶功能之缺損。
二、修訂者：花茂棽、張本聖、林克能、楊建銘、盧小蓉、陳心怡。
三、出版單位（日期）：中國行為科學社（2005 年 1 月）。
四、適用範圍：16 歲至 84 歲。
五、實施時間：約 45 分鐘至 55 分鐘。
六、內容：本量表包含邏輯記憶測驗 I、臉孔記憶測驗 I、字詞配對記憶測驗 I、家庭圖片測驗I、數—字序列測驗、空間記憶廣度測驗、邏輯記憶測驗II、臉孔記憶測驗 II、字詞配對記憶測驗 II、家庭圖片測驗 II 等十個主要分測驗，和常識與定向感測驗、字詞測驗 I、圖繪記憶測驗 I、心智控制測驗、記憶廣度測驗、字詞測驗 II、繪圖記憶測驗 II 等七個選擇性分測驗。

國小兒童注意力量表

一、目的：本量表可用於國小學童注意力表現異常之初步篩選，並進一步釐清呈現異常的注意力向度，作為教學者選擇適當教學策略的參考。
二、編製者：林鋐宇。
三、出版單位（日期）：中國行為科學社（2011 年 7 月初版）。
四、適用範圍：國小一年級至六年級學生。
五、實施時間：21 分鐘。
六、內容：本量表包含數字導向、符號偵測、文字導向、符號交替、花瓣對照、數字交替圈選、數字圈選、圈選結合單音、地圖搜尋、對照結合單音等十個分測驗，組成集中、持續、選擇、交替、分配等五個注意力向度分數，及一個全量表注意力指數。
七、常模：依年級建立各分測驗的量表分數常模；並有五種分量表的向度分數、百分等級常模和全量表的注意力指數、百分等級常模。

電腦化注意力診斷測驗（CADA）

一、目的：以電腦化的施測方式，篩選ADHD疑似個案或了解個案在不同注意力向度的表現，擬定 IEP 及適當介入。
二、編製者：孟瑛如、簡吟文、陳虹君、張品穎、周文聿。
三、出版單位（日期）：心理出版社（2014 年 12 月初版）。
四、適用範圍：學前至國中學生。
五、實施時間：40 分鐘。

六、內容：本測驗包含圖畫記憶、圖畫偵錯、圖畫區辨、圖形區辨、圖畫尋找、圖片歸類、圖片推理、語句訊息、語句偵錯與圖形對應，共十個分測驗，可了解兒童在圖畫注意力、推理注意力、語文注意力三種不同因素的注意力表現，及全測驗總分（整體注意力）表現。

七、常模：提供學齡前兒童在圖畫注意力、推理注意力及二因素總分的百分等級、標準分數與切截分數；提供國小低年級至國中學生在圖畫、推理及語文注意力與二因素總分、三因素總分的百分等級、標準分數與切截分數。

學前幼兒認知發展診斷測驗（CDDAP）

一、目的：在於評估學前階段幼兒智力或認知發展狀態，或是診斷疑似有認知、情緒或溝通發展遲緩之個案。

二、編製者：孟瑛如、陳雅萍、田仲閔、黃姿慎、簡吟文、彭文松、周文聿、郭虹伶。

三、出版單位（日期）：心理出版社（2020 年 6 月初版）。

四、適用範圍：2 歲至 6 歲 11 個月。

五、實施時間：65 分鐘。

六、內容：本測驗包含三個因素，內含九個分測驗：(1)認知因素：包含認知推理、顏色搜尋、圖形搜尋、幾何造型四個分測驗，評估幼兒抽象問題的解決能力；(2)語文因素：包含、溝通三個分測驗，評估幼兒在語文方面的理解與表達能力；(3)社會情緒因素：包含情緒認知、情境抉擇與計畫兩個分測驗，評估幼兒在生活情境中的情緒辨識、符合社會規範的基本認知與問題解決能力，以及面對問題獲衝突時找到解決問題的能力。

七、常模：建有全臺灣地區 2 歲至 6 歲 11 個月兒童各分測驗之標準分數，以及認知、語文、社會情緒與全測驗的百分等級與發展商數。

威廉斯創造力測驗（CAP）

一、目的：在於測量受試者認知和情意方面的創造潛在能力、可作為評量特殊能力與創造能力兒童和青少年的工具。

二、修訂者：林幸台、王木榮（編製者：F. E. Williams）。

三、出版單位（日期）：心理出版社（1994 年 12 月初版）。

四、適用範圍：國小四年級至高中（職）學生。

五、實施時間：約 60 分鐘。

六、內容：本測驗為一組合式測驗，共有三個部分，包括創造性思考活動、創造性傾向量表及威廉斯創造性思考和傾向評定量表等。

七、常模：建有臺灣地區國小四年級至高中（職）學生的「百分等級」常模。

行動和動作創造思考測驗（TCAM）

一、目的：在於評估幼兒和兒童的創造力，以提供教學和輔導之用。
二、修訂者：張世彗（編製者：E. P. Torrance）。
三、出版單位（日期）：心理出版社（2006 年 3 月初版）。
四、適用範圍：4 歲至 8 歲。
五、實施時間：沒有時間限制，但是主試者應該保持時間的記錄。
六、內容：本測驗包含四項活動，分別是「有多少種方法？」「你可以像什麼一樣的做動作？」「有其他的方法嗎？」「你可以用紙杯做什麼？」。
七、常模：建有臺灣地區幼兒園中班至國小二年級兒童（4 歲組至 8 歲組）的百分等級和標準分數常模。

陶倫斯創造思考測驗（TTCT）：語文版和圖形版

一、目的：在於評估國小、國中和高中生的語文或圖形創造力，可作為輔導和研究之用。
二、修訂者：李乙明（編製者：E. P. Torrance、O. E. Ball 和 H. T. Safter）。
三、出版單位（日期）：心理出版社（2006 年 12 月初版）。
四、適用範圍：國小一年級至高中三年級學生。
五、實施時間：圖形版：約 50 分鐘；語文版：約 60 分鐘。
六、內容：本測驗語文版甲式、乙式各包含六項語文思考活動，甲乙兩式的內容都是「問一問」、「原因猜一猜」、「結果猜一猜」、「產品改良」、「不尋常的用途」及「假想一下」。至於圖形版甲式、乙式則各包含三項圖形思考活動，甲式分別是「完整構圖」、「圖形接龍」、「平行線」；乙式則包括「完整構圖」、「圖形接龍」、「圓圈」。
七、常模：建有國小一年級至高中三年級百分等級和標準分數常模。

陶倫斯創造力測驗（成人適用精簡版）（ATTA）

一、目的：在於評估成人的創造力，可作為選才及生涯規劃之用。
二、修訂者：陳長益（編製者：K. Goff 和 E. P. Torrance）。
三、出版單位（日期）：心理出版社（2006 年 12 月初版）。
四、適用範圍：18 歲以上成人。
五、實施時間：約 20 分鐘。
六、內容：本測驗包含三項活動，分別是「假想你能在空中漫步或在空中翱翔，而不需借助任何工具，你可能會碰到什麼樣的問題」、「要求受測者利用兩張未完成的圖作畫，畫作愈奇特愈好」、「要求受測者利用三角形作畫，畫作愈多愈好」。

七、常模：建有評量成人能力的級分、創造力指標評分與創意指數級分。

問題解決創造力測驗

一、目的：在於測量學生的問題解決創造能力。

二、編製者：朱錦鳳。

三、出版單位（日期）：心理出版社（2005 年 1 月初版）。

四、適用範圍：大專學生。

五、實施時間：60 分鐘。

六、內容：本測驗可分成「語文」與「圖形」兩大部分。前者包括「字詞聯想」、「成語替換」、「情境式問題解決」等三個分測驗；而後者包含「創意圖形」（又含點線思考、圖形創作及形狀思考等三個題目）及「不合理圖形覺察」。

七、常模：有建立臺灣地區大專學生的百分等級常模。

情境式創造力測驗（SCT）

一、目的：了解學生運用所學相關知識與經驗來解決問題之創造力，提供相關研究及教學成效的評估參考。

二、編製者：葉玉珠。

三、出版單位（日期）：心理出版社（2009 年 4 月初版）。

四、適用範圍：四年級至九年級學生。

五、實施時間：約需 40 分鐘。

六、內容：本測驗以富趣味性的故事為主軸，採繪本方式呈現情境式的創造性問題，從三個情境設計九個主要問題，以界定問題表現為基礎，評估下列兩創造力指標：(1)價值性：評估解決方法之有效性與適當性；(2)獨創性：評估解決方法的稀有度。

七、常模：建有臺灣地區的四年級至九年級之百分等級和 T 分數常模。

遠距聯想創造測驗

一、目的：在於評估學生與成人在創造歷程中所展現的遠距聯想能力，並以此預測個體的創意表現。

二、編著者：黃博聖、陳學志。

三、出版單位（日期）：中國行為科學社（2013 年 1 月初版）。

四、適用範圍：大學生與一般成人。

五、實施時間：10 分鐘。

六、內容：本測驗設計甲式與乙式兩套版本（互為複本），每式題目各有 30 題。每題皆會提供三個刺激詞彙，請受測者聯想出與此三個詞彙皆有關聯的目標詞。

七、常模：依性別及區域別，分別建立甲式及乙式的臺灣地區大學生之 T 分數、百分等級常模。

批判思考測驗（第一級）（CTT-I）

一、目的：旨在評量國中、國小高年級學生的批判思考能力。

二、編製者：葉玉珠。

三、出版單位（日期）：心理出版社（2003 年 12 月初版）。

四、適用範圍：國小五年級至高中三年級學生。

五、實施時間：30 分鐘。

六、內容：本測驗包含五種能力，分別是：(1)辨認假設：能夠辨認出陳述或宣稱中隱含的一般性前提；(2)歸納：能由已知訊息中推論出最有可能的結果；(3)演繹：能從兩個已知的陳述中，找出必然導致的結果；(4)解釋：能從陳述當中指出隱含的現象或因果關係；(5)評鑑：評估論點強弱的能力。

七、常模：建有臺北縣市和高雄縣市的百分等級及 T 分數常模。

華－葛氏批判思考量表精簡版（WGCTA）

一、目的：測量個體辨認問題及判斷真假的能力（包括對合理的推論、抽象概念及歸納之本質的知識）。分析個體在推論、辨認假設、推演結論、解釋及評價論點五項加總所得的批判思考能力之優劣。可預測學生在各種教育環境中的表現進行資優安置之參考。

二、修訂者：陳學志、陳彰儀、陳美芳、陳心怡、陳榮華。

三、出版單位（日期）：中國行為科學社（2011 年 1 月初版）。

四、適用範圍：高中、大學、企業（16 歲以上成人）。

五、實施時間：30 分鐘。

六、內容：本量表包含推論、辨認假設、推演結論、解釋及評價論點五個部分共 40 題。利用評估個體區辨推論對錯、辨認假設前提、判斷結論可靠與否、做結論並區別論點立場之能力來衡量其批判性思考能力之優劣。

七、常模：依性別、組別、年級等建立臺灣地區之百分等級常模。

新編問題解決測驗

一、目的：在於評估國小和國中學生的問題解決能力，可作為輔導和研究之用。

二、編製者：詹秀美、吳武典。
三、出版單位（日期）：心理出版社（2007 年 2 月初版）。
四、適用範圍：四年級至七年級學生。
五、實施時間：50 分鐘。
六、內容：本測驗共包含六大題，每大題包含一段問題情境敘述和二至三個與問題情境相關的開放式問題，要求受試者就每一個問題提出至多三項最好的答案；全測驗共有 15 個問題，分別屬於「界定原因」、「解決方法」與「預防問題」等三個分測驗。
七、常模：建有臺灣地區四年級至七年級百分等級常模。

中文色塊測驗（MTT）

一、目的：在於評估與兒童注意力和聽覺記憶廣度有關的聽覺理解能力，可作為兒童學習問題的診斷工具、並可用來評估注意與記憶教學介入之成效。
二、編製者：林月仙、曾進興、吳裕益。
三、出版單位（日期）：心理出版社（2014 年 5 月初版）。
四、適用範圍：3 歲至 12 歲。
五、實施時間：8 分鐘至 12 分鐘。
六、內容：本測驗針對 3 歲至 12 歲不同年齡設計不同難度試題，並使用兩種形狀、兩種尺寸及五種顏色等簡單詞彙組成常用語句，逐步增加詞彙數以增加試題複雜度，用以評估兒童的聽覺理解能力。
七、常模：建有臺灣地區 3 歲至 12 歲聽覺理解能力之百分等級和 T 分數常模。

心智理論量表

一、目的：多方面的測量一個人的心智理論能力，可應用在臨床衡鑑上，作為自閉症類群障礙症、人格疾患、情緒障礙、中風、額顳葉型失智症及嚴重頭部損傷等心智能力缺損的評估。
二、修訂者：葉在庭。
三、出版單位（日期）：心理出版社（2017 年 3 月初版）。
四、適用範圍：12 歲至 80 歲。
五、實施時間：語言作業約 15 分鐘至 20 分鐘；非語言作業約 15 分鐘至 20 分鐘。
六、內容：本量表包含語言心智理論作業及非語言心智理論作業。語言作業主要測量認知成分及情感成分的心智理論能力；非語言作業主要測量受試者能否以心智理論的方式回答出圖片的意思。
七、常模：本量表建有語言作業和非語言作業之百分等級常模。原始總分對應之心智理論能力程度。

溫故知新專欄：舊制（94～109年度）

※選擇題

1. 「空鐵罐子有什麼用途？」甲生回答：「可以用來烤鴨、烤雞、當咖啡壺、水壺、茶壺」；乙生回答：「可以用作煎鍋、鐘鈴、箭茅、藝術燈飾」。依創造力評量原則，下列敘述何者正確？**【＃95教檢，第29題】**
(A)甲生的變通力得分高於乙生　(B)甲生的獨創力得分高於乙生
(C)乙生的變通力得分高於甲生　(D)乙生的流暢力得分高於甲生
2. 在威廉斯創造力測驗中，下列哪一項不屬於認知的特質？
【＃97教檢，第2題】
(A)精進性　(B)流暢性　(C)想像性　(D)獨創性
3. 為評量學生的創造力，老師請學生列舉「紙箱不平凡的用途」，而後依下列標準計分：
甲、計算每個學生產生了多少點子
乙、計算每個學生所用到的方法種類
上述甲、乙所評量的創造力要素是什麼？**【＃103教檢，第21題】**
(A)流暢性、變通性　(B)流暢性、獨創性
(C)獨創性、精進性　(D)變通性、精進性
4. 教師發問：空寶特瓶廢物利用，可以作哪些用途？**【＃97教檢，第29題】**
甲生回答：水壺、花瓶、筆筒、糖罐、製冰盒、澆花壺
乙生回答：球棒、漏斗、沙鈴、喇叭
就創造力的變通性而言，上述反應誰的表現較優？
(A)甲生優於乙生　(B)乙生優於甲生
(C)兩生沒有差異　(D)資料不足無法評估
5. 某生在認知風格評量的結果，明顯傾向右腦型思考的風格，依測驗結果該生可能具有何種學習能力的優勢？**【＃101教檢，第11題】**
(A)記憶能力　(B)應用能力　(C)創造能力　(D)聚斂思考能力
6. 為了更正確評估聽覺障礙學生的智力，除了個別智力測驗之外，宜加做下列哪一類測驗？**【＃99教檢，第12題】**
(A)圖形推理測驗　(B)感覺發展檢核表
(C)閱讀理解困難篩檢測驗　(D)知覺動作統整發展測驗
7. 老師想要了解某聽覺障礙國小學童的認知發展狀況，下列哪一種評量工具比較適合該生？**【＃103教檢，第4題】**
(A)比西智力量表　(B)瑞文氏推理測驗
(C)魏氏兒童智力量表　(D)綜合心理能力測驗

8. 關於認知評量的敘述，下列何者是正確的？【 # 98 教檢，第 22 題】
(A)創造的結果，須具有新奇性與價值性
(B)語言與認知能力，是完全無關的二種能力
(C)後設認知是一種高層次的認知能力，是無法評量的
(D)認知乃儲存與運用知識的心理歷程，與「推理」無關

9. 「某生能夠用自己的話來說明『晴天』與『雨天』的不同。」此一陳述代表學生能力最高可能達到認知領域的哪一層級？【 # 101 教檢，第 22 題】
(A)記憶 (B)理解 (C)應用 (D)評鑑

10. 某生上英文課時紙筆測驗表現相當良好，但在考英語聽力測驗時卻得分很低，該生最有可能有下列哪些方面的問題？【 # 105 教檢，第 27 題】
(A)知動能力、閱讀理解 (B)閱讀理解、文化殊異
(C)工作記憶、聲韻覺識 (D)聽覺記憶、書寫障礙

☞選擇題答案：
1.(C) 2.(C) 3.(A) 4.(B) 5.(C) 6.(A) 7.(B) 8.(A) 9.(B) 10.(C)

整理自 https://tqa.ntue.edu.tw/；# 表示特殊教育學生評量與輔導應試科目

第六章

智力評量

第一節　智力的本質與涵義

智力的本質是什麼？其涵義又為何？事實上，專家們到目前為止，仍未能為「智力」一詞提出一個為大多數人所同意的定義。以下僅列出一些具有代表性的看法。

Terman（1921）認為，「智力是一種抽象思考的能力，同時指出任何一種測驗並不足以評量各種可能存在的智力」。Wechsler（1994）曾綜合各家觀點認為，「智力是個人了解及有效適應其周遭環境的綜合能力，而且強調智力非單一、獨特的能力，因而須由個體在不同情境中所表現出的各種心智活動來推估」。

Snyderman與Rothman（1987）曾對美國千餘位學者徵詢評定「構成智力的要素是什麼？」結果發現：抽象思考或推理能力、獲得知識的能力（即學習的能力）及問題解決的能力等三項要素獲得大多數學者的同意（96%以上）；其次是適應環境的能力、創造力、常識、語文能力、數學能力、記憶及心理速率（60%～80%）；最不受到大多數學者認同的是成就動機、目標導向及感覺敏銳等（低於 25%）。

顯然，有關智力的界說眾說紛紜，各執一詞，難有定論。最後，筆者就以張春興（2011）對於智力所歸列出五項最具代表性的定義作為小結，如圖 6-1。

指個體表現在推論、想像、領悟、判斷以及生活適應等多方面的能力

指個體表現在學習、抽象思考以及處理新情境三方面的能力

指個體在行為上所表現的綜合性普通能力

指對個體實施智力測驗後所測量的能力

個體本身自身之遺傳條件，在其生活環境中與人、事、物接觸而生交互作用時，其所表現出善用以往經驗，隨時吸收新知，因時因地肆應變局，迅速見及困難之關鍵，並經思考、推理、判斷以解決問題的綜合能力

圖 6-1　最具代表性的智力定義

第二節　主要的智力學說及其內涵

事實上，從智力研究的發展歷程來看，就可以發現智力理論與智力測驗的編製運用有著十分密切的關聯。顯然，心理計量學在這一方面居於主流的地位。惟近年來，發展心理學的認知發展論與認知心理學家的訊息處理理論，在智力理論研究上日益受到重視，而且與心理計量學的智力理論有趨於統合的現象（蔡崇建，1999）。由於智力理論繁多，以下我們僅描述幾個主要的智力學說及其內涵，其餘請參見相關的書籍。

一、因素分析論

因素分析論大致可分為兩大派別：其一是二因論，另一為多因論，而近年來甚受注意的階層論則是由多因論衍生出來的。

（一）二因論

最早提出二因論的是心理學先驅 Galton，他認為每個人都具有普通能力和某些特殊性向，而普通能力則涵蓋了人類的各種心理能力。Spearman（1927）則運用心理計量學的方法推論出「**二因論**」，認為智力包括「**普通因素**」（general factor，即 g 因素）及「**特殊因素**」（specific factor，即 s 因素）。前者代表人類一般心智活動主體，即是普通心理能力（智力）；至於 s 因素則代表著個人的特殊能力，為學習專門知識技能應具有的特定能力。

（二）多因論

1930 年代以後，隨著因素分析法的精進運用使得智力的多因觀大量崛起，例如：Thorndike（1927）提出所謂的「**三因論**」（社會性智力、具體性智力、抽象性智力）；Thurstone（1938）則根據十種智力測驗的資料，抽離出七項基本心理能力（又稱**群因論**）：語文理解、語詞流暢、歸納與演繹推理、數字運算、機械記憶、知覺速度及空間或視覺化等能力。他並依照此一理論發展出「基本心理能力測驗」（Primary Mental Ability Test, PMAT）。

至於智力多因論最知名的代表性人物首推 Guilford（1967），他在 1960 年代提出了相當受到注意的「三向度智力結構」（Structure of Intellect, SOI）。這項智力結構的三個向度分別為思考的內容、運作及結果。若依心理學變項來看，思考的內容屬於刺激變項，可分為視覺、聽覺、符號、語意及行為等五種；而思考的運作屬於中介變項，有認知、短期記憶、長期記憶、擴散思考、聚斂思考與評鑑等六種；至於思考的結果屬於反應變項，可分為單位、類別、關係、系統、轉換與應用等六種（如圖 6-2）。換言之，Guilford 認為人類的智力是由 180 種不同的能力結構而成的，可見其複雜程度。

（三）階層論

在階層論方面，其實階層論也是多因論，只是在因素中又有層次之分而已。Cattell（1963）曾發展出所謂的流體和結晶智力階層論，這個理論將智力分為「**結晶智力**」和「**流體智力**」。「結晶智力」涵蓋的是求知技能和知識的心智能力，此種能力的發展容易受到文化環境的影響；至於「流體智力」則含涉學習能力的調適與更新，與心理運作歷程有關。以「魏氏兒童智力量表」為例，詞彙和常識兩分測驗屬於一般知識的回憶與應用，故所評量的是結晶智力；而圖形設計和符號替代兩分測驗因作答時較需專注及運用解題技巧，故所評量的是屬於流體智力。

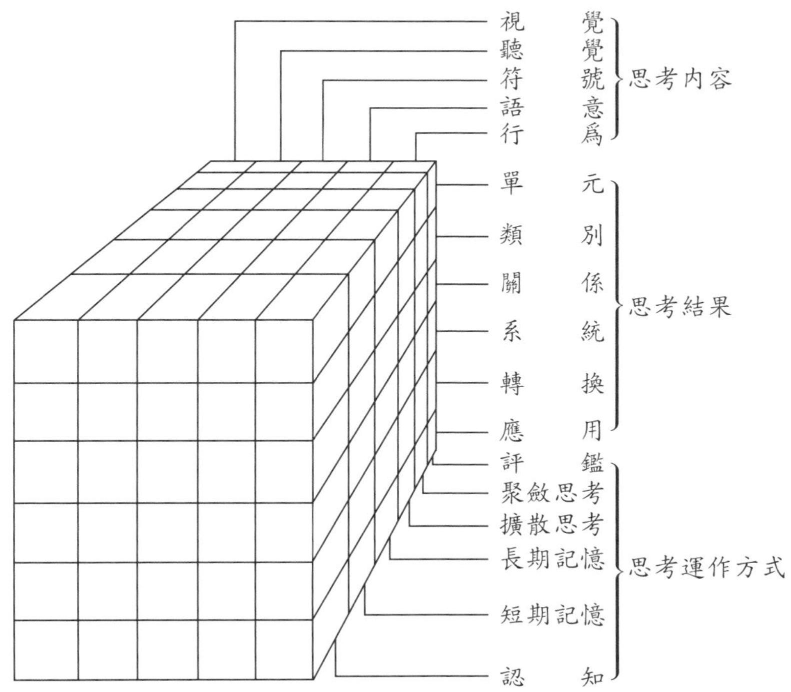

圖 6-2　Guilford 的三向度智力結構

資料來源：根據 Guilford（1988）資料繪製

Horn（1985）則提出四層次的智力階層模式：(1)最下層是感覺接受，包括視覺和聽覺偵測；(2)第二層是連結過程，可分短期回憶的取得和長期記憶的儲存；(3)第三層是知覺組織的過程，包括廣泛性視覺化能力、書寫速度及廣泛性聽覺思考；(4)最上層是關係推理，可分為流體智力及結晶智力。階層間的是最下層能力循序而達最上層次。

在智力階層論中集諸理論大成的是Gustafsson（1984）所提出的「**三層次智能結構論**」（如圖 6-3）。這項理論的最高層次是普通能力（同 Spearman 的智力觀），其下階層則包括三項因素：即結晶智力（與語文訊息有關）、流體智力（與非語文能力有關）及一般視覺智力（與圖形訊息有關）。而最低階層則包括多種基本因素，與 Thurstone 和 Guilford 的理論相似。

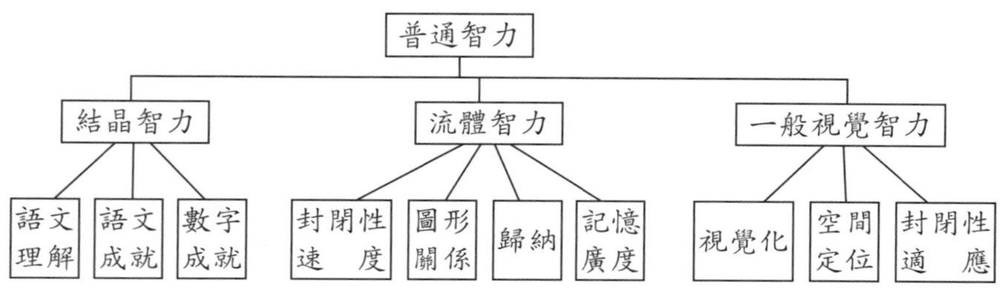

圖 6-3　Gustafsson 的三層次智能結構論
資料來源：根據 Gustafsson（1984）資料繪製

由智力測驗工具的發展來看，顯然是有趨向於智力階層的觀點，例如：知名的魏氏系列智力量表的架構（WPPSI-R）就是屬於智力階層論的模式，其模式如圖 6-4。

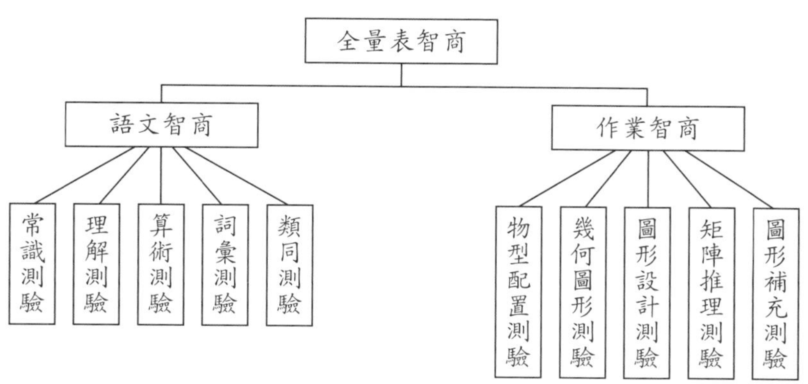

圖 6-4　魏氏系列智力量表的架構

二、認知發展論

智力認知發展論最為著名的代表性人物首推瑞士發展心理學家Piaget（1948），他將人類認知發展歷程劃分為四個主要階段，每個階段皆有其行為特徵，而且階段間的進化不能逾越或順序倒反（如表 6-1）。Piaget認為，智力的發展從嬰兒期的感覺動作認知逐漸進化到抽象思考的形式運思期，這是一種不斷動態內化的過程，包括調適和同化兩大功能的交互作用，而促使個體的認知結構不斷地改變和更新。同時，他認為智力乃是受到生物或環境變項交互作用下的產物。

表 6-1　Piaget 的認知發展階段論

發展階段	年齡範圍	行　為　特　徵
感覺動作期	0 歲至 2 歲	此一時期兒童多靠身體動作和感覺來認知外在世界
運思前期	2 歲至 7 歲	2 歲至 4 歲的兒童多以自我為中心，4 歲至 7 歲的兒童則尚未具有保留概念
具體運思期	7 歲至 11 歲	此階段的兒童已具有保留概念、分類及序列的能力，也能對具體事物進行心智運思
形式運思期	11 歲以上	此一時期青少年已能進行抽象思考和邏輯推理的形式運思

林邦傑（1981）的「Piaget認知發展測驗」就是依據Piaget的認知發展論修訂編製的。另外一位重要的認知發展論學者就是 Bruner（1964），他認為兒童的認

知發展可分為動作表徵（兒童透過實物實際操作而認知事物）、影像表徵（兒童除了經由動作外，尚能透過圖像認識外在世界）及符號表徵（兒童除前兩種方式之外，尚能由語言、文字或抽象符號獲得學習）等三個階段。雖然Bruner的階段論與 Piaget 的認知發展論相類似，不過前者強調「導引發展」的觀點，而後者則偏重「等待成熟」的看法。

三、訊息處理論

智力的訊息處理論是著眼於個體心智活動的運思歷程與訊息處理的方式，這是近年來認知心理學派所提出且受到相當注意的理論。訊息處理論重視的是與認知歷程有關的知覺、記憶、思考及問題解決等因素的內在活動，此種認知歷程通常可以融入某種認知活動的訊息處理模式中。在此一模式裡，人類認知活動的表現是發生在若干階段的系列過程上，也就是說，某一階段接受訊息後加以處理，然後就進入另一階段做更進一步的處理，而構成一系列心智活動的運作過程。

近年來，訊息處理論的集大成者為 Sternberg（1985）。他提出的「**智力三元論**」（triarchic theory of intelligence），認為人類的智力是由三種不同的能力所組成，分別是組合智力、經驗智力及適應智力，而每類智力又各自包括數種不同的能力（如圖 6-5）。

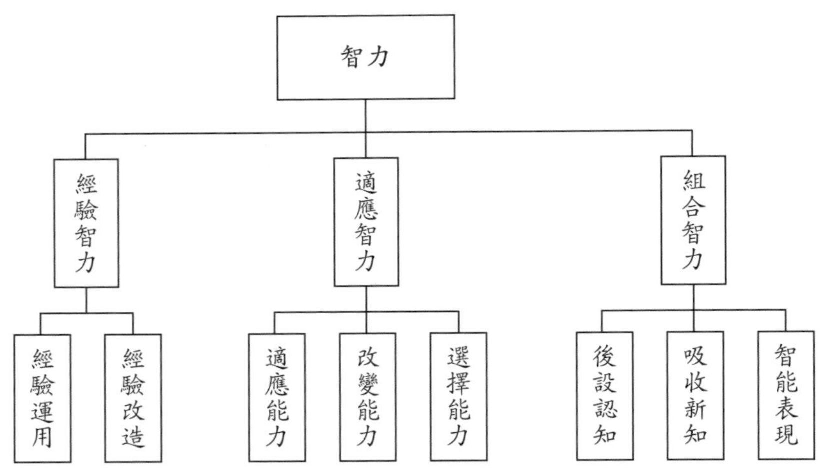

圖 6-5　Sternberg 的智力三元論

資料來源：根據 Sternberg（1985）資料繪製

「**組合智力**」是指人類的智力繫於其認知過程中對訊息的有效處理，而訊息的有效處理又繫於三種智能成分的配合：(1)後設認知成分；(2)吸收新知能力；(3)用以執行一項工作的心理歷程（作業成分）。而「**經驗智力**」是指個人修改自己個人經驗從而達到目的的能力，這種智力包括兩種能力：(1)運用舊經驗迅速解決問題的能力；(2)改造舊經驗創造新經驗的能力。至於「**適應智力**」是指適應環境變化達到生活目的的實用能力，包括：(1)適應環境的能力；(2)改變環境的能力。

另外，Gardner（1983）則提出「**多元智能**」（multiple intelligences）的觀點，其八種不同智能形式的最終狀況與核心要素，如表 6-2。他相信這八種智能是高度依賴的。幾乎所有兒童和大人在不同的智能形式上，會顯現出可區別的優弱剖面圖，而且這些智能無法經由一般智力測驗形式來加以測量，必須在它們能夠顯現的自然情境中加以評量。

表 6-2　多元智能觀

智能	最終狀況	核心要素
邏輯的—數學的	科學家、數學家	使用記數法及計算進行歸納和演繹推理的能力
語文的	詩人、記者	運用書寫及口語表達形式協助記憶、解決問題及對舊問題尋求新答案的能力
音樂的	作曲家、小提琴家	分辨音高能力；對節奏、旋律和聲作曲的特質及音色很敏銳；能聽出主旋律；透過演奏或作曲產生音樂
空間的	航行家、雕刻家	使用空間推理的能力；辨認型態
身體動覺的	舞蹈家、運動家	使用身體的部分或全部以完成或產生作品的能力
人際的	治療家、銷售員	了解其他人的行為、動機及能夠藉著知識有效地行動的能力
內省的	詳細正確的自我認識	了解自己的感覺、動機、認知優勢及風格的能力
自然觀察的	認識、欣賞運用和接近自然世界	欣賞自然萬物；培育動植物，辨識並分類物種；關懷生物並與之互動；和大自然溝通交會

第三節　影響智力評量的因素

就評量的觀點來看，智力測驗的施測不僅在評量受試者「心智運作」的效能而已，同時尚須詳細觀察受試者在測驗中的行為反應，例如：非智力的因素（如毅力、動機、焦慮、專注力……）、認知形式等。Wechsler（1994）也指出：「魏氏系列智力量表上的智力或可視為智慧行為的主要徵兆，但其他有關非智力的決定因子仍然會影響到一位受試者的能力塑造，如熱忱、場地獨立或依賴、衝動性、焦慮和毅力等。」這些受試者個人心理與人格特徵的觀察與了解，對於智力測驗結果的解釋甚有助益。

智力測驗結果會受到下列其他因素的影響（Sattler, 2020）：

- **受試者本身的先天因素**。受試者本身的先天因素，如遺傳等。
- **個人背景和環境因素**。包括文化背景和非正式學習、正式學校經驗、相似測驗經驗，以及身心狀況等。
- **人格特質因素**。包含受試者的焦慮反應、成就動機為何，以及對測驗問題的興趣等。
- **測驗情境因素**。包括受試者的士氣、對測驗重要性的認識、受試者測驗時的身體狀況、環境干擾及主試者影響等。
- **測驗本身要求的因素**。例如：需要特殊能力和反應速度、容易讓受試者誤解的題項等。
- **隨機變異因素**。例如：受試者的猜測和主試者的筆誤等。

總括來說，在解釋和分析智力評量的結論時，必須把影響測驗的其他可能變因納入討論的範圍中。

第四節　智力評量的方法

雖然智力評量也可以像其他評量（如人格、情緒與行為）一樣，運用非正式評量的方式來了解兒童的智力，如藉由直接觀察兒童的行為表現來評量其智能狀況。不過，直至目前最受到重視的智力評量方法，還是非「測驗法」莫屬，尤其是個別施測的「標準化智力測驗」。這可能是因智力為一複雜的假設性心理學上的構念，難以經由觀察、評定量表、自陳量表等非正式評量的方式來加以測量，並獲得大家共識的緣故。

例如：Guilford（1967）就曾提出所謂的「三向度智力結構」（SOI），並認為人類的智力是由 180 種以上不同的能力結構而成的；又如：Sternberg（1985）所提出的「智力三元論」，也認為人類的智力是由三種不同能力所組成，分別是組合智力、經驗智力及適應智力，而每類智力又各自包括數種不同能力〔如後設認知成分、吸收新知能力、執行一項工作的心理歷程（作業成分）、運用舊經驗迅速解決問題的能力、改造舊經驗創造新經驗的能力、適應環境的能力及改變環境的能力等〕。由此兩種智力理論即可窺知其複雜程度。

顯然，「**測驗法**」是評量智力方法中最獲得共識的一種，也是最常使用的一種。惟即使是「標準化智力測驗」在智力評量上仍有未盡完善或爭議之處，尚需其他非正式評量方式的輔助，如行為觀察等。

第五節　智力評量在特殊教育上的應用

在特殊教育方面，智力評量有下列幾項用途。

一、鑑定與分類接受特殊教育的對象

《特殊教育法》規定特殊教育的對象包括身心障礙（如智能障礙、視覺障礙等十三類）與資賦優異（如一般智能資賦優異、學術性向資賦優異等六類）兩大類。又根據《身心障礙及資賦優異學生鑑定辦法》的規定，智能障礙、學習障礙、發展遲緩及一般智能優異等四類的鑑定基準之一，都必須評量學生的心智能力。也就是說，學生必須在智力方面達到標準方有可能成為接受特殊教育的對象，例如：智能障礙者的心智功能須明顯低下或個別智力測驗結果未達平均數負二個標準差；而一般智能優異的智力測驗評量結果必須在平均數正二個標準差或百分等級 97 以上。

二、一般心智功能的評估

雖然視覺障礙、聽覺障礙等特殊教育的對象並未要求評估其心智能力，惟在作教學上決定時，通常亦會運用語文或非語文智力測驗來了解這類學生的心智狀況。因為同樣是視覺障礙或聽覺障礙者，心智能力不同也會影響到學習的情形；

亦即心智能力表現愈佳，通常學習情形愈好。以臺北市為例，在鑑定安置合於視覺障礙、聽覺障礙、自閉症等資格時，通常會一併測量這些學生的一般心智功能，以增進對於學生目前能力狀況的了解，俾利個別化教育方案的設計。

三、診斷神經心理上的障礙

神經心理學主要在探究大腦與行為間的關聯。有些智力測驗（如魏氏系列智力量表）已被認為是大多數神經心理評量上不可或缺的工具（Boll, 1981），可以提供因大腦機能障礙而導致行為表現上很重要的資料（Lezak, 1983）。

第六節　智力評量所引發的問題

原先編製智力測驗旨在辨認兒童或學生心智運作能力的高低，以作為教學決定上的應用，惟由於智力測驗的廣為運用，卻也引發了許多受到專家學者們重視的問題。這些主要問題如圖 6-6，並分別簡述如下。

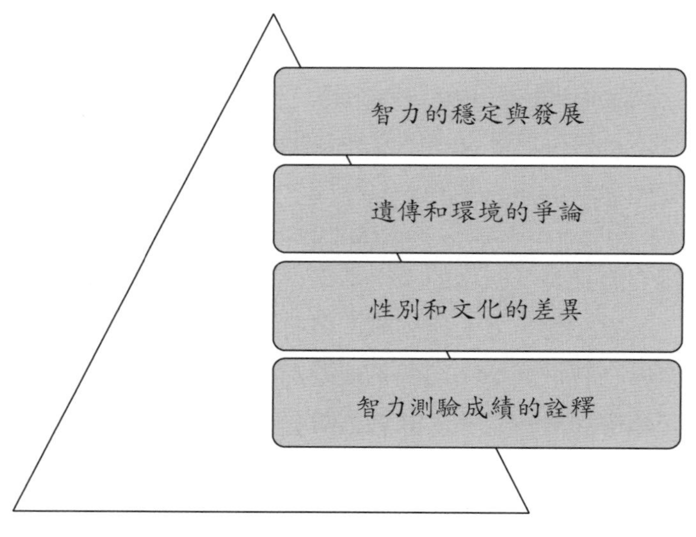

圖 6-6　智力評量所引發的問題

一、智力的穩定與發展

一般而言，普通人的智力通常是相當穩定的，除非個人內外在條件產生顯著的變化，否則智力大都少有變化，例如：Birren與Schaie（1996）曾追蹤五千名受試者，指出個人智力並不會因年齡較高而消減，不過個人是否繼續維持高度的認知活動似會影響到智力的消減速度。惟 2 歲以前幼兒所測得的智力往往是不穩定的，而 6 歲以後所測得的智力與日後所測得智力相關較高（郭生玉，2010；劉安彥，1992）。

二、遺傳和環境的爭論

長久以來，遺傳與環境對人類智力發展到底孰輕孰重，一直就是爭論的課題。隨者智力測驗的廣泛應用，這項爭論仍是餘波盪漾。有的認為遺傳比較重要，有的則支持環境論的觀點。事實上，智力是同時受到遺傳和環境兩方面因素的影響，但兩方面的影響程度為何，卻有不同的說法。Hallahan與Kauffman（1996）認為，遺傳因素明顯地決定了個人能夠表現的範圍，而環境因素則決定個人的表現是在此一範圍的高點或低點。有的學者則指出人類的智力乃是遺傳和環境兩大因素複雜地互動所形成的，而不再是孰輕孰重的爭論了。

三、性別和文化的差異

兩性在智能上的差異，心理學家們一向認為男性在空間關係與數學邏輯推理方面優於女性，而女性在語文方面表現較佳。惟近來實徵性的研究結果顯示卻是不一致的，有的認為沒有差別，有的則支持這種看法（劉安彥，1992；Linn & Hyde, 1989）。

至於文化差異方面，一個測驗幾乎無法對所有文化背景者都是公平的。因此，智力測驗就一直因有文化上的偏差而受到嚴厲的質疑。雖然有學者試著編製所謂的「文化公平智力測驗」（culture-fair intelligence test）企圖消除文化上的差異，不過多數心理測驗專家則認為過度消除這些文化的差別，將會大大地降低測驗的效度與用途（郭生玉， 2010）。

四、智力測驗成績的詮釋

智力測驗成績並不等同於普通智力。因為智力量表上的分數是概述某一特定樣本在各個工作上的表現，所以這些分數與其意義均受到特有測驗內容的限制。此外，因為受到非智力因素的影響（如動機），使得智力測驗分數和智力畫上等號存在著討論的空間（Wechsler, 1994）。

第七節　智力評量的工具

魏氏成人智力量表（WAIS-IV）

一、目的：可用於鑑定資優、智障等特殊成人的認知強弱項衡鑑工具，其結果可作為研擬臨床治療計畫及決定教育安置和養護方案之指南。

二、修訂者：陳心怡、陳榮華、花茂棽。

三、出版單位（日期）：中國行為科學社（2015 年 9 月第四版）。

四、適用範圍：16 歲 0 個月至 90 歲 11 個月。

五、實施時間：約 70 分鐘至 90 分鐘。

六、內容：本測驗可獲得 FSIQ 和四項組合分數（語文理解、知覺推理、工作記憶和處理速度），及四項選擇性指數分數（一般能力、認知效能、視覺空間和流體推理）。共包含類同、詞彙、常識、圖形設計、矩陣推理、視覺拼圖、記憶廣度、數－字序列、符號尋找、符號替代、理解*、圖形等重*、算術*、刪除圖形*、圖畫補充*等 15 個分測驗。其中*記號表示交替分測驗。

七、常模：本測驗建有臺灣地區 16 歲 0 個月至 90 歲 11 個月的量表分數、全量表智商與四種組合分數及四種選擇性指數分數對照表。

魏氏兒童智力量表（WISC）：第四版和第五版

一、目的：在於提供資優、智能障礙等特殊兒童鑑定、研擬臨床治療計畫及決定教育安置和養護方案之指南。

二、修訂者：第四版：陳榮華、陳心怡；第五版：陳心怡（編製者：D. Wechsler）

三、出版單位（日期）：中國行為科學社（第四版 2007 年 12 月；第五版 2018 年 9 月）。

四、適用範圍：6 歲至 16 歲 11 個月

五、實施時間：約50分鐘至95分鐘。

六、內容：第四版包括五個語文分測驗（類同、記憶廣度、詞彙、數字序列、理解）及二個語文交替測驗（常識、算術）、五個作業分測驗（圖形設計、圖畫概念、符號替代、矩陣推理、符號尋找）及二個作業交替測驗（圖畫補充、刪除動物）。第五版包括16個分測驗（圖形設計、類同、矩陣推理、記憶廣度、符號替代、詞彙、圖形等重、視覺拼圖、圖畫廣度、符號尋找、理解、算術、常識、圖畫概念、刪除動物、數字系列），可獲得FSIQ和五項主要指數分數（語文理解、視覺空間、流體推理、工作記憶、處理速度）。

七、常模：第四版建有臺灣地區6歲至16歲11個月兒童和青少年的量表分數常模，以及全量表及四種組合分數對照表；第五版建有臺灣地區6歲至16歲11個月兒童和青少年的量表分數常模，以及五項主要指數分數對照表。

魏氏幼兒智力量表（WPPSI-IV）

一、目的：可用於鑑定資優、智障、認知發展遲緩等特殊兒童的認知強弱項衡鑑工具，其結果可作為研擬臨床治療計畫及決定教育安置和養護方案之指南。

二、修訂者：陳心怡、陳榮華。

三、出版單位（日期）：中國行為科學社（2013年5月第四版）。

四、適用範圍：2歲至7歲。

五、實施時間：60分鐘至90分鐘。

六、內容：本測驗分兩個年段施測，不同年段需施測不同分測驗組合。其中2歲6個月至3歲11個月組可得一項FSIQ、三項主要指數分數和三項選擇性指數分數；需施測的分測驗及順序為聽詞指圖*、圖形設計*、圖畫記憶*、常識*、矩陣推理*、物型配置*、動物園*、看圖命名；4歲至7歲11個月組可得一項FSIQ、五項主要指數分數和四項選擇性指數分數；需施測的分測驗及順序為圖形設計*、常識*、矩陣推理*、昆蟲尋找*、圖畫記憶*、類同*、圖畫概念*、刪除衣物*、動物園*、物型配置*、詞彙、動物替代、理解、聽詞指圖、看圖命名（＊者屬核心分測驗）。

七、常模：建有臺灣地區2歲至7歲全量表智商（FSIQ）、五種主要指數分數（VCI、VSI、FRI、WMI、PSI）及四種指數（VAI、NVI、GAI、CPI）對照表。

托尼非語文智力測驗（TONI-4）

一、目的：以抽象圖形來評量問題解決的能力，可預估智力水準、認知功能與學業傾向，作為編班和篩選智能之用。

二、修訂者：林幸台、吳武典、胡心慈、郭靜姿、蔡崇建、王振德。

三、出版單位（日期）：心理出版社（2016 年 6 月第四版）。

四、適用範圍：4 歲至 15 歲 11 個月。

五、實施時間：30 分鐘（不含指導語說明）。

六、內容：本測驗分為幼兒版（48 題，適合 4 歲至 7 歲 11 個月）及普及版（60 題，適合 7 歲 6 個月至 15 歲 11 個月），各有甲乙式複本。試題內容偏重圖形推理和問題解決，所測得的能力偏重一般能力而非特殊能力。

七、常模：本測驗建有臺灣地區 4 歲至 15 歲 11 個月的年齡常模（包含百分等級和離差智商）。

綜合心理能力測驗（CMAS）

一、目的：在於測量兒童和青少年的心理能力表現，可以判斷其學習能力較為優秀和得分低的學生。

二、編製者：林幸台、吳武典、王振德、蔡崇建、郭靜姿、胡心慈。

三、出版單位（日期）：心理出版社（2000 年 12 月初版）。

四、適用範圍：5 歲至 14 歲兒童和青少年。

五、實施時間：約 90 分鐘。

六、內容：本測驗共有 13 個分測驗。惟依年齡層不同，給予不同測驗內容。其中甲式以 5 歲至 8 歲為對象，包含語詞概念、立體設計、語詞記憶、圖形比較、算術概念、視覺記憶、異同比較、圖形統合等 8 個分測驗；乙式以 9 歲至 11 歲為對象，包含立體設計、語詞記憶、算術概念、視覺記憶、異同比較、圖形統合、語詞刪異、圖形推理等 8 個分測驗；丙式以 12 歲至 14 歲為對象，包含視覺記憶、異同比較、圖形統合、語詞刪異、圖形推理、數學推理、邏輯推理、視覺搜尋等 8 個分測驗。本測驗可獲得測驗總分的離差智商。

七、常模：建有全臺灣地區 5 歲至 14 歲的兒童和青少年分測驗「標準分數」常模，以及測驗總分之離差智商。

綜合心理能力測驗（CMAS-YC）

一、目的：可用以鑑別學生心理（認知）能力的表現。

二、編製者：林幸台、郭靜姿、蔡崇建、胡心慈、盧雪梅。

三、出版單位（日期）：心理出版社（2011 年 7 月初版）。

四、適用範圍：4 歲至 9 歲半。

五、實施時間：90 分鐘。

六、內容：本測驗包含立體設計、語詞概念、圖形比較、語詞記憶、視覺搜尋、數學概念、視覺記憶和異同比較等 8 個分測驗，並可得出語文智商、非語文智商與總智商分數，以了解學生各項能力的表現。

七、常模：建有臺灣地區 4 歲至 9 歲半各分測驗之標準分數常模（M ＝ 13 ／ SD ＝ 4），以及語文、非語文及總測驗的離差智商（M ＝ 100 ／ SD ＝ 15）。

瑞文氏矩陣推理測驗：平行本和提升本

一、目的：在於評量受試者之推理能力、協助發掘閱讀障礙及聽學障礙學童之推理能力、協助鑑定資優及特殊才能學童，以及測量推理功能失調之嚴重性。

二、修訂者：陳榮華、陳心怡（原著：J. C. Raven、I. Styles 和 M. Raven）。

三、出版單位（日期）：中國行為科學社（2006 年 8 月初版）。

四、適用範圍：平行本：8 歲至 12 歲半兒童（國小三年級至六年級）；提升本：12 歲至成人（國中生、高中生及一般成人）。

五、實施時間：兩個版本皆約 40 分鐘。

六、內容：本測驗平行本（SPM-P）和提升本（SPM+）皆各有 60 題，分為甲、乙、丙、丁、戊五組（由易而難），每組有 12 道題目。由受試者自答案中選取一個圖案，以便與題目組合成一個完整的圖案。

七、常模：建有臺灣地區 8 歲至成人之百分等級及標準分數常模。

新編團體語文智力測驗：國小版和國中版

一、目的：在於測量國小和國中階段學生的語文和非語文能力表現，可作為篩檢學生、教育安置及輔導的參考。

二、編製者：林幸台。

三、出版單位（日期）：教育部（2002 年 2～3 月初版，國立臺灣師範大學特殊教育中心可借用）。

四、適用範圍：國小版：7 歲至 12 歲學生；國中版：13 歲至 15 歲學生。

五、實施時間：國小版：約 34 分鐘至 49 分鐘；國中版：約 39 分鐘。

六、內容：本測驗國小版共有甲、乙、丙三種形式，以語文及算術為內涵。其中甲、乙式分測驗包括「歸類測驗」、「算術推理」、「延宕記憶」、「語文類推」、「數字系列」、「邏輯推理」等六種，而丙式分測驗包括「歸類測驗」、「數的比較」、「延宕記憶」、「替代比較」、「語文類推」等五種。至於國中版則以四種智能運作方式為主體，以語文及算術材料為內涵的團體智力測驗，共分為五個分測驗。

七、常模：建有全臺灣地區 7 歲至 15 歲的兒童「標準分數」常模。

國民小學和國民中學團體智力測驗

一、目的：評量國小和國中階段學生的語文及非語文能力，可運用於國小階段學生之心智能力評量；測驗結果可配合其他測驗，作為學生教育安置或輔導之參考。

二、編製者：蔡明富、吳裕益、郭靜姿。

三、出版單位（日期）：教育部（2009 年 11 月初版）。

四、適用範圍：國小版：7 歲至 11 歲；國中版：13 歲至 15 歲。

五、實施時間：兩個版本皆約 55 分鐘。

六、內容：本測驗國小和國中版皆分成甲、乙、丙三式；每式包括語文、數學及圖形三個分測驗。

七、常模：建有臺灣地區 7 歲至 15 歲之百分等級、T 分數常模和離差智商。

多向度團體智力測驗（MGIT）：兒童版和青少年版

一、目的：本測驗為一套標準化的智能篩選工具，可用於國小、國中或高中階段特殊學生篩檢、一般學生心智評量及配合其他測驗，可作為教育安置與輔導之參考。

二、編製者：吳武典、金瑜、張靖卿。

三、出版單位（日期）：心理出版社（2010 年 11 月初版）。

四、適用範圍：兒童版：國小二年級至六年級學生；青少年版：七年級至高中三年級學生。

五、實施時間：兩個版本皆為 90 分鐘。

六、內容：本測驗兒童和青少年版各有 180 題，包含 10 個分測驗，可分別測量流體推理、知識、數量推理、視覺空間處理、工作記憶等五種能力。

七、常模：本量表建有臺灣地區國小二年級至高中三年級之年齡和標準分數常模。

圖形思考智能測驗

一、目的：在於測量成人的智力。

二、編製者：朱錦鳳。

三、出版單位（日期）：心理出版社（2005 年 1 月初版）。

四、適用範圍：大專至成人。

五、實施時間：10 分鐘。

六、內容：本測驗包含「點線描繪」、「形狀組合」、「方格分解」等三個分測驗。

七、常模：建有臺灣地區大一至成人的「百分等級」常模。

學校能力測驗：國小版、國中版和高中版

一、目的：在於測量與學校成就有關的抽象思考及邏輯推理能力，提供一般教學輔導與特殊學生篩選之參考。

二、修訂者：國小和國中版：陳美芳、陳心怡；高中版：簡茂發、何榮桂、郭靜姿（原著：A. S. Otis 和 R. T. Lennon）。

三、出版單位（日期）：中國行為科學社（2006 年 4～9 月初版）。

四、適用範圍：國小四年級至高中（職）二年級學生。

五、實施時間：國小版：約 40 分鐘；國中版：30 分鐘；高中版：約 40 分鐘。

六、內容：本測驗國小、國中和高中版皆分為語文（語文理解和語文推理）和非語文（圖形推理和數量推理）兩部分。

七、常模：建有國小四年級至高中（職）二年級之離差智商和百分等級常模。

溫故知新專欄：舊制（94～109年度）

※選擇題

1. 有關個別智力測驗的一般施測原則，下列何者正確？【#94教檢，第16題】
   (A)在施測過程中，原則上測驗室應該只有主試者和受試者二人，不能有例外
   (B)施測過程中即使讓受試者看到紀錄本的內容，或者是指導手冊的內頁也沒有關係
   (C)在施測之前，主試者不可先跟受試者聊聊天，談談他的嗜好或興趣
   (D)主試者不可任意更改指導語、測驗項目的呈現順序及施測時間
2. 為聽覺障礙學生進行智力測驗，下列哪一個測驗最適合？
   【#94教檢，第22題】
   (A)綜合心理能力測驗　(B)托尼非語文智力測驗
   (C)威廉斯創造力測驗　(D)魏氏智力量表
3. 下列有關魏氏兒童智力量表的敘述，何者正確？【#95教檢，第30題】
   (A)魏氏兒童智力量表包括創造性量表、作業量表和語文量表三部分
   (B)分測驗的量表分數，平均值為10，標準差為2
   (C)符號替代及迷津測驗為作業量表的交替測驗
   (D)類同測驗是組成語文量表的分測驗之一
4. 魏氏兒童智力測驗第三版（WISC-III）可以獲得四個因素指數分數，下列何者並未包含在內？【#94教檢，第33題】
   (A)專心注意　(B)語文理解　(C)知覺組織　(D)智能結構
5. 魏氏兒童智力量表的記憶廣度測驗，是下列哪一種智力因素指數的組成分測驗？
   【#95教檢，第10題】
   (A)語文理解　(B)專心注意　(C)知覺組織　(D)處理速度
6. 為盲生施測魏氏兒童智力量表（WISC-III）時，下列哪一個分測驗在施測時最有困難？【#97教檢，第20題】
   (A)常識　(B)算術　(C)物形配置　(D)類同
7. 主試者要計算魏氏兒童智力量表（WISC-III）的語文理解、知覺組織、專心注意及處理速度等四種因素指數分數時，必須額外施測下列哪些交替分測驗？
   【#97教檢，第28題】
   (A)迷津和符號尋找測驗　(B)記憶廣度和符號尋找測驗
   (C)迷津和記憶廣度測驗　(D)迷津、記憶廣度和符號尋找測驗
8. 對於智力測驗的敘述，下列何者較為正確？【#105教檢，第9題】
   (A)為了統計處理常把智力商數視為等距變項
   (B)智力測驗分數是未來事業成就的重要指標
   (C)多元鑑定是指運用多種智力測驗進行評估
   (D)非語文智力測驗可以評估兒童的多元智能

9. 某一測驗工具的題目如下：

如果同學罵你豬八戒時，你最可能怎樣反應？ (1)真的嗎？我有豬八戒這麼可愛嗎？ (2)你怎麼可以罵人！ (3)你才是豬八戒！ (4)豬八戒也不錯啊！

依據多元智能理論，上述題目最適宜評量下列哪一種智能？
【＃105 教檢，第 23 題】
(A)內省智能 (B)存在智能 (C)人際智能 (D)語文智能

10. 某位老師為三位兒童施測個別智力測驗（智商平均數設定為 100，標準差為 15），甲生智商為 130，乙生智商為 85，丙生智商為 71。依常態分配推論，下列敘述何者是正確的？**【＃108-1 教資考，第 27 題】**
(A)甲生之 z 分數大約為+3 (B)丙生之 T 分數大約為 20
(C)乙生落後平均數約二個標準差 (D)甲乙丙三生的百分等級都在 98 以下

※問答題

1. 智力測驗的結果最可能受到哪些因素的影響？請說明之。（12 分）
【96 教檢，第 1 題】

☞選擇題答案： 1.(D) 2.(B) 3.(D) 4.(D) 5.(B) 6.(C) 7.(B) 8.(A) 9.(C) 10.(D)

整理自 https://tqa.ntue.edu.tw/；＃表示特殊教育學生評量與輔導應試科目

溫故知新專欄：新制（110 年度～）

※選擇題

1. 有關標準化個別智力測驗的敘述，下列何者是不正確的？
【☆110 教資考，第 5 題】
(A)所得測驗結果必有常模可供參照 (B)標準化測驗可獲得完整評量結果
(C)測驗結果可供了解個人學習潛力 (D)可做為學習障礙的評量工具之一

☞選擇題答案： 1.(B)

整理自 https://tqa.ntue.edu.tw/；☆表示「學習者發展與適性輔導」應試科目

第七章

語言評量

第一節◆語言的涵義與特性

第二節◆評量語言的理由

第三節◆語言的結構性成分

第四節◆誘發語言能力的方法

第五節◆書寫語言的評量

第六節◆語言評量的程序

第七節◆語言評量的其他考量因素

第八節◆語言評量的工具

■溫故知新專欄：舊制（94～109 年度）

語言不只是學習的必要工具，也是主要的溝通途徑。語言障礙者在任何要使用語言的場合，都會遭遇困難和問題。要對這方面有障礙的人提供適性的教育或處理，評量是重要的一環。

第一節　語言的涵義與特性

一、涵義

語言可以說是人類最了不起的一個成就，透過說、聽、讀、寫等語言符號（包括語音和文字以及手語等）同他人交際溝通，其應用也使得我們能夠表達和保存知識。廣義的語言是指人類思想與感情的符號化，用以與他人傳達情意或溝通行為的工具，舉凡言語、文字、手語、音樂、圖畫、雕刻等都是，狹義的語言則是指口述的語言（說話）。

二、特性

經由許多語言的觀察結果，心理、心理語言及人類學家發現，語言有以下六種特性（陳億貞譯，2003），如圖 7-1。

溝通性的
- 語言使我們得以溝通

任意的
- 例如任何一個字可代表一個觀點、一件事……

有意義的結構
- 語言有結構，只有某些符號的組合才有意義

多重的結構
- 語言可在多層次上予以分析（如聲音、字或句子層次）

獨創而多產的
- 雖然語言使用者須遵守一般的語言規則，但他們可以創造新訊息與組合出新意義

動態的
- 語言經常改變

圖 7-1　語言的特性

第二節　評量語言的理由

評量語言能力有兩個主要的理由。首先，對大多數兒童來說，發展良好的語言能力是必需的，也是多數人的目標之一。至於有多方面語言困難的人可以選擇從不同專家得到服務，例如：說話和語言專家或特教教師（通常是語言障礙的專家）。第二項理由為語言發展是後來語言過程及技巧的基礎。因此，語言障礙的鑑定和矯治被認為在個人的發展上是有明顯和肯定的效果。

許多有障礙的學生會表現出很明顯的語言障礙（Kirk et al., 2011）。事實上，對學齡兒童而言，語言問題是最明顯常見的障礙，這些問題也許會同時出現在語言的接收能力（了解訊息）以及表達能力（傳達訊息）上。對兒童而言，最常見的語言障礙是說話時的發音不正確。對於某些使用非正規國語與以國語為第二語言的學童而言，也會有類似的障礙情況發生。特殊教育者認為特殊的語言障礙和某些障礙有關。

例如：失去聽力的兒童通常會同時顯現語言及說話的障礙，障礙的程度會和失聽徵候顯現的形式、嚴重性及年齡有關。同樣的，有些肢體障礙（如腦性痲痺）會導致官能性的說話障礙。而智力障礙的學生通常也會展現語言能力發展上的遲緩。而且遲緩的程度和障礙的嚴重性有關。因為語言障礙是有障礙的學生最常顯現的學習問題，特殊教育者必須對語言障礙有所了解，並且知道診斷特殊語言問題的評量策略，同時必須具備發展及使用診斷介入計畫的技巧。

第三節　語言的結構性成分

一個兒童必須具有這些能力才可執行以下的教室技能：了解別人說的語言（聽）、讀、談話或說話和寫（包括拼字）。目前多數專家認為口語語言組成成分有三：(1)語言的形式（語音、語形及語法系統）；(2)語言的內容（語意系統）；(3)語言的功能（語用）（Kirk et al., 2011）（如圖 7-2）。

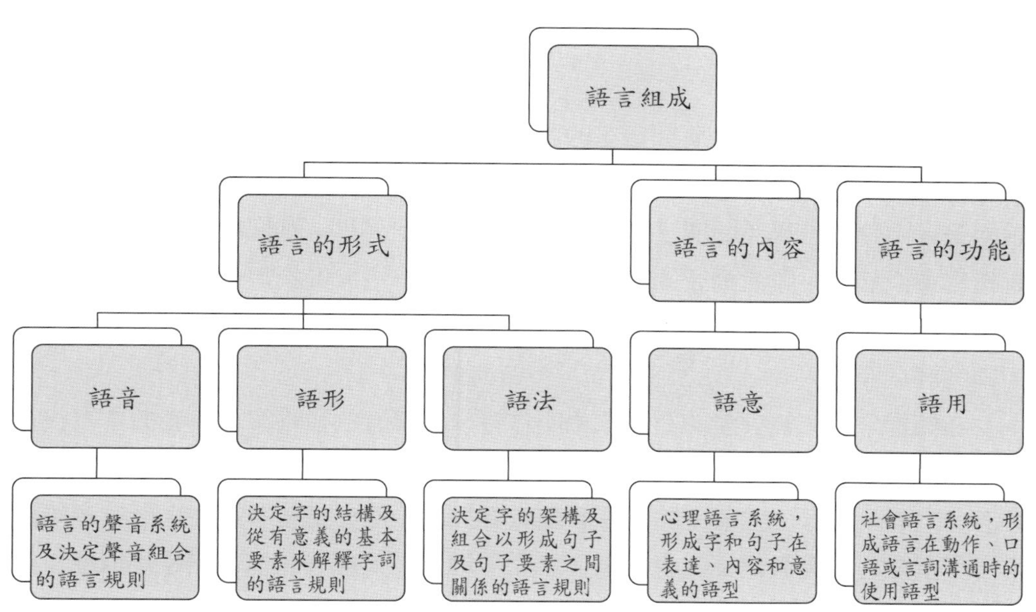

圖 7-2　語言的組成成分

進一步來說，口語語言每個成分是透過兩個聯絡管道來傳達：(1)接收：從他人或環境的訊息輸入；(2)表達：即輸出或傳播溝通到其他人或是環境。圖 7-3 乃是這些溝通管道交錯的口語語言所有成分及其必要技巧所產生的結果，每項都必須用完整的口語語言能力來評量（Salvia et al., 2016）。茲分述如下。

	語音	語形（構詞）和語法	語意	⟶ 最後的語言技巧
接收	聽和說話聲音的辨別	了解語言的文法結構	了解字彙的意義或概念	⟶ 了解說的語言
表達	說話聲音的構音	使用語言的文法結構	使用字彙的意義或概念	⟶ 談話

圖 7-3　語言每個成分與兩個聯絡管道的關係

一、語音

語音（phonology）是研究語言的說話聲音，為語言其他方面（構詞、語法、語意和語用）的基礎。在接收管道中，語音指出個人聽和辨別的方法或在不同的說話聲音中聽出差異（如圖 7-3 中的左上格）。就表達、輸出或管道而言，語音是指發音或構音。雖然構音的正式評量常是由語言治療師指導，不過老師仍有篩選和注意兒童構音障礙的責任。老師在教室內需進行說話訓練，因此至少應熟悉不同的評量程序。

在構音方面，被評量的語詞單位叫作音，即聲音的最小單位，音的本身沒有意義但可構成字義，例如：「家」這個字有三個音（ㄐ、ㄧ、ㄚ）。在國語中，共有 37 個說話音。大部分的構音評量試著找出一個兒童在單字產生所有音的能力。兒童是否能夠發出正確音是顯而易見。因此，大部分的構音測驗是標準參照的。然而在決定是否需要介入，必須考慮構音的自然發展，例如：有些音是較早就發生的，對 3 歲至 4 歲的兒童來說，有些字的構音錯誤是正常的。

二、語形（構詞）

語形（構詞）（morphology）就是研究將聲音放在一起是有意義的，以及文字是如何由這些有意義的單元組合而成的。在語形（構詞）中，研究的單元就是詞素，詞素乃是組成文字意義的最小聲音的組合。

三、語法

語法（syntax）就是將詞素或文字串在一起，形成有意義的句子。語形與語法是文法的兩個要素，這兩者應被包含在任何語言的評量上。一旦要決定一位兒童的語言能力時須評量語法的三個成分：(1)單字詞類：國語中有許多的文字種類或範疇經常被稱為「說話的角色」（如名詞、連接詞、動詞、形容詞）；(2)單字次序：一位兒童可能有能力正確使用所有說話的角色，但可能仍然不知道如何將單字組合起來以符合國語的規則；(3)轉換原則：即是變化句子的單字順序，但其意義並沒有改變。

四、語意

語意（semantics）就是文字內在的涵意，包括多變的語言元素，例如：字彙、分類、定義的能力、同義詞與反義詞的鑑別，以及曖昧和荒謬的察覺等。字彙或許就是語意的觀念，它是最熟悉且受到最多的注意。就像其他的語言成分，字彙不是接受性的（聽與讀），就是可表達性的（說與寫），大部分評量字彙的處理是常模參照的，而且許多處理是用來評量兒童的智力。

五、語用

語用（pragmatics）就是使用語言溝通的形式。最近數十年，語言學家對此部分愈來愈感興趣。Bernstein 與 Tiegerman（引自黃瑞珍，1996）認為，語用層面的評量應包括：(1)溝通意願，如詢問訊息、傳達訊息、表達態度及情感的運用、調整彼此語言互動的關係等；(2)會話能力，如掌握談話主題、談話順序、了解對方的想法及描述事情的能力等。

第四節　誘發語言能力的方法

語言專家們對於最有效的評量兒童語言能力的方法，尤其是溝通時的表達方法有許多不同的意見。惟整體來說，用來評量兒童語言能力的方法主要有三種：(1)自發性語言；(2)語言模仿測驗；(3)圖片刺激測驗。分別列述如下（Salvia et al., 2016; Venn, 2006）。

一、自發性語言

在學校中唯一評量兒童語言能力就是研究兒童如何產生誘發口語語言。利用這種方法時，須錄下兒童在和大人或遊戲時所說的連續發音，分別依照發音、語法、句法及語意來研究錄下的發音，並了解兒童所擁有的語言能力。黃瑞珍（1996）在其〈評量兒童語言能力的方法〉一文中，亦曾指出為了避免不必要的誤差，運用此法須注意下列原則：(1)蒐集具有代表性的樣本，至少五十至一百句；(2)要變化不同的刺激物或是活動，以取得不同的樣本；(3)必要時可商請同學、父母、老師陪同一起聊天、遊戲、活動，以方便取得語言樣本；(4)利用錄影機或是錄音機錄下，方便日後的分析。雖然此種分析注重於自發性語言，但已有學者開始分析經過策劃的自發性語言的寫字及拼字能力（Hammill & Larsen, 1983）。

二、語言模仿測驗

此種測驗是要求兒童模仿測驗者，然後利用這些字、片語、句子來評分。直覺下，我們可能會認為兒童語言記憶能力強弱可能會影響測驗的結果，不過，事實上很多研究者證明兒童語言模仿是幾乎跟自然誘發很相似（Solbin & Welsh, 1973）。實際上，兒童模仿大人的語言並且以他們的方法來表達，例如：「小女孩正在跳」表達為「小女孩跳」。模仿是一種評量兒童口語語言能力的重要方法。然而，值得注意的是，測試兒童口語語言模仿能力的句子長度最好是可以考驗兒童記憶能力範圍的，因為句子長度在兒童記憶能力範圍內，則模仿任何句子都是很完美的。

語言模仿測驗工具通常包含了許多文法性的文字、語詞及句子。主試者記錄兒童的反應進而分析兒童的發音、語形（構詞）及語意（語法極少用模仿的方式來評量）。總而言之，模仿測驗通常是以口語的方式評量書寫語言的能力。

三、圖片刺激測驗

利用圖片刺激來誘發語言能力與語言模仿測驗的方式不同，但不能完全歸類與自發性的方式相同。這種方式介於兩者之間，其施行方式是給兒童看有圖片或有物體或動作畫面的圖片後，要求他們做下列的任何一項：(1)指出正確的物體（可測出字彙的能力）；(2)指出最符合某句子的動畫（可測出字彙的能力）；(3)圖片的命名（可測出表達字彙的能力）；(4)看圖說故事（可測出表達字彙及語言的能力）。雖然我們沒有理由可以說明圖片刺激法不能被用來評量手寫拼字的能力或其他能力，但可以確定的是圖片刺激法很適合用於評量口語的能力。

四、三種誘發語言方式的優弱點

上述這三種誘發語言的方式各有其優弱點，哪一種方式對兒童的評量最合適有效，也會因教師的決定而異。

（一）自發性語言方面

使用自發性語言的優點有下列兩項：(1)兒童自發性語言無疑的是日常語言最好且最自然的表現，因為自發性語言是兒童自己本身產生的，不受其他旁人的影響；(2)這種非正式的測試方式，使得主試者容易測試兒童，可以避免正式測試時所伴隨而來的安靜及兒童不說話的狀況。

但是自發性語言測試方式有一些重大的弱點：最為重要的一個缺點就是時間，大部分的教師及治療師沒有那麼長的時間去陪伴孩子，觀察他五十個或一百個自發性的發音音節；第二，這些發音只是兒童的兒語，並不完全代表兒童的語言能力。一個有技巧的主試者會試著使用非正式的語言評量，兒童有很多機會使用許多結構不同的句子，但這種方式不容易測試且往往不成功。

最後一個使用自發性語言的弱點是兒童在自發性語言中會產生很多的錯誤，例如：當兒童說「我水果」時，主試者如何知道他是什麼意思——是「我在吃水果」還是「這是我的水果」或者其他的意思？或許主試者可以從當時的情境中，在兒童的嚴重語言異常的狀況下猜出他的話是什麼意思，但這樣的推論也不太可信。如果不知道兒童輸出語言的意思，就很難定義兒童語言功能異常的範圍。

（二）語言模仿測驗方面

使用語言模仿測驗可以克服許多自發性語言測試的缺點。一個良好的語言模仿測驗可以評量許多困難的語言要素，也提供其語言系統的問題所在，主試者從測試的結構中知道那個語言因素將被測驗，所以就算兒童嚴重的喪失語言功能也可以被確認。

語言模仿測驗比自發性語言測試較容易被施測，但自發性語言測試的優點就變成了語言模仿測試的缺點，其主要弱點有三：(1)兒童的聽覺記憶對測試的結果會有影響，例如：一個患有鸚鵡症的兒童可以重複每個字，在語言模仿測驗的得分就會很高，所以測試者就不知道語言的那一個要素該被評量；對這樣的兒童來說，這樣測試是沒有意義的；(2)有部分的句子可以完全正確被重複，因為這個發音太簡單、太短或這個兒童正好會這個字。所以語言模仿測驗最好的法則是，假如兒童可以正確重複某個語言要素，那麼這個兒童有某些語言因素缺陷是可以確定的。所以，在語言模仿的測試中，只要有當兒童犯錯時才能下定論；(3)這個測驗對兒童來說太無聊，沒有其他玩具或圖片的刺激，大部分的兒童都無法安靜坐著，重複唸著 50 個或 100 個句子。

（三）圖片刺激測驗方面

使用圖片刺激測驗則可以克服前兩個語言測驗的缺點。圖片較容易引起兒童的興趣，施行的時間也較短。因為兒童必須自己造句，所以這個測驗可建構測試某一特定的語言要素，但仍能保有自發性語言的特性。又因為沒有模仿，所以結果與兒童的文字保留技巧沒有關聯。雖然有以上的優點，惟圖片刺激在語言評量有一個主要的缺點，就是圖片很難測出某些的語言要素，例如：圖片無法表示句子的過去式及主動動詞，在圖片刺激中，「你」這個代名詞的表現要如何被測試呢？

簡言之，以上三種方法各有其優弱點。主試者要決定兒童的那一個語言要素需要被測試，那些測試評量的方法最合適，也要考慮到一個好的測驗應注重滿足個別的需求及測驗本身需具結構，而且一個測驗也無法同時評量出語言的全部面貌——語音、語形（構詞）、語法、語意及語用。

第五節　書寫語言的評量

人類的語文系統包括「聽覺接受性語言」（auditory receptive language）（即聽語能力）、「聽覺表達性語言」（auditory expressive language）（即說話能力）、「視覺接受性語言」（visual receptive language）（即閱讀能力），以及「視覺表達性語言」（visual expressive language）（即書寫能力）。前面所述及的語言評量主要是偏於「口語語言」（oral language）的評量，本節將探討人類語文系統的另一項內涵——「書寫語言」（written language）的評量。

書寫語言的評量強調正確性和內涵或產品。教師一般使用非正式的評量法來評量學生的書寫語言能力，其評量的內涵包括思想（或內容）、組織技巧（文章結構）、字彙、句子結構和寫字（錯別字和書法的好壞）。雖然教師使用非正式評量方式，惟教師實際上使用「整體評量法」（holistic ratings）來評量學生的書寫語言。由於兒童的作文可以用來分析其語文能力，包括語法、語形、語音、字彙，以及語用等。因此，教師可從學生的自發性作文樣本，分析其書寫語言的作文產品（字數與句數）、語法（或造句）、文意層次、字彙和寫字錯別字錯誤類型等（楊坤堂，2002）。

有關書寫語言評量方法有兩大主張，如圖 7-4（Hall, 1981）。

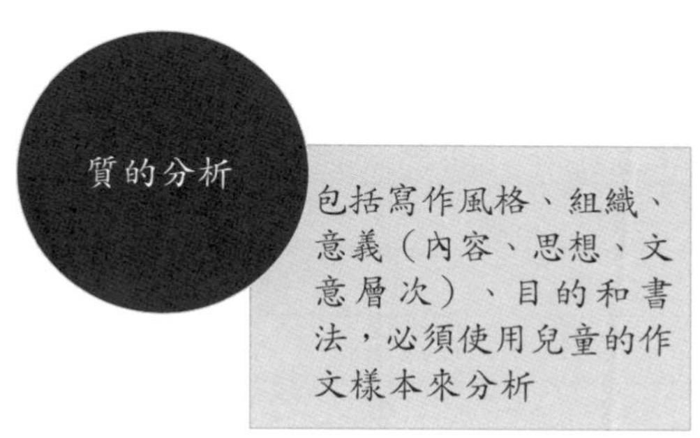

圖 7-4　書寫語言的評量方法

而書寫語言能力評量的重點之一，乃是書寫語言的錯誤類型分析，主要包括寫字、拼字、語法、語意和自我監控技巧等五項（Weiner, 1980）。教師如欲評量學生的寫字和作文的學習結果，可採用下列六種評量方式進行：正式評量、非正式評量、整體評量、評定量表、同儕評量和自我評量（楊坤堂，2002）。茲分述如下。

一、正式評量

正式評量包含兩種方式，即標準化成就測驗和標準化診斷測驗。標準化成就測驗在測量學生的字彙知識、文法用法、標準符號和拼（寫）字的能力與學習結果；而標準化診斷測驗在鑑定學生的寫字與作文能力的優缺點。正式評量又含標準化成就測驗和標準化診斷測驗，例如：「國小學童書寫語言測驗」（林寶貴、錡寶香，2000）以及「國小兒童書寫語文能力診斷測驗」（楊坤堂、李水源、張世彗，2003）等書寫語文標準化測驗工具。

二、非正式評量

非正式評量的評量內容含學生作品的思想、組織、字彙、品味（即個人特質，如風格、個性、獨創力、趣味等）、句子結構、用法、標點符號，以及錯別字。表 7-1 為美國西北大學學習障礙中心所使用的非正式評量表（引自楊坤堂，2002）。

表 7-1　書寫語言能力非正式評量表

均句長　字（詞）數＝________ 句數＝________
字（詞）數／句數＝________（平均句長）
評語：
句子類型：

句　型	次　數	句　型	次　數
碎碎句			
簡單句			
複合句			
複雜句			

評語：
字（詞）彙　不同字（詞）的數目（types）＝________
總字（詞）數（total）＝________
Types/Total ＝________（TTR）
評語：
不尋常字　字數（即新字或生字：課本上未出現的字詞或兒童新使用的字詞）＝________
評語：
結構　錯誤總數＝________　總字數＝________
總字數－錯誤總數／總字數×100 ＝________（GCR）
評語：
結構錯誤分析

錯誤類型	次　數

評語：

內容（圈選一項）　優　良好　普通　差

問題：

- 文章內容與題目相關一致？　是　否
- 文章表達原創性思考？　是　否
- 兒童在文章中表達自己的觀點？　是　否
- 兒童的思想表達井然有序、條理分明、合乎邏輯序列？　是　否
- 兒童對主題具有基本的興趣？　是　否
- 兒童表現寫作的動機？　是　否

三、整體評量

教師評量學生寫作能力的整體印象，不做詳細的錯誤分析。

四、評定量表

教師依據評定量表所列的項目評量學生的寫作能力，評量的項目包括思想、組織、措詞用字、品味、用法、標點和錯別字。

五、同儕評量

採用評定量表或特定的引導式問題，在教師的協助下，學生相互評量。

六、自我評量

採用評定量表或特定的引導式問題，在教師的協助下，學生進行自我評量。

第六節　語言評量的程序

語言評量的目的在於蒐集有關個人溝通能力的資料。由於兒童都是在自己的文化、經驗和環境中學會說話和溝通，造成兒童使用語言的獨特方式。因此，語言評量最好在自然環境下進行。

基於在各種場所觀察到有關兒童的溝通行為，會有助於語言的評量。劉麗容（1993）認為，這種「認知—環境—功能」的評量模式有下列幾項步驟，如圖7-5。從這十項步驟中，大致可分為下列四大項。

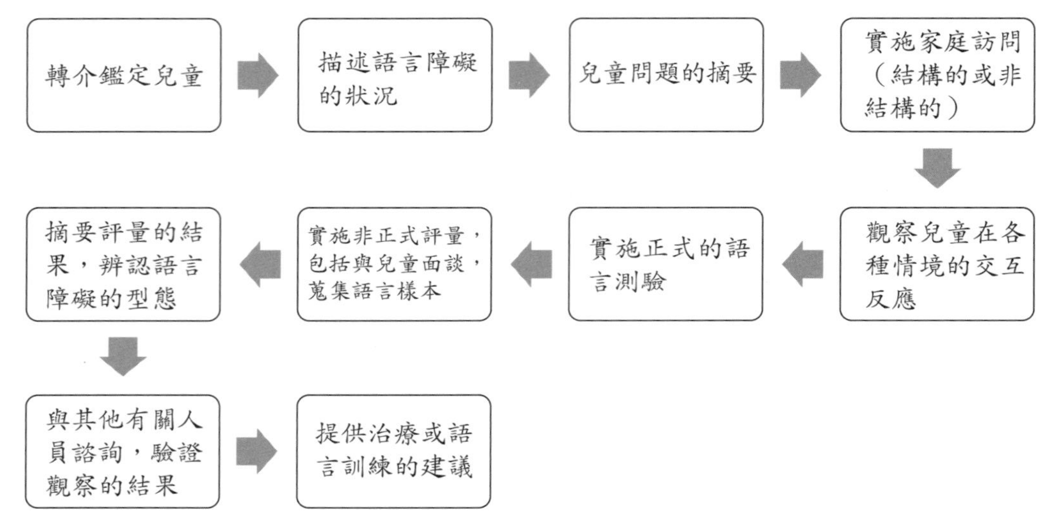

圖 7-5　認知－環境－功能之評量模式的實施步驟

一、蒐集資料

蒐集有關兒童口語、語言及聽覺能力的資料乃是語言評量最根本的歷程，這些資料包括醫學資料、兒童問卷和學校紀錄等。面談教師可以了解兒童的學習方式、社交關係及在班上的表現；訪談父母則可以提供有關兒童在家和社區的溝通能力及情形；同時也要蒐集兒童身體檢查的資料。

二、系統的觀察

觀察人員可以在不同情境下（如學校、家庭、運動場等）觀察兒童，以便獲得有關兒童在各種不同情境的所有溝通行為的資料，其中觀察人員應特別留意兒童的「動機、專注力、情緒、問題解決能力、社會行為、適應情形、發問、重複、教師給予指示、遵照指示、順序、組織、回應、澄清的運用等」。

三、溝通能力的評量

溝通能力的評量主要包括正式評量和非正式評量兩大類，至於其評量方式和內容如表 7-2 所示。

表 7-2　溝通能力的評量類型、方式和內涵

類型	評量方式	內涵
正式評量	標準化語言測驗	可以其同年齡或年級同儕相比較。
	標準參照測驗	可以了解兒童溝通行為的表現（何者會，何者不會）。
非正式評量	語言樣本	運用錄音、錄影或筆錄的方式，在自然情境下蒐集兒童的語言樣本，事後再進行分析。
	口述	讓兒童看圖說故事或以一篇故事為題材來詢問兒童問題。
	填空測驗	在一段文章中，留下一些空白，讓兒童填空可以了解兒童理解和表達能力。
	訪談兒童	訪談中，教師可以運用技巧了解兒童使用語言的方式。必要可以設計特殊情境來誘發兒童說話或問題解決能力，如給兒童一張彩色圖片，請他描述。

四、諮詢會議

一旦有關的資料蒐集完成之後，各類專業人員需安排一個會議，彼此溝通比較觀察結果和驗證資料的正確性，以期完整描繪兒童的溝通能力。

總括來說，我們應以統整的方式，透過多人的參與觀察來評量兒童的語言，以獲得兒童完整溝通能力（包括：整體的語言表現、說話可理解的程度、語言成熟的程度、使用語言的型態，以及影響語言的認知情意因素等）的優弱點，俾以確認處理兒童任何溝通障礙的策略。

第七節　語言評量的其他考量因素

一旦評量人員著手兒童語言能力的可行性評估時，需要考量在測驗內容或架構以外的特定因素。這些因素包括：(1)兒童的文化背景；(2)兒童的年齡；(3)語言與智力的關係，分別說明如下（Hallahan & Kauffman, 1996; Kirk et al., 2011）。

一、兒童的文化背景

因為語言是由環境所決定的，所以評量人員必須考量兒童的文化背景。雖然

大部分的兒童學習國語，但他們所學習的形式是他們在那裡出生、他們的父母是誰等等。

多年來，所有非正式的方言皆被視為次等語言。將那些無法說或寫出標準國語的兒童診斷成有語言障礙的錯誤一直受到大眾的重視，只有連基礎語言都無法說正確的兒童才被視為有語言障礙。他們的語言差異是可被理解，但是這並不表示不應該教導這些具有語言差異的兒童正確且標準的國語。對於那些置身於學術、社會及經濟領域的人而言，擁有標準國語的知識是很重要的。因此，教導兒童標準的國語能使得兒童更成功的融入社會中。理想上，為了判斷兒童是否有語言障礙，應將其與具有相同語言背景的兒童相互比較。

然而，包括標準國語在內，每個語言都應該有不同的常模。很遺憾的，大部分語言測驗的常模樣本是來自不同的族群。因此，這些測驗的得分並不能有效反映出兒童的語言能力。以美國學者所編製的「畢保德圖畫詞彙測驗」（PPVT）為例，這份測驗的插圖 25 中有四幅圖片，受試者被期望說出「給我燻製牛肉（Wiener）」這樣的答案，但是在這國家的許多地方，很多人只知道熱狗（hot dog）或燻肉香腸（frankfurter），而鮮少知道燻製牛肉（Wiener）。因此受試者不容易說出正確的答案來。如果受試者從沒有聽過燻製牛肉（Wiener）這個名詞，這種因為文化差異而非語意認識不足的錯誤，卻會使他被扣分而得到較低的分數。如果測試中有太多類似的題目出現，兒童在這項測試中的分數則不適宜用來作為評估兒童語言能力的有效工具（Salvia et al., 2016）。

二、兒童的年齡

第二項主要考量語言評估工具好壞的因素是兒童的年齡，尤其測驗是標準參照，而不是常模參照時，教師應該體認語言是可發展性的，兒童可能會在幼兒期發展出一些聲音、語言結構及特殊語意。因此，當一位 2 歲 1 個月的幼兒說出「小狗家」來表示「那隻狗在家」時，並不應被視為不尋常或是有語言障礙，但相同的語詞若是由一位 3 歲大兒童口中說出來時，則應該被視為有語言障礙。是故，在評量兒童的語言能力時，教師或評量人員應該知道並應用這些具發展性的語言常模。

三、語言與智力的關係

最後，教師或評量人員應該了解語言和能力、聰明才智是有很大相關的。惟目前我們並無法判定兩者之間到底是誰影響誰。事實上，在評量語言能力時，總不免也一起斷定智商的等級，因此，教師或評量人員應該注重語言評量工具所提供的資訊，而不是單純的著重於標準語言的能力。

第八節　語言評量的工具

國小兒童書寫語文能力診斷測驗（WLADTC-II）

一、目的：在於測量兒童的書寫語文能力、可作為評量一般兒童和學習障礙者的工具。
二、編製者：楊坤堂、李水源、張世彗。
三、出版單位（日期）：心理出版社（2003 年 1 月第二版）。
四、適用範圍：國小一年級至六年級學生。
五、實施時間：低年級約 40 分鐘，中、高年級為連續 80 分鐘。
六、內容：本測驗包括作文產品量表（總字數、總句數、平均每句字數）、造句（語法）量表（用字、錯別字、標點符號）及文意量表（無意義的語文、具體—敘述、具體—想像、抽象—敘述、抽象—想像）。
七、常模：建有臺北市國小一年級至六年級學生「總字數」、「平均每句字數」、「造句商數」，以及「文意分數」的「百分等級」、「T 分數」和「標準分數」常模。

國小學童書寫語言測驗

一、目的：在於發展國小學童適用之書寫語言表達測驗，以作為初步篩選在書寫語言表達上有困難的學童。
二、編製者：林寶貴、錡寶香。
三、出版單位（日期）：教育部（2000 年初版）。
四、適用範圍：國小三年級至六年級學生。
五、實施時間：低年級約 40 分鐘，中、高年級為連續 80 分鐘。
六、內容：本測驗包括五個分測驗，分別是：(1)聽寫測驗；(2)句子結合測驗；(3)筆畫加減測驗；(4)國字填寫測驗；(5)造句。

華語兒童構音與音韻測驗（APTMC）

一、目的：可作為介入前的篩選或廣泛性評估，提供語言治療師、特教老師進行說華語兒童之語料蒐集、分析兒童構音錯誤和音韻缺陷、篩選出兒童的構音異常與診斷。
二、編製者：鄭靜宜。
三、出版單位（日期）：心理出版社（2018 年 7 月初版）。
四、適用範圍：3 歲至 8 歲，或 6 歲以上具有明顯語音異常者。
五、實施時間：不限。
六、內容：本測驗共包含五個分測驗：詞語構音測驗、語句構音測驗、圖片描述測驗、可刺激性測驗，及最小音素對比測驗。
七、常模：本測驗建有臺灣地區 3 歲至 8 歲年齡常模。

國語正音檢核表

一、目的：在於測量受試者國語構音、聲音和節律等三方面的缺陷，以便設計矯正計畫。
二、編製者：席行蕙、許天威、徐享良。
三、出版單位（日期）：心理出版社（2004 年 2 月第二版）。
四、適用範圍：一年級至九年級或有發音障礙的學生。
五、實施時間：50 分鐘。
六、內容：本測驗在測試某些語音組合而成兩個字的詞彙，共分為兩大類，包括「構音診斷測驗」和「聲音與節律診斷測驗」。
七、常模：為「標準參照測驗」。

兒童口語理解測驗

一、目的：本測驗旨在評量國小一年級至六年級學童的口語理解能力，以作為篩選口語理解上有困難的學童之用或作為探討身心障礙學生口語理解能力之用。
二、編製者：林寶貴、錡寶香。
三、出版單位（日期）：國立臺灣師範大學特殊教育中心（2002 年 2 月初版）。
四、適用範圍：國小一年級至六年級學生。
五、實施時間：沒有限制。
六、內容：本測驗共有一百題，分成「聽覺記憶」、「語法理解」、「語意判斷」、「短文理解」等四個分測驗。
七、常模：建有國小一年級至六年級學童的「百分等級」與「T分數」兩種常模。

學前幼兒與國小低年級兒童口語語法能力診斷測驗

一、目的：在於測量學前幼兒和低年及兒童的接受性和表達性口語語法的能力。
二、編製者：楊坤堂、張世彗、李水源。
三、出版單位（日期）：臺北市立師範學院身心障礙教育研究所（2005 年 1 月初版）。
四、適用範圍：5 歲至 8 歲兒童。
五、實施時間：學前兒童約需 15 分鐘；國小低年級兒童約需 30 分鐘。
六、內容：本測驗包含接受性和表達性口語語法測驗內容。前者包括理解空間、數量、包含、次序、差異、位置、時間及大小等概念、理解形容詞、被動語態結構、文法的動作圖片、後設語言概念，以及正確反應 wh-問題；後者則包括兒童能正確回應打招呼的語詞、兒童嘗試念唱熟悉的兒歌或童謠等。
七、常模：本量表有建立臺灣地區中班、大班、小一和小二的「百分等級」、「T 分數」及口語語法商數等標準化常模。

修訂中文口吃嚴重度評估工具（SSI-3）

一、目的：在於評估兒童的口吃行為，以提供完善的治療與諮詢服務。
二、修訂者：楊淑蘭、周芳綺（編製者：G. D. Riley）。
三、出版單位（日期）：心理出版社（2004 年 11 月初版）。
四、適用範圍：3 歲至 13 歲。
五、實施時間：沒有時間限制。
六、內容：本測驗可以評估三項外顯行為特徵，分別為「口吃事件的發生頻率」、「最長的三次口吃事件的平均時長」、「可觀察的身體上伴隨之行為」。
七、常模：建有臺灣地區 3 歲至 13 歲兒童和青少年的「百分等級」和嚴重度常模。

修訂學前／學齡兒童語言障礙評量表

一、目的：在評量學前和學齡兒童之口語理解能力、口語表達能力、構音、聲音、語暢情形，以進一步確定其是否具有溝通上的困難或障礙。
二、編製者：林寶貴、黃玉枝、黃桂君、宣崇慧。
三、出版單位（日期）：教育部（2009 年 4 月初版）。
四、適用範圍：3 歲至 12 歲 11 個月學齡兒童。
五、實施時間：約需 15 分鐘至 30 分鐘。
六、內容：本評量表之分測驗，用來與兒童建立良好的關係，以便順利進行下面的評量工作，並了解兒童的聲音是否正常、說話是否流暢、語調是否正確。

分測驗二，用來了解兒童的語意理解、語彙或語法能力。分測驗三，用來分析兒童構音、音韻、聲調是否正常，以及錯誤類型為何。分測驗四，用來了解兒童的口語表達、語彙、語法、語用、仿說、造句、說故事等能力，以便進行語言矯治或溝通訓練。

七、常模：建有臺灣地區3歲至12歲11個月學齡兒童之百分等級和T分數常模。

華語兒童理解與表達詞彙測驗（REVT）

一、目的：適合鑑定詞彙發展遲緩兒童，作為「語言」鑑定之工具。可得知兒童詞彙之相關認知能力，以了解個人內在的優弱勢表現，作為研究者鑑定兒童詞彙發展篩檢之參考工具。

二、編製者：黃瑞珍、簡欣瑜、朱麗璇、盧璐。

三、出版單位（日期）：心理出版社（2011年2月第二版）。

四、適用範圍：3歲至6歲或7歲以上疑似語言遲緩者。

五、實施時間：不限。

六、內容：本測驗分成理解與表達兩大量表，並各自包含命名、歸類、定義及推理四個分測驗，以評量兒童詞彙能力之表現。

七、常模：建有臺灣地區3歲至6歲之百分等級與標準分數常模。

零歲至三歲華語嬰幼兒溝通及語言篩檢測驗（CLST）

一、目的：本測驗可快速篩選0歲至3歲疑似溝通及語言遲緩之嬰幼兒，了解嬰幼兒的語言能力，以利早期發現語言發展遲緩的嬰幼兒。

二、編製者：黃瑞珍、李佳妙、黃艾萱、吳佳錦、盧璐。

三、出版單位（日期）：心理出版社（2009年9月初版）。

四、適用範圍：0歲至3歲。

五、實施時間：15分鐘。

六、內容：本測驗包括紀錄本與詞彙調查表兩部分。紀錄本共有50題，在於評估嬰幼兒的語言發展階段；詞彙調查表則在於了解嬰幼兒詞彙量發展情形。

七、常模：建有臺灣地區0歲至3歲嬰幼兒的百分等級常模。

華語嬰幼兒溝通發展量表（臺灣版）（MCDI-T）

一、目的：本量表可篩檢語言及溝通發展遲緩的嬰幼兒，也能評估口語或手勢動作等不同面向溝通能力的優弱勢。

二、編製者：劉惠美、曹峰銘。

三、出版單位（日期）：心理出版社（2010年1月初版）。

四、適用範圍：8 個月至 36 個月嬰幼兒。

五、實施時間：20 分鐘至 30 分鐘。

六、內容：本量表分為嬰兒版與幼兒版。嬰兒版適用 8 個月至 16 個月，包含詞彙使用、溝通手勢和動作；幼兒版適用 16 個月至 36 個月，包含詞彙和語法的使用。

七、常模：建有臺灣地區 8 個月至 36 個月嬰幼兒的百分等級常模。

華語學齡兒童溝通及語言能力測驗（TCLA）

一、目的：在於評估兒童溝通及口語表達能力，以了解兒童之問題是理解、表達或合併存在落後。

二、編製者：黃瑞珍、蔡昀純、林佳蓉、張亦渝、王亦群。

三、出版單位（日期）：心理出版社（2014 年 1 月初版）。

四、適用範圍：國小一年級至六年級學生。

五、實施時間：30 分鐘至 50 分鐘。

六、內容：本測驗包含理解及表達兩大量表，其中理解量表包含詞彙、象徵性語言兩個分測驗，表達量表包含語句結構和關聯詞兩個分測驗。每一分測驗均有 3 題練習題及 40 題正式題目，共 120 題。

七、常模：本測驗建有臺灣地區國小一年級至六年級兒童溝通及口語表達之百分等級與標準分數常模。

華語兒童口腔動作檢核表（OMAC）

一、目的：本檢核表可提供客觀且有系統之標準化過程，讓專業人員了解進食困難、口語表達清晰度不佳之兒童的口腔動作能力，作為療育的參考。亦可提供幼兒園教師、一般家長初步了解幼兒可能的問題。

二、修訂者：黃瑞珍、蔣孝玉、羅羿翾、曾尹霆、陳嘉玲。

三、出版單位（日期）：心理出版社（2017 年 9 月初版）。

四、適用範圍：3 歲至 4 歲以上構音異常、說話不清、語言發展較慢，或是 2 歲以上整體發展遲緩合併進食問題之兒童。

五、實施時間：15 分鐘至 30 分鐘。

六、內容：本檢核內容包含三個向度：向度一：頭、臉部和口腔構造與功能；向度二：進食能力；向度三：口腔動作控制。

七、常模：無。

兒童溝通能力檢核表

一、目的：可反映兒童日常生活中的語用和溝通能力，並可早期篩檢出社會溝通異常的兒童，有助於早期介入。

二、編製者：曹峰銘、劉惠美。

三、出版單位（日期）：中國行為社（2021 年 4 月第二版）。

四、適用範圍：4 歲至 15 歲 11 個月。

五、實施時間：約 10 分鐘至 15 分鐘。

六、內容：本檢核表包含十個分量表：言語、語法、語意、敘說凝聚性、開啟話題、刻板化的語言、情境、非口語溝通、社會關係和興趣等十個與社會溝通有關之口語和溝通能力向度。

七、常模：本檢核表建有整體綜合溝通分數及百分等級常模。

簡明失語症測驗（CCAT）

一、目的：有效評估失語症患者的聽說讀寫的能力，且可將患者依嚴重程度分類。

二、編製者：鍾玉梅、李淑娥、張妙鄉。

三、出版單位（日期）：心理出版社（2003 年 6 月初版）。

四、適用範圍：國小四年級以上疑似腦傷失語症患者。

五、實施時間：30 分鐘至 60 分鐘。

六、內容：本測驗共分為九個分量表，同時具有甲乙式以供語言治療師交替使用。九個分量表分別為：簡單應答、口語敘述、圖物配對、聽覺理解、語詞表達、閱讀理解、複誦句子、圖字仿寫、自發書字。

七、常模：隨機取樣不同性別、年齡與教育程度且無腦傷病史的正常人 70 名，另外腦傷組 277 名經甲式施測結果，建立腦部損傷患者之「百分等級」常模及正異常之切截分數。

溫故知新專欄：舊制（94～109 年度）

※選擇題

1. 語文測驗時，施測者請學生依關係填空完成語句，例如：棒球相對於運動，就如同水彩相對於（繪畫）。這屬於評量學生下列哪一部分的語言能力？**【# 100 教檢，第 16 題】**
(A)語形 (B)語意 (C)語用 (D)語法
2. 某生有語言方面的問題，老師正為他進行語言評量，施測時說「媽媽買了很多傢俱，有裙子，有長褲，也有外套」，再請該生更正不當的詞彙，此較屬於下列哪一種評量？**【# 104 教檢，第 13 題】**
(A)語用評量 (B)語意評量 (C)語法評量 (D)語音評量

☞選擇題答案：
1.(B) 2.(B)

整理自 https://tqa.ntue.edu.tw/；# 表示特殊教育學生評量與輔導應試科目

第八章

知覺動作評量

早期的身心發展是後期身心發展的基礎；也就是說，較早期的發展是否健全，可以影響較後期的發展狀況，即有正常的知覺動作發展才有正常的身心發展與學習。

第一節　知覺動作的涵義

每個人所看到的世界是不一樣的。對於同樣的事情或刺激，不同的人往往會有不同的反應。更令人驚奇的是，同樣一個人對相同的事物或刺激，也會隨著情況不同而異。為什麼會這樣呢？幾十年來的心理學研究告訴我們，我們並非以一種簡單自動的方式去認識，其實我們是經由許多複雜的途徑，主動地去建構一幅圖貌。

心理學家通常將我們認識周遭環境的歷程，分為兩部分：**感覺**（sensation）和**知覺**（perception）。感覺指的是感覺器官（例如：眼、耳等）所接收到的訊息；知覺則是解釋及組織感覺訊息的過程（劉安彥，1997）。

知覺動作評量包括檢視個體處理感官訊息的方式，尤其是聽覺及視覺的訊息。至於「動作精熟」（motor proficiency）指的是動作的輸出，乃是身體肌肉的有效控制運用。其主要類型有二：(1)「**精細動作**」（fine motor movement），包括手指和手的敏捷度和操作小的物品等動作；(2)「**粗大動作**」（gross motor movement），是指大肌肉控制的運動，包括規律的步行、丟、接、平衡等動作。評量動作精熟發展過程包含測量動作表現來界定個體目前動作精熟的程度，特殊教育工作人員可以運用評量過程所得的結果，來計畫教育介入方案。

雖然特殊教育工作人員常將「知覺」與「動作能力」分開來評量，不過它們也可能將兩者合起來評量。廖芳華、王天苗（1998）曾指出，「**知覺動作**」（perceptual motor）為準確接受判斷感覺訊息，並做出正確動作反應的過程與表現；Salvia 等人（2016）則將「知覺動作」定義為整合透過感官接收的資訊，並以身體動作回應；它是一個基本的心理過程，協調知覺輸入與動作輸出，包括視覺動作、聽覺動作、觸覺動作等技巧。舉例來說，「視覺動作過程」指的是從眼睛接收的知覺訊息與回應的動作活動，如手眼協調和視覺動作控制；而「聽覺動作過程」則是協調從耳朵接收知覺訊息與身體的粗大及精細動作。

第二節　評量知覺動作的理由

一、有效學習繫於知覺動作發展

從發展心理學的觀點來看，個體各項身心特性的發展是循序漸進的，早期的各項發展是否健全足以影響後期的發展狀況。又從神經心理學的論點來看，Hebb（1949）強調，早期的動作學習是建立腦皮層細胞組合的一個重要統整階段。知覺動作理論的提倡者，更認為以視、聽、觸、運動等感官所組成的感覺動作與知覺動作的發展，乃是較高層概念學習的必要基礎，若這些基本階段的學習有缺陷，將會使整個學習速度變得緩慢，整個學習效果偏低（洪清一，1999）。

換言之，有效學習繫於知覺動作發展。知覺動作能力會促使個體將刺激接收、傳達、統合，並了解訊息的意義，進而形成適當的反應。在各種環境裡，這些反應對個體行動和學習是非常重要。因此，知覺動作發展會直接或間接地影響個體在學業和體能活動上之表現。

二、知覺動作評量有助滿足此問題之障礙者

一般而言，學習障礙和智能障礙者通常會有知覺動作能力缺陷的問題（Kirkenda & Brunk, 1997），而腦性麻痺者亦有知覺動作能力異常的現象（Hallahan & Kauffman, 1996）。基本上，知覺動作發展對於那些感覺系統雖然受到影響，但仍有殘餘能力可以提高的個體，以及必須發展知覺能力才能補救感覺能力失去的個體來說，顯得特別重要。

以下茲舉一個例子來說明知覺動作評量對於滿足有此問題之身心障礙兒童的需求是很有助益的。

傑優是一位智力正常但個性安靜的 6 歲兒童，他無法正確接收及表達某些單字。在寫字方面也有困難，他經常會把國字翻轉顛倒，例如：把「張」寫成「镸弓」；此外，傑優在基本閱讀能力上有障礙。教師觀察發現該兒童在接收聽覺訊息記憶力不錯，但在接收視覺訊息上的記憶則不佳，為了確定這個問題的成因及程度，特殊教育教師請專家為他做評量。

在評量過程中，專家篩選傑優的視力以判定他的視覺敏銳度是否有問題，由於未發現任何顯著缺陷；可是當評量人員又給傑優做視知覺測驗時，結果卻指出他的視覺處理能力表現明顯低於平均的程度。由此可知，傑優顯著的問題包括手眼協調及空間認知的缺陷。依據測驗結果，專家建議為傑優安排一些矯正治療的活動，教師和傑優的媽媽均同意在班上和家裡為傑優進行一些矯正活動和視知覺動作練習。

在上述案例中，特殊教育教師均依評量結果，來協助學生知覺動作的缺陷：「視知覺處理」及「精細動作」的問題。因為知覺與動作表現是我們與環境互動時所需的基本能力，所以這方面問題是很容易察覺的「知覺動作」。

由此可見，評量知覺動作精熟對個體和特殊教育工作人員實有其重要性。

第三節　知覺動作的心理歷程

教學必須以兒童任何學習工作的整體活動為目標，這種整體活動包括四個過程：輸入、統合、輸出與回饋，有關知覺動作歷程示意圖，如圖 8-1（Winnick, 1990）。其中「**感覺輸入**」是指從環境中和個體本身接收之能量形式，並將所接收的訊息在中樞神經系統加以處理，統整起來。

「**感覺統合**」，則是將所接收的感覺刺激在中樞神經系統，加以組織、比較和儲存，並將目前的和過去的感覺訊息加以統合。個體能否有效選擇並組織適當的動作，繫於統合之功能，其重要性可見一斑。

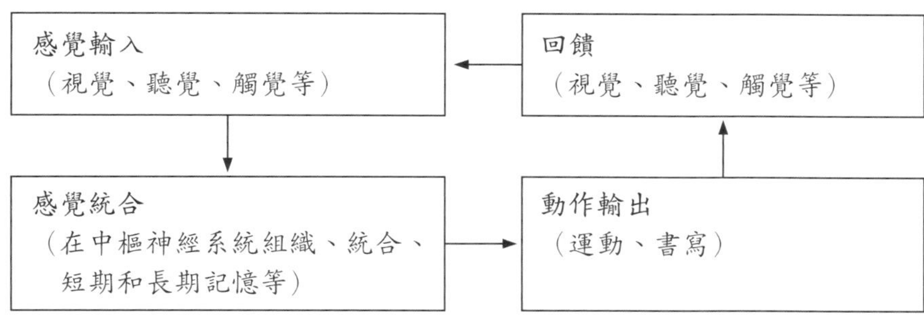

圖 8-1　知覺動作的心理歷程

「**動作輸出**」，是由於中樞神經系統之支配所表現的動作。當輸出發生時，訊息亦持續性地回饋，回饋本身具有使感覺訊息持續處理之功能。當感覺輸入時，在動作上的回饋通常包括運動覺、觸覺、視覺或聽覺。回饋期間，會評估反應的頻率和反應的性質，如果評估錯誤，必須加以調整，若評估正確，則不需調整。

「**回饋**」是個體的輸出，固然是表現於各種粗大的或精細的動作反應，但是它也含有核對的功能，可以成為另一個輸入的來源，使知覺作用構成一個連鎖的過程，促進知覺作用愈來愈精密、愈來愈正確。

這一過程充分顯示中樞神經系統的功能乃是知覺作用的核心，不過它仍有賴於感官與動作的配合。因此，Winnick主張認知過程中，動作與感覺乃是不可或缺的學習因素。如果任何一個過程有所障礙，則此一兒童在學習上勢將會遇到難題。因此，一般和特殊教育教師的教學宜兼顧學生的知覺輸入與動作輸出，並且要特別留意此二者之間的回饋或配合，同時也一樣要考量統合作用等條件。

第四節　知覺動作評量的原則

為確保評量過程的正確性，在評量知覺動作精熟時須遵守一些原則，如圖8-2，並分別描述如下（Salvia et al., 2016; Venn, 2006）。

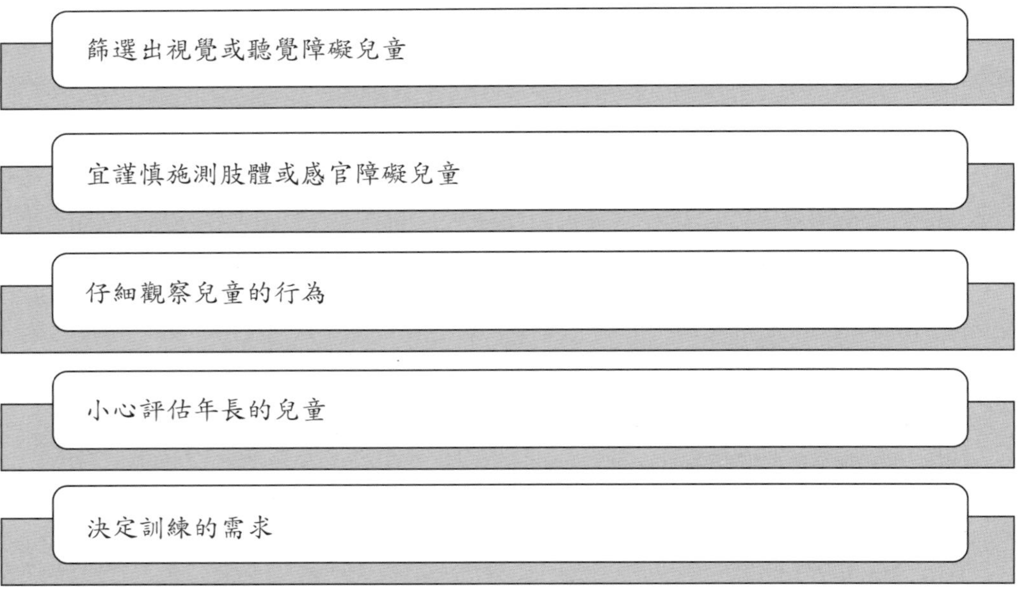

圖 8-2　知覺動作評量的原則

一、篩選出視覺或聽覺障礙兒童

施測前，評量者應該排除視覺或聽覺障礙為知覺或動作遲緩的原因，因為感官障礙（如弱視或聽力喪失）會影響評量結果，並導致結果的誤用。評量者可以有許多適合學生個別狀況和需求的方法，來篩檢出視覺或聽覺障礙。篩檢步驟包括：(1)檢閱兒童的個別紀錄，以了解有關兒童視覺或聽覺狀況的資料；(2)直接觀察學生或與熟悉學生的老師晤談。

如果篩檢過程顯示兒童具有潛在視覺或聽覺障礙的問題，評量者就應該轉介學生給專家評估兒童是否真有這方面的問題。

二、宜謹慎施測肢體或感官障礙兒童

因為肢體或感官障礙兒童也許無法做某些測驗項目，施測者應該謹慎使用知覺動作測驗，例如：嚴重視覺障礙的兒童可能無法看見複雜的測試圖片；而聽覺障礙學生可能無法對聽覺辨別測驗項目做出反應。假如學生有嚴重肢體或感官障礙，特殊教育人員應避免同時測試知覺和運動神經，也應謹慎施測且要了解測試結果可能的限制。

三、仔細觀察兒童的行為

雖然特殊教育人員可以從許多的知覺動作測驗挑選項目，但絕對沒有一項測試可以取代教師對兒童每天觀察所得到的診斷資訊。所以，特殊教育人員在鑑定知覺和動作發展問題時，對於兒童需求及建立轉介方案，必須仰賴仔細觀察作為主要考量因素。

四、小心評估年長的兒童

大部分知覺動作測驗是針對年幼的兒童（通常是學齡前和國小兒童）而非為年長兒童設計的。兒童年齡較大時，教育的重點轉至學科、社會和職業技能，而不是基本的知覺過程和動作技能。因此，為年長兒童施測前應注意測驗年齡範圍和施測過程。

五、決定訓練的需求

在評量之前，語文不夠精熟的兒童可能需要接觸知覺動作訓練，前提是這項訓練不能違反評量過程中的正確性與公平性，例如：如果施測需要傳接豆子、表演單腳站立及在平均臺行走等平衡動作，學生就必須練習上述工作。練習訓練任務必須包括更正錯誤及加強適當反應，以確保毫無經驗的兒童也不會降低評量結果。無論如何，評量者一定要避開真正施測項目的訓練。

第五節　知覺動作評量的要素或範圍

學者們對於知覺動作評量的要素或範圍的看法並不盡相同，有的分為視、聽覺動作兩部分（Swanson & Watson, 1989）；有的則分為視知覺、視知覺動作、聽知覺、觸知覺、觸知覺動作、觸視及動作等七類（Spreen & Strauss, 1998）；也有的將其分為視、聽、觸、動等四個部分（洪清一，1999）。以下個人參考前述幾位學者的相關文獻資料，僅從視知覺動作、聽知覺動作、觸知覺動作，以及運動知覺等四方面說明其評量要素或範圍。

一、視知覺動作方面

視知覺動作評量的要素或範圍主要包括下列五項。

（一）形象背景知覺

是指能夠從形象之背景區別形象，並能對這個形狀賦予意義或是能將形象或組成形象的因素組合的能力，如辨別國語注音符號。

（二）空間關係

是指與個體本身相對空間—自我中心位置找出物體，以及在彼此間相對空間—客觀物體位置找出物體。這種關係包括方向感、距離、時間次序及連續性、深度、空間導向（如個人身體部位空間的察覺）與視覺空間記憶等方面的了解。

（三）視知覺恆常性

是指雖有各種不同的呈現方式（如形狀、大小、線條、顏色、明度等），但仍能認知物體的能力，例如：一件暗綠色的衣服，不論在室內或室外陽光下看起來都是暗色的。

（四）視覺動作協調

是指視覺和身體移動的協調能力，這是一種視知覺動作能力，為統合視覺、觸覺和運動知覺，如手眼協調。

（五）錯覺

即知覺對於感覺訊息所做的錯誤詮釋。

二、聽知覺動作方面

聽知覺動作評量的要素或範圍主要有六，如表 8-1。

表 8-1　聽知覺動作評量的要素或範圍

要素或範圍	內涵
聽覺區辨能力	指能夠區別不同聲音的頻率、音質和大小的能力。
聲音的位置	指能夠在環境中判定聲音的來源或方向的能力。
形象背景聽知覺	指在一般聽覺刺激的背景中，能夠區別和注意適當聽覺刺激的能力。
時間的聽知覺	指能夠適時地認知和區別各種不同聽覺刺激的能力，如區別聽覺刺激的節拍、速度。
聽覺動作協調	指一種能夠將聽覺刺激與身體運動協調在一起的能力。
聽覺靈敏度	指透過純音或說話聽力檢查器，來評量個體對於聲音接受的情形。

三、觸知覺動作方面

觸知覺動作評量的要素或範圍主要有下列幾種，如圖 8-3。

壓力感	觸覺記憶	辨識物形	觸覺靈敏度
● 在於評量外在刺激對皮膚所形成的強度反應。	● 在於評量經由觸摸物體而對其屬性（如大小、形狀等）的記憶能力。	● 在於評量經由手觸摸物體的形狀（如石頭）所形成的反應（如圓的、硬的等）。	● 在於評量皮膚對於某些特質（如冷熱、粗細等）所造成的靈敏反應程度。

圖 8-3　觸知覺動作評量的要素或範圍

四、運動知覺方面

運動知覺評量的要素或範圍主要有六。

（一）身體知覺

這種知覺包括：(1)身體基模，是指身體能力和限制的知覺；(2)身體形象，乃指個體對身體的感覺而言，包含身體外在部位及運作方法的知覺；(3)身體概念或身體理解，是指個體對自己身體的理解，包含能說出身體各部分、了解在空間如何移動身體的某部位等。

（二）兩側感和方向感

前者是指身體左右兩側的知覺；後者則是將兩側感表現在空間內。

（三）運動知覺靈敏度

在於評量跳躍、接物、旋轉等動作反應靈敏的程度。

（四）速度

在於評量有關四肢運動的速度。

（五）喜好

在於評量身體部位慣用的習性（如手和腳）。

（六）強度

在於評量身體部位伸長、擺動、疲勞及施力的反應程度。

第六節　知覺動作評量的工具

拜瑞—布坦尼卡　視覺—動作統整發展測驗（VMI）

一、目的：在於測量兒童和青少年的視覺動作統整發展能力，可用以評估視覺動作統整有嚴重障礙的兒童。
二、修訂者：陸莉、劉鴻香（編製者：K. E. Beery）。
三、出版單位（日期）：心理出版社（1997 年 11 月初版）。
四、適用範圍：3 歲至成人。
五、實施時間：VMI 約 10 分鐘至 15 分鐘；視知覺測驗約 3 分鐘和動作協調約 5 分鐘。
六、內容：這個測驗包括主要測驗「VMI」，共有 27 種完整的幾何圖形測驗。必要時，可另外施測兩項補充測驗：視知覺和動作協調。
七、常模：建有臺灣地區 3 歲至成人的「標準分數」與「百分等級」常模。

幼兒／兒童感覺發展檢核表

一、目的：在於評估孩童感覺統合失常的程度，以便對感覺統合缺陷的孩童進行矯治的一種評量工具。
二、編製者：鄭信雄、李月卿。
三、出版單位（日期）：心理出版社（1996 年 12 月／ 1998 年 8 月初版）。
四、適用範圍：幼兒版為 3 歲至 6 歲幼兒；兒童版為 6 歲至 12 歲兒童。
五、實施時間：約 20 分鐘至 30 分鐘。
六、內容：「幼兒／兒童感覺發展檢核表」均各有 50 題，分別呈現在五個分量表中，即「前庭和雙側大腦分化失常」、「觸覺防禦」、「發育期運用障礙」、「空間和形狀視覺失常」和「重力不安全症」。
七、常模：建有 3 歲至 12 歲男女兒童的「T分數」和「百分等級」常模。

兒童感覺統合功能評量表

一、目的：在於診斷國內感覺統合異常的兒童，找出兒童在七個向度的障礙情形及感覺未整合的現象。

二、編製者：林巾凱、林仲慧、林明慧、莊孟宜、簡錦蓉、張珮玥、李勇璋、林佑萱。

三、出版單位（日期）：心理出版社（2004 年 9 月初版）。

四、適用範圍：3 歲至 10 歲。

五、實施時間：20 分鐘。

六、內容：本量表包含「姿勢動作」、「兩側整合動作順序」、「感覺區辨」、「感覺調適」、「感覺搜尋」、「注意力與活動量」、「情緒／行為反應」等七個分量表。

七、常模：建有臺灣地區 3 歲至 10 歲兒童的百分等級和 T 分數標準化常模。

動作問題簡易量表（QMPI）

一、目的：快速有效地評估基本動作能力，篩檢出神經功能障礙的兒童。

二、編製者：羅鈞令。

三、出版單位（日期）：心理出版社（2010 年 2 月初版）。

四、適用範圍：5 歲至 10 歲。

五、實施時間：15 分鐘至 20 分鐘。

六、內容：本量表共有 22 個評量項目，評估以下五種學習各種動作技巧的基礎能力：(1)反射反應之整合；(2)肌肉拮抗作用／穩定度；(3)平衡；(4)動作計畫；(5)動作協調。

七、常模：建有臺灣地區的 5 歲至 10 歲之百分等級常模。

動作協調問卷（DCDQ-C）

一、目的：可用來快速評估兒童的動作技巧和協調能力，作為初步篩檢發展協調障礙（Developmental Coordination Disorder, DCD）的兒童。

二、修訂者：曾美惠、傅中珮。

三、出版單位（日期）：心理出版社（2010 年 8 月初版）。

四、適用範圍：6 歲至 9 歲。

五、實施時間：10 分鐘至 15 分鐘。

六、內容：本問卷包含動作中的控制能力、精細動作和書寫能力、粗大動作和協調能力等三個因素。

七、常模：建有大臺北地區公立小學一年級至三年級學生的常模。

感覺處理能力剖析量表：兒童版和青少年／成人版

一、目的：在於提供了解個體的感覺處理偏好，建立感覺處理與日常經驗間的連結。

二、修訂者：兒童版：曾美惠、陳姿蓉（編製者：W. Dunn）；青少年／成人版：曾美惠、陳威勝（編製者：C. E. Brown & W. Dunn）。

三、出版單位（日期）：中國行為科學社（兒童版：2008 年 6 月初版；青少年／成人版：2009 年 7 月初版）。

四、適用範圍：兒童版：3 歲至 10 歲；青少年／成人版：11 歲以上青少年及成人。

五、實施時間：兒童版：約 30 分鐘；青少年／成人版：約 10 分鐘至 15 分鐘。

六、內容：本量表共有 125 個項目，可歸類為 14 個分測驗及 9 個因素，描述兒童對日常感覺經驗的反應表現。

七、常模：建有依不同年齡組別設定不同的切截分數來分類兒童、青少年及成人的感覺處理能力。

第九章

情緒與行為評量

情緒和行為在我們生活中扮演著重要的角色，無論是日常生活的行為表現、心情起伏、身心健康、人際關係與工作表現等都與情緒和行為有莫大的關聯。情緒透過表情的管道（行為），使人們得以互相了解、彼此共鳴。情緒以微妙的表情或動作（行為）來傳遞個人內心的訊息，為人們建立相互依戀的基礎，培養人際友誼。我們知道人類是社會的動物，感情的交流使人們得以接近和依靠，人與社會間或人際間的關係都可以透過情緒和行為反映出來。不論是愛或恨、羨慕或忌妒（情緒），它們都實質的影響和調節我們日常生活中的行為。

第一節　情緒與行為的涵義及特性

一、情緒的涵義及其特性

「**情緒**」（emotion）是個人人都熟悉的名詞，每個人對它都有切身的體驗。儘管如此，要對情緒作精確的描述，要知其所以然，即使是心理學家也是深感棘手。《高級牛津英英／英漢雙解辭典》將「情緒」定義為：「一種心理情感或感情，不同於認知或意志。」而 Drever（1952）在其《心理學辭典》（*A Dictionary of Psychology*）一書中則將「情緒」界定為：「情緒是有機體的一種複雜狀態，涉及身體各部分發生的變化；在心理上，它伴隨著強烈的情感及想以某種特定方式去行動的衝動。」張春興（2011）則認為，情緒指因某種事件（刺激）引起的身心激動狀態；當此狀態存在時，個人不僅會有主觀感受和外露表情，而且也會有身心反應伴隨產生。

Kleinginna 與 Kleinginna（1981）曾試著綜合各家的說法，將「情緒」定義為：「情緒是一組織複雜的主觀因素和客觀因素之間的交互作用，受到神經系統和荷爾蒙系統的調節，它可以：(1)引起感情經驗，諸如警覺、愉悅或不快樂等情感；(2)產生認知歷程，諸如與情緒有關的知覺作用、評價和分類的工作；(3)活化一般的生理適應為警覺狀態；(4)導致行為，這些行為通常是表達的、目標導向的及適應的。」

由上述各家學者的觀點，我們似可歸納指出「情緒」大致包括以下四個面向，如圖 9-1。

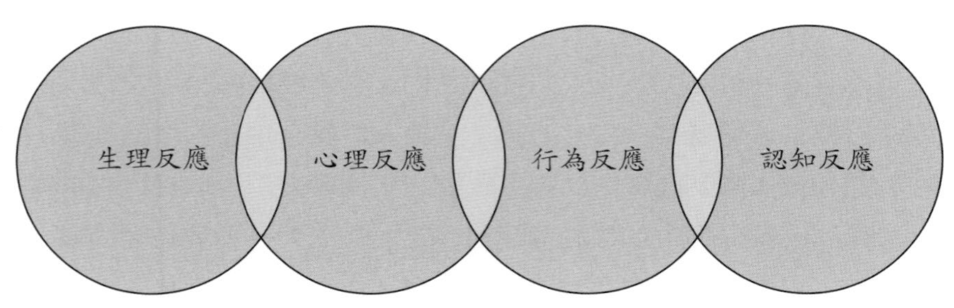

圖 9-1　情緒的面向

（一）生理反應

當我們體驗某種情緒時，自然會產生有些生理反應，如心跳加快、內分泌的變化等。不過單靠生理反應（如心跳加快）是無法判斷到底引發了何種情緒（生氣或興奮……）。

（二）心理反應

心理反應即個體的主觀心理感受，如不安、厭惡、愉快等感受。

（三）行為反應

個體因情緒而表現出來的外顯行為，包括語言行為和非語言，如哭泣、興奮蹦蹦跳跳等。

（四）認知反應

即個體對於引發情緒的事件或刺激情境所作的解釋和判斷，例如：看到別人一直注視著你，你可能認為別人對你有意思，而心生喜悅；也可能覺得別人不懷好意，而變得惴惴不安。

情緒是與生俱來，每個人都有的，無論後來衍生成那一種情緒形式，所有的情緒都具有以下幾項特徵（張春興，2012；馮觀富，2005）。

（一）情緒是刺激引發的

情緒不可能無緣無故產生，必然有引發的刺激，例如：遇到喜歡的人、聽到美妙的音樂等，都可讓我們心情喜悅；反之，吵雜的聲音、酷熱的天氣都會讓我們焦躁不安。此外，一些內在的刺激也會引起情緒，如身體狀況、內分泌失調等。

（二）情緒是可變的

情緒是充滿變異的，隨著我們身心的成長與發展、對情境的知覺，以及個人的經驗而改變；此外，引發情緒的刺激和反應也會隨之改變。事實上，刺激與情緒反應之間並沒有固定的關係模式，常會因我們當時的心情與認知判斷而表現出不同的情緒。雖然有時我們也會因某種刺激而引發相同的情緒，但是如果可以增加新訊息，擴大自己的經驗或知覺，還是能夠改變原有的情緒反應，因為情緒本身具有相當的可變性。

（三）情緒是主觀的

由於情緒的發生常常是個人認知判斷的結果，因此情緒的內外在反應將會因人而異，具有相當的主觀性。情緒的個別差異表現在情緒的內涵、強度與表達方式的不同，例如：學生上課看其他書籍，有的教師可能會假裝沒看見而繼續專心上課；有的教師可能暴跳如雷，將學生指正一番。至於其他同學，有些人可能幸災樂禍，有些人可能就開始緊張，擔心接著會發生什麼事情等。總之，情緒並非全由外在刺激所決定，個人因素才是主要決定的力量。當我們告訴別人毋需悲傷時，我們只是從自己的角度來看事情，卻忽略當事人的主觀性情緒，反而讓當事人覺得不被接納，所以我們應學習尊重每個人不同的情緒感受。

二、行為的涵義及其特性

根據一般接受的心理學定義來看，行為是心理學中最重要的一個名詞，但也是最難以界說的一個名詞。按照不同的觀點，「**行為**」一詞大致有四個不同的涵義（張世彗，2021）：

1. 傳統行為論者（如 J. B. Watson 與 B. F. Skinner）將行為界定為可以觀察測量的外顯反應或活動；內隱性的心理結構、意識歷程，以及記憶、心像等，均不被視為心理學研究的行為。

2. 新行為論者（如 H. U. Hull 與 E. C. Tolman 等）將行為的定義放寬，除可觀察測量的外顯行為之外，也包括內隱性的意識歷程；因而中間變項、中介歷程、假設構念等概念均在考慮之內。

3. 認知論者將行為視為心理表徵的歷程，對外顯而可以觀察測量的行為反而

不太重視；其所研究者集中在注意、概念、訊息處理、記憶、問題索解、語言獲得等複雜的心理歷程。

4. 行為一詞在心理學上的廣義用法，已包括內在的、外顯的、意識的與潛意識的一切活動。

人類的行為是行為改變技術的課題，Miltenberger（2015）認為，行為具有下列幾項特性：

1. 行為是人們所說和所做的事。
2. 行為可從一種以上的層面來加以測量：你可以測量行為的次數，也可以計算行為發生的持久性或強度。
3. 行為可由他人或本人觀察描述或記錄：由於行為是種身體方面的動作，可以被觀察到它發生的情形。正因為是可以觀察的，所以觀察者可以描述和記錄行為發生的情形。
4. 行為會對身體或社會環境產生影響：由於行為是一種包含空間和時間移動的動作，因而行為的發生會對其發生的環境產生一些作用。有時對環境的影響是明顯的，如在課堂中舉手，你的老師會叫你（對他人產生作用）；有時對環境的影響是隱晦的；有時只會影響到從事行為的人。
5. 環境事件會有系統地影響到行為的發生：基本的行為原理指出我們的行為和環境事件之間的功能性關係。一旦我們了解造成行為發生的環境事件，就可以透過改變環境事件來改變行為。
6. 行為可能是外顯或內隱的：所謂外顯行為就是可以被觀察或記錄的，而內隱行為是無法被他人所觀察到的（如思考）；當然我們也可以透過外顯行為（包括語文和非語文線索）來間接評估內隱行為（如動機、情緒、知覺及態度）。

三、情緒與行為的關係

小孩在要不到想要的電動遊戲軟體時，常會大發脾氣、哭鬧或摔東西；即使是成人也會有「因為很生氣（情緒）而打人（外顯行為）」的狀況。上述這兩種情形都是情緒導引行為的典型例子。心理學上所謂的「**情緒性行為**」（emotional behavior）就是指情緒因素影響行為產生改變。我們每個人對於情緒的反應是從家庭、社會中學習來的，惟每個人學習到的因應方式有所不同。由此可見，情緒與行為的關係是密不可分的。

第二節　評量情緒與行為的理由

一、確認學生是否符合情緒行為障礙的鑑定

無疑地，每個人每天都會表現出許多的情緒與行為。雖然大多數人所表現出來的情緒與行為是合於社會規範的、是正常的，惟情緒與行為亦有其不正常、異常或障礙的一面。

楊坤堂（2000）曾指出，人類的情緒障礙與行為異常大略可分為非社會性行為（如自卑、冷漠、恐懼、不安、無情等）與反社會性行為（如社會不良適應行為、侵略性行為、粗暴、偷竊、少年犯罪等）；而這兩類有部分重疊，情緒障礙可能會引起反社會行為，而反社會行為可能導致焦慮、愧疚，進而形成情緒不穩和人格偏畸。

基於上述情緒與行為障礙的類型相當繁雜及問題的嚴重性，因而為了確定學生是否合乎《特殊教育法》中「情緒行為障礙」的鑑定基準，以作為接受特殊教育服務的對象，評量情緒與行為在鑑定安置與輔導的過程中是不可或缺的一環。

二、為求有效預防和解決情緒行為的問題

就預防或解決的角度而言，學生情緒與行為的問題不僅是學生本身的問題，更是家庭、學校及社會的問題。由於情緒與行為的根源往往錯綜複雜，涉及生理、心理及學生所處社會環境等三大因素糾纏結合、相互影響。因此，為求有效預防或解決，了解學生的行為特性、心理狀態、生理情況，以及它面對外在世界所持的獨特想法與反應，從而設計最為恰當預防或解決策略，自是無法等閒來看待情緒與行為的評量。

第三節　情緒與行為的影響

情緒與行為對每個人生活的影響可分為下列幾個層面。

一、情緒、行為與健康

情緒可以激發個體的生理反應，如腎上腺素分泌可以使人充滿活力，隨時準備行動。如果出現的是負向情緒，則內分泌同樣會受到影響，嚴重的話，甚至會分泌不正常而形成疾病。這些都是由情緒因素所引起的，惟情緒與行為乃是一體兩面，行為亦可能引發情緒，可見情緒、行為與個人健康的關係。

二、情緒、行為與心理狀態

試想一下當你很生氣，卻無法將這種怒氣表達出來，你會怎樣？多數人通常會變得悶悶不樂、具攻擊性（若表現出來就是行為）等，有時可能找人傾訴（行為）或是去泡 SPA 紓解一下等。無論如何，生氣的確已干擾你原先的心理狀態，而無法獲得妥善解決的情緒，便會盤據心頭，伺機而動；若長期受到負面情緒的影響，可能會誘發精神疾病，而表現出病態的行為特徵。

三、情緒、行為與學業、工作、人際關係

情緒、行為與學業、工作、人際關係也是關係密切。長期情緒適應不佳，個人無法放鬆或轉換時，便會引發不適應的行為，如注意力不集中、脾氣暴躁，既會波及人際交往關係，也會影響學業或工作上的成就表現，甚至喪失樂趣，失去向上的鬥志。

第四節　負面情緒內涵與行為異常類型

一、負面情緒的內涵

人類究竟有多少種情緒，各學者仍各持其看法。Woodworth（引自蔡秀玲、楊智馨，1999）將人的情緒分為「害怕、生氣、厭惡、輕蔑、愛和快樂、驚訝」等六種；吳英璋（2001）則認為，有五種基本情緒：「愛、愉悅、生氣、悲傷和害怕」；Goleman（1996；引自馮觀富，2005）根據專家的建議，將情緒分為「憤

怒、悲傷、恐懼、快樂、愛、驚訝、厭惡和羞恥」等八族類。本小節主要是針對負面情緒進行探討，根據蔡秀玲、楊智馨（1999）在其《情緒管理》一書中指出，負面情緒的內涵包括「憤怒、憂鬱、無助感、難過哀傷、焦慮、害怕、羞愧感、罪惡感」等八種。在實際生活中，我們的情緒並非單一出現，常常是幾種情緒交織出現。茲分別說明如下。

（一）憤怒

憤怒（anger）可視為個人遭遇到真實或是想像的、不好的事情而經歷一種強烈的不愉快心理感受。基本上，憤怒經驗是多向度的，包括：行為（如攻擊）、情緒（如無助、感到受傷害）、認知（如個人態度包括許多的應該），以及生理（如心跳加快）等四方面。

（二）憂鬱

憂鬱（depression）屬於憂愁、悲傷、頹喪、消沉等多種不愉快情緒綜合而成的心理狀態。憂鬱幾乎成為所有精神疾病的共同特徵。按徵狀的差異，憂鬱有輕重之分。多數人都有輕性憂鬱的經驗，諸如悲觀、沉悶、生活乏情趣、做事無精打采等低落情緒，正常人也會遇到。因此，短暫的憂鬱並非病態。憂鬱情況嚴重時，患者行為異於常人；不僅在心理上陷入悲傷、絕望、自責及思想錯亂的地步，在生理上也出現食慾不振、頭痛、心悸、兩眼無神、嘴角下陷等徵狀。憂鬱按形成原因分為兩類：(1)反應性憂鬱：係由於外在情境劇變所造成；(2)內因性憂鬱：係因個體對痛苦經驗壓抑的結果（張春興，2011）。

（三）無助感

無助感（helplessness）是指個人在現實環境中，無論多努力奮鬥，結果都是失敗與挫折，而形成心理上的無奈感受，不再做任何努力與嘗試，就像「哀，莫大於心死」一樣；心理學上又將其稱為習得的無助感（learned helplessness）（李富言，1992）。

（四）難過哀傷

所謂難過哀傷（lament）乃是個體喪失對自己有意義的人、事、物而產生的調適行為，是一種主觀的經驗及反應，包括：生理、心理、認知及行為等四方面（莊小玲、葉昭幸，2000）。此一定義有四項特性：(1)哀傷是一種痊癒的過程，個體必須採取許多策略來調適哀傷；(2)哀傷的本質是一改變的過程，而不是靜態的，且其改變常是無法預測的；(3)個體間的哀傷反應有極大的不同；(4)哀傷的過程會影響個體的生活各方面。

（五）焦慮

根據張春興（2011）在《張氏心理學辭典》一書中指出，焦慮（anxiety）是：(1)由緊張、不安、焦急、憂慮、擔心、恐懼等感受交織而成的複雜情緒狀態；(2)焦慮與恐懼雖然都是個體面臨不安或危險的情境時產生的反應，但情境因素並不相同。恐懼多因明確的事物引起，如怕瘋狗、怕颱風，引起恐懼的對象是可以指認的。焦慮的原因模糊，只覺惶悚不安，但未必了解所怕者是何事何物；(3)焦慮與恐懼時，生理上的反應相似；都顯示心跳加快、呼吸困難、出汗增多等現象；(4)按性質而言，焦慮有不同類型。有分為特質性焦慮與情境性焦慮者；前者視焦慮為人格特質之一，具持久性；後者指焦慮因情境而異，具暫時性。也有將焦慮分為顯性焦慮與原焦慮兩類者；前者是個人意識到的情境性焦慮，後者是嬰兒期缺少母愛，安全需求未獲滿足留下的後遺症。

（六）害怕

害怕（恐懼）（fear）是因預期或知曉將面臨受傷痛苦或失去所引發的心理狀態。曾慧佳（2000）曾依據 122 位大三學生的調查結果，將害怕分為 11 大類：(1)怕昆蟲的、怕蟑螂的；(2)怕山路、怕鬼、怕黑；(3)生涯規劃方面的，如怕找不到理想工作；(4)家庭方面的，如怕親人離異；(5)人際關係方面的，如怕命運的無情；(6)意外；(7)現實生活方面的，如怕沒錢；(8)學業方面的，如怕沒信心；(9)人身安全，如怕陌生人靠近；(10)死亡；(11)其他（疾病、醫院等）。

（七）羞愧感與罪惡感

罪惡感（sense of guilt）是指：(1)個人自覺違犯道德標準時的一種內心感受。平常說做錯了事受到良心的懲罰，就是罪惡感，等同於內疚、愧疚感（張春興，2011）；(2)按精神分析論的解釋，罪惡感乃是自我慾望受制於超我，兩相衝突而使個體自尊降低的結果。

二、行為異常的類型

Quay（1979）將行為異常分為行為失常，焦慮一退縮，社會化攻擊，以及不成熟四種類型，茲將每一類型之重要特徵分別列舉，如表 9-1。

表 9-1　Quay 行為異常之分類

類型	重要特徵
行為失常型（conduct disorder）	反抗權威、對權威人物充滿敵意、手段兇殘、攻擊他人、暴躁、過動、容易分心、虛偽、缺乏責任感、言語無禮等。
焦慮-退縮型（anxiety-withdrawal）	膽怯、害羞、過敏、柔順、自卑、緊張、容易受到傷害、壓抑、經常哭泣等。
社會化攻擊型（socialized aggression）	參加不良幫派、結夥偷盜、離家出走、逃學、深夜不歸等。
不成熟型（immaturity）	注意力短暫、動作協調性不佳、常作白日夢、偷懶、被動、終日昏睡、對課業缺乏興趣、做事雜亂無章等。

第五節　情緒與行為評量的方法

情緒和行為評量方法，通常可分為下列幾種，如圖 9-2，並列舉說明如下。

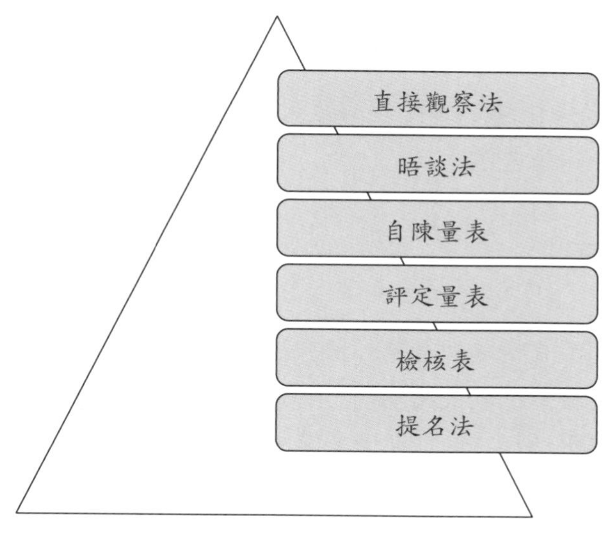

圖 9-2　評量情緒和行為的方法

一、直接觀察法

評量情緒與行為的變化，直接觀察是一種很好的方法。因為在自然發生的情境中，所觀察到的情緒與行為比較具有真實性和代表性。若想使直接觀察所得的資料具客觀性和正確性，那麼在觀察之前須有詳細的規劃，明確規定所要觀察的行為、步驟及記錄觀察結果的方法。郭生玉（2010）曾指出，軼事紀錄、評定量表和檢核表等三種是最常用來記錄觀察結果的方法。

二、晤談法

晤談法又稱面談法或詢問法，就是與個案或是了解個案者直接接觸和交談。個案本身可能有條件提供問題行為或相關情緒發生的有關資訊，或從相關他人尋求此類資訊（例如：父母、教師）。面談與其他詢問方法（問卷和評定量表）在界定和縮小變項範圍上是很有用的。有時晤談會使用一些表格來協助進行，如由O'Neill等人（1997）所提出的「功能性評量面談表」（Functional Assessment Interview, FAI）。

O'Neill 等人（1997）曾指出，文獻中許多功能性評量面談和問卷的實例，大都是強調獲得下列幾項資料：(1)引發關心的問題行為是什麼？(2)問題行為之前，正發生何種事件和情境或身體條件，可以確實地預測問題行為的發生？何種事件和情境，可以確實地預測不會發生問題行為？(3)獲得問題行為發生時的特定情境，什麼行為後果維持著問題行為？(4)何種適當行為所產生的行為後果與維持問題行為之行為後果相同？(5)從先前無效、部分有效或短暫有效的行為支持策略中，我們可以獲得那些啟示？

三、自陳量表

自陳量表可說是情緒與行為評量方法中很為常見的一種。接受評量的個體會被要求回憶常參與的活動或鑑別內心的感受。受測對象若為兒童時，通常會要求他們由回應表格上檢視高興或悲傷的臉來鑑別感受。

這種量表乃提供一些問題或刺激，由受試者依自己的感受、思考或意見加以反應。這些反應是指由受試者視提句所述和其本身情況是否相符而圈選「是」或「否」的答案；或是視題目內容和其本身情況相符的程度圈選相當的數字作答；或是就題句所準備的多個情況中選定與本身相符的作答。

四、評定量表

評定量表（rating scale）有好幾種，通常包括兒童的父母、老師、同儕或「有意義的他人」，必須評定的範圍需包含「兒童所表現出的特定不適應行為」；其目的在於評定所觀察行為或特質的品質，不在記錄它們是否出現。此種量表最適合用來個人的態度和行為，如情緒、人際關係等。大部分的評定量表採檢核表型態，用以界定兒童是否表現出另有意涵的特定行為，有些評定量表則會要求評量者估計這些行為出現的頻率或嚴重程度。其最大的優點在於編製容易，可做量化的統計；而主要的缺點是不夠客觀，所以評量誤差不少。

五、檢核表

檢核表（checklist）是呈現一些具體的行為或特質，再依觀察結果記錄那些行為或特質是否有出現。與評定量表相反，它不適合用來評定行為或特質的品質。

六、提名法

提名法（nominating method）是為了探討團體結構所發展出來的，特別適用於彼此熟悉之同儕間的評量。此種是先給兒童一些簡短的描述語句，然後要兒童在班上找出誰最符合這些描述。

第六節　情緒與行為評量的工具

學生行為評量表

一、目的：在於運用多元的資料（教師和家長）評量學生問題行為，並進行幾種常見心理疾患的篩選。
二、編製者：洪儷瑜、張郁雯、丘彥南、孟瑛如、蔡明富。
三、出版單位（日期）：教育部特殊教育工作小組（2001 年 12 月初版）。
四、適用範圍：一年級至九年級學生。
五、實施時間：約需 20 分鐘。

六、內容：本量表分為教師版和家長版，各包含過動、衝動、攻擊與破壞、違規、憂鬱、退縮、焦慮、人際適應和學業適應等分量表，以及篩選用的症狀量尺，包括自閉、憂鬱、焦慮和精神疾病等。

七、常模：建有三個年段（一年級至九年級學生）的「百分等級」常模。

問題行為篩選量表

一、目的：在於測量兒童和青少年行為困擾的情形，以協助輔導及補救工作。

二、編製者：洪儷瑜、張郁雯、丘彥南、孟瑛如、蔡明富。

三、出版單位（日期）：教育部特殊教育工作小組（2001 年 12 月初版）。

四、適用範圍：四年級至九年級學生。

五、實施時間：約需 20 分鐘。

六、內容：本量表分成家長版與教師版，評量對象分成國小和青少年版，各版本的「過動行為篩選量表」分成四大部分：第一部分為注意力缺陷過動症狀評量；第二部分為注意力缺陷過動症狀對功能損失情形（人際活動、團體活動、學業活動、工作活動）；第三部分為對立性違抗行為異常之相關症狀的評量；第四部分為違規行為之相關症狀的評量。

七、常模：建有四年級至九年級學生的「百分等級」常模。

情緒障礙量表（SAED）

一、目的：是一種程度的量表，用來協助人們對情緒和行為障礙兒童的了解，並可用來評量學生是否符合情緒和行為障礙特殊教育的要求。

二、修訂者：鄭麗月（編製者：M. H. Epstein 和 D. Cullinan）。

三、出版單位（日期）：心理出版社（2001 年 2 月初版；2022 年第二版）。

四、適用範圍：初版：6 歲至 18 歲 11 個月；第二版：5 歲至 18 歲。

五、實施時間：兩個版本皆約 10 分鐘。

六、內容：本量表包括七個分量表，內容包含「無能力學習」、「人際關係問題」、「不當的行為」、「不快樂或沮喪」、「生理症狀或害怕」、「社會失調」及「整體能力」等。

七、常模：建有臺灣地區 6 歲至 18 歲 11 個月的「百分等級」和「標準分數」常模。

行為與情緒評量表（BERS）

一、目的：在於讓成人以準確且有效的方法評量與其一起工作或生活的兒童之行為與情緒優勢能力。

二、修訂者：楊宗仁（編製者：M. H. Epstein 與 J. M. Sharma）。

三、出版單位（日期）：心理出版社（2001 年 2 月初版）。

四、適用範圍：6 歲至 18 歲的兒童和青少年。

五、實施時間：約 10 分鐘。

六、內容：本量表共有 52 道題目，用來評量兒童和青少年五個優勢範圍，包括「優勢人際關係」、「優勢家庭參與」、「優勢內在能力」、「優勢學校表現」及「優勢情感」。

七、常模：建有不同性別之非情緒障礙組樣本在各分量表上的「百分等級」和「標準分數」常模。

青少年社會行為評量表（ASBS）

一、目的：在於測量青少年的社會適應的問題，可提供學校發現與鑑定嚴重情緒障礙學生。

二、編製者：洪儷瑜。

三、出版單位（日期）：心理出版社（2000 年 5 月初版）。

四、適用範圍：六年級至九年級學生。

五、實施時間：簡式版約 10 分鐘，完整版約 30 分鐘。

六、內容：本量表分為簡式版與完整版，採多元評量的方式，共有三種評量來源（教師、同儕及學生）。這三種評量來源都可獲得七個向度的「適應行為」和「不適應行為」，分別是「合群」、「溝通技巧」、「主動」、「尊重和互惠」、「衝突處理」、「自我效能」、「學業學習」等「適應行為」，以及「攻擊」、「違規行為」、「過動／衝動」、「退縮／膽怯」、「焦慮」、「人際問題」、「學習適應問題」等「不適應行為」。

七、常模：建有六年級至九年級學生「百分等級」和「T 分數」常模。

注意力缺陷／過動障礙測驗（ADHDT）

一、目的：辨認注意力缺陷／過動障礙的學生，協助特殊兒童的教育安置和評鑑；並評估因行為問題而轉介的學生，協助進行輔導或教育計畫的安排、記錄問題行為進步的情形。

二、修訂者：鄭麗月（編製者：J. E. Gilliam）。

三、出版單位（日期）：心理出版社（2007 年 5 月初版）。

四、適用範圍：4 歲至 18 歲。

五、實施時間：無時間限制。

六、內容：共 36 題，依據DSM-IV的診斷標準，編製「過動性」（評估學生活動力的表現）、「衝動性」（評估學生行為衝動的狀況），以及「不專注」（評估學生在做一件重要工作時，集中注意力的狀況）三個分測驗。

七、常模：建有臺灣地區4歲至18歲11個月的「百分等級」和「標準分數」常模。

行為困擾量表

一、目的：在於測量兒童和青少年行為困擾的情形，以協助輔導及補救工作。
二、編製者：李坤崇、歐慧敏。
三、出版單位（日期）：心理出版社（2008年1月第四版）。
四、適用範圍：四年級至九年級學生。
五、實施時間：約25分鐘至30分鐘。
六、內容：本量表共有 53 題，包括自我關懷困擾、身心發展困擾、學校生活困擾、人際關係困擾及家庭生活困擾等五個分量表和一個誠實指標。
七、常模：建有四年級至九年級學生的「百分等級」和「T分數」常模。

貝克量表：焦慮、自殺意念、憂鬱、絕望感

一、目的：在於察覺和測量成人及青少年的焦慮、自殺意念或憂鬱嚴重程度，及對其未來抱持負向的程度。
二、翻譯者：焦慮版：林一真；自殺意念版：張壽山；憂鬱版：陳心怡；絕望感版：陳美君（編製者：A. T. Beck與R. A. Steer）。
三、出版單位（日期）：中國行為科學社（2000年2～3月初版／第二版）。
四、適用範圍：青少年至成人（最適用於17歲以上精神科門診病人）。
五、實施時間：自行施測約需5分鐘至10分鐘，口語施測一般需時10分鐘。
六、內容：本量表焦慮版共有21個項目，分別是：「身體麻木或疼痛感」、「身體發熱」、「雙腳站不穩」、「不能放鬆」、「害怕最壞的事會發生」、「頭昏眼花／昏眩」、「心跳很大聲或太快」、「不安穩」、「受驚嚇／驚駭」、「神經質」、「窒息的感覺」、「手抖」、「身體搖晃顫抖」、「害怕失去控制」、「呼吸困難」、「害怕即將死亡」、「驚慌」、「消化不良或肚子不舒服」、「暈倒／昏厥」、「臉紅／面紅」及「流汗」。自殺意念版包含21組題目，前19組測量自殺意願、態度和計畫的嚴重程度。憂鬱版共有21個項目，分別是：「悲傷」、「悲觀」、「失敗經驗」、「失去樂趣」、「罪惡感／內疚」、「受懲罰感」、「討厭自己」、「自我批評／自責」、「自殺念頭」、「哭泣」、「心煩意亂」、「失去興趣」、「優柔寡斷／猶豫不決」、「無價值感」、「失去精力」、「睡眠習慣的改變」、「煩躁易怒」、「食慾改變」、「難以專注」、「疲倦／疲累」及「失去對性方面的興趣」。絕望感版是由20個「是—否陳述句」組成，用以評估受試者對現在與長遠未來的負向預期的程度。
七、常模：無，是由使用者依量表總分的範圍來解釋受試者自我陳述的焦慮、自

殺意念、憂鬱及絕望感強度。

臺灣版多向度兒童青少年焦慮量表（MASC-TV）

一、目的：有效評估臨床上各個重要的焦慮症狀，可敏感地偵測出治療前後焦慮症狀的細微變化。

二、修訂者：顏正芳（編製者：J. S. March）。

三、出版單位（日期）：心理出版社（2010年2月初版）。

四、適用範圍：兒童和青少年（8歲至19歲）。

五、實施時間：20分鐘。

六、內容：本量表的內容共39題，包含四個基本的分量表，與焦慮症指標、不一致指標：(1)身體症狀：含緊繃／焦慮不安、身體化／自主神經狀況兩個次量表；(2)逃避傷害：含完美主義、焦慮性的應對兩個次量表；(3)社交焦慮：含羞辱／排斥、執行焦慮兩個次量表；(4)分離／恐慌；(5)焦慮症狀指標：篩選出需要進一步接受臨床評估的個案；(6)不一致指標：評估個案是否隨便填答。

七、常模：建有臺灣地區8歲至11歲、12歲至15歲、16歲至19歲的性別常模。

臺灣版兒童青少年憂鬱量表（CDI-TW）

一、目的：快速有效地評估兒童與青少年的憂鬱傾向，作為憂鬱嚴重程度的評量指標，提供臨床與輔導實務工作之需，以及評量憂鬱變化，提供矯治方案的重要評估訊息。

二、修訂者：陳淑惠（編製者：M. Kovacs與MHS Staff）。

三、出版單位（日期）：心理出版社（2008年4月初版）。

四、適用範圍：兒童和青少年（8歲至16歲）。

五、實施時間：10分鐘至15分鐘。

六、內容：本量表的內容共有五個分量表，共27題和一個整體特質的表現，分別為：(1)負向情緒；(2)效率低落；(3)負向自尊；(4)人際問題；(5)失去興趣。

七、常模：建有臺北縣（市）國小至高中學生各分測驗T分數和總分百分等級常模。

國民中小學行為特徵檢核表：記憶策略、時間管理、社交技巧、考試技巧

一、目的：在於篩選學習障礙、情緒障礙、輕度智能障礙與一般學生在記憶策略、時間管理、社交技巧、考試技巧有困難的學生，並藉此評量結果發展規畫學生的學習策略。

二、編製者：孟瑛如。

三、出版單位（日期）：心理出版社（2004 年 9～10 月初版）。

四、適用範圍：各版本皆為一年級至九年級學生。

五、實施時間：各版本皆為 20 分鐘。

六、內容：四種檢核表皆分成教師、家長和學生版。記憶策略檢核表的內容包含日常行為、學業發展、學習策略和記憶特性等。時間管理檢核表的內容涵蓋作業規劃、課業學習、測驗與評量與日常生活」等時間管理。社交技巧檢核表的內容包含自我有關行為、工作有關行為和人際有關行為等向度。考試技巧檢核表的內容涵蓋「考前準備」、「考試答題」與「考後檢討」等向度

七、常模：建有臺灣地區一年級至九年級學生的「百分等級」常模。

中學生情緒智能量表

一、目的：了解中學生之情緒智能指標，作為教師進行中學生情緒教育與輔導之參考，促進學生良好的情緒發展。

二、編製者：陳李綢、蔡順良。

三、出版單位（日期）：心理出版社（2009 年 7 月初版）。

四、適用範圍：七年級至高三學生。

五、實施時間：30 分鐘。

六、內容：本量表的內容，包含五個分量表：(1)情緒認知；(2)情緒表達；(3)正向激勵；(4)情緒調節；(5)情緒反省。

七、常模：建有臺灣地區國中、高中職及全體的年級及性別常模。

阿肯巴克實證衡鑑系統（ASEBA）：兒童／青少年版和成人版

一、目的：兒童／青少年版在於評估個體能力、適應功能及臨床常見的情緒及行為問題，提供完整評估，可作為鑑別 DSM 診斷之參考；成人版則評估成人適應能力、個人優點、物質使用及臨床常見問題。

二、修訂者：陳怡群、黃惠玲、趙家琛。

三、出版單位（日期）：心理出版社（兒童／青少年版 2009 年 9 月初版；成人版 2018 年 3 月初版）。

四、適用範圍：兒童／青少年版：1 歲半至 18 歲；成人版：18 歲至 59 歲成人。

五、實施時間：兒童／青少年版：30 分鐘；成人版：15 分鐘至 20 分鐘。

六、內容：兒童／青少年版包含「學齡前期量表」與「學齡期量表」：前者內容涵蓋七個症候群量尺；後者內容涵蓋八個症候群量尺，兩類量表皆另可再分出 DSM 導向量尺，作為 DSM 診斷之參考。成人版分為自陳報告表與行為檢

核表。評估項目包含適應功能、個人優點、症候群、內化、外化、整體問題、重要題、物質使用，以及 DSM 導向等八個次量尺。

七、常模：建有臺灣地區 1 歲半至 59 歲成人之 T 分數與百分等級常模。

國小語文及非語文學習障礙檢核表（LDC）

一、目的：在於篩檢疑似語文型學習障礙及非語文型學習障礙學生，作為提報鑑定或提供教學調整策略之參考。

二、編製者：孟瑛如、朱志清、黃澤洋、謝瓊慧。

三、出版單位（日期）：心理出版社（2014 年 2 月初版）。

四、適用範圍：一年級至六年級疑似學習障礙學生。

五、實施時間：20 分鐘至 30 分鐘。

六、內容：本檢核表分為低年級及中高年級，評量四個向度之學習表現：(1)注意與記憶；(2)理解與表達；(3)知動協調；(4)社會適應。

七、常模：建有臺灣地區語文型學習障礙學生與非語文型學習障礙學生，低年級與中高年級切截分數。

臺灣版自閉症行為檢核表（ABCT）

一、目的：篩檢具有自閉症的兒童與青少年，可作為評估介入成效的參考。

二、修訂者：黃君瑜、吳佑佑。

三、出版單位（日期）：心理出版社（2013 年 12 月初版）。

四、適用範圍：幼兒園至九年級學生。

五、實施時間：10 分鐘。

六、內容：本檢核表測驗架構包含感覺、關係、身體與物體使用、語言及社會與自我協助等五個向度。

七、常模：本檢核表建有臺灣地區家長及教師評量之百分等級和標準分數常模。

親職壓力量表（PSI-4）

一、目的：個別診斷評估家長在扮演親職角色所面臨的壓力源，作為處遇及輔導的參考。

二、修訂者：翁毓秀。

三、出版單位（日期）：心理出版社（2019 年 10 月第四版、簡式版）。

四、適用範圍：12 歲以下兒童之家長。

五、實施時間：第四版：20 分鐘；簡式版：10 分鐘。

六、內容：本量表包括三大分量表：(1)兒童因素：評估可能導致整體親職壓力的兒童特質。包含無法專注／過動、適應性、增強父母、強求性、情緒／心情、接納性等六個分量表；(2)父母因素分量表：評估可能導致整體親職壓力的兒童特質。包含親職能力、社會孤立、角色投入、健康狀況、角色限制、憂慮、配偶／夥伴關係等七個分量表；(3)生活壓力：了解過去一年內曾經發生過的生活壓力事件。

七、常模：本量表建有 12 歲以下兒童之家長的百分位數常模。

涂老師社交測量系統

一、目的：篩選出班級團體中「受歡迎」、「受爭議」、「被拒絕」或「被忽視」的學生，透析班上的同儕團體社交狀況與班級的經營氣氛，協助教師輔導工作或教學活動之進行。

二、編製者：涂春仁。

三、出版單位（日期）：心理出版社（2009 年 9 月初版）。

四、適用範圍：幼兒園至成人。

五、實施時間：10 分鐘至 30 分鐘。

六、內容：涂春仁依據 Moreno 的社會計量技術，並融合劉焜輝引進之 ISSS 指數與 Coie 和 Dodge 提出的社交地位分類方法為理論基礎，分析班級團體中受歡迎、受爭議、被拒絕或被忽視的學生，以及每位學生所屬的次級團體與人際資源脈絡等。

貝克兒童及青少年量表（BYI-II）

一、目的：可快速診斷兒童或青少年情緒及社交損害之工具。

二、修訂者：陳學志、洪儷瑜、卓淑玲。

三、出版單位（日期）：中國行為科學社（2008 年 12 月第二版）。

四、適用範圍：注音版：小學一年級至四年級（約 7 歲至 10 歲）；一般版：小學五年級至高中三年級（約 11 歲至 18 歲）。

五、實施時間：約 25 分鐘至 50 分鐘。

六、內容：本量表共含 5 個自陳式分量表，每個分量表皆由 20 個有關兒童及青少年之情緒及社交損傷相關的思考、感覺與行為敘述句組成。

七、常模：本量表建有依年級及性別建立五種分量表的 T 分數常模。

學前至九年級注意力缺陷過動症學生行為特徵篩選量表（K-9 ADHD-S）

一、目的：篩選注意力缺陷過動症高危險群之學生，分析學生在注意力缺陷或過動和衝動之表現特徵，以利後續進行診斷或教學介入。

二、編製者：孟瑛如、簡吟文、陳虹君。

三、出版單位（日期）：心理出版社（2016 年 7 月初版）。

四、適用範圍：學前 3 歲至國中學生。

五、實施時間：約 20 分鐘至 30 分鐘。

六、內容：本量表包含「注意力缺陷」與「過動和衝動」兩大分量表，並有教師版以及家長版，可由跨情境觀察學生的注意力缺陷、過動行為與衝動控制等學習行為特徵。

七、常模：本量表建有教師版、家長版及各階段（學前、一年級至二年級、三年級至四年級、五年級至六年級、七年級至九年級）對照不同百分等級與標準分數，分數愈高，代表注意力缺陷過動症問題之可能性愈高，並可與切截分數做比較，篩檢出疑似為 AHDH 的個案。

自閉症類群障礙檢核表（CASD-C）

一、目的：本檢核表能夠有效鑑別自閉症類群障礙（ASD）與其他幾類常見的兒童問題，同時兼具初步篩檢與協助診斷，亦可作為回饋、教育與介入之功能。

二、修訂者：趙家琛、吳怡慧、曹光文、陳明終。

三、出版單位（日期）：心理出版社（2017 年 9 月初版）。

四、適用範圍：1 歲至 16 歲。

五、實施時間：15 分鐘。

六、內容：本檢核表共有 30 個主題項，檢核六大 ASD 行為特徵，包含社會互動問題、持續重複行為、體覺困擾、非典型溝通及發展、情緒困擾、注意力與安全問題。並提供切截分數協助鑑別診斷。

七、常模：本檢核表建有所得分數對照切截分數，可作為自閉症類群障礙的篩檢與診斷。

溫故知新專欄：舊制（94～109 年度）

※選擇題

1. 某生與同學鬧翻，這陣子常常覺得胃口不佳，對平常最喜歡的活動也提不起興趣，而且常常懷疑自己存在的價值，嚴重時還會想到自殺，該生最有可能罹患了哪一種身心症？**【#100 教檢，第 8 題】**
   (A)焦慮症　(B)恐懼症　(C)憂鬱症　(D)強迫症
2. 王老師安排班級座位或分組活動時，要求學生選擇願意與哪些同學鄰座或同組，他最可能是採何種評量方式蒐集學生行為資料？**【#95 教檢，第 25 題】**
   (A)自陳量表　(B)檢核表　(C)社會計量　(D)評定量表

☞選擇題答案：
1.(C)　2.(C)

整理自 https://tqa.ntue.edu.tw/；# 表示特殊教育學生評量與輔導應試科目

溫故知新專欄：新制（110 年度～）

※選擇題

1. 某生常在課堂上大發脾氣、哭鬧或摔東西，針對該生的情緒與行為評量方法中，下列何者是不適切的？**【☆110 教資考，第 12 題】**
   (A)使用軼事紀錄了解問題行為發生過程
   (B)運用社會計量法評估問題行為的成因
   (C)透過功能性分析了解問題行為的目的
   (D)透過兒童自陳量表檢視各種情緒行為

☞選擇題答案：
1.(B)

整理自 https://tqa.ntue.edu.tw/；☆表示「學習者發展與適性輔導」應試科目

第十章

性向評量

第一節◆性向的涵義

第二節◆性向測驗的類型

第三節◆性向測驗的特性

第四節◆性向評量的工具

■溫故知新專欄：舊制（94～109 年度）

第一節　性向的涵義

性向（aptitude）是指個人與生俱來的潛能。這種潛能可分為兩種：一是普通心智能力（性向），亦即「智力」；另一為特殊能力（性向），是指個人心智運作中表現在各種領域的特殊才能或傾向，如舞蹈性向、戲劇性向等。

性向測驗在於評估個人的能力或預測一個人在接受教育和指導的情況下能夠學習或做什麼。它代表了個人執行某種類型任務的能力水平。性向測驗通常用於評估**學術潛力**（academic potential）或職涯適合性，並可用於評估各種領域的心理或體能天賦。

那麼，究竟是什麼使性向測驗與智力測驗不同呢？許多智力測驗旨在衡量所謂的一般智力，或影響所有領域表現的潛在心理能力。智力包括許多不同的能力，涵蓋解決問題、推理、記憶、知識和適應不斷變化的環境之能力。另外，性向測驗旨在測量比智力測驗更窄的能力範圍。有些性向測驗的焦點可能非常狹窄，進而限制了它們能夠預測的內容；有些性向測驗則著眼於多個領域的測試，其與智力測驗會更相似。

性向測驗和成就測驗所測量的能力都不是先天的能力，而是後天習得的。不過，性向測驗較為著重於測量學習新工作的能力，即預測未來的學習情形；而成就測驗則較為偏重於已學習過的經驗，如知識和技能。由於性向是影響學生學習成敗的要素，特殊教育教師必須對每位學生的性向了解清楚，方能達到因材施教的理想。

以下是一些性向的內涵：

- **語言性向**（Linguistic aptitude）。語言能力是輕鬆學習外語的能力。如果你有這種才能，你可能會發現學習一門新語言的結構並快速記住單詞和短語很容易。你也可能在學習如何用新語言閱讀和寫作方面表現出色。
- **科學、技術、工程和數學**（STEM）**性向**。STEM 涵蓋科學、技術、工程和數學領域的廣泛能力。如果你在 STEM 領域有天賦，您可能會發現自己擅長解決數學問題。您還可能會發現生物學或化學比其他學科更簡單，或者你可能會發現適應新技術很容易。
- **藝術性向**（Artistic aptitude）。藝術性向是創作令人賞心悅目的作品之能力。如果你有這種才能，你可能是一個視覺學習者，喜歡尋找創造性的方法。你可能會發現以視覺刺激的方式安排事物是令人愉悅的。

- **機械能力性向**（Mechanical aptitude）。憑藉這種才能，您很可能知道機器的各個部分如何協同工作，並且您可能會喜歡建造、拆卸或固定物體。你可能是一位動手實踐的學習者，從了解複雜零件的工作原理和原因中受益。
- **身體素養性向**（Physical aptitude）。體能是自然的身體能力。您可能具有多種類型的身體素質，例如：出色的手眼協調能力、力量或敏捷性。
- **組織能力性向**（Organizational aptitude）。組織能力涉及有效安排和運作的能力。如果你有這種才能，你可能會喜歡計劃工作旅行和為演示文稿製作幻燈片。您可能會發現在工作中組織和確定任務和數據的優先順序很令人愉快。
- **空間性向**（Spatial aptitude）。空間能力是理解物體之間關係的自然能力。如果你有這個能力，你很可能是一個可以輕鬆想像或創建 3D 模型的視覺思考者。
- **邏輯能力性向**（Logical aptitude）。邏輯能力是檢查問題並找到合理解決方案的能力。如果你具有邏輯能力，你可以有效地處理信息並根據事實做出結論。您還可以考慮項目的所有獨立部分，並以連貫的方式將它們組合在一起（https://www.indeed.com）。

性向測驗具有以下幾項優缺點：

優點	標準化	性向測驗是標準化的，對結果的可靠性和有效性非常有用。因此，很難質疑性向測驗的結果，使它在招募過程中具實用性。
	個體分析	性向測驗將會確定個人的弱點，這有助於學校確定為個人實施以提高這些特定技能所需的培訓計畫。
缺點	評估不完整	性向測驗並不能描繪出全部情況，僅因個人在性向測驗中表現出色，並不意味著他們在特定情況下會在現實世界中表現出色。
	不考慮軟技能	性向測驗以某種方式設計，以防止受試者展示他們的**軟技能**（soft skills），這是一種與個人的工作方式及與他人的互動方式相關之能力。例如：溝通、團隊合作和其他人際交往能力。而軟技能對個人的成功來說同樣重要。

取自：https://corporatefinanceinstitute.com

第二節　性向測驗的類型

一般而言，性向測驗可分為二大類（McLoughlin & Lewis, 2005），如圖 10-1，並分別說明如下。

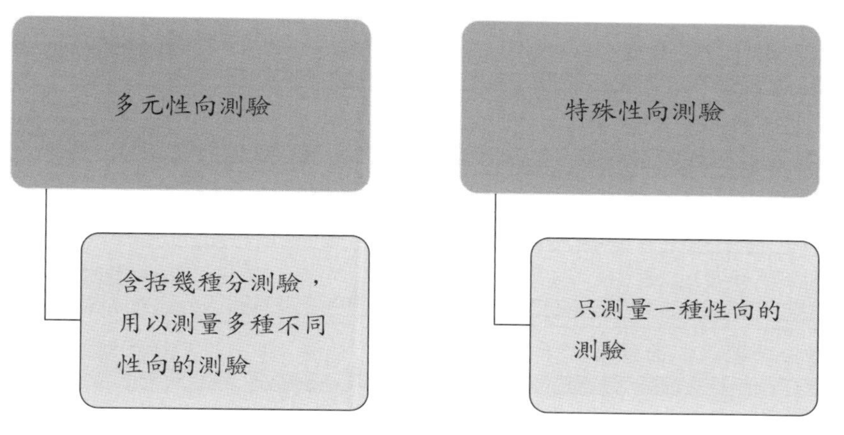

圖 10-1　性向測驗的類型

一、多元性向測驗

「**多元性向測驗**」（multiple aptitude tests）是一種含括幾種分測驗，用以測量多種不同性向的測驗，如創造力性向測驗和區分多元性向測驗。這種測驗主要是以多種分數或剖面圖來代表個人的不同能力，並不關心測驗的總分。依照個人在多元性向測驗的分數，可以充分了解自己的優缺點。因此，這種測驗適用於教育和職業方面的輔導與諮商。

二、特殊性向測驗

只測量一種性向的測驗，稱為「**特殊性向測驗**」（special aptitude test），例如：美術性向測驗、文書性向或電腦性向測驗。這種測驗的目的在於測量每種特定心智活動的潛能，較不適用於職業的分類與輔導，而適用於人員的選拔。

第三節　性向測驗的特性

為了達到團體分類與篩選的目標，性向測驗逐漸具有下列幾項特性，如圖 10-2。

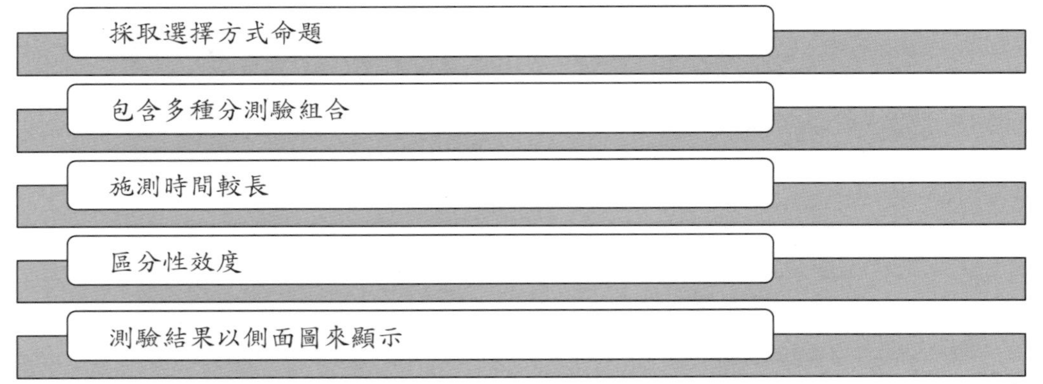

圖 10-2　性向測驗的特性

一、採取選擇方式命題

性向測驗是具有正確對錯的認知能力測驗，一般採取可以個體計分的選擇題方式命題，進行團體施測，其目的在測量個體各方面與生俱來的天分和潛能。由於是選擇題的題型，使得性向測驗的施測過程更易於標準化，適合大量團體施測的相關作業，也為日後的電腦化建立良好的基礎。

二、包含多種分測驗組合

性向測驗係以多元智能理論為基礎所發展出來的認知能力測驗，而這種理論由於統計方法之因素分析（factor analysis）的貢獻，能夠運用量化統計方法及其套裝軟體，輕易地抽取出人類認知能力的基本因子。因此，性向測驗通常包含多種分測驗的組合，又稱為「測驗組」（test battery），藉由因素分析之處理，這些基本潛能彼此之間應具有相當的獨立性，例如：「多元智能量表」（乙式），包含「語言」、「數學／邏輯」、「音樂」、「空間」、「身體動覺」、「知己（內省）」、「知人（人際）」、「知天（自然）」，以及「知道（存在）」等九個分量表。

三、施測時間較長

由於性向測驗通常包含多種分測驗的組合，而且每個分測驗又必須包含足夠的代表性題目，才能精確預測到測驗所欲測量的行為目標。因此，性向測驗的另一項特徵就是作答時間較長，平均約一至二個小時，這對於受試者的專注力和持續性來說都會是一大挑戰。

四、區分性效度

由於性向測驗的各分測驗是經由因素分析所得到的獨立變項，因此，在效標驗證上很容易同時驗證其「區分性效度」（differential validity）。如果性向測驗的各分測驗之間獨立性愈高，表示相關愈低，則愈具有區分性效度的條件。這樣的測驗應用於對不同能力族群的區分性做決定時，就會愈高。

五、測驗結果以側面圖來顯示

就性向測驗來說，施測者關注的是受試者在各個分測驗或各項潛能的優弱差異，亦即「側面圖」（profile）。至於受試者測驗的總分高低並不是解釋和關心的重點，也就是說，性向測驗的特徵之一就是測驗分數結果是以各分測驗或量表分數表現的側面圖來呈現，而非總分來表示。

第四節　性向評量的工具

國民中學學業性向測驗

一、目的：在於測量學生數理和語文發展潛能，可用以鑑定數理資賦優異學生及診斷國中生之數理和語文能力。
二、編製者：林寶貴、郭靜姿。
三、出版單位（日期）：國立臺灣師範大學特殊教育中心（2000 年 6 月初版）。
四、適用範圍：七年級至九年級學生。
五、實施時間：約 50 分鐘。
六、內容：本測驗包括三大部分，即語文能力（類比推理、詞意比較、閱讀理解）、數學能力（數量關係、圖形空間、推理能力）和自然科學能力（物理、化學、生物、地球科學、綜合性），總共有五套。
七、常模：建有臺灣地區七年級至九年級學生「標準分數」常模。

國中學業性向測驗

一、目的：在於測量與篩選特殊學生，協助國中編班作業。
二、編製者：路君約、吳武典、簡明建。
三、出版單位（日期）：心理出版社（2001 年 12 月初版）。
四、適用範圍：七年級至九年級學生。
五、實施時間：語文部分為 13 分鐘，數學部分為 28 分鐘。
六、內容：本測驗共有 100 題，包括「語文類推」、「語文歸納」、「數學計算」及「應用問題」等四個分測驗。
七、常模：建有臺灣地區七年級至九年級男女學生的「百分等級」和「標準分數」常模。

中學多元性向測驗

一、目的：可評估八種不同能力的相對優勢，作為國中、高中階段生涯規劃與教育輔導之參考。
二、編製者：盧雪梅、毛國楠。
三、出版單位（日期）：心理出版社（2013 年 9 月第二版）。
四、適用範圍：八年級至高中二年級學生。
五、實施時間：80 分鐘。
六、內容：本測驗包含語文推理、數學能力、科學推理、知覺速度與確度、空間關係、抽象推理、字辭釋義及文法修辭等能力。
七、常模：建有臺灣地區八年級至高中二年級學生之百分等級、標準九與 T 分數常模。

國民中學綜合學業性向測驗

一、目的：評量學生之數理、語文潛能，以鑑定國中數理資優學生，並提供老師對學生起始能力與個別差異之了解。
二、編製者：林寶貴、郭靜姿、蘇芳柳、吳淑敏、王美惠。
三、出版單位（日期）：教育部（2002 年 3 月初版，國立臺灣師範大學特殊教育中心可借用）。
四、適用範圍：六年級至七年級學生。
五、實施時間：學科、自然各 40 分鐘，語文科 25 分鐘，合計 105 分鐘。
六、內容：測驗內容分為：(1)數學能力；(2)自然科學能力；(3)語文能力。
七、常模：建有臺灣地區六年級至七年級學生之「標準分數」常模。

多向度性向測驗組合（MDATB）

一、目的：旨在評量國中和高中生八種不同能力的相對優勢，以彌補傳統性向測驗的不足，可作為高中選組依據和升學、就業輔導及公司人才的甄選。
二、編製者：歐滄和、路君約。
三、出版單位（日期）：心理出版社（2003 年 1 月初版）。
四、適用範圍：八年級至高中二年級學生。
五、實施時間：94 分鐘。
六、內容：本測驗包含「語文類推」、「機械推理」、「電腦能力」、「數學推理」、「抽象推理」、「電學知識」、「文句重組」及「資料核對」等八項分量表。
七、常模：建有臺灣地區八年級至高中二年級學生的「百分等級」、「標準九」和「標準分數」常模。

領導才能性向測驗

一、目的：在評量國小高年級學生的領導才能，協助教師鑑定與培育領導才能優異者，以發展其潛能。
二、編製者：陳政見。
三、出版單位（日期）：心理出版社（2004 年 5 月初版）。
四、適用範圍：國小五年級至六年級學生。
五、實施時間：約 40 分鐘。
六、內容：本測驗係依據領導理論與相關研究，以及教育部所界定之領導才能內涵，並參酌國內外相關文獻和領導才能量表編製而成。測驗內容包括計畫、組織、溝通、協調、決策、預測、評鑑等七項能力。
七、常模：建有臺灣地區的「百分等級」及「T 分數」常模。

領導技能問卷（LDP）

一、目的：在於幫助個人了解自己領導技能的優勢與弱勢，作為改進發展其領導潛能的參考。
二、修訂者：王振德（編製者：F. A. Karnes）。
三、出版單位（日期）：心理出版社（2005 年 7 月初版）。
四、適用範圍：國小五年級至高中三年級學生。
五、實施時間：約需 30 分鐘。
六、內容：本測驗內容共有 83 題，分為九大類，包含：「領導基本概念」、「書寫溝通技巧」、「口語溝通技巧」、「價值澄清」、「做決定技巧」、「團體動力技巧」、「問題解決技巧」、「個人特質」與「計畫技巧」。

七、常模：建有臺北縣（市）國小至高中學生各分測驗「T 分數」和總分「百分等級」常模。

G567 學術性向測驗

一、目的：在於協助學生了解自己的一般學習能力，使學生更加認識自己的學習狀況。

二、編製者：吳訓生、許天威、蕭金土。

三、出版單位（日期）：心理出版社（2003 年 6 月初版）。

四、適用範圍：五年級至七年級學生。

五、實施時間：40 分鐘。

六、內容：本測驗的內容包含「語詞歸納」、「語詞理解」、「語文推理」、「數字序列」與「數學推理」等五個分測驗。

七、常模：建有臺灣地區五年級至七年級學生「百分等級」、「T 分數」、「離差智商」常模。

高級中學數學及自然科學學業性向測驗

一、目的：評量學生之數學潛能，以鑑定高中數理資優學生，並提供老師對學生起始能力與個別差異之了解。

二、編製者：郭靜姿、吳淑敏。

三、出版單位（日期）：教育部（2004 年 11 月，國立臺灣師範大學特殊教育中心可借用）。

四、適用範圍：15 歲至 16 歲九年級至高一學術性向優異學生。

五、實施時間：數學科、自然科各 80 分鐘。

六、內容：本測驗包含：數學科，包含「選擇」與「填充」兩種題型；自然科，其題型為四選一之單選題。

七、常模：建有臺灣地區 15 歲至 16 歲九年級至高一學生之標準分數常模。

音樂性向測驗：國小版和國中版

一、目的：評量學生之音樂潛能，以鑑定國小和國中音樂資賦優異學生，並提供老師對學生起始能力與個別差異之了解。

二、編製者：郭靜姿、吳舜文、蘇郁惠、曹錦慧、王珮萱。

三、出版單位（日期）：教育部（2006 年 4 月初版）。

四、適用範圍：國小版：7 歲至 11 歲；國中版：11 歲至 13 歲。

五、實施時間：國小版：約需 90 分鐘；國中版：約需 60 分鐘。

六、內容：本測驗國小版包含六大題型，分別為「音值」、「音高」、「力度」、「音的記憶廣度」、「音色」與「音樂性」。國中版內容包含七大題型，分別為「節奏」、「音高」、「力度」、「音的記憶廣度」、「音色」、「音樂性」與「音的和諧度」。

七、常模：本測驗建有臺灣地區 7 歲至 13 歲之標準分數常模。

國民小學藝能傾向測驗：美術、舞蹈、音樂

一、目的：旨在鑑定國民小學美術、舞蹈或音樂學習潛能優秀的學生。

二、編製者：郭靜姿、何榮桂、陳威谷。

三、出版單位（日期）：教育部（A 版 2007 年 4 月；B、C 版 2008 年 9 月）。

四、適用範圍：7 歲至 11 歲。

五、實施時間：約 90 分鐘（含施測說明時間）。

六、內容：本測驗三個版本皆為教育部第一類評量工具，分測驗名稱略。測驗作答方式皆採電腦卡畫卡，題目以 DVD 播放及紙本評量呈現。

七、常模：本測驗三個版本皆建有臺灣地區 7 歲至 11 歲之百分等級和標準分數常模。

國民中小學美術性向測驗

一、目的：提供美術資優學生甄選之工具，早期發掘具美術潛能的學生。

二、編製者：陳淑美。

三、出版單位（日期）：教育部（2002 年 2 月初版，國立臺灣師範大學特殊教育中心可借用）。

四、適用範圍：三年級至九年級學生（9 歲至 15 歲）。

五、實施時間：約為 35 分鐘。

六、常模：建有臺灣地區三年級至九年級學生「百分等級」和「標準分數」常模。

多元智能量表（MIDAS）：乙式和丙式

一、目的：調查學生日常生活中多元活動的發展技巧和參與熱忱，分析個人優勢特質和弱勢特質，幫助學生在學習活動和生涯發展上做自我探索和適切規劃，不宜作為資優學生甄選之用。

二、修訂者：吳武典（編製者：B. Shearer）。

三、出版單位（日期）：心理出版社（乙式 2011 年 3 月第二版；丙式 2018 年 1 月

第二版）。

四、適用範圍：乙式：9 歲至 15 歲學生；丙式：16 歲以上至成人。

五、實施時間：約需 30 分鐘。

六、內容：本量表乙式和丙式的內容包含九個分量表，分別是：「語言」、「數學／邏輯」、「音樂」、「空間」、「身體動覺」、「知己（內省）」、「知人（人際）」、「知天（自然）」和「知道（存在）」。

七、常模：建有臺灣地區國小、國中、高中職、大學和成人之 T 分數和百分等級常模。

國民小學學業性向測驗

一、目的：可作為學校人員實施教育診斷、差異化與補救教學，及鑑定安置與教學分組之參考。

二、編製者：周台傑。

三、出版單位（日期）：中國行為科學社（2016 年 9 月初版）。

四、適用範圍：國小一年級至三年級學生；國小四年級至六年級學生。

五、實施時間：皆約 50 分鐘。

六、內容：本測驗（適用小一至小三）包含「語文推理」（語文類比、語文歸納、短文）、「數學推理」（數學推理、圖形推理）與「圖形推理」（圖形類比、圖形系列、圖形重疊）等三個分測驗。而適用小四至小六之測驗包含「語文推理」（語文類比、語文歸納、短文）、「數學推理」（數學序列、算術推理）與「圖形推理」（圖形類比、圖形系列、圖形重疊）等三個分測驗。

七、常模：建有各分測驗百分等級常模，以及全測驗百分等級與 T 分數常模。

溫故知新專欄：舊制（94～109 年度）

※選擇題

1. 學校教師為了解學生的學習潛能，宜進行哪一類性質的測驗？
【# 96 教檢，第 2 題】
(A)興趣測驗　(B)性向測驗　(C)成就測驗　(D)人格測驗

☞選擇題答案：
1.(B)

整理自 https://tqa.ntue.edu.tw/；# 表示特殊教育學生評量與輔導應試科目

第十一章

人格評量

第一節　人格的涵義

「人格」是我們常用的名詞，一般言之，當我們使用這名詞時，我們表示了一種價值判斷——某人的人格低劣或高尚。在心理學的範圍裡，何謂人格至今尚無一個絕對或大家公認的定義，真可謂言人人殊。Allport（1937）最早為人格下定義時，就已經發現至少五十種以上的定義了，由此可見一斑。

有些心理學家認為人格是個人適應環境的特殊方式，強調人格在適應方向的功能；有的則認為人格是個人各方面發展性所組成的整體，這個定義從智力到人際關係無所不含：有的重視個人的獨特性；有的則強調將人格某方面的特質分為若干層次或等級，而最上面層級通常具有整合成統合的作用。

對大多數的心理學家而言，「**人格**」（personality）是由個人的心理能力、興趣、態度、性情、思考、情感、動機與價值等組合而成的獨特統合體。易言之，個人的人格有其獨特性和組織性。從此定義來看，人格的測量勢必包含認知與情意兩方面的廣大變項。不過，傳統上人格測驗只測量情緒、動機、態度、興趣、人際關係和自我觀念等，而不包括能力的測量（Anastasi, 2005）。

第二節　人格評量的方法

人格評量通常可分為五種方法，如圖 11-1。茲列舉說明如下（洪光遠、鄭慧玲譯，1995；黃堅厚，1999；Walker, 1973）。

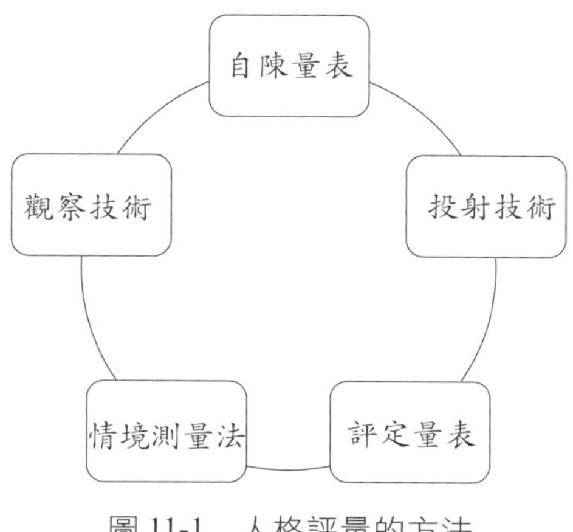

圖 11-1　人格評量的方法

一、自陳量表

「**自陳量表**」（self-report scales）可說是人格評量方法中最為常見的一種。接受評量的個體會被要求追憶常參與的活動或鑑別內心的感受。用在兒童身上時，通常會要求他們由回應表格（response form）上檢視高興或悲傷的臉來鑑別感受。

提供一些問題或刺激，由受試者依自己的感受、思考或意見，加以反應。這些反應是指由受試者視題句所述和其本身情況是否相符而圈選「是」或「否」的答案；或是視題句內容和其本身情況相符的程度圈選相當的數字作答；或是就題句所準備的多個情況中選定與本身相符的作答。

自陳量表編製的方法可分為：(1)**內容驗證法**（content validation）：編製者先有一個目的，需編訂一種工具來測量某一種人格特質或行為傾向，如是他就依據自己的思考和一般的想法來蒐集一些項目，編寫成為題句，作為量表式問卷的內容。它們不一定有任何理論為基礎，也不一定經過效度考驗的程序，頂多可說是具有一些表面效度，看起來像是可以測量預定的那種特質；(2)**效標關鍵法**（criterion-keying）：量表上項目的選擇是以其準備選用的效標之特質為基礎，也不一定憑藉何種理論或假說來進行的；(3)**因素分析法**（factor analysis）：應用因素分析法編訂人格量表時，不一定需要以任何特定理論為基礎，也不需要事先假定有那些人格特質，而是運用統計方法，試圖發掘行為中潛在的人格特質。編製者先將大量的項目實施於一個他將測量之對象的代表性樣本，依因素分析法將項目劃分為若干同質的項目群，每一群的項目就成為一個量尺，然後以各量尺內項目共有的內容特色為之命名，即視之為該量尺所測量的人格特質（洪光遠、鄭慧玲譯，1995）。

雖然如此分類，但事實上，很多自陳量表在發展過程中是採兩種方法或多程序而編製的。

二、情境測量法

Walker（1973）指出，「**情境測量法**」（situational measures）涉及非常廣泛的情境，分布範圍從非常高結構化到幾乎完全沒有結構的情境（這些情境都是為了測量某些人格而設計）。同儕接受量表及社會評量技巧（sociometric techniques）都是情境測量法。

三、評定量表

「**評定量表**」（rating scales）有好幾種，通常包括兒童的父母、老師、同儕或「有意義的他人」，必須評定的範圍需包含「兒童所表現出的特定不適應行為」。大部分的評定量表採檢核表型態，用以界定兒童是否表現出另有意涵的特定行為，另外有一些評定量表會要求評定者估計這些行為出現的頻率或嚴重程度。

四、觀察技術

大部分用來評量人格或情緒特質的觀察程序都是很有系統的。「**觀察技術**」（observaional techniques）是唯一一個使人能觀察自然情境下所發生行為的程序，這樣一來就可以降低造成錯誤假設機會情境下所發生之行為頻率，也可以減少「錯誤假設」機會。

五、投射技術

投射式人格評量是藉由展示意義不明的刺激物（例如：墨漬、編造故事、挫折情境等），要求受試者描述他們所看到的東西。「**投射技術**」（projective techniques）也包括了圖片解析、字的聯想、句子的完成、選擇合於心情的圖片，以及創意表達（如啞劇、玩偶劇等）。理論上，投射技術允許受試者將自己的想法、需求、感覺及動機投射至模糊且中性的刺激物上，受試者在反應中常會不知不覺的把隱藏在內心的實際慾望投射出來。

Lindzey（1959）認為依測驗所引起的反應性質來分類最為適宜。他並依此將投射技術分為下面五類（如表 11-1）。

表 11-1　投射技術的類型

項目	內涵
聯想法	使受試者說出因某種刺激（如單字、墨漬）所引起的聯想（通常是最先引起的聯想）。
構造法	使受試者編造或創造一些東西（如故事圖畫等）。
完成法	使受試者完成某種材料（如語句完成法）。
選擇或排列法	使受試者在一些刺激下，依某項原則進行選擇並予以排列。
表露法	使受試者利用某種媒介自由的表露他的心理狀態（如指畫）。

Lindzey這種分類方法頗為實用，不過各類之間的界限並不是絕對的，有很多測驗可能同時兼有幾種型態。

投射技術的主要特點是對受試者提供非結構的作業，測驗題目幾乎沒有限制受試者各種可能的反應。題目內容屬於一些模糊的刺激。此種測驗的基本假設，乃受試者在知覺與解釋測驗材料時，會反映出個人基本的心理功能。換言之，受試者的思想歷程、需要、焦慮，以及心理衝突，會在作答時無意中顯露出來。

投射測驗在實施時，不易讓受試者覺察到自己正在接受測驗，因此，它可以對受試者的人格做深入的探究。它不是測量片段的人格特質，而是測量深層的人格特質。投射測驗可以有效的衡量受試者潛在的或潛意識的人格，尤其是測驗材料愈屬於非結構性，其衡量效果愈佳，因為受試者對這種材料的心理防衛作用愈低。

無論使用上述哪一種人格評量技術，都只是外發出那些被認為表示一個人內在真實情況反應（如感覺、動力等）的媒介而已。這些反應較常被視為象徵性的、代表性的，而很少照著表面價值來詮釋。因此，對引出一個人的反應來說，施測者的技巧比輔助工具或媒介重要多了。

第三節　人格評量的問題

人格測量與能力方面的測量有所不同，它在測量上所遭遇到的困難與挑戰遠遠大於能力方面的測量。一般而言，人格測量所涉及的主要問題除前述人格主觀看法紛紜，而使人格的評量變得益發複雜外，尚包括其他三項主要問題：(1)人格評量的信度與效度較差；(2)受試者會有反應心向的問題；(3)受試者容易有假裝答案的問題（洪光遠、鄭慧玲譯，1995；郭生玉，2010；黃堅厚，1999）。

一、人格評量的信度與效度較差

人格測驗的信度通常都比能力測驗（如智力或成就）低，其信度範圍約介於.70～.80之間（Noll, Scannell, & Craig, 1979）。主要的原因是個人的情緒因時地變化不定，行為也是如此。另外，人格測驗題目的敘述時常相當概括性，今日的解釋與上週的解釋可能會不一樣，因而導致信度的降低。

雖然信度是小心使用人格測驗應注意的一個問題，但是，效度的問題可能還要更嚴重。人格特質是屬於心理學的理論構念，明確的外在效標不易取得，甚至根本得不到。加上，只能依據在測驗上的反應行為推論人格特質的存在，所以人格測驗的效度不但低，而且不易考驗。

二、受試者會有反應心向的問題

所有的人格測驗幾乎都有反應心向（response set）的問題。所謂反應心向，就是指受試者用一種特殊的方向回答題目，例如：有的人在符合或不符合量尺上都傾向於選答「無意見」的答案，在是與否的敘述題上，則傾向於答「否」的答案，或猜測所有不知道的題目。反應心向有很多類型，如社會期許、猜測等，其中最受測驗學家關心的是社會期許的反應趨向（郭生玉，2010）。

所謂「社會期許」，就是指受試者不是依據自己的情況或感受，而是依據社會所接受或期望的答案做答，例如：「在路上拾到金錢，我會送到警察局招領」、「我會讓位給老弱婦孺」。若是如此，其答案將失去正確性，而影響到人格測驗的信度和效度。

三、受試者容易有假裝答案的問題

在認知測驗和情意測驗都可能會發生假裝答案的問題，但尤以情意測驗（如人格測驗）較為普遍和嚴重。在情意測驗中，假裝好或差的分數都有可能。受試者回答測驗的態度是到底是真實或說謊，往往取決於測驗的目的與他所知覺到測驗結果的用途，例如：一位申請入高中職五專的學生，如果測驗結果會影響其入學，他可能嘗試去假裝好的答案。同樣的，一位求職的準教師若知道是否會被考慮錄用，將以其在人格量表上的反應類型而定，那麼他很可能會試圖說謊而做不實的回答。

雖然在多數的情況下會做好的假裝，但在某些特定情況下會做差的假裝，例如：犯案兇手假裝自己有憂鬱症或躁鬱症，企圖被認定為精神方面有問題而免於接受審判；此種假裝不好反應的傾向較常見於測量罪犯的情境。

第四節　人格評量的工具

賴氏人格診斷測驗

一、目的：在於使學生對於自己的個性有所了解，同時亦可供輔導教師認識學生的人格特徵，作為生活輔導、教育輔導及職業輔導之重要依據。

二、編製者：賴保禎。

三、出版單位（日期）：千華出版社（2000 年 10 月初版）。

四、適用範圍：國中至大專生。

五、實施時間：約 40 分鐘。

六、內容：本測驗共有 130 題，構成 13 個量表，再形成三個因素，每 10 題構成一個量表，每一量表代表一項人格特徵，即活動性（G）、領導性（A）、社交性（S）、思考性（T）、安閒性（R）、客觀性（O）、協調性（Co）、攻擊性（Ag）、抑鬱性（D）、變異性（C）、自卑感（I）、神經質（N）、虛偽性（L）等。上述 13 個量表G、A、S、T、R等 5 個量表構成內外向性格因素，O、Co、Ag等 3 個量表構成社會適應性因素，D、C、I、N等 4 個量表構成情緒穩定性因素，故 12 個量表組合成三項人格因素，即內外性格、社會適應性及情緒穩定性等。而 L 量表則為了了解受試者的為人是否坦誠。

七、常模：建有全臺灣地區國中至大專生「百分位數」常模。

基本人格量表（BPI）

一、目的：本量表可以組型了解受試者之個人、情緒及社會適應狀況，篩檢適應不良及精神病理現象，亦可了解個人優點與正向人格功能。

二、修訂者：吳武典、林幸台、王振德、郭靜姿。

三、出版單位（日期）：心理出版社（2016 年 9 月第二版）。

四、適用範圍：七年級至大學學生。

五、實施時間：30 分鐘。

六、內容：本量表分成 10 個分量表，包括「慮病－健康」、「抑鬱－開朗」、「人際問題－人際和諧」、「迫害感－信任感」、「焦慮－自在」、「虛幻感－現實感」、「衝動－穩健」、「內向－外向」、「自貶－自尊」、「異常－正常」。另有「一致性」與「否認」量表檢驗其作答態度等。

七、常模：本量表的 10 個分量表可分為個人適應、社會適應與情緒困擾三個組型，分數愈高，負向特質愈高，反之分數愈低，正向特質愈高。同時建有大學、高中職、國中常模。

邊緣型人格特質測驗

一、目的：在於了解個案的心理狀況，有助於機構或單位進行人事管理的工作。
二、編製者：譚偉象、張淑慧、夏允中、蔣世光。
三、出版單位（日期）：心理出版社（2006 年 4 月初版）。
四、適用範圍：高中職（或 15 歲）以上人士。
五、實施時間：約 10 分鐘。
六、內容：本測驗共有 42 題，分數愈高表示自我功能障礙愈大，以及擁有愈多邊緣型人格特質。
七、常模：建有臺灣地區高中職、大學和成人組「百分等級」常模。

國小兒童自我概念量表

一、目的：在於甄別出低自我概念兒童，以提供適當的輔導策略。
二、編製者：吳裕益、侯雅齡。
三、出版單位（日期）：心理出版社（2000 年 8 月初版）。
四、適用範圍：國小四年級至六年級學生。
五、實施時間：約 30 分鐘。
六、內容：本量表共有 61 題，分成五個分量表，包含「家庭自我概念」、「學校自我概念」、「外貌自我概念」、「身體自我概念」及「情緒自我概念」。
七、常模：建有國小四年級至六年級學生的「百分等級」和「T 分數」常模。

戈登人格剖析量表（GPP-I）

一、目的：在於測量人格，提供職業諮商及輔導之參考。
二、修訂者：郭為藩、林坤燦、蔡榮貴、陳榮華、陳學志、陳心怡（編製者：L. V. Gordon）。
三、出版單位（日期）：中國行為科學社（2008 年 4 月初版）。
四、適用範圍：高中生、大學生及一般成人。
五、實施時間：約 30 分鐘至 35 分鐘。
六、內容：本量表共有 38 個題組，每一題組都由四句描述句所組成。測驗結果可獲得八種不同的人格特質：主導性、責任感、情緒穩定、社交性、小心謹慎、原創思考、個人關係及精力充沛。另外可獲得自尊心組合分數。
七、常模：建有不同組別與性別之 T 分數和百分等級常模。

影像式職業興趣量表

一、目的：在於協助心智障礙者清楚判斷自我的職業性向，作為職業生涯規劃、職業範疇選擇之用。

二、編製者：鳳華、徐享良、王筱婷、許德良、蔡玫芳、鍾瑾瑜。

三、出版單位（日期）：心理出版社（2006 年 5 月初版）。

四、適用範圍：九年級以上之心智障礙類者，含智能障礙者、自閉症者、精神障礙者。

五、實施時間：無時間限制。

六、內容：本量表共有 132 題，分為八大領域，每個領域再分為若干次領域。其中八大領域分別為「藝術工作」、「服務工作」、「製造業」、「半技術清潔」、「農林漁牧業」、「文書工作」、「體力工」與「賣場工作」。

七、常模：本量表不採常模對照，惟建有八大興趣領域原始分數與調整分數對照表。

中學生個人特質量表

一、目的：了解中學生之個人特質傾向，作為教師進行中學生人格教育與輔導之參考，促進學生良好的身心健康。

二、編製者：陳李綢、蔡順良。

三、出版單位（日期）：心理出版社（2009 年 7 月初版）。

四、適用範圍：七年級至高中三年級學生。

五、實施時間：30 分鐘。

六、內容：本量表屬於自陳量表，共 50 題，包含創新變異、情緒表現、友愛親密、樂觀進取及決策能力等五個分量表。

七、常模：本量表建有臺灣地區七年級至高中三年級學生之性別與校級百分等級常模。

多功能語句完成測驗系列（MSCTS）

一、目的：本測驗為投射測驗，可協助教育輔導人員或臨床諮商人員了解受試者之適應情形與可能困擾，作為進一步輔導、轉介及追蹤之用。

二、編製者：黃政昌。

三、出版單位（日期）：心理出版社（2016 年 9 月初版）。

四、適用範圍：國小、國中、高中職、大學／研究所、成人、老人、新住民、軍人。

五、實施時間：20 分鐘。

六、內容：本測驗包含「族群系列」與「主題系列」兩大系列，共 16 個版本，各版本可獨立使用，也可以多份同時使用。族群系列：包含國小版、國中版、高中職版、大學／研究生版、成人版、老人版及新住民版。主題系列：包括家庭適應版、學習適應版、生涯適應版、感情適應版、工作適應版、軍中適應版、婚姻適應版、教養適應版及疾病適應版。

七、常模：無。

溫故知新專欄：舊制（94～109 年度）

※選擇題

1. 心理評量人員利用模稜兩可的測驗題材，給特殊需求學生自由反應機會，使其在不知不覺中表現出內在慾望、思想、情緒與態度，這是下列哪一類測驗工具？**【# 105 教檢，第 13 題】**
(A)成就測驗 (B)性向測驗 (C)人格測驗 (D)興趣測驗

☞選擇題答案：
1.(C)

整理自 https://tqa.ntue.edu.tw/；# 表示特殊教育學生評量與輔導應試科目

第十二章

成就評量

第一節◆成就與成就測驗的涵義
第二節◆成就測驗的用途
第三節◆成就測驗的類型
第四節◆標準化成就測驗
第五節◆教師自編成就測驗
第六節◆成就評量的工具

第一節　成就與成就測驗的涵義

「**成就**」（achievement）是指一個人在接受教育或職業訓練過程中所獲致的成果，這些成果包括學識、技術、能力等。作為現代社會的一份子，每個人從孩提以至成人，接受正規、非正規教育，及其他各式各樣訓練的機會極多，從這些學習經驗中，可以奠立一般基礎和通識的知識，也可以獲得各種特殊性和專門的學識和技能。

人的能力可概略劃分成兩大類：其一是先天天賦的能力；其二為後天學得的能力。後者就是本章所謂的成就，此種能力是個人所實際擁有的能力，也就是人們經過一段特定時間之學習或訓練之後所獲取的能力，例如：你選修了一門「特殊教育導論」後，了解有關該科目的知識，這種知識就是「成就」。由此可知，凡是測量人們經由後天學習而獲得某些知識或技能程度的測驗，就是成就測驗。

廣義來講，成就測驗包括各級學校所使用的學科測驗（如教師自編測驗）、訓練場所作為評量學員學習成果的測驗（如汽、機車駕駛測驗）、社會上常見的各種考試等。這些測驗有一項共同特性，就是它們都是在測量受試者經過學習或訓練之後所獲得的知識和能力。使用成就測驗，我們可以客觀的了解一個人在某學科上獲取多少知識，或者在綜合科目學習上的成就水準為何，以及與年級或年齡同儕差異的情形為何。

第二節　成就測驗的用途

一般而言，成就測驗有下列四種用途（張春興、林清山，1985；Venn, 2013）。

一、篩選和安置

成就測驗常被用來作為鑑定和安置的工具，一個國中學生如要進入公立高中職就讀，當先經過高中職入學考試的錄取；一位大學畢業生若欲獲得公務人員的正式任用資格，就必須通過高普考試或其他的檢定考試。在各級學校裡，成就測驗用作此類用途的情形也甚多，例如：普通教育中的能力分組或分班、學術性向資賦優異學生或學習障礙學生之篩選。

二、診斷與補救

對於教育成就低劣或在學習上顯現特殊困難的學生，可使用成就測驗對其困難加以診斷，並施以補救教學。診斷的焦點在發現學生某些學科內容學習上的優弱，可以作為此種用途的成就測驗，包括綜合成就測驗、單科成就測驗和診斷性成就測驗。綜合成就測驗同時包含若干學科，除各科分數和教育成就的總分外，尚有各科分數的側面圖，可以看出學生在各科學習上的優弱點。然後，再以適當的單科診斷性成就測驗對學生做更進一步的分析，以了解特殊的困難所在，作為補救教學設計的依據。

三、評估教育方案

成就測驗也可以用來評估教學或訓練成果，以作為改進教材和教法的參考。方案評估可以是形成性評鑑，也可以是總結性評鑑。前者乃在教育方案過程中檢核各階段教學上的效果，以決定該方案的內容和實施是否需要改進；至於後者則在方案結束後實施，全面的考核教學效果，這種評估結果通常被用來決定該教育方案是否應繼續或修正。

四、評估學習成就

顯然，成就測驗最主要的功能在於評估學生在教育或訓練上的學習成效，例如：教師自編測驗使用相當方便，可以為學生提供經常性且連續性的回饋資料，增進其在課堂上或其他訓練場所中的學習動機與效果。

第三節　成就測驗的類型

成就測驗依照施測目的、測量科目及編製程序來看，可以有下列各種類型（如表 12-1）。

表 12-1　成就測驗的類型

項　目	類　型	內　涵
施測目的	一般性成就測驗	旨在了解學生一般學習和學業成就的成就測驗。
	診斷性成就測驗	旨在分析學生學習困難原因的成就測驗。
測量科目	綜合成就測驗	可同時測量多種科目學業成就的成就測驗。
	單科成就測驗	僅能測量一種科目學習成果的成就測驗。
編製程序	標準化成就測驗	依據心理測驗原理與程序所編製的成就測驗。
	教師自編成就測驗	為因應教學或教學評量上需要所編製的成就測驗，這種測驗的編製過程並不符合心理測驗的原理與程序。

第四節　標準化成就測驗

一般而言，標準化成就測驗大約可分為三大類（McLoughlin & Lewis, 2005; Salvia et al., 2016），如圖 12-1，並分別說明如下。

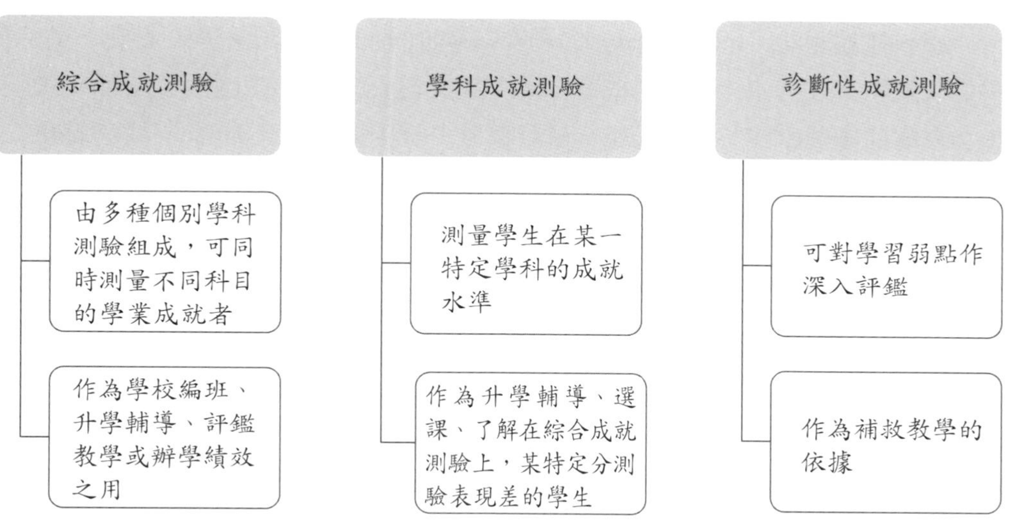

圖 12-1　標準化成就測驗的類型

一、綜合成就測驗

綜合成就測驗（achievement test battery）是由多種的個別學科測驗所組成，可同時測量不同科目的學業成就者。這種測驗的目的在於測量學生在團體中的一般學業成就水準，測量結果通常作為學校編班或升學輔導之用；此外，尚可用來作為評鑑教學或辦學績效的參考。綜合成就測驗最大的特點就是可以直接比較學生各學科的成就水準，以確定學生各科學習的優缺點，例如：某生在國文和英文等科目的成就水準高過年級常模，但物理科卻低於常模平均數。一旦發現學生在某科目（如物理）的學習較差，就需要進一步運用該科目（如物理）的診斷性成就測驗去分析特殊的學習困難所在。

除了上述特點外，綜合成就測驗應特別注意下列兩項事實（郭生玉，2010）：(1)這種測驗的各分測驗通常題數不多，信度可能較低，因而各分測驗上的差異可能沒有顯著意義；(2)各分測驗所測量的目標和內容，不易和特定學校的教學相契合。

二、學科成就測驗

學科成就測驗（specific subject achievement test）是指測量學生在某一特定學科的成就水準，例如：自然科成就測驗、英文科成就測驗和生物科成就測驗等。這種測驗的編製原理、程序和綜合成就測驗一樣，惟在涵蓋範圍的深度和廣度上有所不同。通常，學科成就測驗要比綜合成就測驗更具有深度。

一般來說，都是先實施綜合成就測驗，若發現某些分測驗的分數有問題時才實施學科成就測驗。類似於綜合成就測驗，學科成就測驗亦有其優缺點（如表12-2）。

表 12-2　學科成就測驗的優缺點

項　目	內　涵
優　點	分測驗題數較多，可提供更適當的行為樣本和可靠的分數，作為診斷之用。
	較能適合某一特定學科的教學目標。
	比較容易適應班級教學。
缺　點	學生在不同學科的成就水準因標準化過程所依據的樣本不同而無法相互比較。

雖然有上述的限制，不過學科成就測驗特別適用於下列情境：(1)學科成就測驗有利於提供學生升學輔導的資料；(2)可以協助學生在學校中的選課；(3)有些特殊科目並未包含在綜合成就測驗中，必須使用學科成就測驗來加以測量；(4)可應用學科成就測驗，了解在綜合成就測驗上某一特定分測驗表現差的學生，以獲得更為詳細的資料。

三、診斷性成就測驗

診斷性成就測驗（diagnostic achievement test）可以對學習的弱點做深入的評鑑，這類測驗所著重的並非成就內容測量上的廣度，而是其深度。它們專注於若干有限度的教學內容或目標，從不同的角度分析受試者的學習成果。所以真正高品質的診斷測驗皆是單科取向的，而不像綜合成就測驗同時涵蓋多種學科。在施測方式上，診斷性成就測驗大多數為個別測驗。是故，診斷性成就測驗的目的是在分析和發現學生學習的困難，以作為補救教學的依據。

雖然綜合成就測驗和單科成就測驗都可以提供一些學習困難的資訊，不過若要了解學生真正的困難所在，惟有透過診斷性的成就測驗才行。因為診斷性成就測驗在編製上有下列幾項特色，使得它更適合分析學生在某一特定學科上的學習癥結所在：(1)有較多分測驗和題目來詳細測量每項能力；(2)測驗難度較低，以便能夠適當鑑別學習有困難的學生；(3)測驗題目有難易程度之分。不過，就像綜合和單科成就測驗一樣，診斷性成就測驗亦有其缺點：(1)各分測驗的題數太少而影響到信度；(2)各分測驗的分數彼此間相關太高，而難以達到不同的診斷。

在運用診斷性成就測驗時，教師必須充分了解幾項事實：(1)此種測驗是專為低於常模平均數以上的學生而設計的，較易發現低分者學習上的弱點；(2)診斷性成就測驗可確定學生的錯誤類型，但是無法指明其錯誤的理由；(3)這種測驗僅能提供學生學習困難的一部分資料而已，尚須考量其他的因素（如學生身體狀況、智力等）；(4)在診斷性成就測驗上所發現的學習癥結宜視為訊號，仍需蒐集其他證據來加以佐證。

第五節　教師自編成就測驗

由於標準化成就測驗常須購買，而且為求測驗的信效度，在使用上常有其限制（如測驗結果不能加以檢討或宣布答案）；又目前適合教師在教學情境中使用的標準化成就測驗並不多等種種因素存在。因此，每位教師除了要了解標準化成就測驗和教師自編成就測驗的差異之外（如表 12-3），尚應具備自編成就測驗的專業知能，以因應實際教學上的需要。

表 12-3　標準化成就測驗和教師自編成就測驗的差異

標準化成就測驗	教師自編成就測驗
依照全國或某地區多數學校共同的教育目標所編製的	依照教師自己所認定的特定教學目標編製的
依據測驗理論及實務技術而編製	教師自行選擇題目，通常未經過測驗編製的特定程序（如項目分析）
具有可供對照比較的常模	沒有常模，只限於班級學生內的比較
有標準化的實施指導和計分方法	通常沒有標準化的手續

相較於標準化成就測驗，教師自編成就測驗的範圍較窄，惟使用性較高。教師自編成就測驗的特色主要有二：(1)通常屬於單純成就測驗，是教師針對其任教科目所設計的；(2)比較切合教學內容，因為教師自編成就測驗的內容通常較窄，只針對教師所教過的單元擬題，取樣較具有代表性（張景媛，1992）。不過，教師自編成就測驗亦有其缺點，就是編製過程較不嚴謹，試題的信效度不高。

第六節　成就評量的工具

中文年級認字量表

一、目的：在於篩選認字困難學生，並診斷閱讀障礙兒童之認字錯誤組型。
二、編製者：黃秀霜。
三、出版單位（日期）：心理出版社（2001 年 2 月初版）。
四、適用範圍：一年級至九年級學生。
五、實施時間：不限，個別施測 10 分鐘，團體施測約 20 分鐘至 30 分鐘。
六、內容：本量表的內容包括 200 個字頻由高至低的國字，讓學生唸出或寫出，以了解其認字能力情形。
七、常模：建有全臺灣地區一年級至九年級學生的「百分等級」、「T 分數」、「城鄉常模」、「性別常模」與「年級分數」常模。

基礎數學概念評量

一、目的：在於能找出基本數學能力有困難的學生。
二、編製者：柯華葳。
三、出版單位（日期）：行政院國家科學委員會（2007 年初版）。
四、適用範圍：國小二年級至六年級學生。
五、實施時間：約 10 分鐘。
六、內容：本測驗共有 12 個分測驗，每個分測驗題數由 5 題至 16 題不等，包含「比大」、「比小」、「不進位加法」、「進位加法」、「不借位減法」、「借位減法 1」、「借位減法 2」、「借位減法 6」、「九九乘法」、「空格運算」、「三則運算」、「應用問題」等分測驗。
七、常模：建有各年級（國小二年級至六年級學生）在各個分測驗上做對／全部與做對／做完的平均通過率。

基本數學核心能力測驗

一、目的：用以診斷數學學習困難的學生是否具有數學學障的特徵或困難。
二、編製者：洪儷瑜、連文宏。
三、出版單位（日期）：中國行為科學社（2015 年 7 月初版）。
四、適用範圍：二年級版：國小二年級；中年級版：國小三年級和四年級；高年級版：國小五年級和六年級，或小學以上懷疑有數學學障的學生。
五、實施時間：約 20 分鐘。
六、內容：本測驗依據年級分為二年級、中年級和高年級等三種版本。測驗分五種核心因素：數字概念、估算、簡單計算、複雜計算及應用題。各核心因素由一至四個分測驗組成。
七、常模：依年級別建立各項基本數學核心能力之百分等級常模。

學童數學成就測驗（TCMA）

一、目的：評估特殊兒童的數學能力，以及作為一般兒童在數學學習的參考，教師可依兒童錯誤的題型進行補救教學。
二、編製／修訂者：謝如山。
三、出版單位（日期）：心理出版社（2014 年 7 月初版）。
四、適用範圍：3 歲至 9 歲兒童。
五、實施時間：約 20 分鐘至 30 分鐘。
六、內容：本測驗共有 120 題，3 歲至 9 歲不同年齡層各有不同的起始題，以快速施測。測驗內容分為非正式數學思考及正式數學思考兩大向度，其下發展出九個概念類別，分別是直覺數學、數數法則、零的概念、加法概念、進位概念與加減法、減法概念、乘法概念、除法概念與心算數線，協助教師了解兒童學習困難的問題。

七、常模：本測驗建有臺北市和新北市 3 歲至 9 歲兒童之百分等級常模。

中文閱讀理解測驗

一、目的：在於篩選閱讀理解上有困難的兒童，或是作為探討身心障礙學生閱讀理解能力之用。

二、編製者：林寶貴、錡寶香。

三、出版單位（日期）：教育部（2002 年 2 月初版，國立臺灣師範大學特殊教育中心可借用）。

四、適用範圍：8 歲至 12 歲兒童。

五、實施時間：約 45 分鐘至 65 分鐘。

六、內容：本測驗包含六篇故事類的記敘文和六篇說明文。題目類型則包括「音韻處理能力」、「語意能力」、「語法能力」、「文章基本事實的了解」、「抽取文章重點大意」及「推論」、「分析和比較」等能力的評量。

七、常模：建有全臺灣地區 8 歲至 12 歲的「百分等級」和「T 分數」常模。

閱讀理解量表（RCI）

一、目的：用以評估國小二年級和三年級學生的閱讀理解能力，篩檢出閱讀理解能力困難的學生。

二、編製者：張世彗。

三、出版單位（日期）：臺北市立教育大學特殊教育學系（2013 年 1 月初版）。

四、適用範圍：國小二年級至三年級學生。

五、實施時間：30 分鐘。

六、內容：本量表的內容包含字詞釋意、命題組合、句子理解，以及閱讀測驗。

七、常模：建有臺北地區國小二年級和三年級學生之百分等級與 T 分數常模。

閱讀理解成長測驗

一、目的：用以了解學生閱讀理解能力發展的情形。

二、編製者：蘇宜芬、洪儷瑜、陳心怡、陳柏熹。

三、出版單位（日期）：中國行為科學社（2015 年 5 月初版）。

四、適用範圍：A 版：國小四年級，或閱讀能力相當的低成就學生；B 版：國小五年級，或閱讀能力相當的低成就學生；C 版：國小六年級，或閱讀能力相當的低成就學生。

五、實施時間：約 35 分鐘至 45 分鐘。

六、內容：本測驗內容以測量閱讀理解為主，共有適合四、五、六年級版本，每個版本共編製六個複本，每複本各有長、短故事體和說明體文章各一篇，共有四篇文章和 38 題選擇題，另包括不計分之驗證題兩題。

七、常模：建有百分等級常模。

基本讀寫字綜合測驗

一、目的：及早發現學生學習讀寫字的問題，並預防學生在日後語文學習上的困難。

二、編製者：洪儷瑜、張郁雯、陳秀芬、陳慶順、李瑩玓。

三、出版單位（日期）：心理出版社（2003 年 1 月初版）。

四、適用範圍：國小一年級至二年級學生或國小三年級以上有讀寫字困難的學生。

五、實施時間：40 分鐘。

六、內容：本測驗共計有七個分測驗和兩個補充測驗，即看詞選字、聽詞選字、看注音寫國字、聽寫測驗、看字讀音測驗、看字造詞測驗、遠端抄寫、補充測驗（近端抄寫和抄短文）。

七、常模：分別在臺灣北、中、南三區選取七所國小進行施測，建立小一上到小三上共 1,009 人的「百分等級」與「T 分數」常模。

國小注音符號能力診斷測驗

一、目的：旨在藉由不同難度的聽寫與認讀的評量中，完整地了解學生的注音能力狀況，並據以診斷閱讀障礙學生認讀注音之錯誤類型，以利補救教學。

二、編製者：黃秀霜、鄭美芝。

三、出版單位（日期）：心理出版社（2003 年 11 月初版）。

四、適用範圍：國小一年級學生。

五、實施時間：約 30 分鐘至 60 分鐘。

六、內容：本測驗分為聽寫及認讀部分，聽寫分測驗採小組團測方式，進行「聽寫符號」、「聽寫單音」、「聽寫語詞」、「聽寫聲調」。認讀分測驗採個別施測方式，分別進行「認讀符號」、「認讀結合韻」、「拼讀短文」，以找出學生的錯誤類型。

七、常模：建有臺南市及高雄縣部分區域的「百分等級」常模。

啟智學校（班）學生基本學習能力教育診斷評量工具

一、目的：在於評量啟智學校（班）學生各項學習基本能力，建立一套診療系統，幫助臨床教學者面對智能障礙學生的學習能力需求時，能有具體可信賴的輔導依據。

二、編製者：林惠芬、林千惠、王志全、黃岑羽。

三、出版單位（日期）：教育部（2005 年 12 月初版，國立臺灣師範大學特殊教育中心可借用）。

四、適用範圍：國小一年級至高中職三年級（7 歲至 18 歲）就讀於特殊教育學校與特殊班之智能障礙學生。

五、實施時間：沒有限制。

六、內容：本量表依國小、國中、高中職教育階段，分別以活動本位評量、紙筆測驗、檢核表三種評量，協助教師了解智能障礙學生在感觀知覺、粗大動作、精細動作、生活自理、溝通、認知、語文能力、數學能力等學習基本能力的梗概，以作為擬訂IEP及分組教學、設計教案、修改教材或立即進行補救教學之依據與參考。

七、常模：建有臺灣地區百分等級常模。

兒童寫字表現評量表（CHEF）

一、目的：學前版可分析學前兒童寫字先備能力之程度，及早了解兒童寫字能力的發展階段與練習成效；學齡版可診斷兒童的寫字困難問題，作為擬定寫字困難介入計畫時的重要參考指標。

二、編製者：張韶霞、余南瑩。

三、出版單位（日期）：心理出版社（2012 年 5 月初版）。

四、適用範圍：幼兒園大班（學前版）至國小一年級、二年級（學齡版）學生。

五、實施時間：10 分鐘至 15 分鐘。

六、內容：本量表學前版包括工整性、功能性、握筆工學及寫字行為等向度，共有 22 題，而學齡版則包含工整性、正確性、速度、握筆工學及方向性等向度，共有 25 題。

七、常模：建有幼兒園大班至國小二年級的百分等級常模。

中文閱讀障礙診斷流程與測驗（內含八個子測驗）

一、目的：本套測驗由八個子測驗組成，目的在透過層層的檢驗測試一年級到九年級之學童，不僅具備診斷學障類型的功能，也可以釐清個案的認知問題。

二、編製者：洪儷瑜、王瓊珠、張郁雯、陳秀芬、陳慶順、曾世杰、陳淑麗、謝燕嫣、陳美芳、吳怡潔、方金雅、柯華葳、詹益綾。
三、出版單位（日期）：教育部（2009 年第二版）。
四、適用範圍：7 歲至 14 歲兒童和青少年。
五、實施時間：各子測驗不同。
六、內容：「**識字量評估測驗**」分為 A12 和 A39 兩種版本，分別適用於國小一、二年級和國小三年級以上至九年級學生。皆為紙筆測驗。

「**常見字流暢性測驗**」分為 B1、B2、B34、B57 和 B89 五種版本，分別適用於國小一年級學生，國小二年級學生，國小三、四年級學生，國小五年級到七年級學生，以及八、九年級學生使用。皆為唸讀測驗。

「**圖畫式聽覺理解測驗**」為小一和小二版本，皆須配合圖冊作答。

「**聽覺理解測驗**」分為國小中年級（G34）、高年級（G56）及國中（G79）三版本。

「**部件辨識測驗**」分成 G12 版和 G39 版兩種版本，前者適用對象為小一和小二學生，後者適用對象為三年級到九年級學生。G12 版以低頻字為選項設計原則，G39 版以假字或罕見字為選項設計原則，兩版題目型式都是四選一的單選題紙筆測驗，各有 20 題。

「**部首表義測驗**」以「不同構字頻率的部首」、「不同位置的部首」及「變形部首」等三個條件選擇部首，並以罕用字為編製原則，題目型式為四選一的單選題紙筆測驗，共 17 題，主要提供三年級到九年級學生使用。

「**聲旁表音測驗**」以「不同位置的聲旁」、「不同表音性的聲旁」等條件選擇聲旁，並以罕用字為編製原則，題目型式為四選一的單選題紙筆測驗，共 17 題，主要提供三年級到九年級學生使用。

「**國民中學閱讀推理測驗**」內容分為兩大題型，分別是直述型（包括共變、比較／對照、描述）及類括型（包括分類和序列），題目共 18 題。適用對象為七年級至九年級學生。皆為紙筆測驗的單選題。

「國民小學（二至六年級）閱讀理解篩選測驗」：此測驗每個年級皆有複本 A 卷和 B 卷，除了小二題本僅有命題組合、句子理解和短文理解等三類題型之外，其餘各年級測驗皆有四類題型：多義字題、命題組合、句子理解和短文理解。皆為紙筆測驗的單選題。

「**聲韻覺識測驗**」：根據中文語音的特性，共發展四個分測驗，包括聲母、韻母、結合韻和聲調覺識等，需配合 CD 作施測。內容共有六個分測驗，包括：「注音符號認讀」、「聲韻結合」、「去音首」、「假音認讀」、「假音認讀流暢性」，以及「聲調覺識」。

七、常模：建有臺灣地區百分等級和標準分數常模。

學前兒童數學能力測驗

一、目的：在於評估學前幼兒數學能力，早期發現數學學習問題，可作為鑑定認知發展遲緩評估工具。

二、編製者：林月仙。

三、出版單位（日期）：心理出版社（2021 年 2 月初版）。

四、適用範圍：3 歲至 6 歲兒童。

五、實施時間：約 20 分鐘至 30 分鐘。

六、內容：本測驗包含三個向度：(1)數與計算：包含唱數、直覺數感、點數與基數、數字認讀、書寫與數量、數線概念、應用問題與計算；(2)量與實測：包含金錢概念、長度概念重量概念、時間概念、面積概念；(3)圖形與空間：包含幾何圖形概念、空間概念。

七、常模：建有臺灣地區 3 歲至 6 歲兒童的百分等級、標準分數及 T 分數常模。

國民中小學數學詞彙知識測驗

一、目的：在於快速了解學生的數學詞彙知識水準，可篩選低數學詞彙知識的學生表現進行補救教學，並可作為補救教學之成效評估。

二、編製者：吳昭容、曾建銘、陳柏熹。

三、出版單位（日期）：心理出版社（2020 年 9 月初版）。

四、適用範圍：三年級至八年級學生。

五、實施時間：約 10 分鐘至 15 分鐘。

六、內容：本測驗分為三年級至四年級、五年級至六年級及七年級至八年級共三個年段，每年段均有甲、乙、丙式三份複本，評估包含數學術語、一般詞彙、符號三種詞彙類型，與數與量、代數、幾何、統計與機率四種學習主題的詞彙。

七、常模：建有臺灣地區三年級至八年級學生的能力值與百分等級常模。能力值可跨年段了解學生在數學詞彙知識的進步幅度。

數學診斷測驗（MDA/G1-9）：國小版和國中版

一、目的：篩檢數學學習困難之學生，作為診斷數學障礙特徵之鑑定參考，並可進一步規劃補救教學之課程。

二、編製者：孟瑛如、簡吟文、邱佳寧、陳虹君、周文聿。

三、出版單位（日期）：心理出版社（2015 年 8 月初版）。

四、適用範圍：國小版：一年級下學期至七年級上學期學生；國中版：七年級下學期至九年級上學期學生。

五、實施時間：G1-2 和 G3-4 皆為 20 分鐘；G5-6 為 25 分鐘；G7-9 為 35 分鐘。

六、內容：本測驗國小版有甲、乙、丙與丁共四式測驗，每式均有 35 題，均包含計算、幾何、數量比較、圖表與應用五個分測驗。國中版有甲、乙、丙與丁共四式測驗，每式測驗均有 30 題，均包含計算、幾何、統計、與應用四個分測驗。

七、常模：可得到全測驗之百分等級與標準分數，並可對照全測驗與各分測驗之切截數，以明確篩選出疑似數學障礙之學生。

閱讀理解診斷測驗（RCDA/G1-9）：國小版和國中版

一、目的：篩檢疑似閱讀障礙學生，作為提報鑑定或提供教學調整策略之參考。

二、編製者：孟瑛如、江素鳳、周嘉慧、簡吟文、周文聿。

三、出版單位（日期）：心理出版社（2015 年 8 月初版）。

四、適用範圍：國小版：一年級下學期至七年級上學期學生；國中版：七年級下學期至九年級上學期學生。

五、實施時間：國小版：20 分鐘；國中版：30 分鐘。

六、內容：本測驗國小版有甲、乙、丙與丁共四式測驗，均包含字義理解與推論理解分測驗，評量語意理解、語法分析、 文意統整、推論、摘要重點等能力表現。國中版包含字義理解 與推論理解分測驗，評量語意理解、語法分析、文意統整、推論、摘要重點等能力表現。

七、常模：建有臺灣地區一年級至九年級學生之百分等級、標準分數與切截數，以明確篩選出疑似閱讀障礙學生。

識字診斷測驗（LDA/G1-9）：國小版和國中版

一、目的：診斷識字能力有問題的學生，藉此規劃與發展能夠啟發學生的教學策略。

二、編製者：國小版：孟瑛如、張淑蘋、范姜雅菁、楊佩蓁、周文聿；國中版：孟瑛如、陳志平、盧玉真、謝瓊慧、周文聿。

三、出版單位（日期）：心理出版社（2015 年 8～11 月初版）。

四、適用範圍：國小版：一年級下學期至七年級上學期學生；國中版：七年級下學期至高中一年級上學期學生。

五、實施時間：30 分鐘。

六、內容：本測驗國小版和國中版皆有甲、乙、丙與丁共四式測驗，而且每式測驗均包含聽音辨字、字形義辨別、字形辨識三個分測驗。

七、常模：建有臺灣地區一年級至九年級學生之百分等級、標準分數與切截數，以明確篩選出疑似識字障礙學生。

書寫表達診斷測驗（WEDA/G1-9）：國小版和國中版

一、目的：篩檢疑似書寫表達障礙學生，作為鑑定或提供教學調整策略之參考。

二、編製者：國小版：孟瑛如、黃姿慎、鍾曉芬、楊佩蓁、周文聿；國中版：孟瑛如、江素鳳、周嘉慧、田仲閔、楊佩蓁、周文聿。

三、出版單位（日期）：心理出版社（2015 年 11 月初版）。

四、適用範圍：國小版：一年級下學期至七年級上學期學生；國中版：七年級下學期至高中一年級上學期學生。

五、實施時間：25 分鐘。

六、內容：本測驗國小版和國中版皆有甲、乙、丙、丁共四式測驗，每式測驗共有五個分測驗，評量基本寫作與寫字能力，包含聽寫、看字造詞、句子結合與造句、遠距抄寫及近距抄寫等。

七、常模：建有臺灣地區一年級至九年級學生之百分等級、商數與切截數，以明確篩選出疑似書寫表達障礙之學生。

國民中學七至九年級寫作診斷測驗（WCDA / G7-9）

一、目的：篩檢疑似寫作障礙學生，作為提報鑑定或提供教學調整策略之參考。

二、編製者：孟瑛如、江素鳳、周嘉慧、簡吟文、楊佩蓁、周文聿。

三、出版單位（日期）：心理出版社（2015 年 11 月初版）。

四、適用範圍：七年級下學期至高中一年級上學期學生。

五、實施時間：45 分鐘。

六、內容：本測驗以家庭、學校、娛樂及飲食四大主題，繪製四張情境圖卡，依據學生寫作內容評量：思想與主題、結構與組織、文句與修辭，及用字與標點等四個分項指標。

七、常模：建有臺灣地區七年級至九年級學生之常模與切截數，以快速研判學生之寫作表現。

新編國語文成就測驗：國小版和國中版

一、目的：可協助教師了解國小和國中學生國語文的學習成效。

二、編製者：周台傑、葉瓊華。

三、出版單位（日期）：中國行為科學社（2021 年 7 月初版）。

四、適用範圍：國小一年級至六年級學生。

五、實施時間：約 40 分鐘至 60 分鐘。

六、內容：本測驗國小和國中版各有甲、乙兩式，每個年級的試題內容包括注音、字形、詞彙、語法和閱讀等五部分。

七、常模：本量表建有臺灣地區一年級至九年級學生之百分等級和 T 分數常模。

新編數學成就測驗：國小版和國中版

一、目的：可協助教師了解國小學生國語文/數學的學習成效。

二、編製者：周台傑。

三、出版單位（日期）：中國行為科學社（2021 年 7 月初版）。

四、適用範圍：國小一年級至六年級學生。

五、實施時間：約 40 分鐘至 60 分鐘。

六、內容：本測驗國小和國中版各有甲、乙兩式，每個年級的試題內容則包括概念、計算和應用等三部分。

七、常模：本量表建有臺灣地區一年級至九年級學生之百分等級和 T 分數常模。

詞彙成長測驗

一、目的：評量國小學童之詞彙廣度能力。

二、編製者：洪儷瑜、陳心怡、陳柏熹、陳秀芬。

三、出版單位（日期）：中國行為科學社（2014 年 10 月初版）。

四、適用範圍：A 版：國小四年級，或年齡超過但閱讀能力相當者；B 版：國小五年級，或年齡超過但閱讀能力相當者；C 版：國小六年級，或年齡超過但閱讀能力相當者。

五、實施時間：約 15 分鐘至 25 分鐘。

六、內容：本測驗係根據教育部「國小學童常用字詞調查報告書」之詞彙庫的詞頻選樣編製，共有適用四年級、五年級、六年級版本，每種版本共編製八個複本。每個複本各包含 36 題選擇題，及一題不計分的檢驗題。

七、常模：建有百分等級常模。

國小句型理解測驗

一、目的：評量國小二年級至六年級學童在關聯詞與複句的發展狀況，協助教師和家長了解學生對九種複句句型的掌握能力，篩選句型理解表現落後的學生及其落後的句型類型進行補救教學，並可作為補救教學之成效評估。

二、編製者：張祐瑄、蘇宜芬。

三、出版單位（日期）：心理出版社（2016 年 5 月初版）。

四、適用範圍：國小二年級至六年級學生。

五、實施時間：約 30 分鐘至 50 分鐘。

六、內容：本測驗評估學生在並列、連貫、遞進、轉折、假設、目的、因果、選擇、條件等九種複句的表現，包含下列三個版本：(1)二年級至六年級版本共36題，每種複句4題，用以初步篩選二年級至六年級句型理解表現落後的學生；(2)二年級至三年級版本共54題，每種複句6題，了解二年級至三年級學生的句型理解表現與在各種複句句型的掌握程度；(3)四年級至六年級版本共72題，每種複句8題，了解四年級至六年級學生的句型理解表現與在各種複句句型的掌握程度。

七、常模：本測驗建有臺灣地區之年級及地區百分等級常模，分數愈高，代表學生整體句型理解能力愈好。

青年聽讀寫學習優勢發展量表

一、目的：可對學生的學習表現與特質進行評估，也可用來篩選距學習困難的學生。

二、編製者：陳麗如、孟瑛如。

三、出版單位（日期）：中國行為科學社（2019年1月初版）。

四、適用範圍：高中職學生、大專生。

五、實施時間：20分鐘至25分鐘。

六、內容：本量表分為四部分（字詞認讀、聽覺記憶、文章閱讀、書寫表現），共有七個分測驗（字詞辨識、字詞表現、聽覺記憶、視覺記憶、閱讀表現、書寫字量、書寫品質）。

七、常模：本量表建有高中職學生、大專生之百分等級常模。

第十三章

適應行為評量

第一節◆適應行為的涵義
第二節◆評量適應行為的理由
第三節◆適應行為的評量方式
第四節◆訊息提供者在適應行為評量的角色
第五節◆適應行為評量資料的運用
第六節◆適應行為評量的一些爭議或問題
第七節◆適應行為評量的工具

第一節　適應行為的涵義

適應行為（adaptive behavior）是一種調適環境中個人和社會需求的能力，尤其是在環境中的改變。以下是一些關於適應行為的涵義：

- 適應行為是指兒童能表現出所屬社會中對其所期待的社會角色（Mercer, 1973）。當評量人員在評估適應行為時，他們會運用「個人自理能力」、「社區自主性」和「個人的社會責任」等行為做測試。
- 適應行為是：(1)個人在社會中履行典型角色所需的日常任務水準，包括保持獨立性和滿足有關個人和社會責任的文化期望；(2)任何使個人能夠適當和有效地適應環境的行為（https://dictionary.apa.org）。
- 適應行為是使個人能夠在他們的環境中以最大的成功和最少的與他人衝突之行為。它與普通人能夠完成的日常技能或任務有關，類似於生活技能（life skills）。適應行為反映了個人滿足日常生活需求的社交和實踐能力。行為模式會隨著個人的發展、生活環境和社會結構、個人價值觀的演變及他人的期望而變化。重要的是要評估適應行為，以確定個人在日常生活中的功能：職業、社交和教育（https://en.wikipedia.org）。

第二節　評量適應行為的理由

由於自我照顧技能和社會關係的限制及行為過度是**心智障礙者**（mental disabilities）的共同特徵，需要廣泛支持。智能障礙者通常會學習基本的自我保健技能，例如：穿衣、飲食和衛生，需要直接指導和環境支持，如增加提示和簡化程序，以確保這些適應行為領域的缺陷不會限制個人的生活品質。

因此，評量適應行為的一項主要理由，就是智能障礙通常被視為適應行為上有缺損。為了將學生鑑定為智能障礙，特殊教育人員需要評量適應行為。惟更重要的是，我國的《身心障礙及資賦優異學生鑑定辦法》亦要求在學生被鑑定為智能障礙之前，需要評量其適應行為。

至於評量適應行為的第二項主要理由乃是為了學生的教育性方案計畫。多數的輕度心智障礙兒童會學習如何滿足其基本需求，但他們通常需要接受自我管理技能的培訓，以達到最終獨立生活所需的表現水準。建立和維持人際關係對許多心智障礙者來說是一項重大挑戰。有限的認知處理技能、語言發育不佳，以及不尋常或不適當的行為會嚴重阻礙與他人的互動。教授心智障礙學生適當的社交和人際關係技巧是特殊教育的一項重要功能。心智障礙學生往往比一般兒童經常表現出行為問題。心智障礙學生觀察到的一些行為是難以接受批評、自控能力有限和行為不適當。心智障礙的嚴重程度愈大，一般行為問題的發生率就愈高。

每個人都必須學習一套對他們生活的環境和社區有益的技能。**適應技能**（Adaptive skills）是進入當地或偏遠社區並從中受益的墊腳石。這意味著，在城市環境中，要去看表演，孩子必須學會在城鎮中穿梭或乘坐公共汽車、閱讀表演時間表並支付費用。適應性技能允許更安全的探索，因為它們使學習者對其周圍環境和環境變化有了更高的認識，這需要新的適應反應來滿足新環境的需求和危險。適應技能可能會產生更多機會參與有意義的社交互動和接受，這些技能在任何年齡和性別都是社會可接受的。

第三節　適應行為的評量方式

因為適應行為評量是評估個人和社會技能，所以這些評量就會使用一種獨特的非直接（間接）評量方式，而這種間接的評量方式乃是強調長時間測試的表現，而非僅僅一次的測試執行。不像評量人員在其他方面（如成就表現）的測試期間給兒童所做的標準化評量，適應行為評量是依靠熟悉這個兒童的訊息提供者所提供的訊息來做評量。

這個訊息提供者通常是熟悉兒童在真實生活情境下的表現的教師、父母或監護人。在使用適應行為評量的情況下，如果兒童沒有出現或使用所需的技能，那麼即使他有執行特定技巧的能力，也是屬於不足或不適當的，例如：一個兒童可能有自行上廁所的能力，但是可能不會在正常的情境下這樣做。在這種情形下，這個兒童的適應行為是不足的。

評量人員必須依賴間接的評量去評估適應行為，因為在大部分的例子中，他們不能直接觀察學生在真實生活情境下（像在餐廳吃東西、衛生保健技能、社會互動模式，以及在家、在學校和在社區的機動性等）表現的行為。因此，替代直接觀察，評量人員會依賴非常熟悉兒童的第三者的直接觀察。

第四節　訊息提供者在適應行為評量的角色

訊息提供者乃是成功使用適應行為評量的關鍵要素之一（徐享良，1998；Salvia et al., 2016）。訊息提供者通常是老師、父母或其他主要的照顧者。因為這些訊息提供者回應的正確性，可以提供平衡而清楚的訊息，讓這些訊息可以很容易的用來評估細節。不過，有些訊息提供者會給予具有偏見或扭曲的答案。當評量人員對於一些答案的穩定性產生嚴重懷疑時，他們就必須藉著晤談其他訊息提供者來蒐集另外的資料，而晤談超過一位訊息提供者往往可以讓評量人員能夠比較回答的一致性。

學者曾指出，訊息提供者的矛盾來自於幾項，如圖 13-1（Sattler, 2020）。由於使用多重訊息來源對於剖析兒童的適應行為是相當有助益的，就因為這個理由，評量人員應該盡可能地試著去執行不只一次的晤談，例如：老師可以提供在教育安置下對學生行為所做的觀察資訊；另一方面，父母可以提供在家行為的一些資訊，像是睡覺、休閒時間的活動和吃東西。

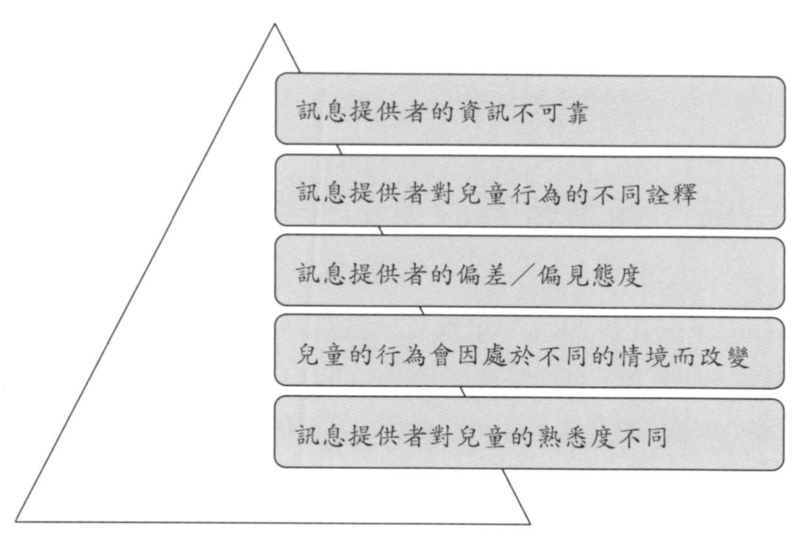

圖 13-1　訊息提供者的矛盾來源

第五節　適應行為評量資料的運用

特殊教育工作人員利用常模參照適應行為量表及其他評量訊息來鑑定兒童的障礙狀況，判斷其是否需要接受特殊教育服務，並作出教育性安置決定。適應行為評量在智能障礙的鑑定與評量上特別的重要，因為適應行為的缺陷正是造成這種缺憾（智能障礙）的原因之一，例如：美國智能和發展障礙協會（American Association on Intellectual and Developmental Disabilities, AAIDD）將智能障礙定義為：「目前功能有一定的缺損。它的特徵是智能顯著低下，同時伴隨著下列兩項或者更多項適當技巧領域的缺陷：溝通、自理、居家生活、社會、社區生活、自我決定、健康與安全、功能性學業、休閒、工作。」智能障礙在18歲以前會出現（Kirk et al., 2011）。簡言之，環境可以決定一個人正向或負向適應環境的能力。如果兩個環境不一樣，一位智能障礙兒童在某個城市是智能障礙，在另外一個城市可能就不是智能障礙。

特殊教育工作人員也利用適應行為量表的訊息和資料，來發展與設計學生的個別化教育計畫，尤其是那些在個人技能、社會技能及職業技能發展上，需要密集性教育的重度及多重障礙者。此外，對於學習障礙、中重度智能障礙者，也有特別的適應行為量表（Salvia et al., 2016）。

第六節　適應行為評量的一些爭議或問題

Beirne-smith、Patton與Payne（引自Salvia et al., 2016）在1994年曾提出關於適應行為測量的一些爭議，這些爭議或問題包括：(1)「適應行為」這項概念的爭論；(2)其他比較實際性的考量。就前者來看，「適應行為」一詞在定義上的分歧是造成概念上產生爭論的主因。「適應行為」的這項概念包含了太多不同年齡層（從嬰兒到老年）的不同行為，因而難以有一致性的定義，導致評量人員或特殊教育人員必須費力去進行有關某人適應行為在任一量表的定義性陳述。

從實際運用上的考量，則著重於訊息資料的信度，以及種族和民族的偏見。為了控制這些可能的偏見來源，Mercer（1979）曾發展出一套綜合性的「多元評量系統」（System of Multicultural Pluralistic Assessment, SMPA），希望能將對來自弱勢團體學生的偏見減至最低。這套系統是一個對於語言及文化因子特別敏感的完整計畫，重於綜合性的適應行為評估，而非著重於學生的智力測驗分數。

評量人員以一種獨特的評量表來評估兒童的適應行為，那就是包含在「多文化多元評量系統」中的「兒童適應行為量表」（Adaptive Behavior Inventory for Children）。這套量表測量的項目，包括學生在家庭、社區、同儕團體中的表現；在學校裡非學業性的表現等。至於評量中的偏見則會是一項永遠存在的問題，而 Mercer（1979）所發展的「多元評量系統」就是對這個問題的一項回應。

「適應行為」指的是適應環境，尤其是適應環境變化的能力。適應行為技巧包括個人自我滿足、在社區中獨立，及個人社會責任等部分，這些行為的核心是一個成人獨立生活所需要的實用知識。特殊教育工作人員是以量表及評量表來評量適應行為，而不是用傳統的標準化測驗。

第七節 適應行為評量的工具

學生適應調查表

一、目的：在於測量一般普通班中下程度學生到較高功能學生間的適應功能，可用以評量適應不良的注意力缺陷過動症學生，藉以推估其教育需求。

二、編製者：洪儷瑜、張郁雯、丘彥南、蔡明富。

三、出版單位（日期）：國立臺灣師範大學特殊教育學系（2001 年 2 月初版）。

四、適用範圍：國小至九年級一般中下到輕度障礙範圍的學生。

五、實施時間：約 30 分鐘。

六、內容：本調查表分為兩個版本，分別為教師版和家長版。教師版的量表內容包括「學業適應 AC」、「人際關係適應 PR」、「活動適應 RC」、「溝通 CM」及「團體適應 GR」；家長版的量表內容包括「居家生活 HM」、「人際適應 PR」、「活動適應 RC」、「溝通 CM」及「自我指導 SL」。

七、常模：建有三個年段（國小至九年級學生）的「標準分數」常模和適應商數。

文蘭適應行為量表（VABS）

一、目的：可診斷、評量身心障礙學生之適應行為，作為教育安置之重要參考。

二、編譯者：吳武典、張正芬、盧台華、邱紹春（編製者：S. S. Sparrow、D. A. Balla 與 D. V. Cicchetti）。

三、出版單位（日期）：心理出版社（2004 年 4 月初版）。

四、適用範圍：3 歲至 12 歲，智能障礙及其他的身心障礙學生（如自閉症、發展遲緩兒童）。

五、實施時間：沒有限制。

六、內容：適應行為總量表之標準分數代表兒童在個人及社會能力上的整體綜合評估，包含了四個不同向度的適應功能，其內容如下：「溝通領域」，包括接收性語言、表達性語言與書寫能力；「日常生活技巧領域」，包括個人的生活技巧、家庭的生活技巧、社區的生活技巧；「動作技巧領域」，包含粗大動作、精細動作；「社會化領域」，包括人際關係、遊戲和休閒、應對進退技巧。

七、常模：建有 3 歲至 12 歲的效標分數，「百分等級」、「標準九」及適應水準和年齡分數。

文蘭適應行為量表（Vineland-3）

一、目的：可評估身心障礙者之適應行為表現。

二、編製者：張正芬、陳心怡、邱春瑜。

三、出版單位（日期）：中國行為科學社（2020 年 9 月第三版）

四、適用範圍：2 歲至 90 歲以上（含幼兒、兒童及成人版）。

五、實施時間：約 30 分鐘。

六、內容：本量表包含溝通、日常生活、社會等三個適應領域的行為表現評估。

七、常模：本測驗建有臺灣地區 2 歲至 90 歲以上的常模參照分數及成長值分數。

適應行為評量系統（ABAS-II）

一、目的：提供 AAMD 與 DSM-IV 中所訂定之適應行為的定義與範疇一致，且具常模參照的評量。可提供智能障礙、發展遲緩、學習障礙、情緒障礙等之適應行為發展資訊，以作為診斷適應技巧是否缺損，及未來設定教學或治療的重要參考。

二、修訂者：盧台華、陳心怡（編製者：P. L. Harrison 與 T. Oakland）。

三、出版單位（日期）：中國行為科學社（2008 年 10 月第二版）。

四、適用範圍：6 歲至 17 歲。

五、實施時間：約需 20 分鐘。

六、內容：本測驗的內容分父母和教師評量表，均含九個分量表，分別為溝通、社區應用、學習功能、家庭／學校生活、健康與安全、休閒、自我照顧、自我引導與社交。

七、常模：建有臺灣地區 6 歲至 17 歲之百分等級和三種適應組合分數。

修訂中華適應行為量表

一、目的：評量並描述四至十八足歲兒童生活與適應行為發展狀況，評量結果可以評估兒童及青少年的生活與適應行為發展程度。

二、編製者：徐享良。

三、出版單位（日期）：教育部（2007 年 8 月初版）。

四、適用範圍：4 歲至 18 歲。

五、實施時間：沒有限制。

六、內容：本量表分為兩種，分別為中小學用及幼兒園用。依據居家、學校、社區、工作等四個生活環境而分類為生活自理、家事技能、溝通能力、實用知識、獨立自主、安全衛生、社區活動、消費技能、社會技能、休閒活動、動作發展狀況、工作活動和社會—工作行為等 13 項適應行為。幼兒園版省略消費技能分量表，只有十二個分量表。

七、常模：建有臺灣地區 4 歲至 18 歲之百分等級和標準分數常模。

社會適應表現檢核表

一、目的：本檢核表主要是評量學生在日常生活中所需的各項能力表現，作為各階段智能障礙學生的鑑定與安置之依據。

二、修訂者：盧台華、鄭雪珠、史習樂、林燕玲。

三、出版單位（日期）：心理出版社（2003 年 6 月初版）。

四、適用範圍：5 歲至 15 歲的多重障礙、嚴重情緒障礙、自閉症、發展遲緩兒童和青少年。

五、實施時間：沒有限制。

六、內容：本測驗包含五個不同向度的適應領域，分別是「生活自理領域」包括飲食、如廁、穿著、衛生與儀容四種生活自理基本能力；「動作與行動能力領域」包括粗大肌肉動作能力與小肌肉動作能力及其綜合能力；「語言與溝通領域」包括聽覺理解、動作表達、口語表達，以及符號與文字表達；「社會人際與情緒行為領域」包括人際、參與團體活動與運用社區設施，及情緒反應與穩定性；「學科學習領域」包括閱讀、書寫、數學等基本學科能力表現與生活常識。

七、常模：建有 5 歲至 15 歲的「百分等級」或「標準九」常模。

資優生社會適應評量表

一、目的：在於評量4歲至6歲兒童的社會適應行為，以作為鑑定擬提早入學的資賦優異兒童。

二、編製者：王文科、王木榮、蕭金土。

三、出版單位（日期）：教育部（2005年3月初版，國立臺灣師範大學特殊教育中心可借用）。

四、適用範圍：4歲至6歲資優兒童。

五、實施時間：沒有限制。

六、內容：本量表主要架構與評量項目如下：(1)以4歲至6歲資優學生學習特性及人格特質為依據，分社會適應評量表（教育機構人員版）及社會適應評量表（家庭人員版）兩大部分；(2)家庭部分分為溝通能力、社會技能、居家與社區活動、自我指導等；(3)教育機構部分分為溝通能力、社會技能、自我指導、學習態度、基本常識等。

七、常模：建有臺灣地區百分等級常模。

資優行為觀察量表

一、目的：在發展適用於家長、教師與學生的資優行為觀察量表，以協助教師、家長及學生本人能更客觀地了解資優行為，進而協助教師規劃出更符合資優學生需要的教育方案。

二、編製者：吳昆壽、梁仲容、蘇麗雲。

三、出版單位（日期）：教育部（2006年4月初版，國立臺灣師範大學特殊教育中心可借用）。

四、適用範圍：國小一年級至高中三年級（7歲至18歲）學術性向、創造能力、領導能力優異學生。

五、實施時間：沒有限制。

六、內容：本量表含語文表達、分析性思考、正向動機、創意思考、風趣幽默、敏感性、快速學習、人際互動及情緒表達等九個分量表。分國小階段及中學階段，每一階段皆發展出教師用、家長用以及學生自評用三個版本。

七、常模：建有臺灣地區百分等級常模。國小階段分為一般性及資優生常模，國、高中則只有一般性常模；常模的建立以教師評量學生為主。

第十四章

發展性評量

人類自出生之後，發展的事實相當的明顯，不但身體各部分會產生改變，心理特質也會發生質與量明顯的變化，例如：認知、情緒、人格及社會行為等。雖然每個人的發展過程具有共同模式，不過仍然有很大的個別差異存在，甚至會有發展遲緩的可能。顯然，發展性評量有其必要性，尤其是針對學齡前的兒童而言。

第一節　發展的涵義

「**發展**」（development）的涵義有廣狹之分。廣義言之，發展是指自出生到死亡的一生期間，在個體遺傳的限度內，其身心狀況因年齡與習得經驗的增加，所產生的順序性改變之歷程。按照此一界定，發展的內涵有四個要點，如圖 14-1。狹義言之，發展是指自出生到青年期或成年期的一段期間，個體在遺傳的限度內，其身心狀況因年齡學得經驗的增加，所產生的順序性改變之歷程（張春興，2013；游婷雅、郭俊顯，2016）。

發展包括個體身體的與心理的兩方面之變化

發展的歷程包括個體的一生

影響個體身心發展者有遺傳、年齡、學習經驗等因素

個體身心發展是順序性的，順序只是由幼稚到成熟的單向性，而無可逆性

圖 14-1　發展內涵的要點

第二節　發展性評量的描述

「**發展性評量**」（developmental assessment）是專為測量幼兒的評量，尤其是嬰幼兒或學齡前兒童，約從出生至 6 歲左右。發展性評量提供可以預測的模式，

它決定兒童是否在預期的年齡級距內，隨著正常的順序習得應該具備的技能。在早期的童年發展上有若干關鍵的技能，像是走路、說出一兩個字和自己上廁所等，此稱為「**發展里程碑**」（Development milestones）。這是指所有發生在相同年齡的多數正常兒童身上之事例或經驗。

一般正常的兒童約在 4 個月大時「手會自動張開」（精細動作發展），7 個月大時會「轉向音源和會發出單音」（語言溝通發展），約在 2 歲時會「自己脫去衣服和打開糖果紙」（身邊處理及社會性）。因此，大多數的發展性量表或測驗的評量行為都是介於出生至 6 歲之間。

發展性量表是照著生理年齡順序，在應具備的技術範疇下所安排設計的（黃惠玲，2000）。多數的發展性量表在測量不同發展性學習領域之操作，這些領域包括：「精細／小肌肉動作」、「粗大／大肌肉動作」、「溝通和語言發展」、「社會發展」、「認知功能」，以及「自理能力」等六項。這些根據發展性量表測量的技巧，可用來發展針對一般正常或身心障礙學齡前兒童的課程。

第三節　發展性量表的應用問題

基本上，應用發展性量表的過程應了解下列幾個問題（黃惠玲，2000；徐澄清、廖佳鶯、余秀麗，1997）。

一、何謂正常發展？

正常發展指的是一般兒童在成長及發育時能發展的模式。兒童發展專家發現這種能力發展模式在每位兒童的身上是顯著相同，而這些正常發展模式提供了我們測量個別兒童發展進程的標準和依據。

二、兒童是否符合正常發展模式？

雖然大多數的兒童會依循著正常發展模式來發展，不過有些兒童的發展較一般兒童來得快，有些兒童在一個以上的學習領域會有顯著的發展遲緩現象。發展性評量的方法會影響鑑定個別發展模式評估程序的使用，包括限定程度和脫離正常行為的特徵。根據學習領域來評量兒童的長處或缺陷（發展出分裂技巧或是發展脫節）。所謂「**分裂技能**」（splinter skill）是從相關技能中抽離出來的行為；

而發展脫節則是主要技能領域的缺陷，會阻礙到更高層次技能的發展，例如：基本走路運動上出現問題，可能就會阻礙較高的運動技能發展，如跑、跳。

三、發展遲緩的原因為何？

如果兒童有不正常發展的情況，應該了解其原因。發展遲緩的原因可能包括了生理或知覺問題、行為問題、認知遲緩，或是缺乏經驗和事物接觸，這些原因對於各項決定是非常重要的訊息。

四、發展遲緩的因應方式有哪些？

在鑑定出缺陷的原因及特有的遲緩時，發展性量表為早期療育工作發展出一種課程，協助兒童學習技能及在發展情況下接下來所應該發生的行為，例如：一個兒童能用粉筆仿畫平行及垂直線時，接著應該學會仿畫圓形和十字形。

教師在早期療育方面所遵照正常發展順序的限度，會受到幾項因素的影響，包括：障礙程度、發展遲緩的理由與限度，以及兒童的年齡。大致來說，發展性量表的療育方式在兒童身上最具有效果，年齡較大的兒童通常就需要使用功能性或實用性技巧的方法，來因應他們個人的需要。

第四節　發展性評量的原則

發展心理學家目前已了解到預測性順序及發展模式，也就是說，兒童在成長及發展時是依照一個可以預測的模式。以下是發展性評量的原則（張春興、林清山，1991；游婷雅、郭俊顯，2016）：

- **兒童成長時是遵照可預測的順序及模式**。因此，編製發展性量表或測驗者就根據這個可預測的發展順序，來安排量表的項目。
- **較低技能發展是較高技能發展的基礎**。也就是說，擁有較高技能之前，某些技能是不可或缺的，例如：塗鴉（低的技能）是習畫基本幾何圖形（高的技能）不可或缺的技能。
- **較高技能通常會在較低技能消失前出現**。通常較低技能在較高技能出現前不會完全消失。
- **兒童成長與發展有關鍵性時刻**。所謂關鍵時期就是兒童生理、心理及情感上，已預備好學習某項技能的最適當時刻。當教師在關鍵時期以後再介紹一項技能時，這種技能的學習將會變得愈來愈困難。

- **障礙兒童可能會跳過發展的部分階段**。障礙孩童通常會跳過發展階段，而可能會導致發展脫節。老師可以使用發展性量表來協助辨別發展脫節。
- **重度障礙兒童可能會有不正常型態的發展模式**。例如：正常情形應在前幾個月會結合較高層次的動作模式，但重度障礙兒童通常會停留在原始的反射動作；又如：吃方面的自理能力，有些兒童會因生理障礙發展出不正常的咬合反應，這通常會影響其吞嚥和咀嚼食物的能力。
- **發展過程具有共同模式與個別差異**。從多數人行為發展的趨勢看，大體上有些共同模式，依照此類模式就可以對發展中的個體行為做預測和解釋。就身體發展來說，從胎兒到嬰兒期發展，最明顯的模式是：從首到尾的發展，頭部發展在前，下肢發展在後；從軀幹到四肢的發展，軀幹部發展在前，四肢發展在後；從整體到特殊的發展，牽動全身大肌肉的發展在先，局部的小肌肉的活動在後。再就心理的發展順序而言，幼稚期行為發展的模式也很明顯，例如：幼兒學畫，先會畫圓圈而後才會畫方形。事實上，兒童在身心發展上，仍有很大的個別差異，例如：週歲幼兒會舉步行走，這是多數週歲幼兒的行為模式；但也有少數幼兒舉步行走的行為會提前在10個月或延遲到1歲半才出現。

第五節　發展性評量的類型

發展性評量包含幾種不同的類別，每個類別皆有不同目標，而且可以提供特殊的評量資料。發展性評量的主要類別有四種：(1)篩選；(2)診斷；(3)先備測驗；(4)特殊評鑑。雖然這四類有重複的部分，但是每類都可以達到其個別目的，如圖14-2。如眾所知，特殊教育人員可以藉由發展性評量工具與程序做篩選。然而，在很多的情形下，發展性評量經常是從篩選過程開始。茲分述如下（Venn, 2013）。

一、發展性篩選量表

發展性篩選量表的目的是為了鑑定0歲至6歲兒童的一般表現水準，可以讓家長及專業人員對於發展遲緩的兒童有所警覺。雖然發展性篩選可以作為一種鑑定疑似發展遲緩兒童的有效方法，不過專業人員必須小心避免用發展性篩選量表，

發展性篩選量表	發展性診斷量表	發展性先備測驗	發展性特殊評鑑
●提供幼兒整體發展的粗略概述。	●提供發展上較為深入的資料，其中包含優缺點及脫節的資訊。	●為確定一名幼兒是否已為典型的一年級課程做好心理準備所設計的，重點是集中在學前技能和概念。	●包括為評量特殊需求學生的工具與程序，也可以評鑑有重度障礙的嬰幼兒。

圖 14-2　發展性評量的類型

給兒童標記或作為診斷發展性障礙的依據。雖然發展性篩選可以提供有關可能表現程度的有用資訊，專業人員應該視發展性篩選量表的結果只是估計情形，而不是精確的測量結果。

二、發展性診斷量表

不像篩選量表一般可以提供發展性學習的概觀，發展性診斷性量表則提供一個全面性的表現評估。評量人員需要此種診斷資料作為鑑定需要接受特殊教育服務的兒童，並安置兒童進入適當特殊教育計畫中，發展介入目標及測量進展情形。

三、發展性先備測驗

發展性先備測驗是用來評量一位兒童在學校剛開始幾年所具備的基本能力測驗。一般的發展性評量通常是測量從 0 歲至 6 歲的行為，而發展性先備測驗則是測量從 4 歲至 7 歲兒童的行為。多數教師認為基本能力包含下列的技能和知識：

- 一般有關自己及直接環境的訊息。
- 如廁、穿衣、飲食及衛生保健等自理能力。
- 精細動作技巧，包括操作、畫畫和手的靈活度。
- 空間、時間和數量的相關概念，包括分類和順序的能力。
- 大肌肉動作技巧，包括運動力、抓取和投擲及移動的平衡。
- 語言發展，包含接受性、表達性和說話技巧。
- 手寫能力，可用蠟筆和原色鉛筆畫畫。
- 閱讀的基本能力，如聲音辨別，單字及注音符號的認識。
- 數字的基本能力。
- 建設性遊戲、互相影響的遊戲和遵從指示的社會技巧。
- 和同儕互相合作、遵從指導、獨力完成指派工作及參與班上活動。

教師發現凡具有上述技能的兒童在剛開始時之學校生活較容易成功，然而不具備這些能力的兒童在第一年時或許會面臨掙扎或完全失敗。不過，評估兒童的基本能力不只是測驗而已，因為學前兒童的行為天天都會有變化。因此，評量過程中教師應該還要使用其他相關的評量資訊，例如：觀察、判斷等。

四、發展性特殊評鑑

發展性特殊評鑑的需求存在，主要是由於有些兒童在 IEP 中會呈現出獨特的需求和特性。這類兒童包括極重度的智能障礙、嚴重語言和溝通障礙、感官損傷（如聾或盲）、身體障礙及情緒行為障礙（如自閉症）。具有這些障礙的學生也許要依賴他人或憑靠醫學儀器來維持生活機能，甚至有不適當的行為，如固著行為（輕擊或搖晃）或自傷（撞頭或咬手），而溝通層次也許從身體動作至語言和手勢能力。所有這些情形使得特殊教育人員必須使用一些特殊的發展性評鑑程序。

不過，目前並沒有為這類嚴重障礙兒童單一存在的發展性評量。因此，評量人員需要跟一群不同領域的專業人員合作，來確認一位兒童在評量過程中需求的所有觀點考量。

第六節　重度障礙兒童的獨特評量範圍及工具特色

在評量重度障礙兒童時，評量人員必須考慮多種獨特評量範圍，如圖 14-3，並分別說明如下（Dykes & Mruzek, 2012; Salvia et al., 2016）。

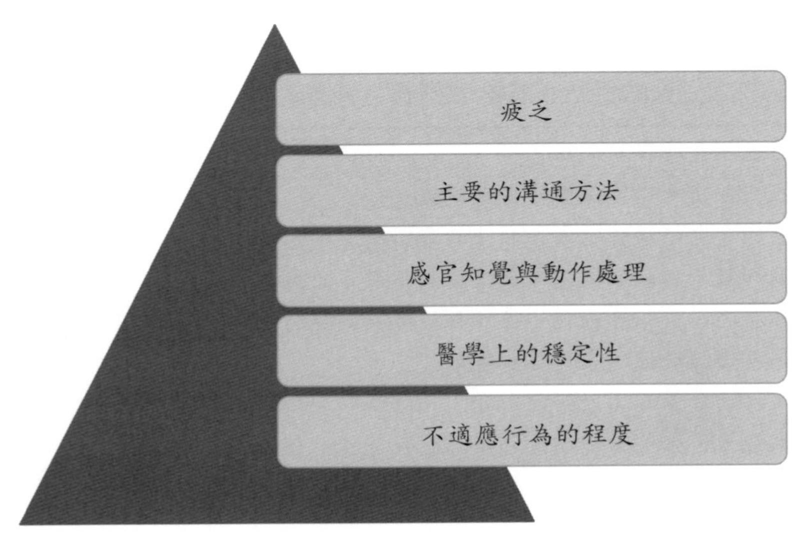

圖 14-3　獨特評量範圍

一、獨特評量範圍

（一）疲乏

「疲乏」是針對評量過程的精力與注意力而言。有些重度障礙兒童可能因醫藥影響，而很快就會感到疲倦和分心或變得易怒、容易受到刺激的。由於疲乏普遍發生在年輕兒童的身上，因而評量人員在評量過程中必須相當關注這項特性。

（二）主要的溝通方法

雖然有些重度障礙兒童可能會正常說話，不過有些兒童則會出現不同的語言和溝通的缺陷。另外，有些兒童也許不會說話，但可透過非語言的方式，如手勢、表情等。通常，評量人員應該與語言治療師，來評估兒童主要的反應模式。

（三）完整的感官知覺與動作處理

這是指兒童在視、聽、移動，以及精細動作的操作和畫圖的能力程度。評量人員應該在一般性評量之前先行針對這些特性加以評量。他們通常都會與專家共同合作，例如：職能治療師或聽力師。

（四）評量過程中健康及醫學上的穩定性

有些身體病弱兒童需要頻繁的醫療，包括：住院醫療。針對這類兒童，在評量過程中認定其健康及醫學上的穩定性是一項重要的考量。

（五）不適應行為的程度

在年輕兒童身上，「不適應行為」通常以自我刺激（如光線的閃爍）、自傷（如重擊頭部）、極端不服從、抗拒，以及其他不合宜的行為呈現，而這些行為都會干擾到評量的進行。

二、工具特色

除了評量兒童的獨特範圍之外，評量人員應該選擇對重度障礙兒童傷害最少，而且兒童能以最佳能力進行反應的工具（Dykes & Mruzek, 2012），這種作法對於發展實用的早期療育計畫很有助益。而這類工具通常應具有下列幾項特色：

・**可調整的反應方式**。這是指調整一個測驗項目以符合學生獨特的反應模式。針對無法用語言表達的學生，則口語測驗項目必須加以調整，允許他使用手語或溝通板的反應方式受測。

・**廣泛的行為樣本**。在評量重度障礙學生時，分測驗裡若只有少數項目的工具，可能會無法提供足夠的樣本。

・**彈性實施的程序**。儘管在某些情況下，有著固定實施程序的、具高度結構性的測驗是有必要的，然而教師在發展早期療育介入計畫前對兒童進行評量時，他們普遍偏好較具彈性的方法。此類測驗允許評量者修改施測程序，以符合兒童的獨特需求與反應方式。

・**給予部分分數的規定**。這是指認可受測者完成某項任務的部分時所給予的記分。部分分數的計分並非單純通過／失敗的記分，而是提供超過兩項的計分標準，例如：「通過」：獨立完成指定的技能；「顯現」：朝獨立表現有顯著的進展；「失敗」：幾乎或無法學會指定的技能。

・**發展實用療育計畫的程序**。也就是說，評量者不應依賴測驗去確認低功能或缺乏功能性的技巧，反而應該使用那些能夠提供方法，以發展實用療育計畫的工具，會更容易達成目標。

第七節　發展性評量的工具

零歲至六歲兒童發展篩檢量表

一、目的：在於測量兒童的發展狀況與發展嚴重度、可作為篩選出可能有發展遲緩的兒童，給予鑑定和早期療育之幫助。

二、編製者：黃惠玲。

三、出版單位（日期）：心理出版社（2000 年 7 月初版）。

四、適用範圍：0 歲至 6 歲幼兒。

五、實施時間：約 20 分鐘。

六、量表內容：本量表共分為五大類，包括「語言與溝通發展」、「社會人格發展」、「動作技能—粗動作」、「動作技能—精細動作」、「知覺與認知發展」，每一大類題目均按照發展能力順序排列，0 至 72 個月共分為 19 個年齡組。

七、量表的常模：建有「百分等級」和「T 分數」常模。

嬰幼兒發展測驗

一、目的：在於早期發現發展遲緩的幼兒，以利進一步做正確和詳細的診斷。
二、修訂者：徐澄清、廖佳鶯、余秀麗。
三、出版單位（日期）：杏文出版社（1997 年 3 月再版）。
四、適用範圍：1 歲至 6 歲幼兒。
五、實施時間：約 30 分鐘。
六、量表內容：本測驗包括「粗動作」、「精細動作」與「適應能力」、「語言」、「身邊處理」及「社會性」等四大類。
七、量表的常模：為標準參照測驗。

出生至三歲的 AEPS 測量

一、目的：在於早期發現高危險群和發展障礙的學前兒童，以提供有的計劃及評量資料，作為教學介入與評鑑的依據。
二、修訂者：瑞復益智中心。
三、出版單位（日期）：心理出版社（2000 年初版）。
四、適用範圍：出生至 3 歲。
五、實施時間：約 45 分鐘至 5 小時不等。
六、量表內容：本測量共包括六個領域，分別是「精細動作」、「粗大動作」、「適應能力」、「認知」、「社交性溝通」及「社會」等。每個領域分為幾組，而每組包含了由共同範疇習為組成的相關組群。
七、量表的常模：為標準參照測驗。

學前發展性課程評量

一、目的：在於發現學前特殊幼兒的發展狀況，以作為早期療育與教學工作之依據。
二、編製者：林麗英。
三、出版單位（日期）：心理出版社（1997 年 9 月初版）。
四、適用範圍：0 歲至 6 歲幼兒及各類特殊幼兒。
五、實施時間：約 30 分鐘。
六、量表內容：本評量共包括七大領域，每個領域又包含以發展順序排列的數個項目，而每個項目均有數目不等的評量題目。其內容為「粗大動作領域」、「精細動作領域」、「生活自理領域」、「語言溝通領域」、「認知領域」及「社會性領域」等。
七、量表的常模：為標準參照測驗。

嬰幼兒綜合發展測驗

一、目的：在於評估嬰幼兒認知、語言、動作、社會、自理能力等發展狀況及行為表現之個別發展測驗，可用以診斷嬰幼兒在各發展領域的能力及行為表現情形。

二、編製者：王天苗、蘇建文、廖華芳、林麗英、鄒國蘇、林世華。

三、出版單位（日期）：教育部（1998 年）（國立臺灣師範大學特殊教育中心可借用）。

四、適用範圍：3 個月至 71 個月的一般嬰幼兒或實足年齡超過此年齡範圍但其發展較一般嬰幼兒遲緩的兒童。

五、實施時間：約 30 分鐘。

六、量表內容：本測驗包括五大發展領域和行為特徵。發展領域包含「認知能力分測驗」、「語言能力分測驗」、「動作能力分測驗」、「社會能力分測驗」及「自理能力分測驗」等。而行為特徵包括「對主試之反應」、「對玩具之反應」、「情緒」、「合作」、「動機」、「挫折容忍力」、「持久性」、「專注力」、「活動量」、「思考方式」及「行為總評」等。

七、量表的常模：建有全臺灣地區 18 個年齡組（3 個月至 71 個月）的百分等級常模和發展商數。

修訂自閉症兒童發展測驗

一、目的：在於透過動三階段標準化的動態評量方式了解學前階段不同功能及學齡階段中低功能之自閉症兒童的發展現況，測驗結果有助於教師對學生能力的掌握及發展教學。

二、編製者：張正芬、林月仙。

三、出版單位（日期）：教育部（2019 年 9 月初版）（國立臺灣師範大學特殊教育中心可借用）。

四、適用範圍：1 點 5 足歲至 5 歲 11 個月（有認知障礙之自閉症兒童可至 9 歲）。

五、實施時間：無時間限制。

六、內容：本測驗共有八個分測驗，分別是「遊戲」、「社會化」、「認知」、「語言理解」、「語言表達」、「精細動作」、「粗大動作」及「生活自理」等。，其中生活自理為量表形式，由家長勾選。

七、常模：建有臺灣地區 1 點 5 足歲至 5 歲兒童年齡分數和標準分數常模。

學前幼兒發展篩選量表（DSP）

一、目的：篩選疑似發展遲緩個案，了解各項能力之發展狀況，作為早期療育或特殊教育服務之參考。

二、編製者：孟瑛如、陳雅萍、田仲閔、黃姿慎、簡吟文、彭文松、周文聿、郭虹伶。

三、出版單位（日期）：心理出版社（2020 年 4 月初版）

四、適用範圍：2 歲至 6 歲 11 個月。

五、實施時間：20 分鐘。

六、內容：本量表包含身體動作、認知、語文和社會四個分量表。

七、常模：本測驗建有臺灣地區 2 歲至 6 歲 11 個月幼兒的百分等級與標準分數常模。

整合評量篇

第十五章

評量結果的整合與應用

第一節◆評量目標與資料
第二節◆發展教學介入計畫
第三節◆形成教學介入計畫

針對任何一類的特殊兒童，除了需運用正式和非正式評量方式，來確定其障礙類別並予以適當安置外，特殊教育人員通常仍需進一步深入了解學生的各項能力現況，以期擬定個別化教育計畫，然後安排適當的教材，運用合宜的教學法和策略，來達到教學介入的成效和目標。在這些歷程中，進行正式和非正式的評量是無可避免的。惟這些均涉及到多元評量資料和結果的整合，特殊教育人員若無法有效的整合這些評量資料，將無法充分發揮其功能。本章共分為三節：第一節為評量目標與資料；第二節是發展教學介入計畫；第三節乃形成教學介入計畫。

第一節　評量目標與資料

從普通班轉介出來的疑似特殊兒童，評量人員必須對他們施予心理、教育、語言或發展等的評量。一般而言，大多數的轉介問題與下列任何一種評量目標有關，如圖 14-1。茲簡要論述這些目標，並探討統合評量資料至教學介入計畫的過程。

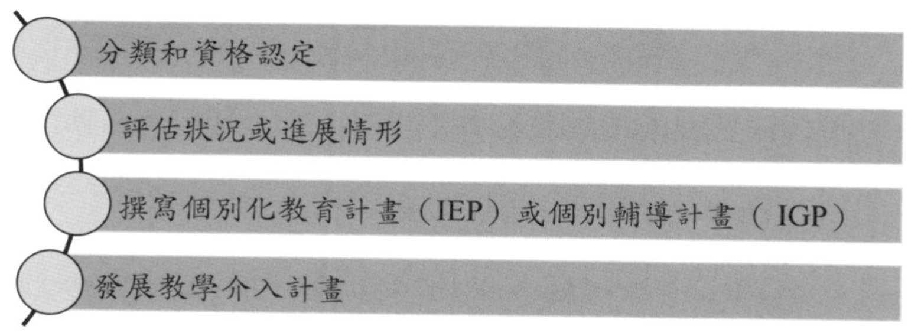

圖 14-1　轉介問題與評量目標之關係

一、分類和資格認定

心理評量的一般目標就在於鑑定與評量兒童特定的問題或情境。基本上，我們可能會具體設定兒童的特性，以決定他們是否與診斷相一致。有時，使用心理評量資料的主要目的在於確認資優兒童或學習障礙，而在某些例子上也會使用評量資料來確認自閉症兒童分類上的臨床判斷、情緒及行為。針對上述某類兒童，實施評量以決定兒童的成就表現、特質或特徵是否支持某一特定的類別。與這些評量目標有關的轉介問題通常會以下列方式表示：「這位兒童是學習障礙嗎？」「兒童是智能障礙嗎？」

心理評量結果可用來將兒童分類為情緒行為障礙、學習障礙、自閉症等，以啟動特殊教育安置或個別化教育服務。也就是說，評量人員可以運用評量資料，來決定兒童是否符合情緒行為障礙、學習障礙或自閉症的鑑定標準。目前，特殊教育及其他的補助方案通常需要一些評量資料的形式，以決定特殊兒童的服務資格。

二、評估狀況或進展情形

心理評量的第二項主要目標就是評估狀況或進展情形。評量特殊兒童特性的適切性並總結產生目前功能的描述性資料。常見評估狀況的目的在於取得目前的水準，用來和先前或未來的功能相互比較。基本上，評量人員採用最後測量來評估狀況，以決定那些領域或範圍需要改變。

評估狀況的另外一項目的在於衍生描述性的統計資料。此類資料可能出現在調查、年度報告或其他文件中，以證實特殊兒童服務的重要性。評量目的和評估狀況間的基本區分在於前者的評量資料是用於鑑定，而後者的評量資料是用來描述特殊兒童的成就表現。

三、撰寫個別化教育計畫（IEP）或個別輔導計畫（IGP）

根據《特殊教育法》第 28 條和第 36 條規定，學校應以專業團隊或協同的方式為身心障礙學生訂定 IEP 或為資賦優異學生訂定 IGP 等，也是心理評量的一項重要目標。為了有效訂定這些計畫，通常涉及到各種評量結果的整合。特殊教育教師須有效的整合所蒐集到的各種評量資料，以利充分了解特殊需求學生的能力特質與優弱勢，來撰寫其 IEP 或 IGP。

四、發展教學介入計畫

心理評量第四項且最重要的目標，就是作為發展教學介入計畫的基礎。在此一方面，評量目標將會以下列各項問題為主軸，例如：「兒童的學習需求是什麼？」「學習活動的優先順序為何？」以及「何種介入最適合促進學習？」等。

教學介入評量的主要特色在於產生兒童優弱勢的全面性剖面圖。由於評量的目標在於計畫個別兒童的教學介入，因此需要獲得有助於了解兒童特性的任何資料。轉介問題的本質可能顯示出最適合產生計畫教學介入活動的特別評量範圍（認知能力、溝通能力、行動能力、情緒、人際關係、感官功能、健康狀況、生活自理能力、國文、數學等學業能力之現況）和策略（心理分析、行為、質的發展的）。在其他個案實例上，評量人員可能需要使用幾種範圍和策略，同時結合針對轉介問題所衍生的資料。在任一事件上，發展特殊兒童的教學介入活動計畫需要統合評量結果及其轉化的目標和指定的活動。

第二節　發展教學介入計畫

一、基本假定

特殊兒童轉介問題的本質可能因兒童的問題和服務情境而有所變化。因此，教學介入的活動或計畫就可能因兒童功能與其所欲服務的情境而有不同。所謂「教學介入」這個術語，乃是指依據評量結果所產生的任何方案或指定的活動。因此，它是基於幾種有關教學介入計畫評量的常見假定（如表 14-1）而產生的。

表 14-1　教學介入計畫評量的常見假定

內　涵
假定評量結果可以明確呈現特殊兒童目前的優弱點。
如果有系統的運用評量資料，所發展出來的教學介入計畫和介入本身將會更為有效。
由於特殊兒童的問題複雜且多重，通常需要科際整合取向的評量。
評量要轉化成實用術語或方式，以利於擬定教學介入本質、方向和順序。
教學介入計畫的內容應該是可以評鑑的特定化程序。
在個別化教學計畫歷程中，兒童和父母的參與是必要的。

二、統合評量資料

統合評量資料乃是評析所獲得評量資料的本質，來考量有關兒童與評量對照的正確性。此類評析應該引導評量結果的統合和解釋，尤其是在包含了運用非正式工具來評量特殊兒童時；因此，詳細地說明其限制和在報告上適切的解釋發現是必要的。

Swallow（1981）認為，陳述的形式有三種，分別是事實性、推論性和判斷性。教學介入計畫可以依照這三種陳述形式，來統合並認知每種形式的限制和優點，以擴大個別化教學介入計畫的正確性、實用性和適合性（如表 14-2）。

表 14-2　評量資料的陳述形式

形　式	內　涵	例　子
事實性陳述	在特定情境下總結特殊兒童的成就表現。	例如：李明在 WISC-V 的符號替代分測驗的量表分數為 5，此種形式的描述必須明確且精細，並以客觀的、可觀察的術語來報告行為。
推論性陳述	依照評量結果所做的解釋和推論。	例如：李明在 WISC-V 的符號替代分測驗上的表現不佳與衝動有關。
判斷性陳述	衍生自評量結果的事實和解釋，以及邏輯性地由事實性陳述活動至推論性陳述。	例如：「降低衝動的結構性訓練方案可用來提高更具有反應性的活動要求」。

統合評量資料包括組合事實性、推論性和判斷性陳述，尤其當評量目標是在發展特殊兒童的教學介入。在這一方面，統合評量結果包括總結所採用的策略（如行為）或評量範圍（如溝通），同時也包括詳細考量評量本身和其他來源所衍生出的事實性資料（紀錄報告等）。此類資料不僅可能包括基本資料，亦包含兒童健康狀況和發展史、目前在家和學校的功能，以及特定的評量結果。如果想要統合這項資料需要臨床經驗和理論知識，來形成有關兒童問題和介入需求的推論性和判斷性陳述。總括來說，全面性的臨床判斷資料以及有系統的測試不同假設，乃是統合評量的要素。

第三節　形成教學介入計畫

評量人員從事實性和推論性陳述所衍生出來的心理評量報告，可以作為教學介入計畫的基礎。在某些例子上，評量人員可能從個別的發展和實施介入。而科際整合小組的任務在於將評量結果和其他資料轉化成為兒童的教學介入方案。實施此項任務需要以下的步驟：(1)確定長短期目標；(2)決定目標的優先順序；(3)發展特定的教學介入計畫。

一、確定長短期目標

任何一位科際整合小組的成員（如物理治療師、特殊教育教師、醫師等）都可以確定教學介入的長短期目標。當然，在本質上特定目標是會有變化的，但是也應該在特定期間內反映出所要達到的結果。根據我國《特殊教育法》的規定，個別化教育計畫是以年度方式來書寫目標，然後衍生出短期目標（教育部，2019）。在選擇年度目標上，評量人員應考量下列目標，如圖 14-2。

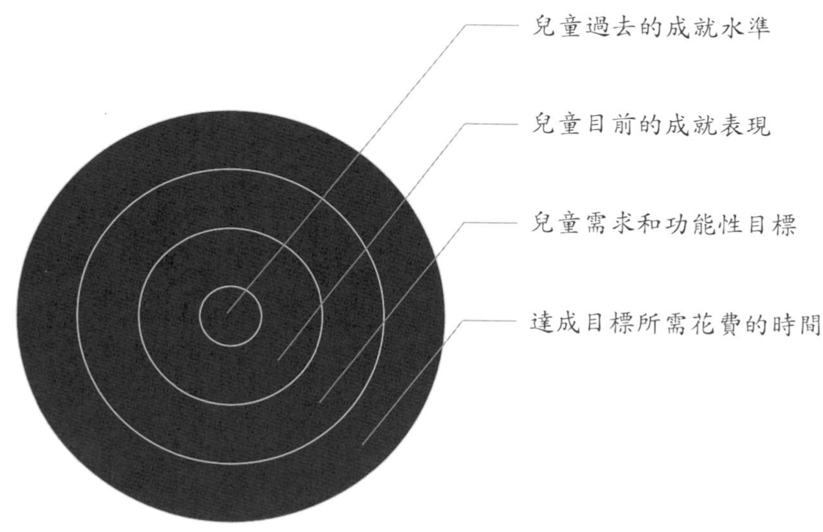

圖 14-2　轉介問題與評量目標之關係

二、決定目標的優先順序

透過評量小組成員的主動參與可以發展出各種教學介入目標。事實上，有些教學介入目標要比其他的目標來得更為重要或急迫。因此，評量小組成員建立不同目標的優先順序就變得明顯，而且解決方法的成效也變重要了。Dardig 與 Heward（1981）曾經提出了有助於建立教學介入目標優先順序的步驟。這些程序似乎可以用來發展任何的教學介入方案，以下乃是發展教學介入目標優先順序的一般方法（如表 14-3 至 14-5）。

表 14-3　發展教學介入目標優先順序的一般方法

程　序	內　　涵	詮　　釋
步驟一	介紹評量小組成員	重要的是讓每位評量小組成員描述他們的專長、觀點和角色。
步驟二	確定目標	依序列出評量小組成員所確定的目標。
步驟三	設定目標優先順序的標準	確定目標後，評量小組成員發展標準來決定其優先順序（如表 14-4）。小組成員可能因特定兒童的獨特優先順序而發展出各組不同的特定目標。
步驟四	運用標準來評定目標	使用矩陣格式（如表 14-5），列出步驟二上的每項目標，然後由每位評量小組成員依照步驟三所發展出來的標準獨立地評鑑，最後總結每項目標的標準值，以顯示教學介入目標的重要性。
步驟五	綜合評定	評量小組成員綜合評定每項個別目標，以決定每項目標的整體重要性。這個步驟可以藉由列出小組成員的方式來加以完成（如表 14-5）。
步驟六	列出優先的教學介入目標	評量小組成員可以採用邏輯的方式來決定整個評定目標的順序。

表 14-4　決定目標的優先順序

目標＼標準		增進自主	類化能力	高出現的能力		最不優先 ──→ 最優先					合計
						1	2	3	4	5	
特殊兒童的教學介入目標	盥洗					1	2	3	4	5	
	聽從指示					1	2	3	4	5	
	玩玩具					1	2	3	4	5	
	穿脫衣服					1	2	3	4	5	
						1	2	3	4	5	
						1	2	3	4	5	

表 14-5　不同專業人員對兒童目標的綜合評定

目標＼小組成員		醫生	語言治療師	職能治療師	物理治療師	特殊班教師	社工人員	合計
特殊兒童教學介入目標	盥洗	**2**	**2**	**3**	**4**	**3**	**3**	**17**
	溝通	**3**	**2**	**4**	**5**	**1**	**3**	**18**
	玩玩具	**4**	**3**	**3**	**2**	**2**	**5**	**19**
	穿脫衣服	**5**	**2**	**1**	**2**	**1**	**3**	**14**

資料來源：修改自 Dardig 與 Heward（1981, pp. 6-8）

三、發展特定的教學介入計畫

在這個課題上，我國特殊教育法對於個別化教學目標和實施的影響是明顯的。任何教育或補助計畫應包括這些要素，如圖 14-3。

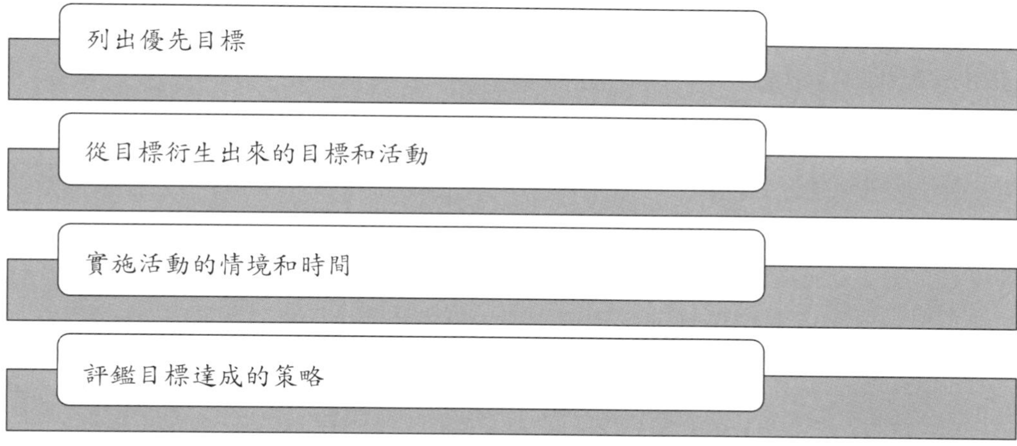

圖 14-3　任何教育或補助計畫應包含的要素

評量人員之所以要採取系統方法來發展教學介入計畫及其評鑑程序，主要在於處理特殊兒童服務成效的問題。這種成效的決定往往需要考證教學介入是否達到所預定的長短期目標。

雖然我們已經了解到相關人員對於考證教學介入成效的興致，不過要充分達到此項目標仍存在著限制。這可能不僅是因為考證上的困難，而且也由於教學介入計畫的記錄保持系統不可能作為評鑑工具。至於考證教學介入的成效則包括評鑑人員應該促進績效的決定和增加保持記錄努力的效能。Kiresuk與Lund（1976）發展的「目標達成量表」（Goal Attainment Scale, GAS），是一種可以應用到各類特殊兒童需求服務上的計畫和評鑑方法。這種方法包括評鑑特定目標進展的精細程序，它可以透過比較各種範圍之特定目標，是否真正達成來加以完成。因此，計畫過程的需求在於確認兒童目前的狀況和特定目標（從最壞到最佳的結果）（如表 14-6 所示）。

表 14-6　目標達成量表的格式

量表達成水準	量尺	目標 1：	目標 2：	目標 3：	目標 4：	目標 5：	目標 6：	目標 7：	目標 8：
		加權＝	加權＝	加權＝	加權＝	加權＝	加權＝	加權＝	加權＝
最預期的結果	5								
較為預期的結果	4								
一般預期結果	3								
較不預期的結果	2								
最不好的預期結果	1								

註：加權值，1 表示重要；2 為非常重要；3 是關鍵性。

資料來源：修改自 Dardig 與 Heward（1981, pp. 6-8）

我們應該依據科際整合小組所確認前述決定教學介入目標的優先順序歷程，將特殊兒童的資料填入目標達成量表格式中。使用先前所描述的步驟，確定四項優先順序最高的目標並將其放在量表的最上端，例如：針對國小一年級重度智能障礙兒童的評定分數與考量下列目標的優先順序：

盥洗	31
穿脫衣服	42
玩玩具	23
溝通	41

由上述結果顯示教學介入目標的優先順序，分別是「穿脫衣服」、「溝通」、「盥洗」、「玩玩具」。特殊教育人員可以藉由加權計分的方式，來反映這些不同目標的重要性（如表 14-6）。雖然加權計分所選擇的價值是任意的，不過依照

人員的努力、經費或時間支出，某項目標可能比另外一項目標更為重要。確認每項目標的範圍與每個範圍的加權，預期目標所提出的介入期間，在每個範圍的橫向使用操作性術語表示，然後也填入最不好的、較不預期的、一般預期、較為預期的和最為期待的結果。如表 14-7，目前國小一年級重度智能障礙兒童的運作有兩項最為不利的範圍（盥洗、溝通）與兩項較不預期的範圍（穿脫衣服、玩玩具）。

表 14-7 國小一年級重度智能障礙兒童目標達成量表的矩陣例子

量表達成水準	量尺	目標 1：盥洗	目標 2：穿脫衣服	目標 3：玩玩具	目標 4：溝通	目標 5：
		加權＝1	加權＝2		加權＝3	
最預期的結果	5	獨自盥洗自己的身體和臉部	獨自穿脫衣服	獨自與同年齡兒童一起玩玩具	不經提示能說出故事、笑話或電視節目的情節	
較為預期的結果	4	僅在示範和口語指導下盥洗自己的身體和臉部	僅在示範和口語指導下自己穿脫衣服（★）	僅在示範和口語指導下玩玩具（★）	能詳細地敘述經驗	
一般預期結果	3	僅在口語指導下盥洗自己的身體和臉部（★）	僅在口語指導下自己穿脫衣服	僅在口語指導下玩玩具	能傳達簡單的話語（★）	
較不預期的結果	2	僅在身體提示和口語指示下盥洗自己的身體和臉部	僅在身體提示和口語指示下自己穿脫衣服（◎）	僅在身體提示和口語指示下玩玩具（◎）	能以聲音或動作指出所喜歡的事物	
最不好的預期結果	1	完全不會盥洗自己的身體和臉部（◎）	完全不會自己穿脫衣服	完全不玩玩具。需要完整的操作	能以適當的動作表達是、不是和我要（◎）	

註：加權值，1 表示重要；2 為非常重要；3 是關鍵性；★目標達成的水準；◎最初的表現水準。

本章結語

在本章，我們已經描述了與發展教學介入計畫最為適切的評量結果的整合和應用。在此強調有系統的建立目標優先順序系統法的重要性，並建議使用Kiresuk與Lund（1976）所提出的方法，來考證特殊兒童的目標情境；這種考證是有價值的，因為它提供了結果的評鑑。

ink
NOTE

ink
NOTE

國家圖書館出版品預行編目（CIP）資料

特殊教育學生評量 / 張世彗，藍瑋琛著. -- 九版. --
新北市：心理出版社股份有限公司, 2022. 03
面；　公分. --（特殊教育系列；61034）
ISBN 978-986-0744-69-9（平裝）

1. CST: 特殊教育　2. CST: 教育評量

529.5　　111001659

特殊教育系列 61034

特殊教育學生評量（第九版）

作　　者：張世彗、藍瑋琛
執行編輯：林汝穎
總 編 輯：林敬堯
發 行 人：洪有義
出 版 者：心理出版社股份有限公司
地　　址：231026 新北市新店區光明街 288 號 7 樓
電　　話：(02) 29150566
傳　　真：(02) 29152928
郵撥帳號：19293172　心理出版社股份有限公司
網　　址：https://www.psy.com.tw
電子信箱：psychoco@ms15.hinet.net
排 版 者：辰皓國際出版製作有限公司
印 刷 者：辰皓國際出版製作有限公司
初版一刷：2003 年 1 月
二版一刷：2004 年 9 月
三版一刷：2005 年 9 月
四版一刷：2007 年 9 月
五版一刷：2011 年 3 月
六版一刷：2013 年 3 月
七版一刷：2014 年 9 月
八版一刷：2018 年 3 月
九版一刷：2022 年 3 月
I S B N：978-986-0744-69-9
定　　價：新台幣 650 元